JN412367

한국사

12

고려 왕조의 성립과 발전

국사편찬위원회

자문위원

민 병 하　　변 태 섭

편찬위원

박 용 운　　최 병 헌　　홍 승 기

집필(고려 왕조의 성립과 발전)

김 갑 동　　남 인 국　　박 성 봉
박 용 운　　박 한 설　　하 현 강

기획 · 편집

신 재 홍　　변 승 웅　　최 근 영
이 근 택　　박 희 호　　고 혜 령
최 용 규　　권 영 국　　김 영 미
박 남 수　　박 한 남　　장 득 진

복간 간행 : 김 용 곤 · 장 득 진

한국사 간행취지

우리 겨레가 앞으로 어떻게 살아갈 것인가 하는 문제는 우리들은 물론 우리와 더불어 살아가는 세계인들의 관심사일 것이다. 이에 대한 해답은 과거에 어떻게 살아왔는가 하는 우리 역사에 대한 인식을 통해 찾을 수 있을 것이라고 생각된다.

본 위원회에서는 이미 1970년대에 『한국사』 25권을 간행하여 해방 이후 한국사의 연구성과를 집대성함으로써 한국사에 대한 인식을 새롭게 한 바 있다. 그 이후 한국사회는 놀라운 성장과 발전을 이루었고 역사학계도 상당한 연구성과를 축적하였다. 이러한 변화에 발맞추어 한국사학계는 새로운 『한국사』 편찬의 필요를 느끼게 되었다.

이에 본 위원회는 일차적으로 한국사 연구지원비를 마련하여 역사학계로 하여금 1980년대 중반까지 연구성과가 미진하다고 생각되는 분야를 연구할 수 있도록 하였다. 이어서 1989년부터 1990년까지의 준비를 거쳐 1991년에는 '신편 한국사 편찬위원회'를 따로 구성하고 총 60권에 달하는 새로운 『한국사』를 편찬하기로 하였다. 그리고 다음과 같은 『한국사』 편찬의 목표를 세웠다.

① 한국의 역사와 문화에 대한 객관적 인식의 토대를 제공할 수 있는 한국사를 편찬한다.

② 민족의 창조적 문화활동과 민족사의 내재적 발전을 드러내는 한국사를 편찬한다.

③ 최근까지의 연구성과를 체계화하고 새로운 영역을 개척함으로써 한국사 연구의 지평을 넓힌다.

④ 한국사 연구와 관련하여 고고학·인류학·사회학·경제학 등 인접학문의 연구성과를 수용하여 한국사 인식의 폭을 넓히는 데 기여한다.

새로운 『한국사』를 펴내면서 우리 모두가 바라는 바는, 민족의 통일에 대비해야 하고 급격히 변화하는 시대상황 속에서, 한국사 연구자의 깊이 있는 연구를 도와주고 독자들의 역사인식을 드높일 수 있는 길잡이 구실을 할 수 있었으면 하는 것이다.

국사편찬위원회 위원장

목 차

Ⅱ. 고려 귀족사회의 발전

개 요

I

통일신라 말기에 나타나는 후삼국의 성립과 고려왕조의 건국은 종래 신라의 중앙 진골귀족에 대신하여 지방을 거점으로 새로운 정치 지배세력으로 등장하는 호족세력의 대두와 불가분의 관계를 맺고 있다. 따라서 후삼국의 성립과 고려 건국의 배경을 이해하기 위해서 먼저 신라 말기에 호족세력이 대두하게 되는 경위를 잠깐 살펴 두고자 한다.

대체로 신라 하대의 정치적 상황은 당시의 지배세력이었던 진골귀족 상호간에 치열한 정권 쟁탈전이 끊이지 않았고, 이에 따라 중앙의 정치기강은 극도로 문란해지고 지방에 대한 통제력도 약화될 수밖에 없었다. 진성여왕 3년(889)에 지방통치의 가장 중요한 거점의 하나였던 沙伐州에서 元宗·哀奴 등이 주도하여 일어난 농민봉기는 이제 더 이상 신라의 중앙정부가 지방을 통제하기 어렵게 되었다는 사실을 극명하게 보여 준 하나의 구체적인 實例였다. 이 농민봉기를 계기로 하여 집권층에 대한 농민들의 조직적인 저항은 전국적인 규모로 확대되어 갔다. 이러한 힘의 공백에 편승하여 지방에 독자적인 세력 기반을 쌓아 일정한 지역을 지배하는 지방세력가들이 전국 각처에서 나타나기 시작하였다. 이로써 신라는 그 정치력이 겨우 수도권 지역에 미칠 뿐, 나머지 거의 대부분의 지역은 지방세력가들의 지배 아래 들어가게 되었다. 진골귀족의 시대는 끝나고 호족의 시대가 열리게 된 것이다.

이러한 상황 속에서 甄萱은 지금의 전라남북도 지방을 장악하고 강력한 세력을 형성하여 마침내 900년에는 스스로 후백제왕으로 칭하였다. 한편 弓裔는 처음에 北原을 중심으로 한 큰 세력이었던 梁吉의 부하 장수로 출발하였으나 뒤에 독립 세력을 형성하여 지금의 중부 지방을 지배하는 强者가 되어, 901년에는 왕이라 자칭하게 되었다. 그리고 904년에는 鐵圓을 도읍지로 정하고 국호를 摩震이라 하였으며, 911년에는 국호를 다시 泰封으로 고치었다. 이로써 후삼국이 성립되고 통일신라는 다시 크게 세 세력으로 분열하게 되었다.

뒤에 고려왕조를 건국하게 되는 王建은 松嶽 지방을 기반으로 하는 세력가 출신으로서 궁예에 귀부하여 그 부하 장수가 됨으로써 역사의 표면에 등장하였다. 왕건은 탁월한 전략과 원만한 인품으로 궁예와 주위 사람들의 신망을 얻어 궁예 정권하에서 정치적·군사적 기반을 착실히 닦아 나갔다. 그런데 마침 궁예가 정권 말기에 폭정을 거듭하여 인심을 잃게 되자, 왕건은 주위의 추대와 민중의 적극 참여로 궁예를 축출하고 새 왕조를 개창하게 된 것이다.

918년에 궁예의 세력 기반을 물려받아 새 왕조의 창시자가 된 태조 왕건은 국호를 「高麗」라 하고, 年號를 「天授」라 정하였다. 그러나 태조 왕건 앞에는 허다한 난관이 가로 놓여 있었다. 안으로는 태조의 새 정권에 반감을 가지고 있던 궁예 정권 이래의 기존 정치세력에 대응하며 왕권을 안정시키는 일과 신라 이래로 정치기강의 문란과 가혹한 수탈에 피폐해진 민심을 수습하여 국가 기반을 새롭게 다지는 일이 시급한 과제였으며, 밖으로는 막강한 군사력을 보유하고 후삼국 관계에서 우위를 점하고 있던 후백제에 어떻게 대처하고 신라와의 관계 설정은 어떻게 하며, 또 전국 각처의 호족세력을 어떻게 회유 포섭하느냐 하는 문제도 태조 자신이 해결해야만 할 과제였다.

태조 왕건은 일찍부터 전략가로서 탁월한 능력을 갖춘 군사 지도자였을 뿐만 아니라, 고려 건국 이후에는 새로운 시대적 전환기에 위기관리 능력과 함께 새로운 시대적 요청에 부응하여 이를 실천할 줄 아는 정치 지도자로서의 역량도 갖추고 있었던 인물이었다.

태조 왕건은 새 왕권에 도전하는 여러 차례의 반역사건을 슬기롭게 극복하면서 왕권을 다져 나갔으며, 한편 즉위 초에 토지제도를 바로 잡고 고대적 수취를 지양하여 「取民有度」로 표현되고 있는 새로운 수취체제를 시행하는 등, 새로운 대민시책을 단행함으로써 민심의 안정에 적극 노력하였다. 이와 아울러 후백제에 대해서는 평화관계 유지에 힘쓰는 한편, 전국 각처의 호족세력에 대해서는 즉위 초부터 「重幣卑辭」의 적극적인 교섭을 통하여 해가 거듭 될수록 고려에 귀부하는 호족들의 수가 증가하는 큰 성과를 거두게 되었다. 또한 이 시책은 뒤에 고려 태조가 후삼국 통일의 주도권을 잡는 데에 결정적인 기여를 하게 된다. 그리고 신라에 대해서는 궁예 때의 적대행위를 청산하고 매우 호의적인 태도를 취하여 신라의 호감을 얻게 되었으며, 이는 뒤에 신라의 자진 항복을 가져오게 하는 단서가 되었다.

태조 왕건은 그의 치세 중에 여러 가지 훌륭한 업적을 남겼지만, 특히 주목되는 것은 후삼국을 통일하여 전시대와는 그 역사적 성격을 달리하는 새로운 통일왕조를 수립하는 데에 성공한 사실이다. 그는 복잡 미묘한 후삼국 관계에 매우 기민하고 탄력성 있게 대처함으로써 건국 초의 불리한 여건을 서서히 극복하고 마침내 후삼국 통일의 주도권을 장악하기에 이르렀던 것이다. 그리하여 태조 18년(935) 후백제의 내부 분열로 왕위에서 쫓겨난 견훤이 고려에 투항한 사건이 후삼국 통일의 결정적인 계기가 되었다. 이 해에 신라의 자진 항복이 이루어졌고, 이듬해인 태조 19년에는 후백제와의 최후 결전을 통해 후삼국 통일이라는 대업을 성취하게 된 것이다.

고려 태조에 의해 우리 국토가 후삼국으로 분열된 지 불과 30여 년만에, 그리고 큰 후유증 없이 다시 하나의 왕조로 통합할 수 있었던 것은 정치 지도자로서의 탁월한 능력 때문이었다는 이유 이외에 달리 설명할 도리가 없을 것 같다. 그는 복잡하게 얽혀 있는 현실 문제를 무리 없이 타개할 줄 아는 능력과 함께 앞을 내다 볼 줄 아는 통찰력을 고루 갖춘 탁월한 군주였다.

그러한 태조로서도 그의 재위 중에 호족 문제에 관해서는 근본적인 해결을 보지 못하였다. 이는 고려 국초에 있어서 호족세력에 관한 문제가 얼마나 해결하기 어려운 과제였던가를 잘 말해 준다 하겠다. 태조의 치적을 살펴 보면 그가 내내 호족세력을 회유하고 견제·포섭하여 왕권을 안정시키고자 힘썼음을 알게 한다. 왕실의 혼인문제, 西京經營의 문제, 그리고 事審官制·其人制 등은 이러한 대호족시책과 불가분의 관계를 맺고 있었다. 그러나 이 지난한 과제는 태조 자신이 풀지 못하고 그의 후계자에게 넘겨질 수밖에 없었다.

II

이제 여기서는 제2대 혜종대에서 제5대 경종대까지 37년 동안에 일어난 정치적 변동을 왕권과 호족세력과의 관계를 중심으로 살펴보도록 하겠다.

제2대 왕인 혜종은 태조의 장자로서 태조4년(921)에 왕위 계승권자로 책봉된 뒤 태조 26년(943) 태조의 사후에 왕위에 오르기까지 22년이라는 오랜 세월 동안 정치적·군사적 경륜을 쌓았을 뿐만 아니라, 강력한 호족 출신으로서 그의 후견인이 된 重臣 朴述熙의 보필을 받고 있었다. 그러나 이러한 조건을 갖춘 혜종으로서도 왕으로 즉위한 뒤에는 왕권의 안정을 기할 수가 없었다. 혜종은 재위 중에 자신의 왕위와 목숨을 노리는 적대세력으로 말미암아 불안한 나날을 보내었을 뿐이었다. 이와 같은 현상은 당시 왕권의 미약과 호족세력의 강대를 단적으로 드러내어 주는 것이었다. 그리하여 「氣度恢弘」·「智勇絶倫」하였던 혜종도 아무런 치적을 남기지 못한 채 재위 2년만에 34세의 나이로 의문의 최후를 맞이하였다. 이와 아울러 혜종의 충실한 후견인이었던 박술희도 왕위 쟁탈의 와중에서 살해당하고 말았다.

주위의 추대 형식으로 혜종의 뒤를 이어 제3대 왕이 된 정종은 혜종의 이복 동생으로서 혜종대에 政情이 불안하던 시기에 西京을 기반으로 강력한 세력을 형성하고 있던 王式廉의 군사력을 수도로 끌어 들여 王規 등의 政敵들을 제거하고 왕위에 올랐던 것이다. 정종의 즉위 과정을 보면, 혜종의 유촉이나 자신의 독자적인 세력 기반에 의해 이루어진 것이 아니었다. 전적으로 서경의 왕식렴 세력에 의존하여 이루어졌음을 알 수 있다.

따라서 정종대에도 그 출발부터 왕실의 독자적인 힘에 의해서 왕권이 강화되거나 확립되기를 기대할 수 없었다. 고려 왕실의 세력 기반이었고 또 수도인 개경에서조차 왕위를 부지하기가 어려운 형편이 아니었던가 한다. 정종이 주위의 반대와 원성을 무릅쓰고 왕식렴의 세력 기반인 서경으로의 천도계획을 추진한 사실을 통해서도 우리는 당시의 사정을 알 수 있을 것 같다. 그러나 서경천도는 실현되지 못하고, 정종은 재위 4년만에 27세의 나이로 병사하고 말았다.

위에서 살펴 본 바와 같이, 태조 이래 고려 왕실의 오랜 숙원인 왕권의 강화 내지 확립은 혜종과 정종대에는 실현되지 못하였음을 알 수 있을 것이다. 이것은 바꾸어 말하면 이 시기까지에는 권력 구조면에서 호족세력이 왕권보다 우위에 있었다고 보아 좋을 것이다. 이미 다 알다시피 왕권의 강화는 제4

대 광종대에 이르러서야 비로소 실현된다.

광종은 정종의 동복 동생으로서, 정종의 內禪으로 왕위에 올랐다. 광종의 치적 중에서 가장 두드러진 것은 그의 왕권 강화책이다. 광종 7~11년(956~960)까지 그는 왕권 강화에 필요한 제도적인 조처를 취한 뒤에, 광종 11년부터 광종 26년까지, 즉 그가 죽는 해까지 왕권 강화에 장애가 되는 호족세력의 숙청작업을 계속하였다. 광종은 호족세력의 숙청과 왕권의 강화를 위해 그의 전 생애를 바쳤다고 해도 지나친 말이 아닐 것이다.

이처럼 광종의 집요한 노력에 의해 왕권의 강화라는 큰 성과를 거둘 수 있었다. 그리고 그러한 정치적 기반이 다음 대인 제5대 경종대에 계승되었다. 경종은 정치적 역량이 그리 뛰어나지 못했던 것으로 알려져 있지만 경종 원년(976)에 고려 토지제도의 모체가 되는「始定田柴科」를 시행할 수 있었던 것은 광종대의 왕권 강화책의 성과와 결코 무관하지 않았던 것으로 생각된다. 그러나 이와 아울러 생각해야 할 것은 광종대 당시에 호족세력으로 대표되던 새로운 정치세력이 광범위하고 강력하게 존재하고 있었다는 사실이다. 그리고 광종은 무려 15년 동안이나 대대적인 숙청작업을 계속하였지만 그 세력을 완전히 제거할 수는 없었던 것이다. 그것은 경종 즉위 초에 호족세력이 다시 큰 정치세력으로 광범위하게 등장하고 있던 사실이 이를 잘 말해 주고 있다 할 것이다.

여기서 광종의 왕권 강화책이 가지는 역사적 의미를 정리해 둘 필요가 있다고 생각한다. 그것은 그 정책이 호족세력을 약화시키고 왕권을 강화시키는 성과를 거두었지만, 그러나 정치 운영에 있어서 왕권이 전제적으로 독주해도 좋을 정도로 호족세력이 무력화되지는 않았던 것이다. 요컨대 광종의 왕권 강화책의 결과 왕권이 종래와는 반대로 호족세력보다 상대적 우위를 차지하는 변화에서 그 의미를 찾을 수 있지 않을까 한다. 따라서 광종 이후에는 왕권의 주도 아래 호족에 뿌리를 둔 새로운 정치세력과의 정치적 타협이 모색되어져 간 것으로 생각된다. 우리는 이러한 관점에서, 제6대 성종대에 본격화되는 정치제도와 정치세력의 개편 배경을 계기적으로 이해할 수 있지 않을까 한다.

Ⅲ

제6대 성종대에 이르면 그 이전에 비하여 큰 변화가 나타난다. 우선 중국식의 3省制로 대표되는 새로운 지배체제의 정비가 이루어지며, 유교적 정치 이념이 제도적으로 강화되어 갔다. 이와 같은 변화는 일찍이 태조에서 경종대에 이르기까지의 정치적 상황을 직접 체험하면서 좋은 정치를 하기 위해서는 왕권과 臣權 간의 상호 협조와 조화가 있어야 하며, 또 유교적 정치이념에 토대를 두어야 한다는 崔承老의 정치사상이 반영되어 이루어졌던 것으로 생각된다.

이러한 제도와 이념상의 변화와 아울러 그 이전과는 성격을 달리하는 새로운 성격의 정치적 지배세력이 이 시기에 등장하기 시작하였다. 물론 이 시기에 등장하는 지배세력도 출신 지역과 정치적 이념에 따라 크게 두 계파로 나눌 수 있다는 연구 성과가 이미 나온 바 있으나, 이들의 공통적인 점은 그 이전과는 달리 모두 귀족적인 성격으로 변신하였다는 것이다. 즉 고려의 정치적 지배세력이 「호족」에서 「귀족」으로 성격 변화를 일으키는 분기점이 바로 성종대인 것이다. 이러한 것은 매우 큰 변화가 아닐 수 없었다. 성종대를 기점으로 새롭게 출발한 고려 사회는 그 뒤 시기에 따라 여러 가지 시련과 제도상의 변화와 개편이 있었지만, 그 기본 골격은 계속적으로 유지되어 갔다. 가령 성종 다음 왕인 제7대 목종 원년(998)의 「改定田柴科」도 성종대에 정비된 지배 체제를 기반으로 하여 마련된 것이었다.

그 뒤 고려는 내부의 갈등 대립과 外侵 등으로 큰 시련을 겪었다. 목종대에 金致陽의 亂은 바로 康兆의 정변으로 이어져 목종은 폐위되고 현종이 새 왕이 되는 진통을 겪었으며, 한편 성종 12년(993) 제1차 契丹의 침입 이후, 다시 침입의 구실을 찾고 있던 거란은 강조가 저지른 목종 廢弑에 관한 問罪 등을 요구하며 현종년간에 대대적인 침략을 자행하여 수도가 함락되고 현종은 羅州 지방에까지 피난하는 등 고려의 피해는 막심하였다.

그러나 고려의 발전은 중단되지 않았다. 현종대에 대대적인 지방제도의 정비와 함께 여러 시책이 꾸준히 추진되었으며 大藏經의 雕板 사업 등 문화활동도 활발히 전개되었다. 그리고 제11대 문종년간(1046~1083)에는 국가의 여러 제도를 완비하여 고려왕조의 전성기를 이루었다.

한편 고려의 귀족사회는 현종 이후 새로운 모습으로 전개되어 갔다. 우선 주목되는 것은 현종대부터 외척세력이 등장하여 귀족사회에 새로운 변화를 가져오게 한 사실이다. 현종은 그가 거란의 침입으로 남쪽으로 피난하던 도중에 큰 도움을 받았던 金殷傅의 딸들을 왕비로 맞아 들여 김은부 가문은 단번에 귀족의 대열에 끼일 수가 있었다. 이로부터 고려에서는 귀족이 될 수 있는 통로가 하나 더 열린 셈이었다. 그러나 김은부는 직접 귀족사회에 변화를 줄만큼 정치적 영향력을 행사하지 않았다. 그 뒤 제11대 문종부터 제17대 인종에 이르기까지, 7대 80여 년 동안은 역대의 국왕들이 모두 仁州李氏의 딸들을 왕비로 맞아들임으로써, 인주 이씨는 계속 왕실과 외척 관계를 맺어 고려의 귀족사회에 큰 변동을 초래하게 되었다. 인주 이씨들은 왕실의 외척이 됨으로써 왕자들의 왕위 계승문제를 둘러싸고 고려 왕실과 갈등·대립의 양상을 보이기도 하였으며, 한편 외척으로서 막강한 권력을 장악한 인주 이씨 중에는 본인이 직접 국왕을 축출하고 스스로 왕이 되고자 한 인물이 나오기도 하였다. 예종과 인종의 이중 외척이었던 李資謙의 경우가 그 대표적인 예였다.

인종 4년(1126)에 일어난 이자겸의 난은 실패로 끝나고 말아서, 외척으로서 장악한 권력의 한계를 보여 주기는 하였으나, 그 난이 당시 고려의 귀족사회에 미친 영향은 대단히 컸다. 난중에 불탄 궁궐의 잔해는 마치 침울해진 개경 귀족사회의 분위기를 그대로 상징하였을 듯하고, 그 시대를 풍미하던 풍수지리설의 地德衰旺說에 의해 개경의 지덕이 쇠하였다는 주장이 꽤 호소력이 있을 법하였다. 이러한 개경의 분위기를 배경으로 일어난 것이 바로 妙淸의 서경천도 운동이었다. 이 운동과 연관된 묘청의 난은 개경파에 의해 진압되고 표면적으로는 평온을 되찾았으나, 내면적으로는 고려 사회가 크게 변모될 수밖에 없었다. 이자겸과 묘청의 난 등으로 이미 내부 분열이 노정된 고려의 귀족사회는 그 이전의 귀족사회와는 같을 수가 없었다.

귀족사회의 발전과 귀족 신분층의 수적 증가에 따라 서로 이해관계를 달리하는 정치적 계파가 형성되게 된 데다가 이자겸과 묘청의 난 등을 진압한 공신세력이 새로 추가되어, 귀족들 상호간의 대립 갈등이 더욱 심화되어 갔으며, 한편 귀족들의 득세와 오만은 국왕의 권위도 안중에 없을 정도였다.

이러한 정치적 상황이 가장 두드러지게 나타난 시기가 바로 의종대(1146~1170)가 아니었던가 한다.

인종과 의종대의 집권세력이었던 귀족들의 행적을 살펴보면, 왕실의 권위나 국가의 이익에는 관심이 없었다. 오만하게 자신들의 이익 추구에만 전념할 뿐이었다. 따라서 계파를 달리하는 귀족 상호간의 치열한 반목은 물론이요, 국왕과의 관계도 소원해질 수밖에 없었다. 가히 정치는 실종되고 私的 권력만 난무하는 상황이었다 할 것이다. 그리고 의종 말기에 귀족들의 기세는 더욱 등등해져 방자하게 처신해도 겉으로는 아무 탈 없이 평온이 유지되고 있는 듯이 보였지만, 그러나 그것은 태풍 전야의 평온과 같았다. 고려의 귀족사회를 뿌리째 흔들어 놓을 大事件이 폭발할 단계에 이르고 있었던 것이다.

끝으로 제6대 성종대부터 제18대 의종대에 이르기까지의 정치적 지배세력의 성격 문제에 관해서 잠깐 언급해 두고자 한다.

종래의 통설에서는 그 지배세력을 「貴族」이라 일컬어 왔다. 그런데 1970년대 초에 그 성격을 「貴族」이 아니라 「官僚」로 보아야 한다는 문제의 제기가 있은 뒤에 학계에서는 이 문제를 둘러싸고 많은 논의를 불러 일으켰다. 논쟁이 거듭되는 과정에서 귀족제설과 관료제설을 고수하는 각각의 주장이 있었는가 하면 귀족적인 요소와 관료적인 요소가 複合되어 있었다는 점을 들어 수정적인 절충론이 나오기도 하였다.

이러한 지배세력의 성격에 관한 논의는 더 이상 진전을 보지 못하고 현재는 귀족제설이 우세하여 여전히 통설로 되어 있으나, 그 성격 논쟁이 가진 의미는 크다 할 것이다. 귀족제설의 논거가 되는 蔭敍制와 관료제설의 논거가 되는 科擧制 연구가 지배세력의 성격 구명이라는 문제 의식에서 진전되어, 새로운 업적이 나오게 된 것은 이 논쟁이 거둔 학문적 성과의 하나라 할 것이다.

고려의 정치적 지배세력의 성격을 풀 수 있는 관련 분야에 관한 연구가 그 폭과 깊이를 더할 때에, 다시 한번 그 성격 해명에 관한 활발한 논의가 있게 될 것으로 기대된다.

〈河炫綱〉

Ⅰ. 고려 귀족사회의 형성

1. 고려의 건국과 호족
2. 왕권의 확립과정과 호족
3. 고려 귀족사회의 성립
4. 고려사회 지배세력의 성격론

Ⅰ. 고려 귀족사회의 형성

1. 고려의 건국과 호족

1) 호족세력의 동향

(1) 호족의 개념과 성격

신라 말 고려 초에 존재하였던 지방세력에 대한 명칭은 盜賊·草賊이라 하여 반란의 괴수라는 의미로 사용되기도 하였고, 두목·소족장이나 군웅·지방세력자·군벌·지방성주·부호층 등으로도 사용되어 왔는데 이것은 그 시기와 변동의 주인공들에 대한 역사적 인식과 관련되는 것이라고 할 수 있다. 이들 지방세력에 대한 명칭으로「豪族」이라는 용어가 그 개념과 더불어 일반화된 것은 1960년대 이후의 일이었다.「호족」이란 용어의 개념과 성격은 일본사나 중국사의 연구에서 먼저 다루어져 왔었는데 그 성격은「家父長的 家內奴隷制的 世代共同體」의 長이라는 고대적 성격을 갖는 존재로 파악되고 있다.

나말려초에 새로이 등장하는 호족은 그들의 성립과정과 호족을 구성하는 사회계층, 또는 존재형태나 변천과정 등에 있어서 다양한 모습을 띠고 있다. 호족의 개념은 먼저 혈연집단을 기초로 한 촌락의 수장으로 파악되고 있다.[1] 혈연집단이란 다름 아닌 族團의 모습으로, 호족은 이렇게 지방의 유력한 족단으로 존재하고 있었다. 그것은 후대의 姓氏 집단과 같은 의미였다. 그러므로 호족은 족단을 기초로 한 혈족집단의 수장으로서, 혈연집단은 신라시대부터 촌락을 구성하는 사회적 기초였고 나말려초기를 거쳐 고려 후기에 이르러 족단 내부의 계층분화가 진행되기까지 정치·사회적 기초단위 집단을 구성하고 있었다.[2]

---

1) 金鍾國, 〈高麗王朝成立過程の研究－特に豪族問題を中心として－〉(《立正史學》 25, 1961).
2) 李純根, 〈羅末麗初 '豪族' 용어에 대한 연구사적 검토〉(《聖心女大論文集》 19, 1987), 18쪽.

나말려초의 호족은 성주·장군이라 자칭하면서 지방사회를 통치하였고 중앙의 정치기구를 모방한 독자적인 지배기구 즉 관반제를 갖추고 있었다. 또한 이들은 경제력은 물론 권력과 무력을 갖추고 문화를 독점적으로 향유하였으며 사상적으로는 당시 새로이 전래된 선종불교를 받아 들여 이를 후원하고 있었다. 그리하여 일정한 지역에서 대두한 호족 중 세력이 가장 큰 호족은 그 수장을 통하여 하위의 호족을 지배하였다.[3]

호족의 기원은 크게 신라 村主 계층이 성장한 것이나 중앙귀족이 낙향 또는 몰락하여 지방세력화한 것 등으로 보아 왔다. 그러나 촌주 출신 중에서 호족으로 성장하는 경우도 없지는 않으나 이에 부정적인 견해도 있다.[4] 이러한 지방 호족세력은 그 유형을 몇 가지로 분류할 수 있는데, 金周元의 후예인 溟州의 金順式처럼 지방 호족을 토대로 하여 신라정부에 반대적 입장을 취하는 부류, 淸海鎭의 張保皐, 康州의 王逢規 등과 같이 해상세력으로서의 호족, 견훤과 같이 지방 군사세력으로 중앙정부에 반기를 든 경우, 기훤·양길·궁예 등과 같이 草賊·群盜의 무리가 도당화된 부류 등이 그것이다.[5] 나말려초의 호족들은 후삼국시기를 거쳐 국가체제에 편입되기 시작하였고 궁예와 견훤, 왕건 중에서 결국 개인적인 능력이 뛰어난 왕건에 의해 통합되어 갔다.

고려왕조 성립 후 호족들은 두 가지의 방향으로 나아가게 된다. 하나는 중앙으로 진출하여 문벌귀족화하게 되는 부류이고, 다른 하나는 지방에 남아 있으면서 왕권강화와 더불어 향리화의 길을 걷게 되는 부류이다. 그러나 지방에 남아있던 향리들도 과거나 천거의 길을 통해 중앙관리로 진출할 수 있는 길은 열려 있었다.[6]

이제까지 일반적으로 통칭해 오던 「호족」이라는 용어와 그 개념이 나말려초의 지방세력에 대한 명칭으로 적절한 것인가 하는 점은 호족에 대한 연구가 심화되면서 자연스럽게 일어나는 문제점으로 인식된다. 사료에 드물게 보

3) 金甲童, 《羅末麗初의 豪族과 社會變動硏究》(高麗大 民族文化硏究所, 1990), 254쪽.
4) 李純根, 앞의 글, 20~22쪽.
5) 金哲埈, 〈後三國時代의 支配勢力의 性格에 대하여〉(《李相佰博士回甲紀念論叢》, 1964) ; 《韓國古代社會硏究》, 知識産業社, 1975).
6) 金甲童, 앞의 책, 254~255쪽.

이긴 하나, 여기에서는 「호족」이란 신라 말 고려 초의 사회변동을 주도하였던 역사적 존재로서 그 용어를 사용하고자 한다.

(2) 신라 말기 호족의 동향

新羅는 8세기 후반기부터 진골 귀족사회가 사치와 부패에 빠지게 되어 안으로는 중앙귀족의 왕위쟁탈전이 격심하게 전개되므로 인하여, 惠恭王 4년(768)부터 定康王 2년(887)까지 100여 년 동안에 宣德王·憲德王·僖康王·閔哀王·神武王 등 무려 20여 차의 정치변란이 일어났으며, 밖으로는 金憲昌·梵文·張保皐 등 불평귀족과 軍鎭勢力家의 반란이 속출하는 등 지배계급의 분열과 대립이 격화되었다.

한편 지방에서는 중앙정권에서 떨어져 나온 귀족이나 또는 지방의 세력가들이 불교사원·해외무역·군진세력 등을 배경 삼아 豪族으로 성장하여 반독립적인 세력을 형성함으로써 중앙집권 체제의 붕괴를 초래하고 지방분권화 현상이 광범위하게 나타나고 있었다. 그리고 이 현상은 眞聖女王(887~897) 때에 이르러 급속히 확대되어 신라는 전국적이고 항구적인 내란의 도가니 속으로 휩쓸려 들어가게 되었다.

즉 신라 제51대 왕인 진성여왕은 행실이 올바르지 못하고 간신배를 가까이 하여 이들에게 국정을 맡기었으므로 국가재정을 좀먹었으며 또 뇌물이 성행하고 관리의 등용이 공정치 못하여 정치가 극도로 어지러워지게 되었다.

여기에다 흉년으로 기근까지 들게 되니 백성이 유리하고 도적이 벌떼처럼 일어나 민심이 동요되고 지방의 여러 州郡에서는 조세를 내지 않아 국가재정이 궁핍하게 되었다. 이에 정부에서는 관리를 파견하여 조세의 납부를 독촉하였으나 이미 중앙정부의 명령이 지방에서 시행될 수 없었다. 지방에서는 정부의 명령에 복종하지 않을 뿐만 아니라 오히려 정부에 저항하여 반란이 일어나게 되었다.

이 전국적인 내란의 기반을 이루는 것은 농민이었다. 농민들은 훨씬 전부터 과중한 조세의 부담과 가혹한 力役의 징발 때문에 이미 신라의 전성시대로부터 流亡의 경향이 있었던 것인데, 그들은 또 귀족들의 퇴폐적인 향락생활과 국가기강의 해이로 말미암아 과중한 부담에 시달려야 했던 것이다.

이들 압박에 시달린 농민들은 流民이 되어 사방으로 흘러 다니거나 세력있는 귀족들의 莊園에서 보호를 받으며 그들의 私兵이 되기도 하고 노예가 되기도 하였고 또 때로는 무리를 지어서 도적이 되어 질서를 교란시켜 왔었다. 그러던 중 중앙정부의 조세 독촉을 계기로 하여 진성여왕 3년(889) 沙伐州(尙州)에서 일어난 元宗과 哀奴의 난 이후 전국 각지에서 잇달아 반란이 일어남으로써 신라의 지배체제는 완전히 무너져서 전면적인 내란상태로 들어가게 되었다.[7] 각지의 수많은 반란세력 가운데 두드러진 세력은 사벌주의 원종과 애노, 竹州(安城의 竹山)의 箕萱, 北原(原州)의 梁吉, 完山州(全州)의 甄萱, 鐵圓(鐵原)의 弓裔로서 이들은 모두 농민의 불만을 기반으로 하여 일어난 것이다.

한편 신라정부는 각지에서 일어나는 반란군을 진압할 정규군이 기능을 발휘하지 못하게 된 지 이미 오래였으므로 지방의 각 군현에서는 스스로 이를 방어하지 않으면 안되었다. 이리하여 郡太守나 縣令들은 독자적으로 사병을 길러서 城主 혹은 將軍이라 칭하고 점점 중앙정부의 명령계통에서 벗어나는 경향을 띠게 되었으니, 이에 그들은 신라정부의 명령에 대한 복종과 거부를 마음대로 할 수 있게 되었으며 또 필요하면 언제든지 신라를 배반하고 반란군과 결합할 수 있는 독립적인 존재가 되었던 것이다.[8] 이로부터 신라는 지리멸렬의 혼란상태에 빠지고 약 50년에 걸친 내란기가 시작되게 되었다.

원종·애노·기훤·양길 등의 세력은 아직 지방의 한낱 반란군에 지나지 않았다. 그러나 그들 속에서 새로운 정권을 수립하여 신라와 대항하는 자가 나타나게 되었으니 그것은 견훤과 궁예의 세력이었다. 견훤과 궁예는 각각 주위의 대소 반란세력들을 병합하고 점차 자신들의 세력을 성장시키어 마침내 後百濟와 泰封을 건국하게 되었던 것이다.

甄萱은 尙州 加恩縣의 농민출신이었다. 본래의 姓은 李氏였는데 뒤에 甄氏로 성을 삼았다고 한다. 그는 체구가 크고 유달랐으며 의기가 충만하여, 군인이 되어 서남해 방면에서 싸울 때에는 용감하게 항상 다른 군사에 앞장섰으므로, 그 공로에 따라 裨將이 되었다. 그러다가 진성여왕의 失政과 기근으로 백성이 유리하고 도적이 봉기하자, 견훤은 큰 뜻을 품고 무리를 모아 서

7) 《三國史記》 권 11, 新羅本紀 11, 眞聖王 3年.
8) 《三國史記》 권 50, 列傳 10, 弓裔.

남지방의 주현을 쳐서 반란세력으로 등장하게 되었다.[9] 한편 弓裔는 신라 憲安王의 庶子로서 姓이 金氏인데 어떠한 사정에 의하여 죽게 된 것을 유모가 안고 도망가서 몰래 길렀는데 이 사건 때에 실수로 한 눈이 멀게 되었다. 아마도 그는 정권 다툼에 희생되어 지방으로 몰려난 자였던 것 같다.[10]

이와 같이 견훤이나 궁예는 모두 신라계통 출신이므로 두 사람이 高句麗나 百濟의 전통과는 관계가 없는 것이다. 그런데도 불구하고 견훤과 궁예는 각각 백제와 고구려의 계승을 표방하였는데 이제 그 배경에 대하여 살펴보면 다음과 같다.

위에서 말한 여러 반란세력 중에서 뚜렷한 것들은 대부분이 신라의 외곽지대인 경기·강원·충청·전라도 지방에서 활약하였는데, 이들 외곽지대는 이 때에 이미 신라의 통치력이 완전히 상실되어 있었다. 또 이들 지방은 과거 三國時代에는 주로 고구려·백제의 영토였다는 점이다.

즉 과거에 고구려·백제의 판도였던 이들 외곽지대의 주민 구성은 당연히 고구려·백제의 遺民들이 주류를 이루고 있었으며, 따라서 이 지역에서는 고구려·백제의 전통이 농후하게 잔존하고 있었던 것은 쉽게 이해할 수 있다. 이것은 後百濟의 영토가 과거 백제의 영토와 대체로 일치되며, 泰封의 영토가 대부분 과거 고구려의 영토 내에 존재했던 것을 보아도 알 수 있는 것이다. 또한 이것은 견훤이나 궁예가 백제나 고구려의 계승을 표방하고 (後)百濟와 (後)高句麗를 건국한 사실과도 부합된다.

다시 말하면 이 때에 경기·강원도 이북 지방에서는 고구려 부흥의 기운이, 전라도·충남 지방에서는 백제 부흥의 기운이 강력하게 유행하고 있어서 이들 지방에는 어떠한 문제보다도 백제나 고구려 부흥의 표방이 가장 큰 관심사였던 것이다. 그리고 그 이면에는 고구려 유민이나 백제 유민이 신라정부의 실정과 차별 대우에 대하여 품고 있는 반감도 크게 작용하고 있었던 것은 물론이다. 결국 이러한 사회적인 배경이 견훤과 궁예로 하여금 백제와 고구려

9) 《三國史記》 권 50, 列傳 10, 甄萱.
《三國遺事》 권 2, 紀異 2, 後百濟 甄萱.

10) 《三國史記》 권 50, 列傳 10, 弓裔. 그런데 《三國史記》 弓裔傳에서는 "或云四十八景文王膺廉之子"라 하여 궁예의 경문왕 아들설이 있음을 기록하였고 또 《帝王韻記》도 "羅王景文生庶子"라 하여 이 설에 따르고 있다.

의 부흥을 표방하고 後百濟와 後高麗(泰封)를 건국하게 한 것이다.

이상에서 살펴본 바와 같이 진성여왕 3년(889)에 일어난 전국적인 반란에 의해 신라의 지배체제가 무너져 내리자, 각 지역에서 실질적으로 그 지역을 지배해 온 지방세력가들은 자신들의 군사적·경제적 기반을 토대로 자기들의 통치기반을 구축하고, 그 영역을 확대하면서 신라의 통치질서로부터 벗어나 독립된 세력으로 성장해 나갔다. 특히 내란 초기에는 신라의 수도 慶州로부터 떨어진 행정의 중심지인 小京과 州의 핵심관료나 군사지역의 지휘관들, 그리고 서남해 일대에서 중국과의 사적 교역을 통해 부를 축적한 호족세력들의 활동이 두드러지면서, 지역별로 우세한 세력가들이 등장함에 따라 주변의 豪族들이 자신들의 세력기반을 유지하기 위해 유력한 호족에게 귀속되어지는 양상이 나타났다.

이 시기에 각 지방에서 일정한 세력 기반을 가지고 정치·군사적으로 큰 비중을 차지하고 있던 세력가인 호족들은 지역과 시기에 따라 정도의 차이는 있지만 그 지방의 토지와 백성을 장악하고 그 곳의 통치권을 행사하던 독립적인 세력으로서, 특히 後三國時代에는 자신들의 이해관계에 따라 정치적인 관계를 자유로이 하였다. 그러나 견훤에 의해 孝恭王 4년(900) 백제의 부흥을 내걸고 (後)百濟가 세워지고 궁예에 의해 신라의 타도와 고구려의 부흥이 표방되며 (後)高麗가 건국된 효공왕 5년(901)을 전후로 하여, 각 지역의 호족들은 자신들의 정치적 성향이나 지역적인 연고관계에 의해 후백제의 견훤이나 (후)고려의 궁예와 연합하거나 귀부하였다.

2) 왕건의 즉위와 후삼국의 통일

(1) 궁예의 몰락과 왕건의 즉위

弓裔는 처음에 자신의 정치적 필요에 의해 王建을 비롯한 고구려 부흥세력과 연합하였고, 孝恭王 5년(901)에 국호를 高麗라 하여 고구려의 부흥과 계승을 표방하였다.[11] 그리하여 궁예는 본래 신라 제47대 憲安王의 아들로서 姓은 金氏이고 世達寺의 중이 되었을 때의 이름은 善宗이었지만 그 뒤 高句

11) 朴漢卨, 〈後三國의 成立〉(《한국사》 3, 국사편찬위원회, 1978), 630쪽 참조.

麗의 國姓인「高氏」를 칭하고 자신의 이름을「朱蒙의 후예」즉「고구려인의 후예」를 자처하여「弓裔」라 자칭하였던 것이다.[12)]

그러나 자신의 정치적 세력 기반이 강화되고 국가기반이 확고해지면서 고려라는 국호를 버리고 효공왕 8년(904)에 이르러 국호를 摩震으로 고치면서 자신의 정치적 기반을 더욱 강화시키고 고구려 부흥세력을 견제하기 위한 일련의 조치[13)]를 취하였다. 한편 고구려 유민들의 反新羅的 감정을 이용하여 고구려의 유민과 부흥세력을 무마하고 자신의 입지를 강화하기 위해 國人으로 하여금 신라를 滅都라 부르게 하고 신라에서 항복해 오는 자는 모조리 죽이는 등 반신라적인 감정을 보다 노골화시켜 나갔다.

효공왕 9년(905) 궁예는 서울을 松岳으로부터 다시 鐵圓으로 옮기고 궁궐과 전각을 수리하는데 사치를 다하였고[14)] 민심은 더욱 더 멀어져 갔다. 이것은 결국 고구려의 부흥이라는 국가적인 이상을 버리고 궁예의 명예라는 개인적인 욕망을 나타낸 것으로서 일종의 영웅주의의 발로였다.

그리고 이 영웅주의가 심해지면서 그는 자기를 彌勒佛이라 칭하고 자신의 큰 아들을 靑光菩薩, 작은 아들을 神光菩薩이라고 하였다. 그는 머리에는 金幘을 쓰고 몸에는 方袍(승복)를 입고 외출할 때에는 백마를 타고 채단으로써 그 갈기와 꼬리를 장식하였으며 童男·童女로 하여금 梵唄를 부르며 뒤따르게 하였다[15)]고 한다.

그는 왕으로서의 자질과 덕망을 지니지 못하였으니 왕건이 壓海縣의 賊帥 能昌을 잡아 보내자 크게 기뻐하면서 능창의 얼굴에 침을 뱉으며, "해적들이 모두 너를 추천하여 영웅이라 한다는데 이제 포로가 되었으니 어찌 나의 귀신 같은 계산이 아니겠느냐?"하고 사람들에게 구경시킨 후 목을 베게한 것이나,[16)] 그가 백성들로 하여금 신라를 멸도라 부르게 하고 신라로부터 항복해 오는 사람들을 모조리 죽이게 한 것 등의 사실을 보면, 그가 난세를 수습하고 평화를 이룩할 만한 지도력을 갖추고 있지 못한 인물이었음이 여실히 드러난다.

---

12) 朴漢卨, 〈弓裔姓名考〉(《韓國學論叢》, 李瑄根古稀紀念集刊行委員會, 1974) 참조.
13) 《三國史記》 권 50, 列傳 10, 弓裔(孝恭王 9년).
14) 《三國史記》 권 50, 列傳 10, 弓裔(天祐 2년 을축).
《高麗史》 권 1, 世家 1, 태조 원년 하6월 정사.
15) 《三國史記》 권 50, 列傳 10, 弓裔.
16) 《高麗史》 권 1, 世家 1, 태조 前文 참조.

특히 말년에 이르러서는 그의 행동이 점점 더 포학해졌고, 극도의 정신적 불안상태를 보이기도 하였다.[17] 그는 의심증까지 생겨서 915년에는 그의 부인 康氏가 다른 사람과 간통하였다 하고 강씨와 그의 두 아들을 죽였으며, 문무관료에서 평민에 이르기까지 반역죄를 씌워 무고하게 죽이는 일이 빈번하게 생기게 되어 어떤 때에는 그 수가 하루에 100명이 되는 날도 있었다. 그런데 이는 궁예가 고구려의 부흥을 표방하였다가 이를 버린 이후에 궁예와 그의 반대세력 간의 대립이 심화된 데서 비롯된 것이며 왕건도 崔凝의 도움이 없었더라면 궁예에게 죽음을 당할 뻔한 일도 있다.[18]

그리하여 궁예의 신하와 백성들은 두려워서 불안에 싸이게 되었고 게다가 그의 사치와 낭비로 말미암아 세금과 부역이 과중하게 되어 백성이 도탄에 빠지게 되었다. 한편 고구려의 후예로서 정치적 지위와 군사·경제적 기반, 그리고 덕망을 배경으로 신임을 쌓아 오던 왕건은 궁예와의 직접적인 대립을 피하고 궁예와 대항할 세력 기반을 확대하기 위해 궁예의 세력권을 벗어나, 이미 오래 전부터 왕건의 세력과 밀접한 관계가 있었고 자신이 직접 경략했던 羅州로 나아가 왕건 자신의 독자적인 세력 기반을 마련하였다.[19]

이 같은 궁예와 왕건을 중심으로 한 두 세력간의 대립은 913년에 있었던 「靑州人 阿志泰의 모함사건」[20]으로 표면화되었다. 이 사건으로 왕건의 입지가 강화되고 세력이 확대되자 궁예는 자신에게 위협적인 존재가 된 왕건을 비롯한 고구려의 부흥세력에 대해 태도를 달리하여 경계하였고,[21] 이에 將吏로부터 평민에 이르기까지 반대세력들을 모두 반역죄로 몰아 죄 없는 많은 사람을 죽였다.

이렇게 궁예와 그의 정치적 반대세력 간에 대립이 심화되어 많은 신하와 백성들이 궁예의 폭정을 견디지 못하는 상황에 처하게 되자, 마침내 景明王 2년(918) 洪儒·裵玄慶·申崇謙·卜智謙 등이 모의하여 왕건을 추대하고 혁명을 일으키니 백성들도 이에 호응하여 궁예를 축출하고 왕건이 왕위에 올

---

17) 《三國史記》 권 50, 列傳 10, 弓裔傳에 기록된 대로 궁예가 憲安王(857~861)의 아들이라면 궁예 말년은 60세가 가까운 때이다.
18) 《高麗史》 권 92, 列傳 5, 崔凝.
19) 朴漢高, 〈羅州道大行臺考〉(《江原史學》 1, 1985), 43쪽 참조.
20) 《高麗史》 권 1, 世家 1, 태조(乾化 3년).
21) 《高麗史節要》 권 1, 태조 원년 6월.

랐다. 이가 바로 고려 太祖이다.[22)]

왕건은 국호를 다시 고려라 하고 연호를 天授라 하여 고구려의 부흥과 계승 이념을 뚜렷이 하였다. 다음해에는 서울을 자기의 본거지인 松岳(開城)으로 옮기어 자신의 정치적·군사적인 기반을 확고히 하였다.[23)]

왕건은 송악 지방의 호족 출신이었다. 왕건이 浿江鎭(平山)·穴口鎭(江華) 등 개성 주위에 설치된 軍鎭의 무력을 배경으로 하여 사회적인 진출을 꾀하였다고도 하지만, 사실에 있어서 왕건의 가장 기초가 되는 배경은 경제력이었다. 즉 왕건의 선조들이 해상활동을 하면서 해적을 방어하기 위하여 군사력을 거느린 흔적도 있었던 것은 사실이고 또 왕건의 집안이 평산 지방의 호족과 혼인관계를 맺었던 사실도 발견할 수가 있으나 왕건 집안의 군사력에 앞서서 그것을 뒷받침하는 것은 경제력이었다. 그러므로 왕건의 호족으로서의 기반은 해상활동 즉 무역활동을 통하여 획득한 경제력이 주가 되는 것이며, 이것은 또 개성 지방을 중심으로 한 해상세력 전체를 배경으로 한 것이기도 하였다.[24)]

이제 왕건 일족이 豪族化하는 과정을 살펴보기 위해서 먼저 개성 지방의 해상활동에 관해서 살펴 볼 필요가 있다.

신라가 삼국을 통일한 후에는 고구려·백제와의 대립이 해소됨으로써 인적·물적인 소모가 없어지게 되어 정치와 사회가 안정되고 신라문화의 황금시대를 이룩하게 되었다. 한편 이 시기에는 중국에서도 당나라가 세계적인 대국을 건설하고 100여 년 동안 문화의 황금기를 이룩하여 정치·경제·군사·문화 등 각 부문에 있어서 큰 발전을 보였던 것이다. 이 기간에 신라는 당나라와 아주 친밀한 외교관계를 맺고 盛唐의 선진문화를 수입하였으므로 신라문화 발전에 큰 영향을 주었다.

따라서 이 시대에는 신라의 수많은 선박이 당나라로 왕래하였는데 그 목적은 외교적·문화적인 것보다 경제적인 것 즉 무역이 주가 되었음은 주지의 사실이다. 그리하여 山東半島나 江蘇省 같이 신라인의 왕래가 빈번한 곳에는 新

22) 《三國史記》 권 12, 新羅本紀 12, 景明王 2년 하6월 및 권 50, 列傳 10, 弓裔(貞明 4년 무인 하6월).
《高麗史》 권 1, 世家 1, 태조(貞明 4년 6월 을묘).

23) 《高麗史》 권 1, 世家 1, 태조 원년 하6월 병진·동 2년 춘정월.

24) 朴漢卨, 〈王建世系의 貿易活動에 對하여〉(《史叢》 10, 1965) 참조.

羅坊이라는 신라인의 거류지가 생겼으며 또 그 거류지를 관할하기 위한 新羅所라는 행정기관이 설치되고 그 직원은 신라인이 임명될 정도였다. 그리고 신라의 무역상대는 당나라뿐만 아니라 日本도 포함되어 있었다. 이것은 淸海鎭大使 張保皐가 당과 일본을 연결하는 위치에서 큰 활동을 전개하였던 것을 보면 알 수 있는 것이다. 이 기간에 신라의 각 해안 요충지에서는 무역활동이 번창하고 있었는데, 그 대표적인 곳으로 淸海鎭(莞島)·唐城鎭(華城郡 南陽)·穴口鎭(江華)과 康州(晋州)·金州(金海)·登州(安邊) 등을 들 수 있다.

그런데 개성도 이러한 대외무역 활동으로 번창한 지역의 하나였다. 그리고 그 중심은 永安村이라는 마을이었는데 뒤에 이 마을은 作帝建의 활동 이후 永安城으로 크게 발전하였다. 이제 이와 같은 배경을 가진 개성 지방에서의 왕건 일족의 활동을 살펴보기로 하자.

여러 기록을 종합하여 보면 왕건의 집안은 왕건의 五代祖인 虎景이 북쪽으로부터 와서 개성 지방에 자리잡은 것으로 되어 있는데 이 때에 이미 호경은 「富」하였던 것으로 나타나고 있다.[25] 그리고 호경의 아들인 康忠이 나중에는 영안촌 부자의 딸과 혼인하였다든지, 송악군의 上沙粲이 되었다든지, 집의 형세가 「累千金」이었다든지, 또는 당 肅宗의 설화와 같은 무역활동이나 또는 이에 관련된 상업활동에 종사한 흔적과 함께 호족화하여 가는 기록이 나타나고 있다.

왕건의 선조 중에서 가장 활발한 무역활동을 전개하고 또 큰 성공을 거둔 것은 그의 조부인 作帝建이었다. 작제건은 자신이 직접 무역선을 타고 해외무역에 종사하여 막대한 재부를 축적하고 개성 지방 일대에서 최대의 호족으로 등장함으로써 이 지방의 지배권을 확립하였는데, 이 과정에서 작제건은 당시에 횡행하던 해적들을 소탕하고 제해권을 잡았으며 또 이를 위하여 상당한 군사력을 가지게 되었던 것으로 보인다. 그리고 그의 아들인 龍建과 손자인 왕건 때까지도 계속하여 개성 지방을 지배해 왔으며 또 이들은 대대로 주위의 호족들과 혼인관계를 맺어 그 세력을 강화시키고 있었다.[26]

그러다가 弓裔의 세력이 철원 지방에 나타나게 되자 용건 부자는 진성여

25) 《高麗史》 高麗世系附記 編年通錄 참조.
26) 朴漢卨, 앞의 글(1965).

왕 10년(896)에 松岳郡을 바치고 궁예에게 귀부하였다. 용건 부자가 궁예에게 귀부한 것은 우선 그들의 군사력으로는 궁예의 군사력을 물리칠 만한 충분한 세력이 못되었기 때문에 그들 자신의 안위와 해상활동의 기반을 보호하기 위한 것이었지만, 한편으로는 용건 부자의 정치적 이념인 고구려의 부흥을 꾀하고 평화를 이루기 위하여 궁예의 세력을 이용할 필요가 있었기 때문이었을 것이다.

그런데 弓裔로서는 용건 부자가 막대한 재력을 가진 개성 지방 제일의 대호족인데다 개성지방의 큰 경제력과 해상활동을 배경으로 한 것이었기 때문에 이를 크게 이용할 가치가 있었던 것이다. 따라서 용건 부자가 귀부하여 오자 궁예는 크게 기뻐하며 이들을 우대하였고 이에 용건은 귀부한 뒤에는 궁예에게 권유하여 도읍을 자기의 근거지인 송악군으로 옮기게 하였다.[27]

이리하여 서로 다른 성질을 가진 두 세력은 제휴하게 되었다. 용건 부자가 귀부하여 오자 궁예는 용건을 金城(金化)太守에 임명하고 왕건은 약관의 청년임에도 불구하고 장군으로 등용하여 해륙 양면으로 여러 번 군사를 거느리고 나아가 싸우게 하였다. 효공왕 2년(898) 왕건은 楊州와 見州(楊州의 일부)를 공격하고 효공왕 4년에 廣州·忠州·靑州(淸州) 및 唐城(南陽)·槐壤(槐山) 등의 군현을 공격하여 이를 모두 점령하는 등 陸戰에서도 여러 차례 전공을 세웠다.[28] 왕건이 해상세력 출신이었으므로 그의 활동은 대부분이 수군 활동에서 이루어졌다. 즉 왕건은 효공왕 7년에 수군을 거느리고 서해 쪽의 전라도 해안으로 나아가 錦城郡(羅州) 등 10여 군현을 쳐서 점령하고 효공왕 13년에는 珍島의 皐夷島城을 점령하였으며, 효공왕 14년에는 견훤이 친히 거느린 水陸종횡의 精兵을 德眞浦에서 크게 격파하고 수십 군현을 점령함으로써 이곳의 지배권을 확립하였다.[29] 특히 왕건이 수군을 거느리고 나주 지방을 경략한 것은 후백제의 배후를 교란하여 군사력을 분산시킴으로써 북으로는 泰封에 대한 공격을 약화시키고 동으로는 미약한 신라를 후백제가 병탄하는 것을 견제하려는 것이며, 또 서쪽과 남쪽으로는 해상을 봉쇄함으로써 후백제의 중

---

27) 《高麗史》 권 1, 世家 1, 태조(乾寧 3년 병진)·(光化 원년 무오).
28) 《三國史記》 권 50, 列傳 10, 弓裔(光化 3년 경신).
29) 《高麗史》 권 1, 世家 1, 태조(天復 3년 계해 3월)·(開平 3년 기사)·(4년 갑술).

국·일본에 대한 외교활동을 방해하려는 것이었다. 이렇게 왕건은 전라도의 서해안·남해안 쪽에 점령한 군현을 근거로 하고 해안을 따라 경상도 해안에까지 진출하였다. 뒷날 육지로 洛東江을 끼고 남하하는 고려의 세력과 강주(진주)에서 연락함으로써 후백제를 포위하여 마침내 후삼국을 통일할 수 있는 기반을 마련하였던 것이다.

다음으로 왕건이 그 뒤 궁예의 세력 내에서 어떻게 자신의 세력을 성장시켜 궁예를 타도하고 고려를 성립시켰는지 살펴보자.

왕건 부자가 귀부하여 오자 궁예는 크게 기뻐하여 왕건을 그의 근거지인 철원군의 태수로 삼고, 용건은 그 옆 군인 금성군의 태수를 삼아 이들을 우대하였다. 이에 용건의 건의에 따라 왕건으로 하여금 송악군에 勃禦塹城을 쌓게 하고 왕건으로 그 성주를 삼았으며, 효공왕 2년(898)에 도읍을 송악군으로 옮긴 후에는 왕건을 精騎大監에 임명하여 군사를 거느리게 하였다. 이후에도 왕건은 주로 군사활동을 통하여 두각을 나타내게 되었다. 이미 앞에서 언급한 바와 같이 효공왕 4년 광주·충주·청주·당성·괴양 등의 군현을 점령한 공로로 阿粲의 관품이 주어졌으며, 효공왕 7년에는 수군으로 나주 등 10여 군현을 점령하자 閼粲으로 진급되고, 효공왕 13년에 나주에 문제가 생겨 다시 왕건이 파견되어 진압할 때에는 韓粲으로 올라가는 동시에 海軍大將軍에 임명되었다. 그리고 神德王 원년(912)에도 德眞浦에서 견훤의 군사를 격파하는 등, 거듭되는 전공으로 계속 올라가 波珍粲이 되고 아울러 수상인 侍中이 되었다.

신덕왕 3년에 나주 지방이 다시 불안해지자 궁예는 왕건을 시중직에서 해임하고 百船將軍으로 임명하여 또 수군을 거느리고 가서 수습하게 하는 등 出將入相을 번갈아 하게 되었다.[30] 이처럼 왕건은 주로 수군활동의 성과를 통해 태봉에서의 요직을 차지하게 되었는데, 한편으로 그는 지식과 덕망도 구비하고 있었다. 그는 당시에 대표적 지식계급인 禪宗의 승려들과 연결되어 지적 소양을 높였고 또 난세를 수습하고 새로운 질서를 이룩할 인물이 될 경륜을 쌓아 갔다.[31]

---

30) 《三國史記》 권 50, 列傳 10, 弓裔.
《高麗史》 권 1, 世家 1, 태조 前文 참조.
31) 《高麗史》 高麗世系 등 참조.

(2) 왕건 즉위 초 호족의 동향

궁예를 축출하고 高麗의 태조로 즉위한 王建 또한 새로운 어려움에 직면하게 되었다. 왕건이 즉위한 지 5일째 되던 날 혁명 내부세력 가운데 왕건의 왕위를 넘보고 왕권에 도전한 반혁명사건이 발생하였고, 그 뒤 궁예의 정치적 지지 기반이었던 청주지역 호족세력들이 모반을 꾀하여 왕건에 저항하였으며, 일찍이 궁예의 세력 기반이 되었던 溟州지역 대호족인 順式이 비협조적인 태도를 보이는 등 많은 호족들이 동요하고 있었다. 이는 태조 원년(918) 8월 己酉에 왕건의 즉위를 빌미로 각 지역의 도적들이 변방에서 정변을 일으킬 것을 염려하여 조정에서 그들에게 은혜를 베풀고 우의를 다질 것을 신하들에게 당부한 사실[32]을 통해 확인할 수 있다.

고려왕조를 창업하고 왕건이 즉위하는데 공이 있었던 桓宣吉은 馬軍將軍으로서 정예군을 통솔하면서 궁궐을 숙위하고 있었다. 처음에 환선길은 그의 아우 香寔과 함께 왕건을 추대하여 공을 세웠으나 논공행상에 불만을 갖고 반역을 도모하고자 하였다. 그리하여 은밀히 병사들과 결탁하여 거사를 준비하고 있었다. 이러한 움직임을 마군장군으로 개국공신의 한사람인 卜智謙이 미리 알고 태조에게 보고했으나 구체적인 증거가 없는 상황하에서 태조는 이를 믿지 않으려 하였다. 그러던 중 태조가 學士 몇 사람과 궁전에서 국정을 의논하고 있는 자리에 환선길이 그의 도당 50여 명과 함께 병기를 가지고 습격하여 왔다. 이 때 태조는 태연하게 일어나 큰 목소리로 꾸짖었다.

> 朕이 비록 너희들의 힘으로 이 자리에 올랐으나 어찌 하늘의 뜻이 아니겠는가. 天命이 이미 정해졌는데 네가 감히 이럴 수 있느냐(《高麗史》 권 127, 列傳 40, 叛逆 1, 桓宣吉).

이에 환선길은 태조의 당당한 모습을 보고 복병이 있는 것으로 알고 도망을 치다 호위군사들에 의해 추격 당한 끝에 모두 죽임을 당하였다.[33]

또 이 사건이 일어난 후 9일째 되던 날 궁예에 의해 마군대장군에 임명되

32) 《高麗史》 권 1, 世家 1, 태조 원년 8월 기유.
33) 《高麗史》 권 127, 列傳 40, 叛逆 1, 桓宣吉.

어 熊州(公州)를 공격하여 장악하고 있었던 伊昕巖이 반역을 도모하다 발각되어 처단되었다.[34] 그런데 이 사건은 이흔암의 처가 환씨인 점으로 미루어 보아 앞서 일어난 환선길의 반역사건과 관련된 것으로 보여진다.

왕건이 즉위한 지 보름도 되기 전에 발생된 두 반역사건은 궁예의 정치세력들에 의한 反王建의 성격을 지닌 사건임에 틀림없다. 결국 웅주 지역과 관계된 두 모반사건으로 인해 2개월 뒤인 그해 8월에 熊州·運州(洪城) 등 10여 주현이 후백제의 견훤에게 자발적으로 귀부하였던 것이다.[35]

이렇듯 왕건이 즉위한 이후에 궁예를 지지했던 각 지역의 호족세력들이 동요하고 있었는데, 특히 후백제 영역과 근접한 지역이 더욱 심하게 나타나고 있었다. 이는 그해 9월에 徇軍吏 林春吉이 그의 출신지인 청주인과 결탁하여 반역을 도모한 사실이나 10월에 靑州帥 파진찬 陳瑄이 그의 아우 宣長과 함께 반란을 도모한 데서 잘 드러난다.

靑州(淸州)는 본래 백제의 上黨縣으로 娘臂城 또는 娘子谷이라 불리던 곳으로 군사적으로나 지리적으로 중요한 위치를 점하고 있어, 삼국간에 상호 치열한 공방전 속에 영역을 달리 했던 곳이다. 신라가 삼국을 통일한 뒤에는 새로이 마련한 9州·5小京制 하에서 5소경 중의 하나인 西原小京으로서 정치와 지방문화의 중심지 역할을 하였다. 이어 후삼국시대에는 효공왕 4년(900)에 왕건이 광주·충주 등지를 평정할 때 이 곳 지방세력가들인 淸吉·莘萱 등이 國原(충주)·청주·괴양 등을 들어 궁예에게 자발적으로 귀부함으로써 고려의 영역에 들어가게 되었던 곳이다.[36]

그런데 궁예는 국호를 摩震으로 고치고 자신의 정치적 지지 기반을 다지기 위해 자신의 세력 근거지였던 철원으로 도읍을 옮기고, 그 해(효공왕 8년) 7월에 청주인 1,000戶를 철원에 이주시켜 새로운 세력 기반을 구축하려 하였다. 이는 청주의 호족세력들이 대개 몰락한 신라의 진골귀족 계열로서 신라 왕실로부터 버림받은 궁예와 쉽게 결합할 수 있는 반면에, 고구려의 부흥에 동조하지 않을 뿐 아니라 고구려 부흥세력의 구심체인 왕건에 대해 적극적

34) 《高麗史》 권 1, 世家 1, 태조 원년 6월 경신.
35) 《高麗史》 권 1, 世家 1, 태조 원년 8월 계해.
36) 《三國史記》 권 12, 新羅本紀 12, 孝恭王 4년 동 10월.

으로 협조할 수 없는 점을 이용하여 청주세력을 자신의 친위세력으로 양성함으로써 고구려 부흥세력을 견제하고 전제왕권을 확립하고자 한 것으로 보여진다. 이렇듯 청주세력은 궁예정권의 지지 세력으로 성장해 나갔었다.37)

그런데 청주의 호족세력은 궁예가 축출되고 왕건이 즉위하자 이해관계에 따라 심한 내분을 겪으면서 왕건에게 협조한 文植·明吉·金勤謙·寬駿·金言規 등의 세력과 能達·堅金 등의 세력으로 양분되어 있었다.

태조 왕건은 즉위하면서 그에게 저항하는 청주인을 회유하고 청주인들의 변란에 대비하기 위해 명길·문식·능달 등을 청주에 보내어 동태를 살피고 오게 하였다. 이에 능달은 청주인들이 딴 마음이 없다고 보고하여 청주의 領軍將軍으로 있었던 견금 등의 재지세력과 이해를 같이 하고 있었고, 문식과 명길은 청주인들이 모반의 뜻이 있음을 上京從仕하고 있었던 청주인 金勤謙·寬駿·金言規에게 말하면서부터 두 세력은 서로 상대방을 모함하고 대립하게 되었다. 그래서 왕건은 그들이 서로 모함하는 것을 용서하고 회유·무마하는 한편 마군장군 洪儒·庾黔弼 등으로 하여금 1,500명의 병사를 鎭州에 보내어 변란에 대비하도록 하였다.38)

이러한 가운데 태조 원년 9월에 중앙에서 청주인 순군리 임춘길이 동향인 裵悤規, 季川人 康吉·阿次, 昧谷人 景琮 등과 모반하여 청주로 돌아가려는 사건이 발생했으나 卜智謙에 의해 실패로 끝났다. 이 사건으로 인해

37) 崔圭成, 〈弓裔政權의 支持勢力〉(《東國史學》 19·20, 1986).
鄭淸柱, 〈弓裔와 豪族勢力〉(《全北史學》 10, 1986).
申虎澈, 〈新羅末 高麗初 昧谷城(懷仁) 將軍 龔直〉(《湖西文化硏究》 10, 忠北大湖西文化硏究所, 1992) 등에 보면 金甲童의 앞의 책, 41~42쪽의 인용이 잘못된 것임을 알 수 있다. 그러나 金甲童은 궁예가 청주를 차지한 후 청주인 1,000호를 鐵原으로 사민시키고 다음해에는 도읍을 송악에서 철원으로 옮기는 조치를 취한 것에 주목하여 이 지역이 궁예의 지지 기반이 되었음에 의문을 표하였다. 즉 徙民政策은 강제적으로 실시되었고, 이는 청주를 완전히 지배하여 후백제에 가담하지 못하도록 하기 위한 집단인질적인 조치였으며 청주인들이 궁예의 지배 하에 있었어도 마음속으로는 불만을 가졌을 것이며 이 점은 궁예의 휘하에서 당시 청주를 정복한 왕건에 대한 태도도 마찬가지였을 것이다. 그러므로 이 지역은 궁예나 왕건에 대해 반감을 품고 있던 반정부세력과 한편으로 궁예정부에 협조하여 자신의 영달을 추구하여 정치적 지위를 누린 무리로 대별할 수 있고 고려 건국 후 이들 사이에 내분이 일어나고 변란이 일어날 소지가 있었다고 하였다(金甲童, 위의 책, 29~43쪽 참조).

38) 《高麗史》 권 92, 列傳 5, 王順式 附 堅金.

홍유·유금필의 군대가 중앙으로 철수하였고, 이어 임춘길·경종 등의 誅殺에 대한 여파로 청주의 민심이 동요되는 상황에서 10월에 청주의 在地豪族세력으로 보여지는 靑州帥 파진찬 진선이 그의 아우 선장과 함께 반란을 일으킴으로써 청주의 민심은 극도로 악화되어 道安郡에서 "청주가 비밀리에 백제와 내통하여 장차 반란을 일으킬 것이다"라고 보고하기에 이르렀다. 그리하여 왕건은 마군장군 능식에게 군대를 파견하여 鎭撫하게 하였다. 이렇게 일련의 모반 사건이 발생하자 태조는 즉위 6개월 뒤인 태조 2년(919) 정월에 서울을 자신의 세력 근거지인 송악으로 옮겼다.

이와 같이 왕건이 즉위한 후에 궁예가 정치적 세력 기반으로 삼았던 청주나 궁예의 지지 세력이었던 공주지역 호족들은 반역을 도모하거나 지리적으로 인접한 후백제와 내통 또는 귀부하는 현상이 나타나게 되었다. 또한 궁예가 진성여왕 8년(894)에 梁吉로부터 벗어나 장군으로 추대되어 처음으로 독자적인 세력 기반을 구축하는데 중요한 군사적 지지 기반이 되었던 명주 지역의 대호족 順式도 왕건에 대해 불복하고 있었다.[39]

일찍이 진성여왕 8년 궁예는 600여 명의 군사를 거느리고 명주 지역으로 들어가 이 지역 지방세력의 협조 하에 3,500여 명이나 되는 병력을 보유하게 되었다. 이 때 궁예는 3,500명의 군사를 14隊로 나누어 편성하고 部長을 두어 각 대를 통솔하도록 하였는데 이 군사력이 바로 궁예의 강력한 세력 기반이 되어 嶺西 지역의 猪足(麟蹄)·狌川(華川)·夫若(金化)·금성·철원 등 10여 군현을 점령하고 세력을 사방에 떨치면서 진성여왕 9년에 내외 관직을 설치하여 국가 기반을 마련하기 시작하였다.[40]

그런데 이처럼 궁예의 세력 확대에 있어 결정적인 계기를 마련해 준 명주에는 신라에서 임명된 知溟州軍州事 순식 계열과 토착세력으로 군사적·실력자인 (王)乂 계열이 지배세력으로 있었다. 이들은 모두 신라 진골 출신들로서 왕예는 본래 姓이 金氏로 宣德王의 후계자 다툼에서 金敬信에게 왕위를 빼앗긴 金周元의 6세손이다.

앞서 김주원은 왕위계승전에서 패배하고 명주로 가 살았는데 元聖王으로부

39) 《高麗史》 권 92, 列傳 5, 王順式.
40) 《三國史記》 권 50, 列傳 10, 弓裔.

터 溟州郡王에 봉해지고 명주는 물론이고 翼嶺(襄陽)·三陟·斤乙於(平海)·蔚珍 등지를 食邑으로 받았다. 그리하여 金周元은 신라왕실과 동등한 자격의 독립적인 지위를 획득하였다. 그의 후손들 중 憲昌-梵文 계열은 金憲昌과 梵文의 난으로 타격을 입었지만 그밖에 대부분이 건재하였다. 특히 東靖-英吉-善希-乂 계열은 명주의 토착세력으로 위세를 떨치고 있었는데 (왕)예는 군사적 실력자인 都令의 지위를 가진 지방세력으로 활동하고 있었다.41)

또한 순식도 진골 출신으로 신라 말기에 명주에 내려와 지명주군주사로서 이 지역의 군사권을 장악하고 실질적인 지배권을 행사하고 있었다. 이렇게 명주 지역을 지배하고 있었던 세력이 모두 신라 진골출신이었고 궁예 자신이 신라의 왕족 출신으로 이 지역과 연고가 있는 世達寺에서 승려 생활을 한 사실은 이 지역 세력가들과 궁예와의 연결 가능성을 말해 줄 뿐 아니라 그 뒤 궁예세력과 연합할 수 있었던 배경이 되었다. 요컨대 명주세력은 일찍부터 궁예에게 적극적으로 협조하여 궁예가 독자적인 세력을 구축하는데 지지기반이 되었고 그 뒤 국가를 세우는데 크게 공헌하였다.

그런데 궁예가 축출되고 왕건이 왕위에 오르자 명주세력은 적대적인 태도를 취하고 오랫동안 불복하여 왕건에게 커다란 고통을 안겨 주었다. 이는 태조 19년(936) 후백제 神劍과의 一利川 전투에 동원된 고려의 총병력 87,500명 중 순식 휘하의 군사력이 馬軍 2만이었던 점42)으로 미루어 명주세력이 얼마나 중요한 비중을 차지하였던가를 짐작할 수 있다.

이와 같이 태조 왕건은 건국 초에 궁예를 지지하고 있었던 각 지역 호족들의 반발과 저항에 직면하게 되고 중립적인 입장에서 정세를 관망하고 있던 호족세력들이 후백제로 기울어짐에 따라 정치적 불안이 가중되어 갔다. 이에 왕건은 적극적으로 호족 포섭정책을 쓰지 않을 수 없었던 것이다.

태조 왕건은 즉위한 다음날인 6월 정사일에 군신들에게 조서를 통해 자신이 왕위에 나간 것이 여러 호족들의 추대에 의한 것임을 밝혀 호족들과의 친밀한 협조관계를 유지하고자 하였다. 같은 달 무오일에 궁예에게 억울하게 피해를 본 청주 출신인 尹全·愛堅 등 80여 명의 군인들을 석방하는 등 화

41) 金甲童, 앞의 책 참조.
42) 《高麗史》 권 2, 世家 2, 태조 19년 9월 갑오.

합을 도모하고자 하였다.

그런데 앞서 본 바와 같이 마군장군 桓宣吉과 伊昕巖의 역모사건으로 정치적인 동요가 일자 8월 기유일에는 신하들에게 "각 지방의 도적들이 짐이 처음 즉위함을 듣고 혹시 변방의 화를 도모할까 염려된다"고 하는 「單使」를 각지의 호족들에게 파견하여 '幣帛을 후히 하고 言辭를 낮추어서 惠和의 뜻을 보이면서' 적극적으로 호족들을 포섭하고자 하였다. 이러한 태조의 적극적인 대호족 포섭정책의 실행은 많은 호족들이 귀부해 오면서 큰 성과를 거두었다. 같은 달 8월 경술일에 궁예의 고려 건국에 호응하였다가 궁예의 배신과 실정으로 인해 궁예로부터 도망했던 鶻巖城의 尹瑄이 귀부해 왔고 또 9월 갑오일에 尙州의 賊帥 阿字盖가 사신을 보내어 내부하였다.[43] 이때 태조는 예의를 갖추어 사절을 영접하였다.

한편 태조 3년(920) 봄에는 강주(진주) 장군 閏雄이 그의 아들 一康을 인질로 보내면서 내부하였다. 이 때 태조는 일강에게 阿粲의 품계를 주고 卿의 지위에 있는 行訓의 누이와 혼인하게 하였으며 郎中 春讓을 강주에 파견하여 귀부를 위로하였다.[44] 이 지역은 일찍이 해상 교통의 요지로서 王逢規의 세력이 독자적으로 중국과 교역활동을 전개하면서 後唐에 사신을 파견하여 세력을 떨치던 곳으로, 나주 지역과 더불어 왕건에게 있어서는 해상 활동을 통해서 남해 일대의 견훤세력을 제압하고 후백제의 배후를 치는데 주요한 거점이었다.

그리고 태조 5년 6월 정사일에는 下枝縣(安東부근)의 장군 元奉(元逢)이 투항하여 왔다.[45] 이에 태조는 다음해 봄 3월 원봉에게 元尹을 제수하였고, 또 하지현을 順州로 승격시켰다. 더욱이 태조 5년 7월 무술일에는 오랫동안 굴복하지 않아 왕건을 초조하게 만들었던 명주의 대호족 순식이 長子 守元을 보내 귀부하여 왔다.[46]

왕건은 순식을 포섭하기 위해 侍郎 權說의 건의에 따라 당시 內院의 승려로 머물고 있었던 순식의 父인 許越을 명주에 파견해서 설득시킴으로써 그

43) 《高麗史》 권 1, 世家 1, 태조 원년 8월 기유·9월 갑오.
44) 《高麗史》 권 1, 世家 1, 태조 3년 정월.
45) 《高麗史》 권 1, 世家 1, 태조 5년 6월 정사.
46) 《高麗史》 권 1, 世家 1, 태조 5년 7월 무술.

목적을 달성하였던 것이다. 이리하여 태조 5년에 순식은 수원을 통해 귀부의사를 먼저 밝히고 태조 10년에는 그의 아들 長命에게 군사 600인을 주어 왕건의 숙위를 담당하게 하였으며, 이어 이듬해 봄 정월에 순식이 자제와 그의 무리들을 이끌고 직접 親朝하였다. 이 때 왕건은 순식에게 王氏姓을 하사하고 大匡을 수여하였다. 그리고 순식의 아들 장명에게는 廉이라는 이름을 주고 그의 小將 官景에게도 王姓을 하사하고 大丞을 수여하였다.47) 그런데 왕건이 명주 지역의 호족세력에게 왕성을 하사한 것은 혈족과 같은 유대관계를 유지하여 이탈을 방지하고자 한 방책의 일환으로 볼 수 있다.

특히 순식에게 수여된 대광은 그 당시 생존한 인물에게 준 최고의 관계였고 태조대에 대광의 관계를 수여한 예가 在京勢力 중에는 몇몇 있으나 지방세력 중에서는 순식 혼자 뿐인 사실을 통해 왕건이 순식을 포섭하기 위해 얼마나 고심하였는가를 알 수 있다. 이는 一利川 전투에 동원된 순식의 2만 병력을 고려하지 않더라도 순식의 세력이 왕건에게 어떠한 위치에 있었는지를, 그리고 당시 순식의 세력이 어느 정도였는지를 가늠해 볼 수 있다. 명주의 대호족 순식의 귀부는 태조 왕건의 대호족 포섭정책에 있어 하나의 획기적인 사건이었다.

태조 5년 11월 신사일에는 眞寶城主 洪術이 사신을 보내와 귀부하였다. 그 다음해 3월 신축일에 命旨城 장군 城達이 그의 아우 伊達·端林과 함께 내부하였으며, 같은 해 8월 임신일에 碧珍郡(星州)장군 良文이 조카인 圭奐을 보내어 귀부해 왔다.48)

왕건은 후백제의 견훤과 친선관계를 유지하는 한편 안으로 적극적인 호족포섭책을 통해 정치적 안정을 도모하여 어느 정도 성과를 거두고 있었다. 그러나 태조 7년 견훤의 선제공격으로 曹物郡에서 전투가 개시되면서 고려와 후백제와의 평화 공존은 깨어지기 시작하였다.49)

그리하여 왕건은 이전보다 더 적극적으로 親新羅政策을 추진하여 신라 판도 내의 지방세력들에게 신임을 얻고 협조를 구할 수 있는 분위기를 만들면

---

47) 《高麗史》 권 92, 列傳 5, 王順式.
48) 《高麗史》 권 1, 世家 1, 태조 5년 11월 신사·6년 3월 신축·8월 임신.
49) 《高麗史》 권 1, 世家 1, 태조 7년 7월.

서 신라왕실과 돈독한 우호관계를 유지하고자 노력하였다. 실제로 왕건은 궁예가 신라를 적대시하던 방식을 버리고 즉위 초부터 신라에 대해 우호적인 태도를 보였고, 이에 태조 3년 정월에 신라가 처음으로 고려에 사신을 보내 친선관계를 맺었다.[50] 그 뒤 같은 해 10월에 견훤이 신라의 大良(陜川)·仇史(慶山?)의 2郡을 침공하였을 때 신라의 요청으로 왕건이 원병을 보내어 견훤의 군대를 물러나게 한 사실[51]에서 그 관계를 짐작해 볼 수 있을 것이다. 고려와 신라왕실 간의 관계는 매우 밀착되어 있었는데 양국간의 우호적인 여건과 관계된 것으로 보인다. 태조 8년 10월 신라 高鬱府(永川) 장군 能文이 내투하였을 때, 왕건은 그 城이 신라 왕도인 경주와 가깝다 하여 그들을 위로하여 돌려보낸 사실[52]이 있는데 이것은 신라에 대한 관계를 고려해 내린 조치였던 것이다. 결국 왕건의 친신라정책은 견훤의 신라에 대한 무력정책보다 신라 영역내의 호족세력들을 더 효과적으로 설복시켜 나갈 수 있는 조건을 마련해 주었다.

특히 태조 10년 9월 견훤이 영천을 거쳐 경주를 기습하여 景哀王을 죽인 뒤에 왕의 외사촌아우 金傅를 왕으로 세우고, 금은 보화와 병기 등을 약탈하고 왕비와 궁녀들을 능욕하는 등의 만행을 저지른 뒤부터 신라 영역내의 호족들의 움직임은 親王建 쪽으로 기울어져 갔다. 태조 13년 1월 정묘일에는 載巖城 장군 善弼이 귀순하였다. 같은 달 병술일에는 왕건은 古昌의 甁山에 진을 치고 견훤은 고창의 石山에 주둔하여 서로 치열한 접전을 벌이게 되었을 때 이 지역 호족인 金宣平·權幸·張吉 등이 왕건에게 가담함으로써 견훤을 대패시키는데 결정적인 공헌을 하였던 것이다. 또 이 때 永安·河曲·直明·松生 등 후백제 측의 30여 군현이 고려에 항복해 왔다.[53] 이렇게 견훤의 경주 침입사건과 안동 고창전투를 계기로 신라왕실은 더욱 고려에 의존하였다.

한편 고창전투에서 참패를 당한 후백제에서도 점차 붕괴의 징조가 나타나기 시작하였다. 후백제를 고립시키려는 왕건의 친신라정책과 호족포섭책은 마침내 대세를 고려에 기울게 하였고 후백제 내부의 동요를 가져오게 하였다. 후백

50) 《高麗史》 권 1, 世家 1, 태조 3년 정월.
51) 《高麗史》 권 1, 世家 1, 태조 3년 10월.
52) 《高麗史》 권 1, 世家 1, 태조 8년 10월 기사.
53) 《高麗史》 권 1, 世家 1, 태조 13년 정월 정묘·병술·경인.

제 昧谷縣의 장군 龔直이 고려로 자진 투항해 왔다.54) 매곡현은 지금의 충북 懷北으로 지리적으로 靑州·報恩·文義와 접경을 이루고 있는 험준한 곳으로써, 태조 원년(918)을 전후로 하여 고려와 후백제의 세력 각축장이 되었던 중북부의 접경지역이었다.

공직은 바로 이 매곡성의 성주로서 큰 아들 直達과 둘째 아들 金舒 및 딸 하나를 후백제에 볼모로 보내면서 견훤의 심복이 되었다. 공직이 견훤의 심복이 된 데에는 그의 처남 景琮(昧谷人)이 태조 원년 9월에 일어난 청주인 순군사 임춘길의 모반사건에 연루되어 처형된 것과도 관계가 있지만 무엇보다도 공직은 자신의 세력 기반을 유지하기 위해 견훤과 타협한 것으로 보인다.

이는 군사세력면에서 우위에 있었던 견훤이 태조 13년 1월에 벌어진 고창전투에서 왕건에게 대패를 당한 이후에 공직이 다시 왕건에게 귀부한 데에서 확인될 수 있는데, 공직이 후백제에 입조하러 가서 인질로 잡혀 있는 맏아들 직달과 부자 사이에 주고받은 대화의 내용은 다음과 같다.

> 직달에게 말하기를, "지금 이 나라를 보니 사치하고 무도하여 내가 비록 심복으로 있었지만 다시 이곳에 오지 않겠다. 듣건대 王公(왕건)은 文으로 족히 백성을 안정시키고 武로 능히 暴을 禁하므로 사방에서 그의 위엄을 무서워하지 않는 자가 없으며 그의 덕을 따르지 않는 자가 없다 하니 나는 그에게 귀부하고자 한다. 너의 뜻은 어떠하냐?"
>
> 직달이 대답하기를, "볼모로 여기에 온 이래 그들의 풍속을 보니 부강함만 믿고 서로 다투어 교만하고 내세우기만 힘쓰니 어찌 나라를 유지할 수 있겠습니까? 지금 아버님께서 明主에게 귀순하여 弊邑을 보전하고 편안하게 하고자 하시니 의당한 일입니다. 저는 마땅히 아우와 여동생과 함께 틈을 타서 돌아가겠습니다. 만약 돌아가지 못한다 하더라도 아버님의 현명하신 조처에 의해 자손에게 경사가 흐르게 되면 저는 비록 죽어도 한이 없으니 아버님은 염려하지 마십시오."(《高麗史》 권 92, 列傳 5, 龔直).

그 뒤 공직은 뜻을 정하고 태조 15년(932) 6월 병인일에 그의 아들 英舒·咸舒와 함께 왕건에게 귀부하였다.55)

이에 왕건은 공직을 大相에 임명하고 白城郡(안성)을 녹읍으로 주었으며 騎

54) 《高麗史》 권 2, 世家 2, 태조 15년 6월.
55) 《高麗史》 권 92, 列傳 5, 龔直.

馬 3필과 彩帛도 주었다. 그리고 그의 아들 함서는 佐尹을 시키고 貴戚인 正朝 俊行의 딸을 영서의 아내로 삼게 해서 우대하였다.

즉 안동 고창전투 이후 영안·하곡·송생 등 30여 군현이 고려에 투항하고, 신라 동쪽의 110여 성이 항복하는 등 신라 영역의 많은 호족세력들이 왕건을 지지함은 물론이었다. 중부권에서조차 왕건에 의해 천안에 도독부가 설치되고 청주에 성이 축조되는 등 고려의 세력이 점차 확대되었다. 반면에 견훤의 세력이 점점 위축되는 상황에서 공직은 치밀한 사전 준비 하에 고려로 귀부하게 된 것이다.[56)]

한편 공직이 왕건에게 귀부한 이후 중북부 지역은 고려에게 매우 유리한 상황이 전개되었다. 공직이 귀부한 다음달인 7월 왕건이 친히 一牟山城을 정벌하였고, 또 태조 17년(934) 9월에는 운주(홍성)를 정벌하여 견훤을 크게 격파시켰다. 이어 후백제의 웅진 이북 30여 성에서 항복을 받았다.[57)] 이렇게 급변한 상황 전개는 마침내 태조 18년 3월 후백제의 붕괴를 촉진하는 내분을 불러 일으켰다.

지금까지 살펴 본 바와 같이 후삼국 성립 시기의 각 지역의 호족세력들은 시시각각으로 변화하는 삼국간의 세력 판도에 따라 자신들의 세력 기반을 보호하고 유지하기 위해, 혹은 자신들의 정치적 신념과 이해 관계에 의해 또는 지리적 여건에 따라 고려나 후백제 또는 신라 측에 가담하였다. 특히 옛 신라 영역에 해당된 호족세력들은 고려와 후백제의 각축전이 전개되는 동안 견훤의 무력주의 노선을 배척하고 평화주의를 표방한 태조 왕건을 지지함으로써 태조 왕건이 후삼국을 통일하는 데 크게 기여하였다.

(3) 후삼국의 통일

고려의 후삼국 통일과정은 바로 고려와 후백제 사이의 쟁패 과정이었다. 新羅는 이미 무력해진 데다가 甄萱과 弓裔의 침략으로 인하여 영토가 날로 줄어들어 이 때에는 이미 나라의 형태를 유지할 수 없게 되어 있었다.

후백제와 태봉과의 사이에는 치열한 싸움이 계속 되었으나, 王建은 한동안

56) 申虎澈, 앞의 글 참조.
57) 《高麗史》 권 2, 世家 2, 태조 15년 7월 신묘 및 동 17년 9월 정사.

온건한 정책을 취하여 고려왕으로 즉위하던 해 3월에 각처의 세력가에게 사자를 파견하여 후한 예물과 겸손한 언사로써 화친의 뜻을 보이는 등 전쟁을 피하려고 하였다. 견훤도 이에 호응하여 같은 달에 一吉粲 閔郃을 보내어 왕건의 즉위를 축하해 오자, 왕건 역시 廣評侍郎 韓申一 등으로 하여금 이를 영접하게 하고 후례로 접대하였다. 또 견훤도 태조 3년(920)에 아찬 功達을 보내어 孔雀扇과 智異山 竹箭을 선물하고 태조 7년에도 사신을 보내어 絶影島 摠馬 1필을 선물하는 등 왕건에게 친선의 뜻을 표하였는데 이것은 물론 왕건을 회유하려는 것이었다.

이리하여 왕건이 즉위한 후 7·8년 동안은 고려와 후백제 사이에 큰 충돌 없이 일시적인 평화를 이룩하였다. 견훤은 신라에 대한 공격도 삼가하고 있었다. 그러나 견훤이 신라에 대한 야심을 포기한 것은 아니었다. 그는 고려에 대해서 평화를 유지하면서 신라를 도모하려고 하였다. 태조 3년 10월 신라의 대야·구사 2군을 점령하고, 또 태조 8년 11월에는 고려와 볼모를 교환하여 평화조약을 맺고 동12월에 居昌 등 신라의 20여 성을 점령한 것이다.

마침내 태조 9년에 견훤의 볼모인 眞虎가 고려에서 병사한 것을 트집잡아 견훤은 고려를 공격하였으며,[58] 다음해에는 경주로 쳐들어가 경애왕을 죽이는 등 신라와 고려에 대한 공격 태도를 분명히 하였다. 이로부터 고려와 후백제 두 나라는 쉴 새 없는 교전 상태로 들어가게 되었다.

그런데 여기에서 한 가지 주의해야 할 것은, 고려와 후백제의 정면 국경선이라 할 충청도의 중부선에서는 비교적 큰 변동이 없었던 데 비해, 신라의 세력권인 경상도 안동으로부터 상주를 거쳐 합천·진주에 이르는 낙동강 서부 일대에서는 혼전을 벌였다는 점이다. 이것은 충청도의 중부선인 운주·웅주 이북은 고려의 세력으로 고착되고 그 이남은 후백제의 세력으로 고착되었으므로 이곳에서는 서로 공격·점령이 힘들었던 반면, 아직 신라의 세력권이기는 하나 신라 정부의 쇠약으로 거의 독립상태인 각 군현을 쳐서 점령하는 것이 쉬웠으므로 그 외곽 일대가 전선으로 된 것이다.

이것은 바로 고려의 남진정책과 후백제의 동진정책의 충돌이었다. 왜냐하면 고려는 상주·합천·진주로 연결되는 경상도의 서변을 확보함으로써 후

58) 《高麗史》 권 1, 世家 1, 태조 9년 하 4월 경진.

백제의 공격으로부터 신라를 보호하고 고려의 영향권으로 끌어들이려는 것이고, 후백제는 상주·안동으로 진출하여 고려의 남진을 물리치고 신라를 후백제의 판도로 끌어들이려는 것이었기 때문이다.

태조 3년에는 강주(진주) 장군 閏雄이 고려에 귀부하였으며, 태조 5년(922)에는 하지현(안동의 豊山面) 장군 원봉·명주 장군 순식·진보(청송의 진보면) 성주 홍술 등이, 태조 6년에는 京山府(또는 벽진군) 장군 양문이, 태조 8년에는 고울부(영천) 장군 능문이 각각 고려에 귀부하였음은 이미 앞에서 말한 바와 같다. 太祖 13년에는 재암성(청송의 진보) 장군 선필이 고려에 귀순하였으며, 또 동해안의 여러 주군이 고려에 귀순하여 興禮府(蔚山)에까지 이르니 왕건은 경주의 북쪽 50리 되는 곳에 昵於鎭(神光鎭)을 설치하고 스스로 이곳에 순행하였던 것이다.

이리하여 신라는 경주 일원의 극히 좁은 영토만을 영유하는 명목만의 존재로 전락하였으며, 더욱이 태조 10년에 견훤이 경주를 습격하여 경애왕을 죽이고 敬順王을 세운 후로는 사실상 명맥만을 유지하고 있을 뿐이었다. 그런데 신라는 거의 1천년을 계속해 온 나라이며 또 삼국을 통일하여 200년이나 통치해 온 정통 왕실이었으므로 왕건은 궁예나 견훤과는 달리 처음부터 친신라정책으로 신라의 지지를 얻는 것이 대세에 큰 영향을 미친다는 판단 아래 항상 신라에 대해서는 관대한 태도를 가지고 보호하는 자세를 취하였으며 후백제가 신라를 침략할 때에는 언제나 신라를 도왔다.

즉 태조 3년에 견훤이 步·騎兵 1만으로 대야성(陜川)을 쳐서 함락시키고 계속 진격하여 구사군까지 함락시키자 왕건은 신라에 원병을 보내어 견훤이 물러 가게 하였다. 또 고울부 장군 능문이 고려에 투항해 왔을 때 이를 달래어 그냥 돌려 보냈다는 사실이나, 견훤이 경주를 기습하였을 때에는 크게 분개하여 사신을 신라에 보내어 조상하는 한편, 스스로 군사 5천을 거느리고 公山(大邱 동북)에서 견훤을 맞아 싸우다가 크게 패하여 구사일생 한 일도 있었다. 또 태조 13년에는 신라왕이 사신을 보내어 서로 만나기를 청하자 왕건은 50여 騎만을 거느리고 경주를 방문하여 신라의 군신들을 위로하고 신라인으로부터 부모를 대함과 같다는 칭송을 들었다.[59]

59) 《高麗史》 권 2, 世家 2, 태조 14년 춘 2월 신해.

이와 같은 왕건의 친신라정책으로 신라의 민심은 고려로 기울어지게 되었으며 각지의 성주들이 다투어 고려에 항복해 오는 가운데, 마침내 태조 18년에 이르러 경순왕은 군신과 의논하여 고려에 항복하기로 결정하고 侍郞 金封休를 고려에 보내어 항복을 청하였다. 왕건은 예의를 갖추어 이들을 맞이하고 장녀인 樂浪公主를 경순왕에게 시집 보내는 동시에 政丞을 삼아 태자의 상위에 두고 해마다 1천 석의 녹을 주었으며, 또 神鸞宮을 지어 경순왕의 거처로 하고 신라를 경주라 하여 경순왕의 식읍으로 삼았다. 한편 신라의 왕족과 귀족들도 모두 등용하여 토지와 녹을 후하게 주었다. 56왕 992년을 유지해 온 신라는 마침내 멸망하고 말았다. 그리고 이것으로써 왕건은 신라의 전통과 권위의 계승자로서의 지위를 획득하는 데 성공하였다.

한편 고려와 후백제의 쟁패전에서 견훤의 공격은 매우 맹렬하였다. 한때는 후백제의 세력이 오히려 강하여 각처에서 거센 공격을 가하므로 양국의 전선은 혼전상태에 빠지게 되었다.[60]

그러나 고려의 반격도 맹렬하였다. 태조 10년에 왕건 자신이 후백제의 龍州(醴泉郡 龍宮面)를 쳐서 항복 받고, 같은 해에 운주에 들어 가 성주 兢俊을 격파하고, 또 近品城(聞慶郡의 山陽面)을 함락시켰다. 동년 4월에는 海軍將軍 英昌과 能式 등을 보내어 수군으로 강주 관내의 轉伊山·老浦·平西山(이상 모두 南海郡 소속)·突山(麗水의 突山島) 등 네 고을을 쳤으며, 동년 7월에는 대야성을 격파하고 후백제의 장군 鄒許祖 등 30여 인을 사로잡았는데, 대세는 고창(안동)의 싸움에서 결판나게 되었다. 태조 12년 12월 견훤은 군사·교통의 요지인 고창군을 포위하고 공격하였다. 왕건은 이곳을 구원하기 위해 禮安鎭에 이르러 여러 장수들과 전략회의를 열어 대비책을 마련하였다. 이 때 庾黔弼은 만약 서둘러 진군하여 고창군을 구원하지 않으면 고창군에 갇혀 있는 3천여 명이 위급할 것이기 때문에 먼저 자신이 진군하여 적을 공격하겠다고 하여, 태조의 명을 받고 곧 猪首峯으로부터 진격하여 후백제군을 격파하고 고

60) 《三國史記》 권 50, 列傳 10, 甄萱(天成 3년 하5월·동 11월·天成 4년 추7월·長興 3년 추9월).
《高麗史》 권 1, 世家 1, 태조 11년 5월 경신·11월·12년 추7월 신사·10월·12월 및 권 2, 世家 2, 태조 15년 9월.

려군이 고창군에 들어 올 수 있는 통로를 열어 놓았다. 이에 태조가 거느린 고려군은 고창군에 들어 가 그곳을 지키던 군대와 합류하였고 이듬해 정월 태조는 고창군 병산에서 스스로 군대를 이끌고 견훤의 군대와 결전을 벌여 이를 크게 격파하고 후백제의 군사 8천여 명을 죽이는 큰 승리를 거두니, 이에 영안(안동군 吉安面)·하곡(안동군 臨河面)·직명(안동군 一直面)·송생(청송) 등 30여 군현이 항복하여 오게 되었다.[61]

결국 후백제의 동진정책은 좌절되고 대세는 고려 측에 유리하게 되어 후백제는 신라의 외곽전선에서 후퇴할 수밖에 없게 되었다. 이제 고려는 후백제의 정면에서 공격을 가할 수 있게 되었다. 태조 15년(932) 왕건 자신이 一牟山城(淸原郡 文義面)을 크게 격파하고 웅진 이북 30여 성의 항복을 받았다.[62]

한편 후백제는 내부의 정세도 불리하게 전개되었다. 태조 18년 견훤의 장자 神劍 등은 견훤을 金山寺(金堤郡)에 유폐시키고, 스스로 왕위에 오른 사건이 발생한 것이다.

이 사건에 대해 과거의 기록에서는 견훤이 제 4자인 金剛을 편애하여 왕위를 금강에게 물려주려 하였기 때문에 장자 신검이 아우인 良劍·龍劍과 모의하여 일으킨 것이라고 하였으나[63] 앞서 본 바와 같이 대세가 기울어지게 되자 견훤은 고려에 대해 타협적인 태도를 취하려 한 데 반하여 신검 등은 對高麗 강경책을 견지하려 한 데서 나온 내분이었던 것이다. 후백제 견훤이 그의 아들 신검·용검·양검에게 "후백제의 군사력이 고려에 비해 갑절이나 많으나 오히려 점차 불리해져 민심이 고려로 돌아가니 왕건에게 귀순하여 신변을 보전함이 어떻겠는가"라고 하여 고려와 타협할 뜻을 비치자 伊飡 能奐, 波珍飡 新德·英順 등이 견훤의 아들 신검·용검·양검과 모의하여 신검을 왕에 추대하고 견훤을 금산사에 가두었다.

그 해 유폐당한 지 3개월이 지난 뒤에 견훤은 季男 能乂, 딸 哀福 그리고 애첩 姑比 등과 함께 금산사를 탈출하여 고려의 영역인 錦城(나주)으로 달아

61) 《高麗史》 권 1, 世家 1, 태조 13년 정월 병술·경인 및 권 92, 列傳 5, 庾黔弼.
62) 《高麗史》 권 2, 世家 2, 태조 15년·17년 9월 정사.
63) 《高麗史》 권 2, 世家 2, 태조 18년 춘 3월.
《三國史記》 권 50, 列傳 10, 甄萱.

나 왕건에게 귀부하였다.[64]

태조 왕건은 장군 庾黔弼·대신 萬歲 등을 시켜 바닷길로 견훤을 맞이하도록 하였다. 견훤을 맞아 들인 후 견훤을 尙父라 칭하고 남궁에 살게 하고 자리를 백관의 위에 두었다. 또 楊州를 식읍으로, 금과 비단 그리고 노비 각 40인과 말 10필을 하사하고 후백제에서 온 信康을 衙官으로 삼아 견훤을 보좌하게 하였다.[65]

태조가 견훤을 이와 같이 각별히 우대한 것은 민심을 모으는데 큰 도움이 되었을 뿐만 아니라 후백제의 내부 분열을 촉진시키는 역할을 하였다. 태조 19년 2월에는 견훤의 사위인 朴英規가 고려에 항복을 청하였다. 박영규는 사람을 보내어 태조가 만약 후백제를 치게 되면 내응하겠다는 의사를 표명하였다.

이러한 상황에서 같은 해 여름 6월 태조는 견훤의 간절한 요청에 따라 후백제에 대한 군사 행동을 개시하여 우선 正胤(태자) 武와 장군 述希를 시켜 보병과 기병 1만을 거느리고 天安府로 가게 하였다. 9월에는 태조가 친히 3군을 거느리고 천안부에 가서 병력을 통합하여 一善郡(善山)으로 진군함으로써 후백제와 최후의 대결전을 벌이게 되었다. 이때 후백제의 신검도 이에 맞서서 대군을 이끌고 북상해 갑오일에 一利川을 사이에 두고 양국이 대치하였다.

태조는 견훤을 비롯하여 대상 堅權·述希·皇甫金山, 원윤 康柔英 등으로 기병 1만을 거느리게 하고, 支天軍 대장군 원윤 能達·奇言·韓順明·昕岳, 정조 英直·廣世 등은 보병 1만을 거느리게 하여 좌익으로 삼고, 대상 金鐵·洪儒·朴守卿·원보 連珠, 원윤 萱良 등은 기병 1만을 거느리게 하고, 補天軍 대장군 원윤 三順·俊良, 정조 英儒·吉康忠·昕繼 등은 보병 1만을 거느리게 하여 우익으로 삼았으며, 명주 대광 王順式, 대상 兢俊·王廉·王乂, 원보 仁一 등은 馬軍 2만을 거느리게 하고, 대상 庾黔弼, 원윤 官茂·官憲 등은 黑水·達姑·鐵勒 등 북방 민족의 정예 기병 9천 5백을 거느리게 하고, 祐天軍 대장군 원윤 貞順, 정조 哀珍 등은 보병 1천을 거느리게 하고, 天武軍 대장군

64) 《三國遺事》 권 2, 紀異 2, 後百濟 甄萱 병신 정월.
《三國史記》 권 50, 列傳 10, 甄萱.
65) 《高麗史》 권 2, 世家 2, 태조 18년 6월.

원윤, 宗熙 정조 見萱 등은 보병 1천을 거느리게 하고, 杆天軍 대장군 金克宗, 원보 助杆 등은 보병 1천을 거느리게 하여 중군을 삼았으며, 대장군 대상 公萱, 원윤 能弼, 장군 王含允 등은 기병 3백과 여러 성에서 온 군사 1만 4천을 거느리게 하여 3군의 援兵을 삼았다.

이와 같이 태조의 3군 병력은 총 4만 3천 명으로 특히 중군 3천은 태조의 신변을 보호하는 친위부대로서의 역할이 주임무였다. 그밖에 3군의 원병으로 대장군 공훤 등이 지휘하는 기병 3백과 여러 성의 군사 1만 4천 7백 등 도합 1만 5천 명이 따로 편성되어 있었다. 위의 3군과는 별도로 지방 호족과 북방 민족의 독립부대가 참여하고 있었는데 명주 대광 왕순식 등이 지휘하는 마군 2만과 유금필 등이 지휘하는 흑수·달고·철륵 등 북방 민족의 9천 5백의 병력 등 고려의 총병력은 8만 7천 5백 명이나 되었다. 이제 후백제는 고려의 적수가 되지 못했다. 무엇보다도 사기가 크게 저하되어 있었다.

고려의 대군이 북을 울리며 전진하자 후백제의 좌장군 孝奉·德述·哀述·明吉 등이 고려의 군세가 굉장한 것을 보고 투구를 벗고 창을 던져 버린 다음 견훤에게 와서 항복하였다. 후백제군은 사기가 떨어져 감히 움직이지 못하였다. 태조가 효봉 등을 위로하고 신검이 있는 곳을 묻자 효봉이 말하기를 "신검이 중군에 있으나 좌우로 공격하면 반드시 격파할 수 있을 것입니다"고 하였다. 태조가 즉시 대장군 공훤에게 명하여 후백제의 중군을 들이치게 한 뒤 3군이 일제히 나아가 맹렬하게 공격하니 후백제군은 크게 무너졌다. 이 싸움에서 후백제의 장군 昕康·見達·殷述·今式·又奉 등을 비롯하여 3천 2백 명을 사로잡고 5천 7백 명의 목을 베는 전과를 올렸다. 고려군은 계속 후백제군을 추격하여 黃山郡(論山)에까지 이르렀고, 炭嶺을 넘어 馬城에 주둔하였다. 이때 후백제의 신검은 더 이상 저항할 수 없음을 알고 아우 양검·용검과 문무관료들을 데리고 와 항복하였다.[66]

後百濟는 견훤이 나라를 세워 完山(全州)에 도읍하고 옛 백제의 부흥을 도모한지 45년만에 멸망하고 말았다. 후백제를 무너뜨린 태조는 곧 수습책과 함께 전후 문제를 처리해 나갔다.

우선 앞서 사로잡은 3천 2백 명의 후백제 병들을 모두 그들의 고향으로 돌

66) 《高麗史》 권 2, 世家 2, 태조 19년 하6월·추9월.

려보내고 흔강·富達·우봉·견달 등 40명만 그들의 처자와 함께 개성으로 데려 왔다. 그리고 태조는 신검을 부추겨 견훤을 금산사에 유폐시킨 능환을 면대해 꾸짖었다.

> 처음부터 양검과 공모하여 임금을 가두고 그 아들을 세운 것은 너희 짓이니 신하된 도리가 아니다(《高麗史》 권 2, 世家 2, 태조 19년 추9월 갑오).

태조는 능환을 목베게 하고 양검·용검은 眞州로 귀양을 보냈다가 얼마 뒤에 죽였다. 신검은 처음에 왕위에 오른 것이 타의에 의해 이루어졌고 지은 죄도 두 아우보다 가벼우며, 항복한 점을 고려하여 처벌하지 않았으나 뒤에 죽임을 당한 것으로 보인다. 또한 태조는 후백제의 왕도였던 완산에 들어 가 명령을 내리기를 "적의 괴수들은 이미 항복해 왔으니 나의 赤子(백성)들을 범하지 말라"고 하여 백성들을 위로하고 그들의 재능에 따라 등용하였다. 이러한 군령은 엄격하게 지켜졌고, 백성들의 재물에 대해 어느 누구도 범하지 못하게 함에 따라 각 주현이 편안해졌다. 이에 백성들은 모두 태조를 따랐다.[67]

태조 왕건은 전장에서 말을 달리기 40년만에 드디어 後三國을 통일하여 민족의 재통일을 가져 왔던 것이다. 그리고 한국사상 최대의 내란기였던 후삼국 시대는 약 50년만에 수습되고 새로운 통일의 역사가 시작되었다.

3) 태조의 여러 시책

高麗 太祖의 기본정책은 평화유지 정책과 민족통일 정책으로 크게 나누어 볼 수 있다. 이 두 정책은 서로 모순되는 것 같지만 시간의 선후에 따라서 또는 같은 시기라도 선택의 여부에 따라서는 연결 내지 병행될 수 있는 것이었다.

여러 자료를 종합하여 보면 태조는 먼저 평화유지 정책을 추구하였던 것을 알 수 있다. 그는 평화를 유지하기 위하여 고려 내부의 여러 세력 및 후백제를 비롯한 각지의 세력가들에게 유화와 겸손으로, 타협과 양보로 대하여

67) 위와 같음.

상당한 성과를 거두었던 것이니, 대내적으로는 고려 정권의 안정을 이룩하고 대외적으로는 후백제를 비롯한 각처의 세력과 타협하여 한동안 안정을 누릴 수 있었던 것이다.[68]

태조가 평화유지 정책을 추구한 것은 두 가지 면에서 그 이유를 찾아 볼 수 있다. 첫째로 안으로는 즉위한 직후 안정되지 못한 그의 왕권을 확립시키기 위한 기간을 필요로 하고, 밖으로는 후백제를 제압할 수 있는 국력을 양성할 기간이 필요한 때문이었으며, 둘째로는 이미 여러 해 동안 전란을 겪으면서 사회적 불안과 경제적 곤궁에 시달려 온 백성들에게 평화와 안정을 제공하기 위함이었다고 할 수 있다. 이러한 두 가지 배경은 서로 연관성을 갖는 것이었다. 백성을 안정시킴으로써 경제적 생산을 증가시키고 국가의 재정을 충실케 하여 국력을 신장시키는 결과를 가져오게 되는 것이며, 이것은 결국 대내적으로는 그의 왕권을 안정시키는 결과를 가져오고 대외적으로는 고려가 후백제를 대항·견제하여 현상을 유지할 수 있는 여유를 얻을 수 있으며, 나아가서는 통일문제에 있어서 고려가 후백제를 타도하고 민족통일을 완수할 수 있게 되는 것이었다.

따라서 태조의 평화유지 정책은 그의 민족통일 정책과 상호 연관성을 가지고 있는 정책이요 또 궁극적으로는 서로 일치되는 정책이었던 것이다. 그러나 후백제가 평화적 현상유지를 거부하고 무력 도발로 나올 때에는 고려도 과감하게 무력 대결로 나가는 和戰兩面策을 병행하였던 점에서 태조 통일정책의 기본 성격을 파악할 수 있다. 다시 말하면 高麗 太祖는 평화유지 정책에 의한 민족통일 정책과 무력대결 정책에 의한 민족통일 정책이라는 서로 모순되는 두 가지 정책을 그 당시의 상황과 후백제의 태도에 따라 신축성있게 운영하였던 것을 알 수 있다.

태조의 여러 시책은 대내정책과 대외정책으로 크게 나누어 볼 수 있는 바, 대내정책은 이를 다시 대호족정책과 대민정책으로, 대외정책은 외교정책과 군사정책으로 나누어 고찰하기로 한다.

---

68) 《三國史記》 권 50, 列傳 10, 甄萱(天成 3년 정월).
《高麗史》 권 1, 世家 1, 태조 11년 정월.

(1) 대내정책

가. 대호족정책

918년 王建이 궁예를 타도하고 즉위한 후 가장 시급한 문제는 안정의 달성이었다. 그는 태봉의 수많은 豪族 중 유력한 자의 한 사람으로서 비록 高麗의 왕이 되었다고는 하지만, 그를 시기하고 의심하여 협조하지 않은 세력과 그를 질시하고 적대하여 정권을 빼앗으려는 세력이 많아서 전혀 안심할 수 없는 상태였다. 太祖 왕건의 즉위 직후에 일어났던 여러 차례의 정권탈취 기도사건이 이 당시의 상황을 잘 말해 주고 있다.

이리하여 태조는 주위의 여러 호족들로부터 협조를 받을 수 있는 호족 포섭정책을 쓰지 않을 수 없었던 것이다. 태조의 호족에 대한 정책으로서는 結婚政策·賜姓政策·事審官制度·其人制度가 있다. 그리고 호족들에 대한 유화적인 和合政策을 들 수 있다.

태조는 먼저 호족들의 이탈을 방지하고 동시에 왕실의 세력기반을 강화하기 위해 결혼정책을 실행하였다. 태조는 무려 29명이나 되는 后妃를 거느리고 있었다. 그가 이렇게 많은 후비를 거느리게 된 것은《高麗史》后妃列傳을 보면 정략적인 혼인정책의 결과였음을 알 수 있다.

이는 왕건이 왕위에 오르기 전에 만난 貞州人 三重大匡 柳天弓의 딸인 神惠王后 柳氏와 羅州人 莊和王后 吳氏를 제외한 나머지 후비들의 지역적인 배경과 妃父들의 정치적 지위로 볼 때 보다 분명해진다. 즉 神明順成太后 劉氏는 충주 호족 內史令 劉兢達의 딸이고, 廣州院夫人·小廣州院夫人 王氏는 광주의 호족인 대광 王規의 딸이며, 禮和夫人 王氏는 春州人 대광 王柔의 딸인 점이나, 貞穆夫人 王氏와 大溟州院夫人 王氏는 각기 명주의 호족세력인 王景과 王乂의 딸인 점에서, 왕건이 각 지역의 유력한 세력들과 혼인관계를 통해 유대관계를 강화하고자 한 정치적 의도가 있었음을 엿볼 수 있다. 특히 오랫 동안 태조에게 불복했던 명주 지역의 호족세력들에 대해 혼인과 賜姓을 통해 결속을 다지고자 한 점이 태조가 행한 혼인정책의 목적을 보다 확연히 말해 주고 있다.

더욱이 후백제 견훤의 사위였던 昇州 호족 박영규의 딸인 東山院夫人 朴氏와 新羅王 김부의 백부인 億廉의 딸인 神成王太后 金氏와 혼인한 것은 후삼국 통일 후의 통치지배질서 마련을 위한 태조의 통일전략의 일환으로 보여진다.

또한 태조는 고려 건국의 1등 공신 홍유의 딸인 義城府院夫人 洪氏나 平州 호족 太師 三重大匡 朴守卿과 그의 형 朴守文의 딸인 夢良院夫人 朴氏와 月鏡院夫人 朴氏, 그리고 평주인 태사 삼중대광 庾黔弼의 딸인 東陽院夫人 庾氏와 황주인 太尉 三重大匡 皇甫悌恭의 딸인 神靜王后 皇甫氏와의 혼인관계를 통해 지지 기반인 호족들과의 결속력을 더욱 다져 통치력을 강화하고자 하였다.

이와 같이 태조는 각지의 유력한 호족들이나 세력가의 딸들과 혼인을 통한 유대관계를 강화하여 정치적 안정을 도모하고 나아가서 통일을 위한 군사적 지지 기반을 확대하고자 하였던 것이다. 한편 태조 자신이 많은 자손들을 두어 왕가의 기반을 다져 고려 왕실의 번성을 꾀하려는 면도 있었다. 실제로 태조는 직계 자손을 제외한 그 밖의 친족세력은 미미하였다. 이렇게 수적으로 미약한 상태에 놓여 있었던 가문을 위해서 태조는 많은 부인을 통해 자손을 두고자 하였기에 모두 25명의 왕자와 9명의 왕녀를 두었던 것이다.

이처럼 많은 자녀를 둔 태조는 그의 자녀들을 혼인시키는데 있어서 특별하였다. 더욱 주목되는 것은 安貞淑儀公主와 聖茂夫人 朴氏 소생의 공주가 고려에 항복해 온 신라왕 김부와 혼인한 것을 제외하면 모두 이복 남매끼리 결혼을 하고 있는 점이다. 신라를 들어 고려에 자진 항복한 김부의 경우는 고려왕실이 김부에게 왕녀를 시집보내고 동시에 신라왕실에서 후비를 맞아들이는 이중적인 혼인관계를 통해 유서 깊은 신라왕실과 대등한 지위를 확보하여 통치 지배질서를 확립하려는 의도 하에 이루어진 것이고 그밖의 대부분은 극도의 근친혼이었다. 특히 신명태후 유씨와 貞德王后 柳氏는 자기들 소생의 자녀들을 서로 바꾸어 결혼시켰다. 그리하여 두 왕후는 태조 왕건의 배후자라는 관계 이외에 서로 상대한 소생의 왕자에 대해서는 장모로 공주에 대해서는 시어머니로서 중첩되는 혼인관계를 맺고 있다. 그런데 고려왕실이 이렇게 복잡한 근친혼 관계를 맺은 것은 태조가 많은 후비들의 자녀들이 유력한 다른 호족과 혼인했을 경우 파생되는 왕실의 분열과 대립을 방지하고, 각 지역 호족들의 딸인 후비 소생의 자녀들끼리 중첩되는 결혼을 통해 가족적인 유대관계를 형성함으로써 이들 호족세력들을 왕실 주변에 묶어 두고 왕권을 강화하기 위해서였다.[69]

태조는 유력한 호족들에게 王氏 성을 하사하여 이들과 擬制家族的인 관계를 맺어 유대를 강화하고자 하였다. 이는 먼저 태조와 명주세력과의 관계에서 살펴 볼 수 있는데 태조 5년(922) 7월 무술일에 오랫동안 불복하여 태조를 노심초사하게 하였던 명주 장군 순식이 그의 아들 수원을 보내 귀부해 오자 태조는 王姓과 田宅을 준 사실과 태조 10년 8월에 순식이 그의 아들 장명에게 600인의 군사를 주어 태조의 숙위를 담당하게 하고, 이어 태조 11년에는 순식이 자제들과 부하들을 이끌고 親朝하자 순식에게 왕성을 주고 대광으로 임명한 데에서 살펴 볼 수 있다. 이 때 장명에게 廉이라는 이름을 하사하고 원보로 임명하였으며 小將 관경에게도 왕성을 하사하였다. 역시 명주의 재지세력인 金乂도 이 때 왕성을 받은 것으로 보여진다. 또한 光海州(춘주) 사람으로 궁예에게 협력하여 東宮記室의 벼슬까지 지내고서 궁예의 실정을 보고 숨어 살다가 태조가 즉위하자 찾아 온 朴儒의 경우에도 태조는 禮로써 대우하고 왕성을 하사하였다. 이처럼 태조는 궁예를 몰아내고 왕위에 오른 뒤에 계속된 반란과 배신으로 야기된 정치적 불안을 해소하여 사신의 정치적 지지기반을 강화하고 후삼국 통일에 있어서 우위를 차지하기 위해 각 지역의 유력자들과의 결속력을 다지는 방편으로 결혼정책과 더불어 賜姓政策을 시행했던 것으로 볼 수 있다. 그밖에도 호족들에 대한 시책으로는 사심관제도와 기인제도를 들 수 있다.

事審官의 기원은 태조 18년에 신라왕 김부가 고려에 항복해 오자 김부를 경주의 사심관으로 삼아 副戶長 이하의 관직 등에 관한 사무를 관장케 한 데서 비롯되고 있다. 그 이후 다른 공신들도 각각 그 출신지의 사심관으로 삼게 되면서부터 사심관제도는 전국적으로 시행되었다.

태조가 이 제도를 시행한 목적은 호족세력을 무마하고 통제하기 위해서였다. 당시에 중앙의 통치력이 지방에까지 침투할 수 없었기 때문에 開京에 거주하는 호족들로 하여금 출신지역을 관장케 하는 간접적인 지방통제를 꾀하게 되었던 것이다.

그리고 其人制度는 후삼국시대에 각 지역의 호족세력들이 고려나 후백제에 대한 충성의 표시로서 자신들의 자녀들을 인질로 삼게 한 것으로, 태조는

69) 河炫綱, 〈高麗前期의 王室婚姻에 對하여〉(《梨大史苑》 7, 1968) 참조.

지방 호족세력들의 이탈을 방지하고자 시행하였다. 其人의 성격은 후대로 내려갈수록 변질되어 그 지위도 격하되었지만 태조대에는 개경에 기인으로 거주하고 있던 각 지방호족들의 자제를 우대하였다. 이는 당시 호족세력들을 적극적으로 포섭하여 정치적 안정을 도모하고 나아가 후백제 견훤과의 군사적 대립에서 우위를 점하고자 한 것이었다.70)

또한 태조는 호족 포섭을 위해 유화적인 화합정책을 추진하였다. 태조가 호족들과의 화합을 위해 기울인 노력은 참으로 정성스러웠다. 그는 즉위한 다음 날인 6월 정사일에 신하들에게 자신이 왕위에 나간 것은 여러 호족들의 추대 때문이라 하고 군신 모두가 친밀한 협조관계를 유지하고 즐거움을 함께 하자면서 조서를 내렸다.

> …내가 여러 신하들의 추대를 받아 왕위에 올라, (망한 왕의 전철을 경계하고) 풍속을 개혁하여 모두 새롭게 하고자 하니 마땅히 새 법규를 세우고 이전 것을 심각한 교훈으로 삼아야 할 것이다. 임금과 신하는 물과 고기처럼 서로 화합하여 이 나라 강산이 평화롭게 되는 경사가 있을 것이니 내외의 모든 신하와 백성들에게 마땅히 나의 뜻을 알게 하라(《高麗史》 권 1, 世家 1, 태조 원년 하6월 정사).

같은 달 무오일에는 韓粲 聰逸을 시켜 청주 출신으로서 억울하게 피해를 본 사람들을 석방케 하였다.

> 이전 임금(궁예)이 참소하는 말을 믿고 사람 죽이기를 좋아하였다. 그대의 고향인 청주는 토지가 비옥하고 호걸이 많아 변을 일으킬 것을 두려워하여 장차 모두 섬멸하려고 군인 尹全·愛堅 등 80여 인의 무고한 사람들을 불렀다. 그들은 지금 결박되어 오고 있는데 그대는 빨리 가서 그들을 방면하여 고향으로 돌아가게 하라(《高麗史》 권 1, 世家 1, 태조 원년 하6월 무오).

또한 8월 기유일에는 왕이 군신들에게 아래와 같이 유시하자 과연 각처의 호족 중 고려로 귀부하는 자가 매우 많았다.

> 각처의 도적들이 내가 처음 왕위에 올랐다는 것을 듣고 혹 변방에서 변란을 일으킬 것에 대해 염려된다. 「單使」를 각지로 파견하여 폐백을 후히 하고 언사를 낮추어서 「惠和」의 뜻을 보이게 하라(《高麗史》 권 1, 世家 1, 태조 원년 8월 기유).

---

70) 河炫綱, 〈高麗王朝의 成立과 豪族聯合政權〉(《한국사》 4, 국사편찬위원회, 1974) 참조.

같은 달 신해일에도 왕은 거듭 화합을 장려하는 조서를 내렸다.

> 신하로서 뛰어난 책략으로 제왕의 창업을 도와 세상에 보기 드문 공훈을 세운 자에 대해 토지를 나누어주고, 높은 관직을 주어 포상하는 것은 百代의 모범이며 천고의 규범이다. 내가 미천한 출신으로 재주와 식견이 보잘 것 없으나 실로 여러 신하들의 도움으로 왕위에 올랐다. 마땅히 폭군(弓裔)을 폐할 때 충신의 절개를 다한 자에 대해 상을 주고 그 공훈을 표창해야 할 것이다. 洪儒·裵玄慶·申崇謙·卜智謙 등을 1등으로 하여 금은 그릇과 비단 침구와 능라·포백 등을 차등있게 주고, 堅權·能寔·權愼·廉湘·金樂·連珠·麻煖은 제2등으로 하여 금은 그릇과 비단 침구와 능백을 차등있게 주고, 제3등 2천여 인에게는 각각 능백과 곡식을 차등있게 주게 하였다. 내가 공들과 더불어 백성들을 구제함에 있어 끝까지 신하로서의 도리를 다하지 못하였음에 이 공이 부끄럽지 않겠는가? 그러나 공이 있는데 상을 주지 않으면 장차 사람들에게 일을 하도록 할 수 없다. 이런 연유로 해서 오늘 포상한 것이니 그대들은 나의 뜻을 알라(《高麗史》 권 1, 世家 1, 태조 원년 8월 신해).

태조 스스로가 미천한 출신이요, 재주와 식견이 모자라는 데도 불구하고 중망에 힘입어 왕위에 나갔으며 또한 그들과 함께 백성들을 구원하기 위하여 신하가 지킬 도리를 지키지 못하였음을 부끄럽게 생각한다고 겸하의 뜻을 표하고 홍유 이하 2천여 인의 국가공로자들에게 후한 상을 내렸던 것이다.

또한 같은 해 9월 갑오일에 尙州賊帥 阿字盖가 사신을 보내어 내부하자 태조는 의례를 갖추어 이를 영접하게 하였는데, 이 영접을 위한 연습까지 할 정도로 신중과 정성을 다하였던 것이다.71)

이와 같은 태조의 다년간에 걸친 화합과 포섭의 노력에 의하여 태조는 즉위 직후에 환선길·이흔암·임춘길·진선 등 내부 호족들의 모반사건을 무사히 극복할 수 있었다. 또한 외부로부터는 朔方鶻巖城帥 윤선·尙州賊帥 아자개·康州將軍 윤웅·下枝縣將軍 원봉·溟州將軍 순식·眞寶城主 홍술·命旨城將軍 성달·碧珍郡將軍 양문·買曹城將軍 능현·高鬱府將軍 능문 등 각지의 유력한 호족을 동맹자로 포섭할 수 있었던 것이다.

이리하여 태조는 내적으로는 고려정권에서의 왕권의 안정을 이룩하고 이를 기반으로 하여 국력의 신장을 가져 올 수 있었으므로, 드디어 외적으로 후백제와 쟁패전을 벌일 수 있는 준비가 갖추어지게 되었다.

---

71) 《高麗史》 권 1, 世家 1, 태조 6년 하6월 계미.

나. 대민정책

태조의 대내정책에서 호족포섭 정책과 더불어 또 한 가지 시급한 것은 민생의 안정 추구였다. 민생의 안정은 그 자체가 태조가 추구하는 하나의 정책이었지만 그것은 또한 국력의 신장을 위하여서도 필요한 것이었다. 태조의 대민정책은 백성들을 안정시키는 安民政策이요, 백성들을 양성하려는 養民政策이요, 백성들을 잘 살게 하는 爲民政策이었다고 할 수 있는데, 이와 같은 민생 안정을 위하여 평화가 필요하였다는 점을 고려할 때 평화유지 정책은 그 자체로서 하나의 기본정책이면서도 또한 민족통일 정책과 연관성이 있는 것이었다.

태조는 궁예의 휘하에 있을 때에는 해륙 양면으로 많은 출정을 하였지만 궁예를 타도하고 왕이 된 다음에는 전쟁을 그치고 평화를 유지하려고 노력하였는데 태조가 추구한 민생 안정책의 내용은 다음과 같다.

태조는 즉위한 다음날 정사일 조서에서 궁예가 백성을 위한 정치를 하지 않고 폭정으로 백성을 괴롭혔기 때문에 멸망한 것이라 하고, 자기는 백성을 위한 정치를 하겠다는 의지를 표시하였다.

> 이전 왕은 신라가 무너질 때 도적들을 제압하고 점차 영토를 개척하여 넓혀 갔으나 통일을 이루기도 전에 백성들을 혹독하게 부리고 간사한 것을 道라 여겨 위압과 업신여김을 주된 술책으로 삼았다. 부역이 번거롭고 세금이 과중하여 인구는 줄어들고 국토는 황폐하였다. 반면에 궁실은 장엄하게 하여 제도를 따르지 않았고 노역은 그치지 않아 마침내 백성들의 원망을 불러 일으켰다. 이러한 상태에서 연호를 훔치고 왕을 칭하며 처자를 살육하여 천지가 용납할 수 없고 신과 인간이 함께 분노함에 따라 결국 무너져 내렸으니 어찌 경계하지 않겠는가?(《高麗史》 권 1, 世家 1, 태조 원년 하6월 정사).

이어서 같은 달 을축일에는 다음과 같이 조서를 내렸다.

> 나라를 다스리는 데는 마땅히 근검·절약에 힘써야 할 것이다. 백성이 부유하고 국고가 충실하면 비록 홍수나 가뭄 그리고 기근이 있더라도, 우환이 없을 것이다(《高麗史》 권 1, 世家 1, 태조 원년 하6월 을축).

그는 국가를 운영함에 있어서 마땅히 근검·절약에 힘써서 백성들이 경제생활에 혜택이 돌아가도록 하라는 것이었다.

동 7월에는 궁예가 농민을 가렴하여 백성이 고생했다 하고 앞으로는 租稅

征賦를 줄이게 할 것이라고 하였다.

> 泰封主(궁예)는 자신의 욕구를 채우기 위해 백성들에게 오로지 가혹한 수취를 일삼고 예전의 제도를 준수하지 않아, 1頃의 토지에 조세를 6石이나 받고 驛에 속한 戶에 絲를 3束이나 부과하여 마침내 백성들로 하여금 농사를 걷어치우고 길쌈하는 일을 그만 두게 한 뒤 떠돌아 다니고 도망치는 농민들이 줄을 잇게 하였다. 지금부터 조세의 부과는 마땅히 천하의 通法을 써서 常例로 삼으라(《高麗史節要》 권 1, 태조 원년 추 7월).

또한 8월 신해일에는 다음과 같은 조서를 내렸다.

> 이전 임금(궁예)이 백성들 보기를 草芥와 같이 여기고 자신의 욕심만을 채우고자 하였다. 이리하여 讖緯(풍수도참설)만을 믿고 松嶽을 버리고 철원으로 돌아 가 궁전을 지으니 백성들은 토목사업에 시달려 농사철을 빼앗겼다. 여기다가 기근이 거듭 들고 질병이 계속 유행하여 가정을 버리고 길에서 굶어 죽는 자가 허다하였다. 가는 布 1필이 겨우 쌀 5되 밖에 안되어 백성들 중 자신과 처자를 팔아 남의 노비가 된 자도 있었다. 짐은 이를 심히 불쌍하게 여기니 이들을 모두 있는 곳에서 등록하여 보고토록 하라(《高麗史》 권 1, 世家 1, 태조 원년 8월 신해).

이 때에 여기에 해당되어 보고된 노비가 모두 천여 명으로 국고의 布帛으로써 몸값을 물어주고 본가로 돌려보내졌다는 것이다.[72]

또한 같은 달에 자기가 즉위한 것은 백성의 추대에 힘입은 것으로써 백성이 안도되기를 바라지만 이 어려운 시기에 조세를 감면하고 農桑을 권고치 않으면 그것이 어찌 이루어지겠는가라 하고, 농민의 3년 조세와 부역을 면제하고 사방으로 유리하는 백성은 농촌으로 돌아가도록 하고 아울러 大赦를 내려 모두 함께 쉬도록 하게 하라는 조서를 내려 주었다.

> 周나라 武王은 殷의 紂를 내쫓고 곡식과 재물을 풀었으며 漢나라 高祖는 項羽를 멸하고 山澤에 은신한 백성을 각 田里로 돌아가게 하였다. 짐은 덕이 적은 사람으로 왕업을 창건한 것을 깊이 부끄럽게 여긴다. 비록 하늘이 도와주는 위업에 힘입었으나 역시 백성의 추대하는 힘에 의지하였으니 백성들로 하여금 편안히 살아 집집마다 모두 착한 사람이 되게 하려 한다. 그러나 쇠락한 데에 조세를 면제해 주고 농업을 권장하지 않으면 어찌 집마다 넉넉하고 사람마다 풍족하게 할 수 있겠는가. 백성들에게 3년간 조세와 부역을 면제해 주고 사방으로 떠돌아다니는 자는 田里로 돌아가게 하며, 곧 大赦하여 함께 휴식토록 하라(《高麗史節要》 권 1, 태조 원년 8월).

---

72) 《高麗史》 권 1, 世家 1, 태조 원년 8월 신해.

태조 4년(921) 9월 기해일에도 郎中 撰行을 보내어 邊郡을 순행하며 백성을 鎭撫케 하는 등 민생의 안정을 위하여 노력을 기울였던 것이다.

이와 같이 고려 태조가 민생 안정에 힘을 기울이고 또 이를 위한 평화 유지에 힘써서 7~8년 동안 전쟁이 그치게 되었으므로 백성들의 생활이 향상되고 재정이 충족되어 국력이 신장되게 되었다.

(2) 대외정책

가. 외교정책

高麗의 외교정책은 어디까지나 후백제를 겨냥한 것이었다. 태조는 후백제와 우호관계를 맺고 평화를 유지하면서 백성을 편안케 하고 국력을 신장시키려고 하였다. 그러나 견훤의 태도는 초기에는 고려와의 평화 유지에 협조하는 듯했으나 대체로 항상 공세를 취하는 입장에 있었고, 특히 신라 및 그 영토 내의 여러 지방세력들을 무력으로 점령하려는 의도를 가지고 있었다. 따라서 고려와 후백제는 외교관계가 서로 단절되고 무력 대결하는 상태로 일관하게 되었다. 그러므로 중요한 것은 신라에 대한 외교이며 그밖에 부수적 존재로 중국과 일본을 들 수 있다.

신라의 외교적 향배는 고려·후백제간의 군사적 우열에 크게 영향을 미치는 요인이었다. 후백제가 무력적 공세를 취하고 있는 이상 그 자체만도 고려로서는 감당하기 힘든 세력인데 신라까지 후백제에 가세한다면 그것은 고려로서 크게 우려되는 사태가 되는 것이다. 따라서 태조는 신라에 대하여 외교적으로 크게 신경을 쓰지 않을 수 없었던 것이다. 다시 말하면 당시 외교전의 초점은 신라를 고려·후백제·신라의 삼각관계에서 고려·후백제 양국이 모두 노리는 존재였던 것이다. 이러한 상황에 있어서의 고려의 외교정책은 크게 보면 後百濟 孤立政策이요 작게 보면 親新羅政策이었다고 할 수 있다. 곧 친신라정책은 후백제 고립정책의 일부분을 이루는 것이며 또한 그 핵심이 되는 것이었다.

태조가 외교정책에 있어서 후백제 고립정책을 채택하게 된 것은 외교관계의 여하에 따라서 군사적 우열에 크게 영향을 미치기 때문이었다. 그리하여 태조는 양국 관계에 영향을 미칠 수 있는 주위의 모든 세력을 가능하면 고려 쪽으로 끌어들이고 후백제와는 격리시킴으로써 후백제를 외교적으로 고립시키려 하였으니 이것이 태조의 통일정책의 일단이 되는 것이다.

후백제의 입장에서 외교관계가 성립될 수 있는 것은 크게 네 방향으로 나누어 볼 수 있는데, 북쪽의 고려, 동쪽의 신라, 남쪽의 일본 및 서쪽의 중국이었다. 이 중 북쪽의 고려는 후백제와 서로 대립하여 패권을 다투는 당사자들이므로 재론할 여지가 없고 나머지 세 방면과의 관계를 살펴보기로 한다.

편의상 먼저 중국과의 관계를 살펴보면 역대로 중국에 강력한 국가가 나타나면 우리 나라가 군사적 침략을 받게 되며 특히 통일제국이 등장하면 그 피해가 커지게 된다. 예를 들면 漢에 의하여 漢郡縣이라는 식민지가 설치되었으며 隋에 의하여 隋 煬帝의 막심한 침략을 경험하게 되고 唐에 의하여 唐 太宗의 침입 내지 백제·고구려의 멸망을 경험하였던 것이 그러한 것이다. 따라서 고려 태조로서는 중국과의 관계에 신경을 쓰지 않을 수 없었던 것이다.

물론 당시는 중국이 五代十國時代로서 혼란이 계속되고 있었기 때문에 우리 나라쪽으로 군사적 압력을 가해 올 가능성은 희박하였고, 따라서 중국과의 관계는 크게 염려할 것이 아니었다. 그러나 중국의 정세가 앞으로 어떻게 변할런지 예측할 수 없는 것이며 또 설사 중국쪽에서 군사적 압력을 가해 오지 않는다고 하더라도 외교관계의 여하가 우리 나라의 정세에 영향을 미칠 수도 있는 것이기 때문에 양국의 중국과의 관계에 관심을 가질 수밖에 없는 것이었다. 이 점에 있어서는 견훤도 마찬가지여서 견훤은 중국의 왕조들과 외교관계를 맺었다. 즉 900년 견훤이 後百濟王을 칭한 후 사신을 吳越國에 보내어 朝聘한 것을 비롯하여, 918년에 사신을 吳越에 보내고, 925년에는 사신을 後唐에 보내는 등[73] 중국과의 외교에 적극적이었다. 후백제가 900년 이래 세 차례 오월·후당 등에 조빙하였을 때에 상대방으로부터 報聘 또는 외교적 승인을 받았으며, 또한 927년 11월에는 오월국왕이 사신을 후백제와 고려에 보내어 양국이 서로 싸우지 말고 화목하게 지낼 것을 권유한 일도 있었던 것이다.[74]

---

73) 《三國史記》 권 50, 列傳 10, 甄萱(光化 3년·貞明 4년·同光 3년).

74) 《三國史記》 권 50, 列傳 10, 甄萱(天成 2년 12월·3년 정월).
《高麗史》 권 1, 世家 1, 태조 10년 12월·11년 춘정월.
《高麗史節要》 권 1, 태조 10년 12월·11년 춘정월.

이러한 까닭에 고려 태조는 중국과의 외교관계에 신경을 쓰지 않을 수 없었으며 특히 북중국과의 관계에 더욱 적극적일 수밖에 없었는데, 그것은 우리 나라에 대한 중국의 군사적 행동은 언제나 북쪽으로부터 벌어졌던 점에서 북쪽에 가까운 고려로서는 당연한 현상이었다고 할 수 있다.

태조는 즉위 6년(923)에 福府卿 尹質을 後梁에 사신으로 보낸 것을 비롯하여,[75] 後唐이 성립된 다음에는 태조 9년 張彬을, 태조 10년에는 林彦을,[76] 또 태조 15년에는 大相 王仲儒를 각각 후당에 사신으로 보내는 등[77] 노력을 기울인 결과, 태조 16년 3월에 후당에서 太僕卿 王瓊과 大府少卿 楊昭業을 사신으로 고려에 보내 와 태조를 고려왕으로 책봉함으로써 외교적인 승인을 얻는 동시에 '抹馬利兵하여 견훤의 세력을 좌절시켰다'고 하여 태조를 칭송케 하는 외교적 승리를 거두었다.[78] 태조 18년(935)에는 禮賓卿 邢順을 후당에 사신으로 보내는 등[79] 중국과의 외교를 긴밀히 유지하였다.

이와 같이 고려 태조의 대중국 교섭 상대는 거의 북중국의 왕조였는데 그것은 북쪽에 위치한 고려의 입장에서 지리적으로 가까운 북중국의 왕조에 더 관심을 가질 수밖에 없는 것이며, 또한 당시의 중국 형세가 후량·후당 등 북중국에 위치한 五代諸國이 주도권을 잡고 있는 상태였기 때문에 더욱 그러하였다고 할 수 있다. 태조의 이러한 외교적인 노력은 결국 중국의 여러 왕조를 후백제로부터 분리 차단시키고 고려쪽으로 끌어들임으로써, 중국왕조들이 군사적인 면에서 후백제를 원조하거나 고려를 공격할 가능성을 배제하려는 것이었는데 이러한 목적은 달성되었다고 할 수 있다.

왜냐하면 후백제가 남중국의 오월 등에 사신을 보내어 조빙했을 때에 오월국이 보빙했다 하더라도 오월국이 특별히 고려에 대하여 적대적인 입장은 아니었으며, 그것은 927년에 오월국 왕이 후백제와 고려에 각각 사신을 보내어 양국이 서로 화친할 것을 권고하였던 것으로 알 수 있다.[80] 그리고 오월

75) 《高麗史》 권 1, 世家 1, 태조 6년 하6월 계미.
76) 《高麗史》 권 1, 世家 1, 태조 9년·10년.
77) 《高麗史》 권 2, 世家 2, 태조 15년.
78) 《高麗史》 권 2, 世家 2, 태조 16년 춘3월 신사.
79) 《高麗史》 권 2, 世家 2, 태조 18년.
80) 註 73)과 같음.

국과 고려와도 밀접한 관계가 이루어지고 있었던 것은, 태조 2년 9월에 오월국 文士 酋彦規가 고려에 내투하고 태조 6년 3월에는 역시 오월국 문사 朴巖이 고려로 내투하였던 것으로 알 수 있다.[81] 뿐만 아니라 당시의 중국세력의 중심은 북중국의 5대였고 남중국의 한 지방세력인 오월국이 아니었기 때문에 문제의 대상이 못되는 것이었다.

반면에 중국의 중심세력인 북중국에 대하여 견훤도 925년에 사신을 後唐에 보내어 조빙했던 일이 있었으나, 고려 태조가 926년 등 자주 사신을 후당에 보내어 교섭한 결과 드디어 933년에는 후당에서 왕경 등을 보내어 고려를 외교적으로 승인하여 완전히 고려쪽에 기울어졌던 것은 태조의 외교적 승리라고 할 수 있다. 왜냐하면 당시의 고려의 입장은 중국세력이 고려·후백제의 양국 관계에 외교적·군사적으로 불간섭 내지 중립만 지켜도 충분한 상태였기 때문이다. 이리하여 대중국관계 외교는 고려에게 유리하게 전개되었다.

다음 日本과의 관계를 살펴보면 일본은 역대로 신라와 같은 다른 지역에 대해서는 침략을 자행하면서도 百濟와는 늘 친선관계를 유지하여 백제가 곤경에 처하게 되면 군사적으로 이를 도왔던 경우가 있었다. 백제가 멸망한 후에 왕족 福信이 僧 道琛과 함께 일본에 가 있던 王子 扶餘豊을 맞아다가 왕으로 삼고 백제 부흥운동을 일으켜 羅唐 연합군과 격전을 벌였을 때, 倭國兵船 400척이 와서 백제를 도와 싸우다가 패퇴한 일과 같은 것이 그것이다. 그리고 견훤도 후백제를 건국하고 왕위에 오른 다음에는 일본에 사신을 보내어 외교를 맺고자 하여 922년에 輝嵒을 일본에 보내어 수호를 청하였고 929년에는 張彦澄을 역시 일본에 보내어 통교를 구하였으나,[82] 일본에서는 두 번 다 받아들이지 않고 對馬島에서 그냥 돌려보냄으로써 실패로 돌아가고 말았던 것이다. 그러나 고려 태조는 전례도 있고 하여 후백제와 일본과의 외교관계의 성립 내지는 이로 인한 군사동맹의 성립 가능성에 대하여 신경을 쓰지 않을 수 없었던 것으로 보인다.

그리하여 고려 태조는 후백제의 일본 왕래를 방해하기 위한 조치를 취하

81) 《高麗史》 권 1, 世家 1, 태조 2년 9월·6년 하6월 계사.
82) 《扶桑略記》 24 裡書, 延喜 22년 6월 5일·延長 7년 5월 17일·21일.
《本朝文粹》 12, 牒(答新羅返牒).

였던 것으로 보이는데 그것은 후백제가 일본을 왕래하는 통로가 되는 남해안의 봉쇄였다. 남해안의 봉쇄라 하여 船隻으로써 해상을 막는 것은 아니었다. 남해와 연결되는 전라도의 남해안 지방을 점령하여 자동적으로 남해로의 진출을 봉쇄하는 것이었다.

고려 태조가 군사적으로 전라도의 남해안을 점령하는 내용에 대해서는 아래 항목에서 다루기로 하겠지만, 고려 태조는 실제로 전라도의 남해안 지방을 점령했었는데 이것은 분명히 후백제가 일본에 직통으로 연결되는 출구를 막기 위해서였던 것이 사실이다. 이러한 노력은 후백제와 일본과의 왕래를 차단하고 양국의 외교관계 성립을 방해하여 후백제를 일본으로부터 고립시키려는 목적도 있었다고 볼 수 있는 것이다.

마지막으로 新羅와의 관계를 보면 이것은 고려의 친신라 외교정책을 특징지우는 것이며 이러한 고려의 친신라정책은 바로 고려 태조의 후백제 고립정책의 핵심을 이루는 것이었다. 왜냐하면 중국이나 일본과의 외교관계보다도 직접 경계를 맞대고 있는 신라야말로 그 외교관계의 여부에 따라 후삼국 쟁패전의 대세를 좌우하는 중대한 뜻을 갖는 것이기 때문이다. 다시 말하면 신라에 대한 외교적 향배가 바로 군사적 문제와 직결되는 것이기 때문에 그 결과는 전혀 비교할 상대가 못될 정도로 중대한 차이가 나는 것이다.

그런데 당시의 신라는 하나의 세력이 아니었다. 신라 중앙정부의 세력은 너무나 미약해서 신라 판도 내의 지방세력에 대한 통제력을 거의 잃어버리고 각 군현들이 모두 독립적인 태도를 취하고 있었기 때문에, 각 지방세력과 중앙정부와의 연계력은 극히 희박하였던 것이다. 따라서 신라 판도 내의 각 지방세력은 거의가 독자적인 행동을 취해서, 형식적으로 신라정부에 복종하거나, 또는 완전히 독립적인 행동을 하거나, 그렇지 않으면 고려나 후백제와 손잡는 등 각양 각색의 태세를 취하고 있었다.

그리고 시일이 지남에 따라 더욱 심해져서 후삼국 말기쯤에는 지방세력의 대다수가 고려나 후백제와 연결되어 있었고 신라에 복종하는 세력은 별로 없다시피 되었다. 신라는 경주 일원의 아주 좁은 판도만을 유지하는 세력으로 축소되어 있을 뿐이었다. 그런데 신라 중앙정부인 신라 왕실의 세력이 매우 미약한 존재이기는 하지만 천년을 유지해 온 왕조로서의 명분이 있고 또 왕실로서의 권위가 있었기 때문에 고려 태조로서는 신라정부에 대하여 큰 관심을 가지고 외교정책을 세워야 한다고 보았다. 다시 말하면 신라정부의 향배에 따라서는 비록 서로 유대관계가 미약하기는 하지만 신라 판도 내의 여러 지방세력의 향배에 미치는 효과가 큰 것이기 때문에 신라정부를 고려 쪽으로 끌어 들여야만 했던 것이다. 이것이 바로 고려 태조가 신라 왕실을 그렇게 애써서 위로하고 원조한 원인이었다. 그리고 신라 판도 내의 각 지방 세력은 각각 나름대로의 중요성을 가지고 있었기 때문에 이들 모두에 대하여 관심을 가지고 노력을 기울여야 하는 것이었다.

고려 태조가 대외적으로는 평화주의를 표방하고 대내적으로는 유화정책을 써서 큰 성과를 거두었던 것은 위에서 고찰했던 바이다. 즉 고려정권 안의 여러 호족들로부터 신임과 협조를 얻어서 왕권이 안정되고 국력이 충실해지고 있었고 또 각처의 많은 호족들이 來附해 와서 고려의 국세가 외부로 펴져 나가게 되었던 것이다. 이와 같이 고려 태조가 신라 판도 내의 여러 세력을 포섭할 수 있었던 것은 당연한 일이었다. 왜냐하면 견훤이 무력주의였던 데 비해 고려 태조는 평화주의였으므로 각처의 세력들은 고려 태조쪽에 호감을 가질 수밖에 없었으며, 또한 후백제의 군사적 압력을 독자적으로 물리칠 힘이 부족한 신라로서는 원조를 얻기 위해서도 고려에 기울어질 수밖에 없었던 것이다.

고려 태조가 평화주의적 외교정책을 써서 큰 성과를 거두었던 것은 상술한 바이지만 여기서 좀더 살펴보기로 하겠다.

고려 태조는 즉위 3개월 째인 원년(918) 8월에 각처로 사신을 파견하여 후한 예물과 겸손한 말로써 화친의 뜻을 보이자, 각지의 많은 호족들이 호의적인 반응을 보여 고려에 귀부해 오는 자가 많았다고 하였는데 이것이 고려 태조의 대외적 평화주의 표방의 시초라고 할 수 있다. 그 후 고려 태조는 평화주의 정책을 계속 추진하여 후백제와의 외교적 노력에 의하여 7~8년 동안 거의 전쟁이 없는 평화시대를 누려 왔다.

즉 고려 태조 원년 9월 尙州賊帥 아자개가 사신을 보내어 귀부하였는데 상주는 당시 후삼국 관계에서 매우 중요한 요충적 위치에 있는 지점으로서 상주가 귀부한 것은 고려로서는 외교적으로 큰 성과라고 할 수 있다. 이것은 상주의 사자가 왔을 때에 태조가 의례를 갖추어 그를 영접하도록 명하고 또 그 영접식의 예행 연습까지 한 것으로 보아 그 상황을 짐작할 수 있다. 그리고 태조 3년(920) 정월에는 康州將軍 윤웅이 귀부하는 동시에 그의 아들 일강을 보내어 볼모로 삼게 하자 태조는 일강을 阿粲으로 삼는 동시에 郎中 春讓을 강주(진주)로 보내어 귀부를 慰諭케 하였다. 또한 태조 5년 6월에는 下枝縣(安東의 豊山) 장군 원봉이 내투하였고 동 11월에는 眞寶(靑松郡) 성주 홍술이 사신을 보내어 귀부하기를 청하였다. 이어서 태조 6년 8월에는 碧珍郡 장군 양문이 내부하고, 동 8년 10월에는 高鬱府(永川) 장군 능문이 사졸을 거느리고 내투하였다. 이 때에 태조는 능문을 그 성이 신라 왕도에 가까운 위치에 있다 하여 위로만 하고 돌려보냈지만,[83] 능문이 태조의 의기와 도량에 대하여 더욱 감격하고 고려에 기울어졌을 것은 쉽게 짐작이 되는 것이다. 그리고 태조 10년 8월에 태조가 강주에 순행하러 갈 때에 高思葛伊城(聞慶) 성주 興達이 귀순하였고, 동 13년 정월에는 載巖城(청송군 진보면) 장군 선필이 내투하였고, 동 2월에 태조가 昵於鎭(迎日郡 神光面)에 幸行하였을 때에 北彌秩夫(迎日郡 義昌面) 성주 萱達이 南彌秩夫 성주와 함께 내항하였고, 동 9월에는 皆知邊(蔚山)에서 사신을 보내어 항복을 청하였다.

이상과 같이 고려 태조가 무력을 행사하지 않고도 신라 판도 내의 수많은 세력을 고려쪽으로 끌어들일 수 있었다. 그런데 그것은 신라판도 내의 각 지방세력과 고려와의 외교적 관계에 관한 것이고 이제 신라세력의 핵심적 존재인 신라 왕실과의 관계를 살펴보기로 한다.

고려 태조의 신라 왕실에 대한 외교정책이 친신라정책이라 함은 앞에서 기술한 대로이다. 태조가 친신라정책을 써서 신라 왕실의 환심을 삼으로써 신라가 외교적으로 후백제에 기울어지는 것을 막으면서 아울러 고려로 끌어 들이려고 하였다. 그는 궁예가 극도의 반신라정책을 써서 신라를 적대시하던[84] 방식을 버리고 즉위 초부터 친신라적 태도를 표명하였던 것으로 보이는데, 태조가 즉위 직후에 각처로 사신을 파견하여 값진 폐백과 스스로를 낮춘 언사로 惠和

83) 《高麗史》 권 1, 世家 1, 태조 3년 춘3월·5년 6월 정사·11월 신사·6년 춘3월 갑신·추8월 임신·동10월 기사·동11월 무신.
84) 《三國史記》 권 50, 列傳 10, 弓裔(天復 원년·天祐 2년).
《高麗史》 권 1, 世家 1, 太祖紀 前文.

의 뜻을 보였을 때 신라에도 마찬가지로 사신이 갔을 것으로 생각된다.

고려 태조의 이러한 평화주의적인 외교정책에 대한 신라측의 반응은 태조 3년 정월에 신라정부가 사신을 보내어 내빙한 것이 처음이다. 이 해 10월에 견훤이 출병하여 신라의 大良(합천)·仇史(경산?) 2개 군을 침공하였을 때, 신라의 요청에 따라 고려 태조가 원병을 보내어 견훤의 군사를 물러 가게 함으로써 고려의 친신라정책은 확연해진 것이며, 그것이 단순한 외교적인 친선으로 끝나는 것이 아니라 후백제로부터 무력적 공격을 받으면 군사원조까지도 제공하는 일종의 군사동맹까지 포함하는 성질을 띄고 있었음을 알 수 있다. 그리고 태조 7년 9월에 신라 景明王이 죽고 景哀王이 즉위하였는 바 신라에서 사람을 고려에 보내어 喪을 알리자 태조는 弔問 사신을 보냈던 것이다.[85] 한편 태조 8년 10월에 고울부 장군 능문이 고려에 내투하였을 때에 그 성이 신라 왕도의 입구가 되는 곳이라 하여 위로만 하고 돌려보낸 것도 고려의 신라에 대한 큰 호의의 표시로서 예의있는 조처였던 것이다.

그런데 태조 8년 10월 태조와 견훤이 각각 군사를 거느리고 曹物郡에서 대치하였다가 평화조약을 맺었을 때에 신라왕은 사신을 보내어 "견훤은 이랬다 저랬다 하여 속임수가 많기 때문에 화친해서는 안됩니다"고 권고한 일이 있다. 또 이듬해에는 견훤의 質子 眞虎가 고려에서 병사하자 견훤이 고려에서 살해한 것이라고 트집잡아 고려로 쳐들어 왔을 때, 태조는 굳게 지키고 싸우지 말라 하였는데, 이 때에도 신라왕은 사신을 보내어, "견훤이 조약을 어기고 군사를 일으켰으므로, 하늘이 돕지 아니할 것입니다. 대왕이 견훤을 치면 견훤은 쉽게 무너질 것입니다"하고 싸울 것을 권하였다.[86] 이러한 사실들로 보아 신라쪽에서는 고려가 무력으로 후백제를 견제하고 타도해 주기를 바라고 있었던 듯싶다.

이어서 태조 10년 정월에 태조가 후백제의 龍州(醴泉郡 龍宮面)를 親征할 때에 신라왕이 군사를 보내어 원조하였고,[87] 동년 9월에 견훤이 영천을 거쳐 신라 왕도로 쳐들어가자 태조가 侍中 公萱 등에게 군사 1만을 거느리고 가

85) 《高麗史》 권 1, 世家 1, 태조 7년 9월.
86) 《高麗史》 권 1, 世家 1, 태조 8년 동10월 을해·9년 하4월 경진.
87) 《高麗史》 권 1, 世家 1, 태조 10년 춘정월 을묘.

서 원조케 하였던 것이다. 그러나 이 때에 견훤은 고려의 원병이 도착하기 전에 신라의 서울을 기습하여 경애왕을 죽이고 왕의 외사촌 아우 金傅를 세워 왕을 삼은 후, 왕의 아우 孝廉과 宰臣 英景 등을 포로로 하고 자녀·백공·병장·진보를 모조리 빼앗아 가지고 돌아갔다. 이 소식을 들은 태조가 격노하여 사신을 신라에 보내어 조문하는 동시에 친히 정병 5천 명을 거느리고 대구의 公山 桐藪에서 견훤을 공격하여 싸우다가 패전하여 고려의 大將 申崇謙과 金樂이 전사하고 태조는 겨우 단신으로 살아 도망했던 것이다.[88] 그러나 이 공산 동수싸움에서는 비록 고려군이 패전하였으나 이 무렵에는 이미 양국의 군사적 비중이 고려쪽에 유리하게 전개되고 있었던 것으로 보인다. 그것은 견훤이, 신라 왕도의 습격 같은 여론에 나쁜 영향을 미칠 서투른 사건을 저지를 정도로, 초조해 있었던 것으로 보아 알 수 있는 것이다. 이러한 사정은 태조 13년(930) 양국의 안동대결전에서 견훤이 대패하고 永安(안동군 풍산면)·河曲(안동군 임하면?)·直明(안동군 일직면)·松生(청송군) 등 후백제쪽의 30여 군현이 고려에 항복한 것으로[89] 증명되는 것이다.

태조 10년 견훤의 신라 왕도에 대한 기습사건과 태조 13년 안동싸움의 결판으로 신라 왕실은 더욱 고려쪽에 기울어지고 의지하게 되었다. 즉 안동싸움이 끝나고 후백제쪽에 속해 있던 30여 군현이 고려에 항복한 다음달인 2월에 고려왕이 신라왕에게 사신을 보내어 안동의 승전을 알리자, 신라왕은 사신을 고려에 보내어 보빙하는 동시에 고려 태조와 서로 만날 것을 청하였으며 다음해 2월에도 다시 사신을 보내어 고려왕과 만날 것을 청하였던 것이다.[90] 태조는 같은 달 신해일에 다만 50여 기만을 거느리고 신라 왕도를 방문하여 신라의 군신과 백성들을 위로하고 격려함으로써 화친관계를 더욱 굳게하고 3개월만에 돌아 갔다. 이 때에 신라의 士女들이 서로 경하하여 말하기를 저번에 甄氏가 왔을 적에는 豺虎를 만남과 같더니 이번에 王公이 온 것은 부모를 본 것

88) 《高麗史》 권 1, 世家 1, 태조 10년 9월.
89) 《高麗史》 권 1, 世家 1, 태조 12년 12월·13년 춘정월 병술·경인. 《高麗史節要》 권 1, 太祖 12년 12월·13년 춘정월. 그런데 《高麗史》 권 57, 志 11, 地理 2, 慶尙道 東京留守官 蔚州에는 河曲이 蔚山이라고 하였으나 전후 사정으로 보아 하곡은 安東의 臨河面일 듯하다.
90) 《高麗史》 권 1, 世家 1, 태조 13년 2월 을미·권 2, 世家 2, 太祖 14년 춘2월 정유.

과 같다고 하였다는 것은[91] 진심에서 우러나온 말이었다고 할 것이다.

이리하여 고려 태조는 신라왕실을 완전히 고려쪽으로 끌어 들여 그의 보호 하에 두게 되었던 것이니, 이것은 그의 친신라정책이 큰 성과를 거둔 것으로서 후백제와의 외교전에서 일대 승리를 거둔 것이라고 하겠다. 그리고 고려 태조의 이러한 친신라정책의 성공은 바로 그의 후백제 고립정책이 완성된 것으로 견훤은 고립무원의 상태에서 더욱 무력에만 의존할 수밖에 없었다. 이것은 사태를 더욱 악화시켜 태조 12년 10월에는 후백제의 一吉干 廉昕이 고려로 투항해 오고, 동 15년 6월에는 후백제의 유력한 호족 중의 하나인 龔直이 고려로 항복해 오고, 동 18년에는 견훤 자신까지 고려로 귀순해 오게 됨으로써,[92] 後三國의 외교전은 결말이 나게 되었다.

나. 군사정책

고려 태조는 원래 평화를 유지함으로써 우선 백성을 안성시키고 아울러 국력을 양성하여 장차 통일에 대비하자는 장기적이며 점진적이며 온건한 통일정책을 추진하려 하였지만, 견훤이 무력으로 고려를 도발하여 오는 데는 태조로서도 부득이 무력으로 대결하는 수밖에 없었던 것이다. 태조가 내외의 호족들을 포섭하고 평화와 안정을 이룩하기 위하여 겸손과 유화의 태도로 임하였던 것은 위에서 살펴 본 바이지만, 특히 후백제와의 평화조약을 성립시키기 위하여 견훤을 尙父라고까지 부르고,[93] 다음해 4월에 견훤의 질자 진호가 고려에서 병사하였을 때도 견훤은 고려쪽이 고의로 죽였다고 트집잡고 고려의 질자 王信을 죽인 후 웅진으로 진군하였지만 이 때에도 태조는 여러 성에 명하여 굳게 지키고 나가 싸우지 못하게 하는 인내심을 보였던 것이다.

그러나 견훤은 고려와 화친관계를 맺은 다음에도 신라와 고려에 대하여 자주 무력으로 도발하였고 이에 태조는 맞대응 하였다.

즉 태조 3년(920) 10월 견훤의 대량·구사·進禮(錦山) 공격과, 동 7년 7월

91) 《高麗史》 권 2, 世家 2, 태조 14년 춘 2월 신해·하 5월 계미.
92) 《高麗史》 권 1, 世家 1, 태조 12년 동 10월 병신·권 2, 世家 2, 태조 15년 6월 병인·18년 춘 3월·하 6월 및 권 92, 列傳 5, 龔直.
93) 《高麗史》 권 1, 世家 1, 태조 8년 동 10월 을해.

견훤의 조물군(軍威郡 孝令面?) 공격이 있은 후, 태조가 동 8년 10월에 征西大將軍 庾黔弼을 보내어 후백제를 치게 하는 동시에 스스로 군사를 거느리고 조물군으로 가서 견훤과 결전하려고 하였는데, 이 때 견훤이 평화 수립에 동의하므로 평화조약을 맺고 서로 질자를 교환했었다.[94] 그런데 동 9년 4월에 견훤의 질자 진호가 고려에서 죽은 것을 트집잡아 견훤이 맹약을 깨고 웅진을 공격하자, 동 10년 정월에 태조가 친히 후백제의 용주를 치고, 같은 해 3월에는 운주와 近品城(醴泉郡 山陽面)을 치고, 4월에는 웅주를, 7월에는 대량성을 치는 등[95] 맹렬한 반격작전을 벌였다. 따라서 양국의 군사적 대결 상태는 날이 갈수록 더 격렬해지게 되었다.

태조의 실제적인 군사정책은 크게는 후백제 포위정책이요, 작게는 남진정책이라고 할 수 있다. 그리고 이 남진정책은 후백제 포위정책의 핵심을 이루는 중요한 정책이었다.

후백제 포위정책은 외교정책과 마찬가지로 네 방면으로 나누어 생각할 수 있다. 첫째로 후백제와 고려의 정면 국경인 충청도쪽의 전선이며, 둘째로 후백제의 배후인 전라도 남쪽 해안지역의 전선이며, 셋째로 신라세력권이라고 할 경상도쪽의 전선이며, 이밖에 후백제 서쪽의 서해를 생각할 수 있다. 만약에 이 네 방면으로부터의 포위가 성공만 된다면 후백제는 사방으로부터 정벌과 공격을 당하여 대세를 유지할 수 없게 되는 것이다.

먼저 서해 방면을 살펴보면 이 곳은 비록 선편으로 중국이나 일본과 연결이 가능하여 외교관계의 여하에 따라서는 외국의 원병이 후백제로 올 수 있고, 또한 후백제가 이곳을 통하여 水軍을 고려쪽으로 보내어 기습 공격한 일이 있었지만[96] 이곳은 바다라는 이점이 있으며 또한 후백제가 수군으로 고려를 공격했을 때는 이미 대세가 고려쪽에 유리하게 된 말기의 일이므로 그다지 문제가 되지 않았다. 오히려 태조가 원래부터 강한 해상세력을 가지고 있었으므로 대체로 서해쪽 해상에서는 고려가 주도권을 잡고 있었다. 그것은 태조가 나주 지방을 경략하기 위하여 강력한 함대를 거느리고 자주 서해를

94) 《高麗史》 권 1, 世家 1, 태조 7년 추 7월 · 8년 동 10월 기사 · 을해.
95) 《高麗史》 권 1, 世家 1, 태조 10년 3월 신유 · 하 4월 을축 · 추 7월 무오.
96) 《高麗史》 권 2, 世家 2, 태조 15년 9월 · 동 10월.

왕래하였기 때문이다. 이러한 사정은 909년 태조가 鹽海縣(新安郡 荏子面)으로 출정나갔다가 후백제에서 오월국으로 보내는 사신의 배를 잡아 가지고 왔던 사실이나 태조 18년(935) 견훤이 금산사에서 탈출하여 나주로 가서 고려에 항복하였을 때에 태조가 유금필 등에게 병선 40여 척을 주어 해로로 견훤을 맞이해 오게 하였던 일로97) 짐작할 수가 있다. 이리하여 고려는 서해쪽에서 후백제를 봉쇄한 상태에 있었다고 할 수 있다.

다음에 후백제와 고려의 제일선이라고 할 충청도 방면의 전선을 보면 이 지역은 양국이 모두 자국의 안위를 좌우하는 정면의 전선이므로 서로 굳게 방어 시설을 갖추어 지켰기 때문에 예상보다는 큰 전투나 변동이 적었던 것을 알 수 있다. 고려 태조가 즉위한 해 8월 웅주·운주 등 이 지역의 10여 주현이 고려를 배반하고 백제로 투항·복속하였으므로 前侍中 金行濤를「東南道招討使知牙州諸軍事」로 삼아 지키게 하였으며, 태조 8년(925) 10월에는 태조가 征西大將軍 유금필을 보내어 후백제의 燕山鎭(淸原郡 文義面)과 任存郡(禮山郡 大興面)을 공격하여 연산 장군 吉奐을 죽이고 임존 군사 3천여 명을 살상하였다. 또 동 10년 3월에 태조 자신이 운주를 쳐서 성주 兢俊을 죽이고, 동 4월에는 웅주를 치고, 동 11년 7월에는 태조가 친히 三年山城(報恩郡)을 치다가 이기지 못하고 淸州로 幸行하였으며, 동 8월에는 견훤이 그의 장군 官昕으로 하여금 陽山(永同郡 陽山面)에 성을 쌓게 하자 태조가 命旨城의 원보 王忠을 보내어 이를 쳐서 쫓아 버리게 했었고, 동 15년 7월 태조가 一牟山城(淸原郡 文義面)을 친정하고, 또 이 해에 다시 일모산성을 공격하여 이를 함락시켰고, 동 17년 9월에 태조 자신이 운주에서 견훤과 싸워 이를 크게 격파함으로써, 웅진 이북의 30여 성이 고려로 항복하는 등 10여 차의 충돌밖에는 없었다.98)

이와 같이 후백제·고려의 제일선이라 할 충청도방면 전선에서는 서로 방어에 주력하고 있었기 때문에 대체로 웅진과 운주를 연결하는 선, 즉 북위 30도선 부근에서 약간의 진퇴가 있었을 뿐 후삼국의 대세가 결판날 때까지

97)《高麗史》권 2, 世家 2, 태조 18년 춘 3월·하 6월.
98)《高麗史》권 1, 世家 1, 태조 원년 8월 계해·8년 동 10월·10년 3월 신유·하 4월 을축·11년 추 7월 병진·8월.
《高麗史》권 2, 世家 2, 태조 15년 추 7월·17년 9월 정사.

큰 변화 없이 비교적 균형을 유지하였던 것으로 보인다. 다시 말하면 고려는 후백제의 고려에 대한 북침을 봉쇄함으로써 후백제 포위정책의 일익을 성공시킬 수 있었던 것이다.

세번째로 전라도 남해안 방면을 살펴보면 이 지방에 대한 점령과 남해안의 봉쇄가 외교적으로도 중요한 뜻이 있었음은 위에서 고찰한 바인데 이와 같은 외교적인 목적 이외에 군사적으로 더욱 중요한 의미를 갖는다. 이 지방을 점령·봉쇄하는 것은 후백제의 배후를 교란하여 후백제를 혼란으로 이끌 수 있는 것이며, 또 이 남해안의 봉쇄가 후백제 포위정책의 일단이 되는 것이었다. 고려 태조 왕건은 그가 궁예의 휘하 장수로 있을 때부터 이 지방에 대한 경략을 담당하여 전라도 남부의 넓은 지역을 점령하여 왔던 것인데, 이제 그 상황을 살펴보면 다음과 같다.

즉 왕건은 903년 3월에 수군을 거느리고 서해로 출정하여 光州 소관의 錦城郡 등 10여 군현을 쳐서 점령하고 금성군을 나주로 개칭하여 10여 군현을 관할케 하고 돌아왔다. 그리고 그는 909년에 해군 대장군이 되어 다시 수군을 거느리고 나주 지방으로 가서 이를 진압하였는데 이 때에 珍島郡과 皐夷島城(莞島郡 古今島?)을 점령하였으며,[99] 이어서 910년에 그가 나주 포구에서 견훤의 수륙군사를 맞아 싸워서 그 태반이 타죽거나 물에 빠져 죽게 하고 또 500여 級을 목베거나 사로잡아 견훤은 겨우 작은 배를 타고 살아 돌아갔는데, 그 동안 태도를 결정하지 못하고 있던 그 부근의 군현들이 왕건쪽으로 기울어지게 되어 "이에 삼한의 땅에서 궁예가 태반을 차지하게 되었다"고 한 것으로 봐서[100] 이 때에 왕건에게 점령된 땅이 매우 넓었던 것을 알 수 있다. 그리고 왕건이 고려 태조로 즉위한 후인 태조 10년(927) 4월에는 해군 장군 英昌과 能式 등이 수군을 거느리고 가서 강주 소관의 轉伊山·老浦·平西山(모두 남해군내) 및 突山(여천군 돌산면) 등 4鄕을 치게 하였다.[101] 따라서 고려 태조는 매우 넓은 전라도 지역을 차지하였던 것으로 생각되며, 태조 18년 4월에 태조가 "나주의 40여 군이 우리의 울타리가 되어 오랫동안 교화에 복종

99) 《高麗史》 권 1, 世家 1, 太祖紀 前文(天復 3년 3월·開平 3년 기사).
100) 《三國史記》 권 12, 新羅本紀 12, 孝恭王 14년.
101) 《高麗史》 권 1, 世家 1, 태조 10년 하 4월 임술.

하였다"라고 한 말은[102] 사실로서 받아들일 수가 있을 것으로 생각된다.

그 당시 신라 9州의 하나인 광주는 현재의 전라남도 전부와 전라북도의 高敞郡을 포함하는 판도로서 《三國史記》 地理志에 의하면 모두 58개 군현인데, 그 중 고려가 40여 군현을 점령하고 있었다면 나머지 후백제가 점유하고 있었던 것은 10여 군현에 불과한 것이다. 그런데 태조의 이 지방에 대한 경략은 섬과 반도가 많은 서남해안으로부터 밀고 들어가는 것이 당연한 이치인데, 이 때에 현재의 광주시 부근을 견훤의 사위인 성주 池萱이 굳게 지켜서 태조 19년 후삼국 통일때까지 유지하였다는 것을 보면[103] 이 때에 후백제는 광주를 포함한 전라도의 동북부 일부를 점유하고 그 서남쪽의 해안 지방은 대부분 고려가 점령하고 있었음을 알 수 있다. 그리고 전라도의 서남해안을 점령하고 있던 고려의 세력은 다시 육로로 남진해서 강주에까지 와 있던 고려의 세력과 연결되어 더욱 그 위력을 발휘하게 됨으로써 고려의 후백제 포위정책 중 남방 봉쇄가 성립될 수 있었던 것이다.

마지막으로 경상도쪽의 전선을 살펴보면 이 방면에 대한 작전이야말로 다른 어느 방면의 문제보다도 중요한 뜻을 갖는다. 다시 말하면 이 지역이 군사적으로 후백제의 세력권으로 들어가게 되면 고려는 후백제와의 쟁패에서 대단히 불리한 입장에 서게 되는 것이며, 반면 이 지역이 고려의 세력권으로 들어가게 되면 견훤으로서는 더 손써 볼 여지가 없이 양국의 쟁패전에서 실패하고 말게 되는 것이다. 따라서 이 지역에서 주도권을 잡기 위한 싸움에 양국은 결사적일 수밖에 없으며 이것이 이 지역의 전투를 격렬하게 만든 까닭이었다.

이 방면에 있어서의 태조의 군사정책이 남진정책이라함은 이미 기술한 대로이다. 이 남진정책은 소극적으로 보면 尙州에서부터 星州와 陜川을 거쳐 晋州에 이르는 전략선을 확보하여 후백제가 경상도 지방을 점령하는 것을 방지하고 신라를 보호하자는 것이요, 적극적으로 보면 경상도 지방을 고려의 세력권으로 끌어넣자는 것이었다.

이 점에 있어서는 견훤도 심각한 이해관계를 가지고 있어서 태조의 남진

102) 《高麗史節要》 권 1, 태조 18년 4월.
《高麗史》 권 92, 列傳 5, 庾黔弼.
103) 《新增東國輿地勝覽》 권 35, 光山縣.

정책에 대립되는 동진정책을 썼다. 이것은 상주에서 안동쪽으로 연결되는 전략선을 마련하여 고려의 남진을 막고 경상도 지방을 그의 세력권으로 끌어넣자는 것이다. 이리하여 동북부 내륙과 동남부 일부를 제외한 경상도 대부분이 양국의 전투장으로 변하고 특히 남진정책과 동진정책의 거점이 되는 상주·안동·성주·합천·진주 부근은 자주 격전이 벌어지게 됐는데, 그 중에서도 가장 심한 곳은 두 정책의 충돌 지점인 상주·안동 부근이었던 바 이제 그 경과를 살펴보면 다음과 같다.

남진정책과 동진정책의 접촉 지점인 상주에 대한 경쟁은 이미 궁예 때부터 시작된 것이었다. 그 후 916년에 이르러 견훤은 신라 서남부의 巨鎭인 대야성을 공격하여 태봉 세력의 남진을 막으려 하였으나 성공하지 못하였는데[104] 견훤은 태봉과 다투지 않아도 되는 먼 곳으로부터 신라를 잠식해 들어가려고 했던 것이 아닌가 한다. 그 후 918년에 궁예가 몰락하고 고려가 건국된 후 태조의 유화정책에 따라 각처의 호족들이 고려로 귀부해 오게 되었고 상주 賊帥 아자개도 사신을 보내어 내부하였는데 아마도 이 때에 상주에 대한 특별한 교섭이 있었을 것으로 보인다. 그리고 태조 3년(920) 정월에는 강주 장군 윤웅이 그의 아들 일강을 보내어 귀부하자 일강을 아찬으로 삼고 낭중 춘양을 강주로 보내어 귀부를 慰諭하였는데, 강주는 남부의 요충지로서 남진책의 종착지요 또 전라도의 점령지와 연결되는 요지이기 때문에 특별한 노력이 있었을 것으로 생각된다.

이와 같이 전략의 요지인 상주나 강주가 스스로 고려에 귀부하게 되자, 견훤은 불리함을 느끼고 그 해 10월에 신라의 대량군을 다시 공격하여 이를 점령하고 구사군까지 신라 영토로 깊숙이 진격하였는데, 이 때에 신라에서 아찬 金律을 고려에 보내어 원병을 청하므로 태조가 군사를 보내어 구원케 하니 견훤이 물러 갔다. 그리고 태조 5년 6월에는 하지현 장군 원봉이 투항해 오고, 같은 해 11월에는 진보 성주 홍술이 귀부하고, 태조 6년 8월에는 벽진군 장군 양문이 조카 圭奐을 보내어 귀부하였는데 벽진은 가야산맥 끝에 자리한 요충지로서 남진정책의 또 하나의 거점이 마련된 것이었다. 고려의 세력이 경상도 지역 곳곳에 펴져 가게 되자 견훤은 다시 태조 7년 7월에 그의 아들 須彌康

104) 《三國史記》 권 12, 新羅本紀 12, 神德王 5년 추 8월. 이보다 앞서 901년에 견훤이 大耶城을 친 일이 있었으나 역시 성공하지 못했었다.

등을 보내어 조물군을 쳤으나 성공하지 못하였다.105) 이어서 태조 8년 10월에는 고울부 장군 능문이 투항하여 왔으나 고려 태조는 그 성이 신라 왕도의 입구가 되는 곳이라 하여 위로하여 돌려보냈다. 며칠 후 태조는 스스로 군사를 거느리고 조물군으로 가서 견훤과 싸우려 하니 이 때에 견훤이 화약에 동의하므로 평화조약을 맺고 헤어졌던 것이다. 그 해 12월에 견훤은 居西(居昌) 등 20여 성을 쳐서 점령했으며,106) 또 다음해 4월에 견훤이 조약을 위반하고 고려를 공격한 것을 이유로 태조 10년 정월에 태조가 친히 군사를 거느리고 후백제 세력 하에 있는 龍州를 쳐서 항복 받고, 같은 해 3월에는 근품성을 쳐서 점령하였으며, 또 7월에는 在忠·金樂 등을 보내어 대량성을 쳐서 함락하고 후백제의 장군 鄒許祖 등 30여 인을 사로잡는 전과를 거두었던 것이다.107) 비록 善山 부근 등 몇 군데 후백제의 기지가 있기는 하였지만 대체로 문경·상주로부터 성주·합천을 거쳐 진주에 이르는 전략선이 이루어졌던 것으로 보이니 그것은 다음달에 태조가 육로로 강주·신주에 徇幸하였던 것으로 알 수가 있다. 이 때에 태조가 문경을 지나는 길에 高思葛伊城(문경) 성주 홍달이 귀부하였고, 이에 따라 부근의 후백제 세력권에 들어있던 성을 지키는 관리들도 많이 고려에 투항 귀부하였던 것이다.108)

사태가 이와 같이 후백제에 크게 불리하게 변화되자 그 해 9월에 견훤 자신이 군사를 거느리고 선산 방면으로부터 근품성으로 쳐들어가 불을 지르고 다시 진격하여 고울부를 습격하였다. 마침내 신라 왕도로 돌입하여 경애왕을 죽이고 경순왕을 세운 후 약탈과 악행을 저지르고 돌아 가다가, 공산(달성군) 동수에서 고려 태조의 군대를 격파하고 벽진군에 침입하는 등 공세로 나오게 된 것이었다.109) 후백제가 공세로 나왔으므로 고려에서는 다음해 정월에 金相·直良 등을 보내어 강주를 후원케 하였는데 草八城(陜川郡 草溪面)을 지나다가 성주 興宗에게 패하여 김상이 전사하였으며, 동 5월에는 강주가 후백제군에게 습격당하여 300여 인이 전사하고 장군 有文이 견훤에게 항복하였으며,

105) 《高麗史》 권 1, 世家 1, 태조 7년 추7월.
106) 《三國遺事》 권 2, 紀異 2, 後百濟 甄萱.
107) 《高麗史》 권 1, 世家 1, 태조 10년 춘정월 을묘·3월 신유·추7월 무오.
108) 《高麗史》 권 1, 世家 1, 태조 10년 8월 병술.
《高麗史節要》 권 1, 태조 10년 8월.
109) 《高麗史》 권 1, 世家 1, 태조 10년 9월·동10월·11월.

동 8월에는 양산에서 성을 쌓다가 고려군에게 쫓긴 관흔이 물러가 대량성을 지켰다. 또한 烏於谷(軍威郡 缶溪面?)에 나누어 屯陣을 치니 竹嶺 길이 막히게 되었으므로 태조가 王忠 등에게 명하여 조물성으로 가서 형세를 조사하게 하였는데, 동 11월에 견훤이 정병으로 오어곡성을 함락시키고 수비군 1천 명을 죽이므로 장군 楊志·明式 등 6인이 항복하였고, 이어서 태조 12년(929) 7월에는 견훤이 義城府에 침입하여 성주 장군 홍술이 전사하고, 또 順州(安東郡 豊山面)를 격파하여 장군 원봉이 도망하고, 10월에는 견훤이 다시 加恩縣(聞慶郡 加恩面)을 포위하였으나 함락시키지 못하였다.[110)]

고려 태조가 10여 년간 공들여 쌓아 올린 성과가 크게 타격을 받지 않을 수 없었다. 태조 13년 정월 태조는 자신이 직접 군사를 거느리고 古昌郡(안동)으로 가서 견훤과 결전한 결과, 마침내 큰 승리를 거두고 후백제의 侍郞 金渥을 사로잡으니 견훤은 8천 명의 전사자를 낸 채 패주하고 말았다. 그 동안 후백제의 세력 하에 들어갔던 영안·하곡·진명·송생 등 30여 군현이 고려로 항복해 옴으로써[111)] 경상도 지역에 있어서의 후백제 세력은 패퇴하고 고려측이 크게 승리를 거두게 되었던 것이다. 이 지역에 대한 고려의 남진정책과 후백제의 동진정책의 대결에서 고려의 남진정책이 승리함으로써, 경상도 지역은 고려의 세력권 하에 들어가게 되었던 것이며 또한 이로써 태조의 후백제 포위정책은 완성된 것이었다.

따라서 대세를 관망하던 경상도 내의 다른 군현들도 모두 고려로 귀순해 오게 되었으며, 신라 왕실도 스스로 고려의 보호 하에 들어오기를 요청하여 태조 14년 정월에 고려 태조가 50여 기만을 거느리고 신라 왕도를 방문하게 되는 것을 계기로 고려는 후백제를 정면에서 공격하기 시작하였다. 태조 15년에 일모산성을 두 차례 공격하여 마침내 함락시켰으며 태조 17년에는 운주로 친정하여 견훤의 군대를 대파함으로써 웅진 이북의 30여 성이 스스로 항복해 왔던 것이다.[112)]

---

110) 《高麗史》 권 1, 世家 1, 태조 11년 춘정월 을해·5월 경신·8월·동 11월·12년 추7월 신사·10월.
111) 《高麗史》 권 1, 世家 1, 태조 13년 춘정월 병술·경인.
112) 《高麗史》 권 2, 世家 2, 태조 17년 9월 정사.
《高麗史》 권 92, 列傳 5, 庾黔弼.

이와 같이 대세가 결판나자 후백제는 내분이 일어나 태조 18년 3월에 견훤의 아들 신검·양검·용검 등이 견훤을 금산사에 유폐시켰는데, 견훤은 같은 해 6월에 금산사를 탈출하여 고려로 항복해 왔으며, 11월에는 신라왕이 고려로 귀순해 오게 되고, 태조 19년 9월에 태조가 삼군을 거느리고 후백제를 공격하여 신검의 항복을 받음으로써113) 마침내 後三國의 통일을 완료하게 되었다. 지금까지 고려 태조가 베푼 정책을 대내적인 면에서는 대호족과 대민정책으로, 대외적인 면에서는 외교 및 군사정책으로 나누어 고찰하였다. 이것을 종합하여 보면 다음과 같다.

후삼국의 통일이라는 역사적 과제를 성취하고자 시행하였던 태조의 기본시책들은 무엇보다도 평화를 유지하면서 민족의 통일을 이루고자 하는 방향으로 마련되었던 것이다.

태조는 우선 전쟁을 방지하고 평화를 유지함으로써 후삼국의 전란에 휩쓸려 사회적 불안과 경제적 곤궁에 고통을 당해 오던 백성에게 인정을 제공하려고 하였다. 이러한 정책은 백성의 생활을 안정시키는 安民政策이요, 백성의 힘을 기르는 養民政策으로서, 결국은 백성을 위한 爲民政策이었다고 할 수 있다. 즉 그는 평화를 유지함으로써 민생의 안정과 民力의 양성을 이룩하고 이를 기반으로 왕권의 확립과 국력의 신장을 도모하여 장차 민족통일에 대처하자는 것이었다. 따라서 평화의 유지라고 하는 현실적 조건과 민족의 통일이라고 하는 궁극적 목적 사이에는 단기적인 안목에서 보면 서로 모순이 개재되어 있는 것 같지만, 장기적인 안목에서 보면 이 두 가지의 사항은 서로 연결된 것으로서 일관성을 가진 정책이었던 것이다.

태조의 평화유지 정책과 관계가 있는 또 하나의 정책은 고려정권의 호족들에 대한 정책으로서 이것은 타협과 화합을 이룩하기 위한 유화정책인데 말하자면 호족포섭 정책이라고 할 수 있다. 이러한 호족포섭 정책은 민생안정 정책과 함께 태조의 정책 중 대내정책의 다른 한 부분을 이루는 것이었는데 이것은 평화유지 정책의 대내적인 형태라고 할 수 있으며 또한 민족통

113) 《高麗史》 권 2, 世家 2, 태조 18년 동 10월 임술·11월 갑오·19년 하6월·추9월.
《高麗史節要》 권 1, 태조 18년 10월 임술·11월 갑오·계묘·계축·기미·12월 신유·임신·19년 하6월·추9월.

일 정책의 일단이었다. 그리하여 태조는 호족들의 신임을 얻고 협조를 얻어서 왕권의 안정과 국력 신장의 기반을 마련하려는 것이었다.

태조의 외교정책은 크게 後百濟 孤立政策이요 작게는 親新羅政策이었는데 후백제 고립정책은 주위의 여러 나라 또는 세력으로부터 후백제를 차단하여 후백제를 외교적으로 고립시킴으로써, 후백제가 외부로부터 어떠한 형태의 원조도 얻지 못하게 하는 동시에 반대로 주위의 세력들을 고려쪽으로 끌어들여 양국의 대치상태에서 고려를 유리한 입장에 세우려는 것으로서 이 정책은 성공적으로 수행되었다고 할 수 있다. 한편 친신라정책은 바로 후백제 고립정책의 일부분을 이루는 것으로써 바로 그 핵심이 되는 것이었는데, 태조의 성실하고 끈질긴 노력의 결과 친신라정책이 성공을 거두고 후백제와의 외교전에서 결정적 승리를 얻는 결과를 가져 왔다.

또한 태조의 군사정책은 크게는 후백제 포위정책이요, 작게는 남진정책이었는데 후백제 포위정책은 군사적으로 후백제를 포위하여 사면으로 신경을 쓰게 함으로써 후백제를 혼란에 빠지게 하고 형세가 고려쪽에 유리하게 전개되도록 하자는 것이었는데, 이것은 충청도 방면의 전선에서 견고한 방어선 구축과 수군의 서해 왕래 및 남해안 지방의 점령, 그리고 남진정책의 달성에 의하여 성공적으로 완수되었다고 할 수 있다. 그리고 남진정책은 후백제 포위정책의 일부분을 이루는 것으로서 바로 그 핵심이 되는 중요한 정책이었는데 尙州 부근으로부터 성주·합천을 거쳐 진주에 이르는 선을 연결하는 전략선을 완성함으로써, 후백제의 신라지역 점령을 방지하고 이를 고려쪽으로 끌어들이자는 것이 그 목적이었는데, 이것은 그대로 이루어져서 고려의 후백제 포위정책이 완성되었던 것이다.

결국 高麗 太祖의 여러 시책들은 성공적으로 수행되었던 것이며 더구나 견훤의 무력주의의 반작용으로 민족통일은 더 빨리 이루어지게 되었던 것이니, 거의 반세기에 걸친 후삼국의 혼란이 수습되고 새로운 통일민족의 역사가 시작되게 되었다.

4) 태조의 정치이념과 사상

(1) 고구려 계승이념

王建은 진정한 의미에 있어서 高句麗의 계승자였다. 弓裔는 순전히 그의 정치적 목적에서 고구려의 계승을 표방하였으므로 그의 세력이 강대해지고 국가의 기초가 확고해지자 (後)高麗란 국호를 摩震·泰封으로 고치고 말았으나, 왕건은 (후)고려란 국호를 다시 채택하고 장차 국도를 平壤으로 삼고자 당시 폐허가 되어 잡초가 무성한 평양을 개척하였다. 또한 북진정책을 통해 고구려의 옛 땅을 회복하고 동족인 渤海의 유민을 받아 들여 후대하는 시책을 통해 고구려의 부흥과 재현을 이루려고 하였다. 이는 왕건이 고구려의 후예인 점이나[114] 당시 한반도 중·북부지방 주민의 주류가 고구려 유민들로 이루어져 있었던 점에서 보다 분명한 고려의 통치 지도이념으로 자리를 잡고 실천에 옮겨졌던 것이다.

《高麗史》나 《高麗史節要》의 태조 원년 6월 병진조에 보면 "太祖가 布政殿에서 즉위하여 국호를 高麗라 하고 天授로 연호를 고쳤다"라 하여 태조가 즉위하면서 국호를 고려라 하였음을 알 수 있다. 그런데 《資治通鑑》 권 271, 梁 鈞王 龍德 2년 12월에 "太封王 躬乂는 성격이 잔인하여 海軍統帥 왕건이 그를 죽이고 자립하면서 다시 高麗王을 칭하였다"라 하고, 또 《海東繹史》 권 12, 世紀 12, 高麗 1, 後梁 均王 龍德 2년에도 이를 인용하여 "大封王 躬乂(東史에 보면 太封은 泰封이라 짓고 躬乂는 弓裔라 지음)는 성격이 잔인하여 해군통수 왕건이 그를 죽이고 자립하면서 다시 고려왕을 칭하였다"라 하여 왕건이 즉위하여 다시 고려왕을 칭하였다고 하였다.

여기서 '다시 고려를 칭하였다'고 한 것이 옛날 고구려로부터 칭하였다는 것인지 또는 궁예의 (後)高句麗로부터 칭하였다는 것인지는 확실치 않으나 고려 태조의 입장으로서는 옛 고구려로부터의 復稱이었을 것이 틀림없다고 하겠다. 왜냐하면 궁예가 처음 건국하였을 때에 국호를 고려라 하다가 얼마 후에 마진·태봉으로 고침으로써 애초의 고구려 부흥이념을 버렸기 때문에, 고

---

114) 朴漢卨, 〈高麗王室의 起源〉(《史叢》 21·22, 1977) 참조.

구려 부흥과 계승을 이념으로 삼았던 왕건이 궁예의 고구려 부흥의 표방 사실을 묵살하고 자기야말로 진정한 고구려의 부흥자라는 것을 밝히기 위해서도 스스로를 연결시켜야 했을 것이기 때문이다. 이것은 궁예가 고려를 칭했던 사실이 《高麗史》 등 官撰 사료에는 나타나지 않는 것으로 보아 고려 조정에서 고의로 이를 묵살하지 않았나 하는 인상을 주는 것으로도 짐작된다.

그런데 우리는 흔히 고려라는 국호가 고구려를 줄여서 부르는 것이요, 또 고구려와 고려는 완전히 단절된 별개의 나라로 인식하고 있으나 중국인은 옛부터 지금에 이르기까지 고려라는 국호를 고구려와 같은 것으로 여기어 고구려도 흔히 고려로 혼용해 왔고 또 우리가 말하는 고려왕조와 고구려가 그대로 연결되는 것으로 인식하고 있다. 즉 《明史》 권 320, 列傳 208, 外國 1, 朝鮮傳에 "朝鮮은…漢나라 이전에는 朝鮮이라 하다…漢나라 말기 扶餘사람 高氏가 나와 그 땅을 근거로 삼아 국호를 고쳐서 高麗라 하였고 또는 高句麗라고도 하여 平壤을 차지하고 살았다"라 했다. 또 唐나라 초엽에 편찬된 《隋書》 권 81, 列傳 46, 東夷傳에 삼국을 高麗·百濟·新羅로 기록하고 그 高麗條에 "高麗의 선조는 扶餘로부터 나와…朱蒙이 나라를 세워 스스로 高句麗라 하고 高로써 성씨를 삼고…湯을 다시 사신으로 보내 궁궐을 방문하여 大將軍에 올려 주고 高麗王으로 바꾸어 책봉하다"라 하여 고구려와 고려를 구별 없이 쓰고 있으며 또 《高麗圖經》을 비롯한 중국의 각종 사료에서는 모두 고려에 관한 기록을 고구려로부터 기술하기 시작하여 고구려와 고려가 연결된 나라로 인식하고 있다.

뿐만 아니라 《三國遺事》 王曆에서 고구려를 고려라 표기하고 또 궁예가 세운 태봉을 「後高麗」라 하고 「辛酉稱高麗」라 하여 분명히 고구려를 고려로도 표기하고 있어서 당시에는 우리도 고구려와 고려를 구별 없이 썼던 것을 알 수 있다. 다시 말하면 고려인은 자기네와 고구려가 연결된 것으로 생각하였던 것이다. 따라서 왕건이 즉위 후에 국호를 고려라 했다는 것은 바로 고구려를 칭했다는 얘기와 마찬가지가 된다. 원래 궁예가 처음 건국하였을 때에도 국호를 고려(즉 고구려)라고 하였다. 즉 상술한 바와 같이 《三國遺事》 王曆의 國名欄에는 궁예의 나라를 「後高麗」라 하고 또 辛酉稱高麗라 하여 궁예가 (후)고려 즉 「(후)고구려」를 칭하였던 것을, 善宗(궁예)이 신유년(901)에 왕을 칭하면서 자기의 건국이 고구려의 멸망과 관련이 있음을 사람들에게 말하고 있음에서 알 수 있다.

> 지난날 신라는 당나라에 군사를 청하여 고구려를 격파하였으므로 옛 平壤의 구도읍은 내버려져 수풀이 우거지게 되었으니 내 반드시 원수를 갚겠다(《三國史記》 권 50, 列傳 50, 弓裔, 天復 원년 신유).

궁예는 자기가 엄연한 신라 출신임에도 불구하고 고구려의 후예를 자칭하고 고구려의 부흥과 계승을 주장하며 (후)고구려를 칭하였던 것이다. 그러나 궁예의 행위는 순전히 그가 권력을 잡기 위한 현실적인 필요에서 나왔던 것임을 알 수 있다. 그는 정권이 안정된 것으로 보이는 904년 이후에는 국호를 마진·태봉 등으로 고치는 동시에 또 고구려의 부흥과 계승을 강력히 주장하였을 왕건의 세력 기반인 開城을 떠나 다시 鐵圓(鐵原)으로 환도함으로써, 고구려 계승의 표방은 자취를 감추고 궁예 개인의 위대성을 강화하는 방향으로 나갔던 것으로 보이며 또 이 사실이 궁예의 몰락에 간접적인 한 원인이 되지 않았는가 생각된다.

태조가 국호를 다시 고려로 한 것은 중단된 고구려 부흥운동의 재개로서 이것은 궁예의 경우에서와 같이 현실적인 필요에서 나온 것이라고만 할 수는 없으며, 그의 출신이 말하여 주는 것처럼 진정한 의미의 고구려 부흥의 표시였다고 할 수 있다. 우리가 흔히 고려의 서울을 開京으로만 인식하고 있는데 이것은 고려의 고구려 계승정책 내지 북진정책이 희박해진 이후를 기준으로 해서 정착된 인식이지, 이념적인 측면에서 보나 실제적으로 고려 태조가 북진정책을 추진하는데 있어서나 민족의 재통일을 이루는데 있어서 평양을 중심으로 삼으려 했던 것이다.

《資治通鑑》 권 271, 梁 鈞王 龍德 2년에 태조 왕건이 즉위하여 "開州로써 東京을 삼고 平壤으로써 西京을 삼다"라 하여 동경인 개주(개성)와 서경인 평양의 兩京制가 있다고 하였는데 이것은 개경이 현실적으로 수도의 역할을 하고 있었기 때문에 개경을 포함하여 양경으로 말한 것이다. 즉 태조가 즉위하던 해 9월에 군신에게 평양에 대한 관심을 아래와 같이 표하였다.

> 平壤 옛 서울이 황폐되어 비록 오래 지났더라도 그 터는 여전히 남아 있다

(《高麗史》 권 1, 世家 1, 태조 원년 9월 병신).

이 때에 '평양 옛 서울'이라 하면서도 고구려란 말을 쓰지 않은 것은 고구려와 고려가 단절된 것이 아니라 서로 연결되고 있는 같은 나라라는 것을 뜻하고 있는 것이다.

태조는 평양을 大都護府로 하고 사촌 아우인 王式廉과 廣評侍郞 列評으로 하여금 그 땅을 지키게 하였으며 자신의 세력기반이었던 黃州·鳳州·海州·白州·鹽州 등의 민가를 평양에 옮기도록 하였다. 이어 태조 2년(919)에는 성을 쌓고 얼마 후에 평양을 서경으로 승격시켰고, 태조 5년에는 서경에 행차하여 관청과 관원을 새로 배치하고 在城을 쌓았으며, 태조 13년에는 세 차례나 서경에 순행하여 학교를 설립하고, 태조 21년에는 서경의 羅城을 쌓았다. 그리고 태조 4년 이후 거의 해마다 가는 등 지대한 관심을 나타내고 평양의 재건에 힘썼다. 태조 15년 5월에 왕은 군신들에게 다음과 같이 유시하였다.

> 요즈음 西京을 온전히 증축하여 민가를 옮기고 충실히 한 것은 그 지방이 지닌 힘에 기대어 三韓을 평정하기 위함이다. 장차 거기에 도읍하고자 한다 (《高麗史》 권 2, 世家 2, 태조 15년 5월 갑신).

당시 남방에서는 신라의 포섭 및 후백제와의 쟁패전으로 긴박한 상황이 전개되고 있었음에도 불구하고 이처럼 태조가 서경 개척에 온 힘을 기울이고 있는 데서 볼 수 있는 바와 같이, 평양이 한갓 이념상의 도읍이 아니라 현실적인 國都로 삼기 위한 준비로서, 또한 그곳을 중심으로 북쪽으로 진출하여 고구려의 옛 땅, 즉 東明의 옛 강토를 수복하려는 뜻을 갖고 있었기 때문이다. 태조 26년 임종에 가까워 남긴 「訓要10條」 중 제5조에서도 태조는 서경을 중시하고 해마다 춘하추동의 중간 달에 왕이 그곳에 가서 100일 이상씩 머물 것을 말하는 등 후대의 왕들에게까지 평양을 중요시 할 것을 부탁하였는데,[115] 이러한 사상은 그대로 지도층의 이념이 되었던 것이다.

이렇게 서경을 중요시하고 여러 가지 시설을 확충하면서 서경을 북방 개척의 전진기지로 삼아 고구려의 옛 땅을 수복하고자 서북 지역을 개척하였다. 그리하여 서쪽은 淸川江 유역까지 동쪽은 永興에 이르는 선까지 영토를

115) 《高麗史》 권 2, 世家 2, 태조 26년 하4월.

확장시켰다. 한편으로 고구려 계승이념 및 북진정책 등과 결합시켜 태조는 渤海의 유민을 받아들이고 후대하였다. 발해는 원래 고구려가 멸망한 후 그 遺將인 大祚榮이 동쪽으로 가서 건설한 나라로서, 그 주민의 하류층은 대체로 말갈족으로 이루어졌으나 지배계층은 대조영을 위시한 고구려인으로 이루어진 나라였던 것은 주지의 사실이다. 그러다가 태조 9년(926)에 발해가 거란에게 멸망되자 왕족과 관료 등 고구려 계통의 지배계급은 대부분이 남하하여 동족국가인 고려로 귀순하여 오게 되었는데 태조는 이들을 받아 들여 우대한 것이다. 즉 태조 8년 9월에 발해의 장군 申德 등 500인이 오고, 같은 달에 발해의 禮部卿 大和鈞·均老, 司政 大元鈞, 工部卿 大福謨, 左右衛將軍 大審理 등이 백성 100호를 거느리고 온 것을 비롯하여, 같은 해 12월에는 左首衛小將 冒豆干, 檢校開國男 朴漁 등이 백성 1,000호를 거느리고 왔으며, 태조 10년 3월에는 工部卿 吳興 등 100여 인이 오고, 동 11년 3월에는 金神 등 60호가, 같은 해 7월에는 大儒範 등이, 9월에는 隱繼宗 등이, 동 12년 6월에는 洪見 등이, 9월에는 正近 등 300여 인이 왔다. 태조 17년 7월에는 발해의 세자인 大光顯이 수만 명의 백성을 거느리고 오자, 태조는 그에게 「王繼」란 성명을 내리고 宗籍에 올리는 동시에 특별히 元甫의 관품을 주어 白州를 지키며 조상의 제사를 받들게 하였으며, 같은 해 12월에는 陳林 등 160여 인이, 태조 21년에는 朴昇 등 3,000호가 오는 등 발해인의 귀순이 계속되었는데 태조는 이들을 모두 받아 들여 후대하였던 것이다.

한편 발해를 멸망시킨 契丹에 대하여서는 격렬한 증오감을 나타내었다. 태조 25년(942)에 거란이 사신을 보내어 낙타 50필을 선물하였으나, 왕은 이것을 받아들이지 않았다.

> 契丹이 일찍이 발해와 화친하였으면서도 맹서를 배반하고 이를 멸망시켰으니 이는 심히 무도한 것이다(《高麗史》 권 2, 世家 2, 태조 25년 동 10월).

드디어 거란과의 국교를 단절하고 그 사신의 일행 30여 인을 섬으로 귀양보내는 동시에 낙타는 萬夫橋 아래 붙들어 매어 두어 모두 굶어 죽게 하였던 것이다.[116]

---

116) 《高麗史》 권 2, 世家 2, 태조 25년 동 10월.

그리고 《海東繹史》에 왕건이 "발해는 본래 나의 친척의 나라이다"라고 하였다는 것을 보면 그가 얼마나 발해국과 발해인에게 친밀한 뜻을 나타냈는가를 알 수 있다. 이것은 결국 고구려에 대한 태조의 생각을 단적으로 표현해 주고 있는 말이다.

(2) 불교사상

신라 하대에 지방 豪族의 등장과 함께 불교계에서는 禪宗이 점차 유행하였다. 진성여왕 이후부터는 이들 선종의 각 종파가 지방의 호족세력과 각기 결합되어 갔고 후삼국 성립 이후에는 敎宗의 승려들도 지방세력과 연결되어 갔다.

일찍이 왕건은 松岳의 대호족으로 禮成江 일대의 해상세력을 기반으로 하여 궁예의 휘하에 있으면서 효공왕 7년(930)에 나주를 정벌하고 서남해 일대에 세력을 뻗치고 있었다. 이 때 중국에 유학한 승려들은 대부분 왕건의 도움을 받으며 귀국하였기 때문에 유학승들과 왕건은 자연스럽게 연결되어졌다. 각 지방의 호족들과 연결되어 있던 이들 승려들을 매개로 하여 왕건은 각 지방의 호족세력들에게 보다 용이하게 접근하여 이들을 포섭할 수 있었다.[117] 특히 왕건은 918년 궁예를 타도하고 고려를 건국한 이후 앞서 살펴본 호족포섭 정책과 더불어 이들 호족과 연계되어 있던 승려들과의 결합을 적극적으로 추진해 나갔다. 이는 승려들을 통해 각 지역 호족과의 결속을 강화하는 한편 이들 호족들의 세력권 하에 있는 백성들을 교화하고 민심을 수습하기 위한 방편으로 시도된 것이다.

그리하여 고려가 건국되기 전에 四無畏士인 逈微·麗嚴·慶猷·利嚴과 行寂·忠湛이 왕건과 연결되었고 坦文·璨幽·玄暉·兢讓·慶甫·開淸 등이 고려의 건국 이후에 왕건과 결합되었다. 이들 가운데 闍崛山派의 제2조인 開淸은 고려가 건국된 후 오랫동안 태조 왕건에게 적대적 태도를 취해 왕건을 근심케 한 명주의 대호족 순식과 연결되어 있었는데, 순식이 태조에게 귀속한 후 고려에 대해 비협조적이었던 이 지역 주민들의 민심을 수습하는 역할을 수행하면서 태조의 요청에 협력하였다. 또 경보는 후백제의 견훤과 결

117) 金杜珍, 〈王建의 僧侶結合과 그 意圖〉(《韓國學論叢》 4, 國民大, 1981) 참조.

합되어 있었으나 태조 19년 후삼국의 통일과 함께 태조에게 포섭되어 후백제 지역 백성들을 위무하면서 이 지역의 민심 수습에 나섰다. 이에 태조는 충청도 連山에 開泰寺를 세우고 친히 願文을 지어 삼국 통합의 뜻이 천명을 받아 간악한 자를 제거하고 약한 자를 구하고 기울어진 자를 받치는 데 있음을 강조하고 河南 30여 군의 백성들을 포용하여 이들을 조금이라도 범하고 상하지 않게 하였음을 밝혀 교화의 뜻을 분명히 하였다.118) 태조는 개태사를 창건하여 후백제인들을 교화하고 민심을 수습하고자 하였다. 특히 이 사찰은 華嚴道場으로서 성립되었는데 華嚴敎學이 신라 이래 중앙의 왕실에 의해 수용되었고 지방세력을 포함한 모든 사회체제를 중앙의 왕실에 통합시키는 데 유리한 사상체계였던 점으로 보아, 태조는 결국 후백제 영역 내의 각 지역의 이질적인 지방세력들을 통합하고 이어 삼한의 통일에 있어서 민족의 대융합을 도모하고자 이 개태사를 창건한 것이다.

한편 당시 사원은 莊園으로 형성된 막대한 토지를 가졌으며 본사에서 떨어진 支寺에 莊舍를 두어 경영하였다. 이럴 경우 왕건은 한 승려와 결합함으로써, 그와 사회경제적으로 밀접하게 연결된 다른 사원세력과의 결연이 용이하였다. 실제 왕건과 연결된 승려들의 많은 緣故寺院이 대체로 그와 연결되어 있었다. 왕건은 더 많은 호족세력과 유대관계를 맺고 그들의 사회경제적 기반을 토대로 세력확대에 박차를 가할 수 있었다. 이와 같이 태조 왕건은 고려의 건국 이전부터 각 지역의 승려들과 교우관계를 맺어 이들 승려들과 연결된 각 지방의 호족세력들과의 유대관계를 공고히 하면서 세력 확장을 도모하였고, 고려 건국 이후에도 호족포섭책의 일환으로 승려들과의 결합을 적극적으로 추진해 나갔으며 또한 복속된 지역의 백성들을 이들 승려들로 하여금 佛法을 통해 교화하고 민심을 수습하기 위해 불교를 장려하고 육성시켜 나갔다.

태조 왕건은 개경에 法王·王輪·慈雲·內帝釋·舍那·天禪·新興·文殊·圓通·地藏의 10寺를 비롯한 많은 사원을 건축하였다. 특히 불교를 국교로 정하고, 팔관회와 연등회를 통해 불교의식과 의례를 문무 관료와 백성이 다 함께 참여하는 국가적인 행사로 승화시키는 한편, 고승 대덕을 국사·왕사로 맞아 師弟의 예를 표하고 통일정책을 추진함에 있어 많은 자문과 도움을 반

118) 《新增東國輿地勝覽》 권 18, 連山縣 佛宇 開泰寺.

으면서 앞서 본 국내외의 많은 승려들을 포섭하여 우대하였다. 이렇게 불교를 호국신앙으로서 국가를 보위하고 민생을 안정시키며 나아가 후삼국을 통일하는데 있어서 국가의 대본으로 삼으려는 태조의 의도는 그의「訓要10條」가운데 제1조에서 확인되어진다.

> 우리 나라의 대업은 반드시 모든 부처의 호위하는 힘에 도움을 받아야 하므로 선종·교종의 사원을 창건하고 주지를 파견하여 분향하고 불도를 닦으며 각기 그 맡은 바 일을 다스리게 하라(《高麗史》권 2, 世家 2, 태조 26년 하 4월).

또한 태조가 崔凝에게 통일발원문을 짓기를 명령한 아래의 사실로부터 불교를 통일 지도이념으로 숭상했음을 알 수 있다.

> 또한 태조가 崔凝에게 "옛날에 신라가 9층탑을 만들어 마침내 통일의 위업을 이룩하였다. 이제 개경에 7층탑을 세우고 서경에 9층탑을 세워 현묘한 공덕을 빌려 뭇 악인들을 제거하고 삼한을 통일하고자 하니 그대는 나를 위하여 발원문을 지으라"고 하였다(《高麗史》권 92, 列傳 5, 崔凝).

(3) 풍수지리사상

羅末麗初의 사회적 전환기에 사상적으로 불교에서는 선종이 대두하여 호족세력과 연결되면서 번성해 나갔고 새로운 정치이념으로 유학사상이 새로이 내세워졌으며 한편으로는 風水地理思想이 널리 전파되기에 이르렀다. 이 시기에 각 지역에서 독자적인 기반을 구축하고 세력확장을 도모하던 지방의 호족들은 자신들의 본거지를 명당으로 내세워 기존의 경주 중심의 고정적인 지역 관념을 깨고 나말려초의 분열상을 합리화하고 호족 자신들의 독립적인 세력 형성을 정당화하기 위해 풍수지리사상을 수용하였다.

당시 풍수지리의 대가인 道詵은 전라도 靈巖 출신으로 신라 하대의 불교계에 새로운 바람을 일으키고 있던 선종 계통의 승려로서 光陽의 玉龍寺에서 독자적인 禪門을 개설하였다. 이 시기에 영암은 京畿道 南陽灣과 함께 對唐交通의 중요한 관문으로 당에 유학한 승려들이 대거 이곳을 거쳐 귀국함에 따라 이 지역은 禪門 9山 중 3파의 중심지가 될 정도로 선종의 중심지였는데 이곳에 중국의 풍수지리사상이 함께 들어 와 도선이 이를 습득한 것으로 보인다.[119]

---

119) 崔柄憲, 〈高麗建國과 風水地理說〉(《韓國史論》18, 國史編纂委員會, 1988).

그 뒤 신라사회의 해체를 눈앞에 바라보면서, 그리고 각 지방에서 성장하고 있던 호족세력들의 새로운 움직임을 통찰하면서 살다 간 도선이 시대적 모순을 자각하고 이를 해결하려는 의지 속에 당시의 자연환경을 유기적으로 파악하는 人文地理的인 지식과 경주 중앙귀족들의 부패와 무능, 각 지방에서의 호족들의 대두, 그리고 안정을 바라는 백성들의 염원 등에 대한 사회적 인식 태도를 종합하여 풍수지리사상을 체계적으로 정리하였다. 이러한 풍수지리사상은 결과적으로 역사의 무대를 경주에서 중부지방인 송악으로 옮기게 하였고, 시대의 주역들을 경주의 진골귀족에서 지방의 호족으로 바뀌게 하여, 송악을 세력근거지로 한 왕건에게 후삼국을 통일하는데 유리한 입장이 되게 하였다. 특히 풍수지리사상은 인문지리적인 인식이 기존의 질서에 대한 혁명적인 선종과 연결되고 예언적인 圖讖說과 결부되어 사회적 전환의 추진력이 되었다.

그리하여 왕건은 물론 각 지역의 호족들은 이러한 풍수지리사상을 통해 민심을 장악하고자 노력하였다. 崔惟淸의 道詵碑文에 "이후 신라의 정치와 교화가 점차 쇠퇴하여 멸망의 조짐이 있었다. 도선이 장차 천명을 받은 성인이 일어날 줄 알고 가끔 송악군에 가서 놀았다"고 한 점이나 동 비문에서 도선이 왕건의 父인 龍建을 찾아가 그 집터를 잡아 주고 왕건의 출생과 고려의 건국을 예언하여 주었다는 내용은 비록 도선이 入寂한 다음에 고려의 건국을 합리화하기 위한 의도가 숨어 있지만, 역으로 왕건이 도선의 풍수지리사상을 통해 민심을 장악하고, 호족의 포섭이나 고려 건국의 정당성 그리고 후삼국 통일의 당위성을 내세워 새로운 국가의 이상을 실현하고자 한 통치 차원의 방책이었음을 말해 주고 있는 것이다. 또 閔漬가 《編年綱目》에서 "도선이 송악에 가서 17살 된 왕건에게 出師置陳·地利·天時의 법과 望秩山川과 感通保佑하는 이치를 알려주었다"라고 한 점도 도선과 왕건과의 관계를 통해 왕씨세력의 성장과정이 역사적 당위성을 지닌 것으로 인식케 하는 동시에 고려의 건국과 후삼국의 통일이 풍수지리사상에 바탕을 둔 天理에 의해 이루어졌음을 내세우기 위한 것으로 볼 수 있다. 특히 《補閑集》 권상에 실린 태조와 그의 참모였던 최응과의 대화에서 태조가 전쟁 중 陰陽과 浮屠에 뜻을 두고 있는데 대해 최응이 음양과 부도를 믿지 말고 文德을 닦아 인심을 얻을 것을 충고하자, 태조는 "그 말을 난들 왜 모르겠는가. 그러나 우리 나라는 산수가 신령스럽고 기이한 데다 편벽된 지역에 있으므로 백성들의 성품이 부처나 신을 좋아함으로써 행복과 이익을 구하려 한다. 지금은 전쟁이 쉬지 않고 안위를 결정하지 못해 밤낮으로 두려워하면서 어찌할 바를 모른다. 그리하여 부처와 신의 비밀스런 도움과 산수의 영험에 혹 잠시 안정시키는 효과가 있을까 생각할 뿐인데 어찌 그것으로 나라를 다스리고 백성을 얻는 큰 법을 삼겠는가. 세상이 안정되고 편안히 살기를 기다려 풍속을 바꾸고 교화를 아름답게 할 수 있을 것이다"라고 하여 태조가 당시 끊임없는 전쟁 속에서 풍수지리사상과 불교에 심취해 민심을 끌어 모아 안정을 얻고 호족들을 포섭하여 후삼국을 통일하고자 하는 당면한 과제를 해결하기 위해 유교정치 이념의 수용에 앞서 풍수지리사상과 불교사상에 입각해 일차적인 국가목표를 달성하고자 하였던 것이다.

풍수지리사상은 불교사상 혹은 고구려 계승이념과 함께 태조 왕건의 의식 속에 서로 구분되어져 있지 않고 상호적인 사상체계로서 나타나고 있음을 태조의 「訓要10조」 중 제2조에서 볼 수 있다.

> 새로 세운 여러 사원은 모두 도선이 山水의 順逆을 내다보며 점쳐서 개창한 것이다. 도선이 말하기를 '내가 점을 쳐서 정한 이외의 곳에 함부로 절을 더 짓는다면 地德을 덜고 박하게 하여 祚業이 영구하지 못하리라'고 하였으니 짐이 생각컨대 후세의 國王·公候·后妃·朝臣들이 각기 願堂이라 하여 혹시 사원을 더 세운다면 이는 크게 근심할 일이다. 신라의 말엽에 浮屠(절)를 다투어 함부로 세워 지덕을 덜고 쇠하게 해서 마침내 나라가 망하게 되었으니 어찌 경계할 일이 아니겠는가(《高麗史》 권 2, 世家 2, 태조 26년 하4월).

태조는 풍수지리사상을 근거로 설립된 裨補寺塔을 통해 민심을 수습하고 정치적 구심체를 마련하고자 한 의도가 나타나 있는 반면에 풍수지리사상을 내세워 사원의 양적 확대로 인한 국가경제 기반의 약화와 국가의 통치력이 약화되는 것을 막아 보려는 의지가 엿보인다. 또 제5조에서는 풍수지리사상에 입각하여 서경을 중시함으로써 고구려의 계승이념을 추진하고자 하였다.

> 朕이 삼한의 산천의 陰佑에 따라 통일의 대업을 이루었다. 서경은 水德이 순조로워 우리 나라 지맥의 근본이 되니 大業萬代의 땅이다. 마땅히 네 계절의 가운데 달마다 巡駐하여 백 일이 지나도록 머물러서 나라의 안녕을 이루게 하라(《高麗史》 권 2, 世家 2, 태조 26년 하4월).

이와 같이 풍수지리사상은 신라의 붕괴와 고려의 건국 그리고 고려의 三韓統一의 당위성을 부여함으로써 태조 왕건이 민심을 얻고 호족들을 포섭하여 후삼국을 통일하는데 기여하였고, 나아가 국가이념인 고구려의 계승이념을 정당화하고 불교 장려를 빙자해 초래될지도 모를 국가의 통치력과 경제력 약화를 방지하는데 기여한 태조의 지도이념 중의 하나였다.

(4) 유교사상

신라 중대부터 왕권의 전제화 과정의 일환으로 儒教의 정치이념이 수용되어져 부분적으로나마 정책에 반영되었고, 신라 말기에 유교적 소양을 지닌 지식인들이 각 지방의 유력한 호족세력과 관계해 이들 호족의 독자적인 정치적 기반 구축에 일정한 정당성을 부여해 주고 있었다.

고려시대에 유교가 정치이념으로 구체화된 것은 成宗 때 崔承老의 「時務28條」로부터 비롯된 것이었지만 태조도 이미 유교적인 정치이념의 요체를 터득하고 있었다.

즉 五經에 통달한 최응과, 신라 말 당의 예부시랑 薛廷珪 문하에서 수학하고 과거에 급제한 뒤 신라에 돌아 와 執事省 시랑·瑞書院 학사가 된 崔彦撝, 그리고 경서와 사기에 조예가 깊고 천문과 복술에 정통하였으며 항상 종군하여 태조의 곁을 떠나지 않았던 崔知夢 등이 정치참모로 활약했던 점이다.[120] 경서와 사기에 통달하고 궁예 밑에서 東宮記室까지 지내다 궁예의 정치적 문란을 보고 은거해 있다가 태조에게 귀부한 王儒에게 「致理之道」는 賢人을 구하는 데 있다고 한 점을[121] 통해, 유교사상은 고려의 건국을 정당화하고 새로운 지배질서를 구축하는데 있어 중요한 역할을 담당한 태조의 통치이념 중의 하나였던 것으로 볼 수 있다. 이렇게 유교가 태조의 통치이념의 하나였던 점은 원년(918) 6월 홍유·배현경·신숭겸·복지겸 등이 천명을 내세워 궁예를 내몰고 왕건을 왕위에 추대하자 태조가 이를 수용한 사실에서도 알 수 있다. 태조 왕건은 즉위 후 유교적 정치사상의 핵심이랄 수 있는 「敬天愛民」을 실천에 옮겼다.

태조의 민생안정을 위한 노력은 원년 6월 병진일에 즉위하여 다음날 내린

120) 《高麗史》 권 92, 列傳 5, 崔凝·崔彦撝·崔知夢.
121) 《高麗史》 권 92, 列傳 5, 王儒.

조서에서 궁예가 백성을 위한 정치를 하지 않고 폭정으로 백성을 괴롭혀서 멸망하였기 때문에 자신은 백성을 위한 정치를 하겠다는 의지를 표명하고, 국가를 경영함에 있어 근검·절약에 힘써 백성들의 경제생활이 윤택해질 수 있도록 한 점에서 찾을 수 있다. 이밖에도 태조는 원년 7월에는 궁예가 농민에게 부과했던 무거운 稅를 가볍게 하였으며, 동 8월에는 기근으로 자신과 처자를 팔아 남의 노비가 된 백성들을 위해 국고에서 포백을 내어 구원케 하였다. 이러한 태조의 민생안정 시책은 민심을 얻어 후삼국 통일을 달성하려는 대민정책의 소산으로 유교의 「敬天愛民」 사상에 기초하고 있었던 것이다.

태조의 유교사상에 의한 인식과 태도는 「訓要10條」의 제7조·제9조 및 제10조에서도 나타나고 있다. 먼저 제7조에서는 통치자가 민심을 얻고 부국강병을 이루기 위해 가져야 될 정치 소양으로 유교의 기본적인 인식이 필요함을 말하고 있으며, 제9조에서는 국가통치의 공정함과 엄정성을 강조하였다. 한편 제10조에서는 태조가 유교적인 교훈을 국가 통치의 기본철학으로 삼고 자신이 실천에 옮기고자 노력하였던 이들 사항들을 후대에 전하여 국가의 안정과 번영을 도모하고자 하였다.

> 人君이 만백성의 마음을 얻음이 가장 어려운 일이다. 그 마음을 얻으려면 요컨대 諫言을 따르고 讒言을 멀리할 뿐이로다. 백성을 부리는데 때를 가려야 하고 徭役을 가볍게 하고 조세를 덜어 주며 농사일의 어려움을 안다면 저절로 민심을 얻고 나라는 부강하여 백성은 편안하게 될 것이다.
>
> 모든 관료들의 녹봉은…공적에 따라 제정하고 관작은 사사로운 정으로 주지 말아야 한다.
>
> 국가를 맡은 자는 항상 근심이 없는 때를 경계해야 하고 널리 경사를 읽어 옛일을 거울삼아 지금을 경계해야 한다(《高麗史》 권 2, 世家 2, 태조 26년 하 4월).

그런데 이상에서 살펴 본 태조의 정치이념과 사상들은 서로 대립되거나 상충되는 관계로 각기 따로 존재한 것이 아니라 상호 보완적인 입장에서 태조의 후삼국 통일정책을 추진하는데 있어서 복잡하고 다양한 세력 사이의 관계를 유기적으로 연계시켜 주는 작용을 함으로써, 태조가 민심을 얻고 후삼국을 통일 하는데 크게 기여하였던 것으로 인식되어야 한다.

〈朴漢卨〉

2. 왕권의 확립과정과 호족

1) 혜종대의 호족과 왕권

太祖가 재위 26년만에 세상을 떠나자 그 뒤를 이어 왕위에 오른 것이 바로 惠宗이었다. 혜종대의 지방에 대한 통제는 대체로 태조대의 골격을 그대로 유지하였다. 각 지역에 지방관을 파견할 수 없었던 당시의 상황 속에서는 開京에 올라와 있는 호족들을 통하여 지방민을 통제하였다. 중앙의 많은 호족출신 공신들이 敬順王 金傅로부터 비롯된 事審官에 임명되어 지방통치에 임하였던 것이다. 때문에 혜종은 중앙의 호족들과 어떠한 관계를 유지하느냐에 따라 그의 정치생명이 좌우되기에 이르렀다. 그러나 이 문제는 쉽지 않았던 것으로 결국에는 왕위쟁탈전으로 비화되었다.

이 왕위쟁탈전의 원인으로는 여러 가지가 있겠지만 그 주요한 요인 중의 하나는 혜종 자신의 출신 배경과 관련된 문제였다. 혜종은 태조의 제2비 莊和王后 吳氏의 소생으로 본래 이름은 武였다. 일찍이 태조는 궁예 휘하에서 羅州를 정벌하고 거기에 주둔한 적이 있었다. 그 때 냇가에서 빨래하고 있던 오씨를 만나 혼인하게 되었다. 그러나 나주 오씨의 집안은 세력이 그렇게 크지 않았던 모양으로 기록에 의하면 「側微」하였다고 표현되어 있다. 그 때문에 태조는 아이를 낳지 않으려고 노력하다가 결국 실패하고 아들을 하나 낳게 되었다.[1] 그가 바로 후일 혜종이 된 武였던 것이다.

그런데 여기서의 「側微」는 무엇을 뜻하는 것일까. 그것은 신분적으로 미천하다는 의미와 더불어 실질적인 권력이나 군사력의 부족을 뜻하는 것이라 생각된다.[2] 전자는 나주 오씨의 祖 富伅이나 父 多憐君이 모두 관등 내지

---

1) 《高麗史》 권 88, 列傳 1, 后妃 1, 莊和王后 吳氏.

2) 鄭容淑, 〈高麗初期 婚姻政策의 추이와 王室族內婚의 성립〉(《韓國學報》 37, 1984 ; 《高麗王室族內婚硏究》, 새문社, 1988, 62쪽). 그러나 해상력과 재력은 있었기 때문에 신분적인 열세를 의미한다는 견해(姜喜雄, 〈高麗惠宗朝 王位繼承亂의 新解釋〉 《韓國學報》 7, 一志社, 1977, 69~71쪽)와 측근세력의 미약으로 해석한 견해도 있다(河炫綱, 〈豪族과 王權〉 《한국사》 4, 국사편찬위원회, 1981, 105쪽).

관직을 전혀 갖고 있지 않았던 점에서 알 수 있다. 태조의 왕후·부인 29명 중 이름을 알 수 없는 西殿院夫人과 장화왕후 오씨를 제외하고 나머지는 모두 그들의 父가 관직이나 관계를 소유하고 있었던 것이다.

또 그의 집안이 권력이나 군사력을 갖고 있지 못했다는 것은 무의 太子冊封 과정을 통하여 살펴 볼 수 있다. 무는 乾化 2년(912)에 태어났는데 태조에게는 그가 장남이었다. 그리하여 918년 왕위에 오른 지 몇 년 안되어 태조는 무를 태자로 책봉하였다. 그 때 무의 나이는 10세에 불과하였다. 그런데 그 과정이 순조롭지 못하였다. 그것은 그의 집안이 「측미」하여 반대세력이 많았기 때문이었다. 그러자 태조는 柘黃袍를 상자에 담아 오씨에게 주고 오씨는 다시 이를 朴述熙에게 보여주었다. 이에 박술희는 태조의 뜻을 알아차리고 무를 태자로 책봉할 것을 청하였다. 그리하여 마침내 무가 태자로 책봉되기에 이르렀던 것이다.[3]

박술희는 지금의 충남 沔川 출신으로 성격이 용감하여 나이 18세에 궁예의 衛士로 들어 간 무인이었으며, 태조대에 이르러서는 상당한 군사적 기반을 갖고 있었다고 생각된다. 이러한 박술희의 후원을 통해서 무가 태자에 책봉되었다는 것은 상대적으로 나주 오씨의 가문에 군사적 기반이 없었음을 말해 준다 하겠다.

이같이 혜종(武)의 정치적·군사적 기반이 약했음은 그의 혼인을 통해서도 알 수 있다. 그에게는 4명의 부인이 있었는데 첫번째 혼인은 태조 4년(921) 태자로 책봉된 해에 이루어졌다. 이 때의 혼인 대상은 제1비인 義和王后 林氏였으리라 여겨진다.

그런데 의화왕후의 아버지로 되어있는 林曦는 鎭川 출신으로 태조 즉위 직후의 인사조치에서 兵部令에 임명된 자였다. 병부령은 군사에 관한 행정업무를 담당한 兵部의 장관직이었다. 당시 실질적인 군사지휘권을 가지고 있던 徇軍部의 장관직에는 林明弼이 임명되었다.[4] 그런데 임명필 또한 진천 임씨였다. 이것으로 보아 당시 진천 임씨 일족은 군사권을 모두 장악하고 있었음을 알 수 있다.

---

3) 《高麗史》 권 92, 列傳 5, 朴述熙.
4) 《高麗史》 권 1, 世家 1, 태조 원년 6월 신유.

진천지역은 통일신라 시대에는 黑壤郡으로 불려지다가 「高麗初」에 降州로 승격한 지역이다.[5] 아마도 궁예 휘하에 있던 왕건이 900년 靑州(또는 靑川)·忠州·槐壤 등지를 정벌할 때[6] 쉽게 항복하였다 하여 승격한 것이 아닌가 한다. 이때를 전후하여 진천 임씨도 중앙에 진출한 것 같다. 이후 태조 원년(918)에는 淸州에서 반란을 일으키려 하자 洪儒·庾黔弼이 군사를 거느리고 가서 주둔하기도 하였다. 그 때문인지 모르지만 지명도 鎭州로 개명되었다.

태조는 이렇듯 중요한 지역과 연합할 필요성을 느껴 진천 임씨 일족을 군사적인 요직에 앉히고 임명필의 딸을 부인으로 맞이하였다. 그와 더불어 임희의 딸은 태자인 무와 혼인을 시켰던 것이다. 따라서 이 때의 혼인은 혜종(무)에게 군사적 기반을 강화시켜 주기 위한 정략결혼이었다고 하겠다.

혜종의 제 2비 後廣州院夫人 王氏와의 혼인도 맥락을 같이하는 것이었다. 후광주원부인은 大匡 王規의 딸이었다. 왕규는 이미 태조에게 두 딸을 바친 바 있는 廣州의 호족이었다.

그런데 왕규는 《新增東國輿地勝覽》 楊根郡 人物條에 나오는 咸規와 동일인인 것 같다. 함규가 태조대 최고의 관부로 여겨지는 廣評省의 차관급인 侍郎이었으며 太祖功臣이었다는 점이 이를 말해준다. 태조공신에는 여러 부류가 있었지만 태조의 妃父들도 포함되어 있었기 때문이다. 따라서 함규가 王姓을 하사받아 王規로 표기된 것이라 짐작된다. 강릉의 金順式이나 춘천의 朴儒가 왕성을 하사 받아 王順式·王儒로 표기된 것과 맥을 같이 하는 것이다.[7]

또 양근군은 통일신라 때의 濱陽縣이 고려 초에 楊根縣으로 개명되면서 광주에 來屬되었다가 고려 말에 군으로 승격된 지역이다.[8] 엄격히 말하자면 왕규의 출신지는 양근현이지만 이곳이 광주의 속현이었으므로 광주인으로 표기한 것이 아닌가 한다.

왕규는 태조대에 그 관직이 광평시랑이었지만 총애를 받은 인물이었던 것

---

5) 《高麗史》 권 56, 志 10, 地理 1, 淸州牧 鎭州.

6) 《三國史記》 권 50, 列傳 10, 弓裔傳에는 이때 廣州·忠州·唐城·靑州·槐壤 등이 궁예의 명을 받은 왕건에 의해 정복된 것으로 되어 있다. 그러나 《三國史記》 권 12, 新羅本紀 12, 孝恭王 4년 10월에는 國原(忠州)·菁州·槐壤의 賊首 淸吉·莘萱 등이 투항한 것으로 나와 있다.

7) 姜喜雄, 앞의 글, 81쪽.

8) 《高麗史》 권 56, 志 10, 地理 1, 楊廣道 楊根縣.

같다. 그가 태조의 임종시 廉湘·朴守文 등과 더불어 遺詔를 받고 있는 점에서 알 수 있다.[9] 태조는 이렇듯 우세한 정치적 지위에 있던 왕규의 딸을 무와 맺어줌으로써 무의 「측미」함을 보강시켜 주려 하였던 것이다. 결국 혜종과 제1비·제2비와의 혼인은 태조의 의도 하에 이루어진 정략결혼이었다고 하겠다.

혜종의 제3비는 淸州人 金兢律의 딸이었다. 이들 청주 김씨 일족도 청주 지역의 호족이었다. 이들은 900년 왕건이 청주 지역을 정복할 때 왕건과 관계를 맺은 것 같다. 그후 904년 궁예가 청주인 1,000戶를 철원에 사민시켜 수도를 건설할 때 적극 협조하면서 중앙 정계에서 두각을 나타내기 시작한 것으로 생각된다. 그들은 태조에게도 우호적이었다. 그 일족 중의 하나인 金言規가 태조 즉위 직후의 인사조처에서 정책을 건의하고 간쟁을 맡았다고 생각되는 白書省의 卿에 임명되고 있는 점에서 알 수 있다. 이후 광종대까지도 청주 김씨 일족은 그 지역의 首位姓氏集團으로 존재하고 있었다.[10] 혜종이 이러한 청주 김씨 일족과 혼인관계를 맺는다는 것은 그것이 태조의 의도였든 혜종 자신의 의도였든 간에 많은 세력 강화를 가져다주었음에 틀림없다.

이상에서 본 바와 같이 혜종은 이미 즉위하기 전부터 박술희 세력이나 진천·광주·청주 등지의 호족세력과 손을 잡고 있었다. 그러나 그것은 어디까지나 태조라는 구심점이 있었기에 가능한 일이었다. 태조가 죽고 혜종이 즉위하자 다른 세력의 도전을 받게 되었다. 그 대표적인 세력이 바로 神明順成王太后 劉氏의 아들인 堯와 昭의 세력이었다.

이들은 태조의 제2子·제3子로 劉兢達의 외손이고, 이 유씨는 충주 지역에서 세력을 잡고 있던 호족이었다. 본래 충주는 삼국시대부터 군사적으로 중시되었던 지역으로 통일신라 때에는 中原京이었다가 고려 태조 연간에는 中原府 또는 충주라 불리기도 했던 지역이다. 신라 말에 이 지역을 장악하고 있던 충주 유씨는 900년 왕건에게 투항하면서 중앙 정계로 진출한 것이 아닌가 한다. 태조 원년 6월 徇軍郎中에 임명된 劉吉權이 궁예 치하에서는 內奉

---

9) 《高麗史》 권 2, 世家 2, 태조 26년 4월 정유.

10) 金甲童, 〈高麗建國期의 淸州勢力과 王建〉(《韓國史硏究》 48, 1985 ; 《羅末麗初의 豪族과 社會變動硏究》, 高大 民族文化硏究所, 1990).
朴敬子, 〈淸州豪族의 吏族化〉(《원우론총》, 숙대대학원, 1986).
金周成, 〈高麗初 淸州地方의 豪族〉(《韓國史硏究》 61·62, 1988) 등 참조.

史라는 직임을 맡고 있었음에서 알 수 있다.

태조가 궁예를 내쫓고 즉위하면서는 劉權說이란 자가 두각을 나타냈다. 태조 원년 羅州大行臺侍中에 임명된 具鎭이 임지에 가기를 꺼려하자 유권열이 죄주기를 청하였으며, 태조 5년에는 강릉지방의 세력가였던 왕순식의 아버지 許越을 설득하여 왕순식을 귀순시키기도 하였다.[11] 당시 그의 관직은 시랑이었는데 아마도 광평성의 시랑이었지 않나 한다. 뿐만 아니라 태조 7년(924)에는 왕의 특사로서 眞澈大師 利嚴을 개경으로 맞아 들여오기도 하였다. 그 때 그의 관직이 前侍中이었던 점으로 미루어[12] 태조 5년에서 7년 사이에 廣評侍中까지 올랐음을 알 수 있다.

이 충주 유씨는 불교세력과도 깊은 관계를 유지하고 있었다. 태조 7년(924)에 비문이 완성되고 혜종 원년(944)에 건립된 興寧寺澄曉大師寶印塔碑 陰記에 보면 그 檀越로 요·소는 물론 유긍달·유권열 등 충주 유씨가 나오고 있다.[13] 또 현재의 충북 중원군에 남아있는 淨土寺法鏡大師慈燈塔碑 陰記에는 충주 유씨인 유권열·劉新城을 비롯하여 충주의 호족으로 보이는 俊弘·堅書 등이 보이고 있는 것이다.[14] 특히 유권열은 五龍寺 法鏡大師의 在學弟子 중 하나이기도 했다. 이와 같은 사원과의 유대는 충주 유씨의 세력 강화에 일정한 기여를 했음에 틀림없다.

이러한 충주 유씨의 외손인 요·소는 武만 없었으면 왕위에 오를 수 있는 충분한 자격을 갖추고 있었다. 따라서 충주 유씨 일족은 무의 태자 책봉을 반대했을 가능성이 짙다. 그 때문에 태조는 박술희의 힘을 빌어서야 무를 태자로 책봉할 수 있었던 것이다.

이 충주 유씨 세력은 이미 태조대부터 浿江鎭 세력, 특히 平山 朴氏 세력과 유대관계를 맺고 있었다. 앞서 잠시 보았듯이 태조 7년 진철대사 이엄을 개경으로 초치할 때 유권열과 박수문이 함께 파견되고 있는 면에서 잘 알 수 있다.

평산 박씨는 본래 경주에 살고 있었지만 지방관으로서 溟州·竹州 등지로

---

11) 《高麗史》 권 1, 世家 1, 태조 원년 9월 및 권 92, 列傳 5, 王順式.
12) 〈廣照寺眞澈大師寶月乘空塔碑〉(《朝鮮金石總覽》 上, 1919), 125~130쪽.
13) 鄭永鎬, 〈新羅獅子山興寧寺址硏究〉(《白山學報》 7, 1969) 참조.
14) 蔡尙植, 〈淨土寺址 法鏡大師碑 陰記의 分析〉(《韓國史硏究》 36, 1982), 48~52쪽.

이동하였다가 신라 경덕왕 7년(748)에서 헌덕왕 18년(826) 사이에 平州로 이사한 일족이었다. 이들은 이곳 패강진 지역의 군사적 조직을 통하여 호족세력으로 성장하였다. 이후 895년 무렵에 궁예에게 귀부하여 중요한 지지세력이 되었으며 왕건대에 이르러 정치적으로 크게 부상하였던 것이다.[15)]

한편 충주 유씨는 이 패강진 세력을 통하여 西京勢力과도 유대관계를 맺을 수 있었다. 원래 서경(평양)은 삼국시대에 고구려의 수도이었지만 통일신라에 이르러서는 거의 황폐화되다시피 하였다. 그러다가 태조가 즉위하면서 중시되기 시작했다. 그것은 高麗라는 국호가 보여주듯이 高句麗의 계승이라는 차원에서 취한 북진정책의 소산이었다. 그리하여 태조 원년(918) 9월 黃州·鳳州·白州·鹽州 등지의 人戶를 사민시켜 大都護府로 삼고 堂弟 王式廉과 광평시랑 列評으로 하여금 지키게 하였다.[16)] 그런데 이들 사민된 지역이 모두 패강진 관할 지역이었다. 따라서 이러한 정책 수행은 적어도 패강진 지역 세력의 동의와 협조 없이는 불가능했을 것이다. 결국 이 서경경영은 평산 박씨를 비롯한 패강진 세력의 입지를 더 강화시키는 데 기여했으리라 생각한다. 나아가 충주 유씨와 서경 세력과의 연결도 자연스럽게 이루어졌다고 하겠다.

서경 세력은 태조 5년(922)에 이르러 더욱 강화된다. 이 해에 大丞 質榮·行波 등의 부형 자제 및 여러 양가 자제를 서경으로 사민시킴과 더불어 태조가 직접 행차하여 官府와 員吏를 새로 설치하고 있는 것이다.[17)] 여기서의 질영은 朴質榮으로 태조 원년 6월에 시중에 임명되었던 인물이다. 그의 출신지는 확실히 알 수 없지만 평산 박씨 일족으로 추정된다. 행파는 洞州 출신의 金行波로 태조에게 두 딸을 들인 인물이다. 아마도 그는 태조 즉위 직후의 인사조처에서 광평시중에 임명된 金行濤와 동일인이거나 일족임에 틀림없다. 이렇듯 중요한 인물들을 사민시킨 조치가 추방의 의미였는지 아니면 우대조치였는지에 대해서는 단정할 수 없지만 이 때의 사민도 패강진 지역이 주요 대상이었음을 알 수 있다.

---

15) 鄭淸柱, 〈新羅末·高麗初 豪族의 形成과 變化에 대한 一考察－平山朴氏의 一家門의 實例 檢討－〉(《歷史學報》 118, 1988) 참조.

16) 《高麗史節要》 권 1, 태조 원년 9월.

17) 《高麗史》 권 1, 世家 1, 태조 5년.

또한 충주 유씨와 패강진 세력과의 연결은 그들의 혼인관계에서도 엿볼 수 있다.[18] 먼저 堯(후의 定宗)의 경우를 보자. 그는 3명의 부인을 두고 있었는데 그 중 文恭王后와 文成王后 둘은 모두 昇州人 朴英規의 딸이었다.

박영규는 원래 견훤의 사위로서 고려 초에 승주(지금의 순천)를 지키고 있었다. 그런데 태조 18년(935) 견훤이 그의 아들 神劍에 의해 김제 金山寺에 유폐되었다가 탈출하여 왕건에게 귀순하는 사건이 일어났다. 이에 그도 태조 19년(936) 2월에 왕건에게 귀부의 뜻을 표해 왔고 신검을 토벌할 때에 많은 도움을 주기도 했다. 그러자 태조는 그에게 佐丞이란 관계와 田 1,000頃을 줌과 더불어 그의 딸을 부인으로 맞이하기까지 하였다.[19] 따라서 요와 문공왕후·문성왕후와의 혼인도 대략 이 무렵에 이루어진 것이 아닌가 한다.

요는 태조 6년(923)에 태어났으므로 태조 19년에는 13살이었다. 조금 이른 감이 없지 않으나 武(혜종)가 10세에 혼인한 것에 비하면, 그렇게 빠른 것도 아니다. 혹 이 때가 아니라 하더라도 적어도 태조가 죽기 전에 혼인이 이루어진 것으로 본다. 태조가 죽은 해인 943년에는 요가 20세나 되기 때문이다. 즉 이 혼인은 태조의 의도 하에 이루어진 것이라 생각되는 것이다.

요의 셋째 부인 清州南院夫人은 청주인 김긍률의 딸이었다. 김긍률은 혜종의 장인이기도 하였다. 때문에 이 혼인은 태조대가 아닌 혜종대에 이루어진 것으로 추측된다. 혜종이 죽으면 당연히 요가 그 뒤를 이을 것이라는 판단 아래 김긍률 쪽에서 추진한 것 같다는 것이다.

다음 昭(후의 광종)의 혼인을 살펴보자. 그는 2명의 부인을 두었는데 첫번째 부인인 大穆王后 皇甫氏는 태조의 딸이었다. 즉 태조의 제 4비 神靜王太后 皇甫氏의 소생이었다. 그러므로 대목왕후의 姓은 王氏이어야 하나 당시에는 同姓끼리 결혼할 때에 여자가 외가쪽 성을 따르는 풍습이 있었다. 아마도 동성끼리 혼인한 것을 감추려는 목적이 아니었나 한다.

그런데 문제는 이 혼인이 언제 이루어졌느냐 하는 것이다. 대목왕후가 景宗을 광종 6년(956)에 낳은 점을 들어 이 혼인이 왕규의 혜종에 대한 도전이

18) 이에 대해서는 金壽泰, 〈高麗初 忠州地方의 豪族－忠州 劉氏를 중심으로－〉(《충청문화연구》 1, 韓南大, 1989), 22~25쪽 참조.

19) 《高麗史》 권 92, 列傳 5, 朴英規.

있은 후에 왕실 세력의 결합을 위해 행해진 것이라는 견해가 있다.[20] 그러나 후사가 태어난 시점만을 가지고 혼인 시기를 추정할 수는 없다. 따라서 이 혼인은 태조대에 이루어진 것으로 보는 것이 좋을 듯하다.[21] 대목왕후의 외조인 皇甫悌恭도 태조대에 주로 활약하고 있다. 그는 태조 8년 曹物郡 전투에 참가하였으며 태조 13년에는 天安都督府使에 임명되기도 했다. 또 태조 18년(935)에는 大匡의 지위에까지 오르고 있는 것이다.

한편 소(광종)의 둘째 부인은 慶和宮夫人 林氏로 혜종의 딸이었다. 그런데 《高麗史節要》에는 혜종 2년(945) 혜종이 그의 딸을 소와 결혼시킨 사실을 전하면서 당시 혜종의 딸이 母姓을 따라 황보씨를 칭했다고 기술되어 있다.[22] 물론 이 기사는 잘못된 것이나 단순한 착각에서 나온 것 같지는 않다. 소와 그의 첫째 부인이 결혼할 때 황보씨를 칭했던 사실을 잘못하여 여기에 갖다 붙인 것이 아닌가 한다. 결국 소와 대목왕후와의 혼인은 혜종 2년 이전 태조대에 이루어진 것이라 하겠다.

태조의 제3비 신명순성왕후 유씨의 소생으로는 요와 소 이외에도 太子 泰·文元大王 貞·證通國師, 그리고 樂浪·興芳의 두 公主가 있었다. 이 중 낙랑공주(또는 神鸞宮夫人)는 원래 이름이 安貞淑儀公主였으나 태조 18년 신라의 경순왕 金傅가 귀순해 오자 그와 결혼을 함으로써 이 이름을 칭하게 되었다. 홍방공주는 貞州 출신인 貞德王后 柳氏 소생인 元莊太子와 결혼하였다. 이 혼인도 정확한 시기는 알 수 없지만 태조대에 이루어진 것으로 본다.

태자 태는 洪州 출신인 태조의 제12비 興福院夫人 洪氏의 딸과 결혼하였다. 문원대왕 정은 정덕왕후 유씨의 딸인 文惠王后와 결혼하고 있다. 이들 역시 구체적인 혼인 시기는 알 수 없지만 태조와 그의 妃父들의 영향력 하에서 이루어진 혼인이라 생각된다. 한편 증통국사의 혼인관계는 전혀 알 수 없다.

이상과 같은 충주 유씨의 혼인관계를 살펴 볼 때 순천의 박씨나 홍성의

---

20) 江原正昭, 〈高麗王族の成立－特に太祖の婚姻を中心として－〉(《朝鮮史研究會論文集》 2, 1966), 74쪽.
李泰鎭, 〈金致陽亂의 性格－高麗初 西京勢力의 政治的 推移와 관련하여－〉(《韓國史研究》 17, 1977), 84쪽.

21) 鄭容淑, 앞의 책, 81쪽.

22) 《高麗史節要》 권 2, 혜종 2년.

홍씨 등 후백제 지역이나 신라의 왕족이었던 경주 김씨와도 연결을 맺고 있었다. 그러나 정주 유씨나 황주 황보씨 등 패강진 세력과도 밀접한 관계를 유지하고 있었음을 알 수 있다.

뿐만 아니라 소(광종)는 황해도 信川의 康氏와 깊은 관련을 맺을 수밖에 없었다. 태조의 제22비 信州院夫人 강씨는 한 아들을 낳았으나 일찍 죽자 대신 광종을 길러 아들로 삼았기 때문이다.[23] 이 신주도 패강진의 관할 범위에 포함되어 있었다.

이상에서 살펴 본 바와 같이 가문이 「側微」하였던 혜종(무)은 박술희의 무력적 기반을 위시하여 진천·광주·청주 등지 호족들의 지원을 받고 있었다. 반면 요·소 등의 충주 유씨세력은 패강진 세력을 위시한 서경 세력과 밀접히 관련되어 있었다. 특히 평산 박씨와 깊은 유대를 형성하고 있었던 것이다.

이러한 세력관계는 태조의 효과적인 통제 하에서는 큰 탈없이 유지될 수 있었다. 그러나 혜종이 즉위하면서 문제가 발생하기 시작하였다. 혜종보다 더 큰 세력을 형성하고 있었으나 長子가 아니라는 이유로 왕위에 오르지 못했던 요·소가 도전했던 것이다. 이러한 움직임을 눈치 챈 왕규는 혜종 2년(945) 왕에게 이를 알렸다. 물론 기록에는 왕규가 요·소를 참소하였으나 혜종이 이를 듣지 않고 더욱 恩遇를 두텁게 했다고 되어 있다. 그러나 왕규의 말은 참소가 아니라 사실이었다고 생각한다.[24] 다만 혜종 말년에 왕규 일파가 일망타진된 반면 요·소는 왕위에 오르게 되면서 왕규에게 모든 혐의를 뒤집어 씌운 데서 나온 결과라 하겠다. 실제로 혜종 이후 양근 함씨는 보이지 않지만 충주 유씨는 고려 중기까지 번성하였던 것이다.

또 이때 司天供奉의 직위에 있던 崔知夢이 국가에 반드시 叛賊이 있을 것이라 아뢰니, 혜종은 왕규가 요·소를 해치려는 징험으로 알고 자신의 딸을 소와 결혼시키는 조치를 취하였다. 그러면서 왕규도 죄를 주지 않았다. 이는 왕규가 자신의 장인이기 때문이기도 했겠지만 그의 말이 어느 정도 사실이었기 때문이 아닌가 한다. 그러나 왕규의 말을 들어 요·소를 벌할 수도 없었다. 현실적인 세력면에서 역부족이었기 때문이었다. 대신 그들을 회유하기

---

23) 《高麗史》 권 88, 列傳 1, 后妃 1, 信州院夫人 康氏.

24) 河炫綱, 〈惠宗·定宗代의 政治變動〉(《韓國中世史硏究》, 一潮閣, 1988), 97쪽.

위하여 자신의 딸을 소에게 주었던 것이다.

이러한 사실에 대해 崔承老나 李齊賢은 다만 유교적 안목에서 평가하고 있다. 즉 이제현은 왕규가 요·소를 참소한 것은 마치 魯나라 大夫 羽父(이름은 翬)가 隱公에게 아우 桓公을 참소하여 죽이기를 청한 것과 같다고 보고, 이 때 혜종이 왕규를 벌주지 않은 것은 잘못이라 평하고 있는 것이다.[25] 한편 최승로는 왕규가 참소하였음에도 불구하고 대답하지 않음과 더불어 요·소를 문책하지 않고 예전처럼 대우한 것은 혜종의 도량이 컸기 때문이라 말하고 있다. 따라서 혜종의 가장 큰 공은 骨肉을 보전한 것이라 평하고 있는 것이다. 그런데 우리가 눈 여겨 볼 것은 "혜종이 왕규의 말을 듣고 대답하지도 않고 또한 문책한 바도 없었다(惠宗聞而不答 亦無所問)"는 내용이다. 특히 요·소를 벌주지 않은 것을 가장 잘한 일로 꼽고 있다.[26] 이 말은 역으로 생각하면 당연히 문책당해야 마땅하지만 이를 눈감아 주었다는 뜻이 된다. 결국 요·소가 수상한 움직임을 보이고 있다는 것은 사실이었다고 하겠다.

최승로는 일찍이 아버지 崔殷含(諴)과 같이 경순왕을 따라 고려에 왔다. 그는 어려서부터 총명하고 학문을 좋아하였는데 태조가 12살 된 최승로를 불러 논어를 읽게 하고 元鳳省學生으로 삼았다 한다. 그 후로 그는 文柄을 맡았으며 성종 원년(982)에는 유명한 時務 28條를 올렸다. 그는 태조 때부터 성종대까지 줄곧 궁중에서 관직생활을 했다고 볼 수 있으므로 왕위가 바뀌는 과정을 잘 알고 있는 인물 중의 하나였다고 하겠다. 시무 28조의 서론격으로 태조에서 경종까지의 5朝政績評을 할 수 있었던 것도 그의 관력 때문에 가능한 일이었던 것이다. 그런 그가 왕규를 처단치 않은 것에 대해서 크게 언급치 않고 있는 것은 왕규의 말이 사실이었기 때문이라 하겠다.

한편 왕규는 요·소의 수상한 움직임을 혜종에게 얘기했으나 아무런 조치를 취하지 않자 불만을 갖기 시작했다. 더욱이 혜종이 그의 딸을 소와 결혼시키자 잘못하면 화가 자신에게 돌아올 지도 모른다는 생각을 하였던 것 같다. 이에 그는 자신의 사위이기는 하지만 혜종을 제거하고 외손인 廣州院君

25) 《高麗史》 권 2, 世家 2, 惠宗, 李齊賢 贊.
26) 《高麗史》 권 93, 列傳 6, 崔承老.

을 세우고자 하였다.[27]

어느 날 밤에 혜종이 깊이 잠든 틈을 타서 그 徒黨을 침실 안으로 들여보내 왕을 해치려 하였다. 그러나 혜종이 이를 알고 한 주먹으로 때려 죽인 뒤에 밖으로 끌어내게 하고는 다시 묻지 않았다. 또 하루는 혜종이 병이 나서 神德殿에 있는데 최지몽이 가까운 날에 변고가 있을 것임을 알려 주어 혜종은 重光殿으로 거처를 옮기었다. 그날 밤 왕규는 사람을 시켜 벽에 구멍을 뚫고 혜종의 침실에 들어갔으나 방은 벌써 비어 있었다. 혜종은 왕규가 한 짓인 줄 알면서도 그를 죄주지 않았다. 그런데도 왕규는 후에 최지몽을 만나자 칼을 빼어 들고 혜종으로 하여금 침실을 옮기게 한 것을 힐책하였다.[28]

그런데 혜종이 왕규의 그 같은 행동을 알면서도 죄를 주지 않은 것은 무엇때문일까. 혜종은 원래 도량이 넓고 지혜와 용기가 뛰어나서 태조를 따라 후백제를 정벌할 때에도 맨 먼저 말에 올라 그 공이 제일이었다 한다. 또 그는 東宮에 있을 때에 師傅를 예로써 높이고 賓僚를 잘 접대하여 어진 명예가 조정과 민간에 널리 알려졌다고 최승로는 말하고 있다. 이런 점으로 미루어 혜종은 왕규가 자신의 장인이었기 때문에 넓은 마음으로 용서해 주었다고 해석할 수도 있다.

그러나 그것은 지나치게 긍정적인 해석에 불과하다. 실상은 세력 면에서 혜종이 훨씬 약했기 때문에 왕규를 처벌하지 못한 것이 아닌가 한다.[29] 혜종은 그 출신이 측미했던 데 반해 왕규는 광주 지역의 호족으로 무력적 기반도 가지고 있었다고 생각된다. 나중에 왕규가 제거될 때 함께 살해당한 그의 무리 300여 인이 바로 왕규의 군사적 기반이었다고 하겠다. 그러기에 혜종의 지지 세력이었던 박술희도 왕규를 어찌할 수 없었던 것이다.

어쨌든 왕규의 혜종 제거 시도는 두 가지 결과를 초래하였다. 첫째로 같은 혜종의 지지세력으로써 박술희와의 결별이었다. 그리하여 박술희는 신변의 위협을 느끼고 항상 병사 100여 인으로 하여금 호위하게 했다. 자신의 사위이면서 왕이기도 했던 혜종까지 살해하려 했던 왕규가 박술희를 좋게 봤

27) 李鍾旭, 〈高麗初 940年代의 王位繼承戰과 그 政治的 性格〉(《高麗光宗硏究》, 一潮閣, 1981), 21~22쪽.
28) 《高麗史》 권 127, 列傳 40, 王規.
29) 河炫綱, 〈豪族과 王權〉(《한국사》 4, 국사편찬위원회, 1981), 109쪽.

을 리가 만무하기 때문이다.

두번째는 혜종의 성격 변화로 나타났다. 그 전까지만 해도 어질고 도량이 넓었던 혜종이 의심하고 꺼려하는 바가 많게 되었다. 항상 甲士로써 호위케 하고 기뻐하고 성냄이 절차가 없으며 많은 소인들이 모여들고 將士에게 상을 내리는 데에도 절도가 없었다 한다. 그러자 혜종이 즉위할 때는 기뻐했던 많은 사람들이 이제는 불평하고 원망하기 시작하였다.

이런 상황 속에서 혜종은 병이 들고 그 병은 더욱 깊어만 갔다. 그런데도 그는 후사를 결정하지 않았고 최승로도 이것을 혜종의 결점으로 지적하고 있다. 즉 혜종이 두 해 동안 병석에 있으면서 興化郎君이란 아들이 있었는데도 후사를 분명히 부탁하지 않았기 때문에 왕위가 아우에게 돌아가게 되었다. 또 형제에게 왕위를 물려주려 했다면 그 또한 분명한 언급이 있어야 했다. 그런데도 그렇지 아니했기 때문에 싸움이 벌어졌음을 말하고 있다.

최승로의 지적은 옳다. 혜종 자신도 후사를 일찍 결정할 필요성을 느꼈을 것이다. 그러나 당시의 상황하에서는 쉽사리 결정할 사항이 아니었다. 자신의 아들인 홍화랑군을 후사로 삼고 싶었을지도 모르지만 나이가 너무 어려 마음이 놓이지 않았을 것이다. 그렇다면 아우들 중에서 후사를 골라야 했다. 마음으로는 자신의 처형의 아들이며 장인의 외손이기도 한 광주원군을 후사로 생각했는지도 모른다. 광주원군은 혜종의 이복동생이기도 한데 첫 번째 이복동생인 요를 제치고 그를 후사로 정하는 것도 비합리적이었다. 이런 면 때문에 후사를 일찍 정하지 못하였다고 보는 것이 타당치 않나 한다.

이런 가운데 혜종의 임종이 가까워졌는데도 群臣이나 朝臣·賢士들은 들어가 보지 못하고 향리의 간사한 소인들만이 항상 침실을 지키고 있었다 한다.30) 여기서 향리의 간사한 소인들은 누구를 가리키는 것일까. 아마도 혜종이 독자적으로 기른 자신의 지지 세력이었지 않나 한다. 특별히 「鄕里小人」이라 지칭하고 있는 점으로 미루어 자신의 外鄕인 나주 지역의 중·소 호족들을 뽑아 올린 집단으로 생각되기도 한다.

결국 혜종은 병으로 죽게 되고 박술희, 왕규도 혜종의 임종을 전후하여 살해를 당하게 된다. 그러나 그 과정이 석연치 않다. 우선 박술희의 제거과정

---

30) 《高麗史》 권 93, 列傳 6, 崔承老 惠宗 評.

을 보자. 《高麗史》 권 92 박술희전을 보면 혜종이 병이 듦에 이르러 박술희는 왕규와 서로 미워하여 병사 100여 명으로써 自隨케 하였다. 그런데 정종(요)은 박술희에게 다른 뜻이 있다고 의심하여 甲串에 유배하였는데 왕규가 왕명을 거짓 꾸며 그를 죽였다고 되어 있다. 즉 유배를 보낸 것은 정종인데 박술희를 죽인 것은 왕규라는 것이다. 또 박술희가 살해된 것도 혜종이 죽기 전인 것처럼 기술해 놓고 있다. 그 결과 분명치는 않지만 왕규가 거짓 꾸몄다는 왕명도 혜종의 명령으로 생각케 한다.

그러나 《高麗史》 권 127 왕규전에는 왕규가 일찍이 박술희를 미워하였는데 혜종이 죽음에 이르러 정종의 명을 거짓 꾸며 그를 죽였다고 되어 있어 약간의 차이를 보이고 있다. 즉 여기서는 혜종이 죽은 후에 왕규가 혜종이 아닌 정종의 명령을 거짓 꾸며 죽인 것으로 기술해 놓고 있다. 그리고 박술희가 갑곶으로 유배되었다는 말도 없다. 물론 박술희를 죽인 것이 왕규라는 설명은 양자가 다 같다.

다음 왕규의 살해과정을 보자. 《高麗史》 권 92 王式廉傳에는 혜종의 병이 위독하자 왕규가 다른 뜻이 있었다. 이에 정종은 몰래 왕식렴과 더불어 변란에 대비할 것을 모의하였다. 왕규가 난을 일으키려 함에 이르러 왕식렴이 평양으로부터 병사를 이끌고 들어와 호위하니 왕규가 감히 움직이지 못하였다. 이에 왕규 등 300여 인을 죽였다고 기록되어 있다.

그러나 《高麗史》 권 127 왕규전에는 위와 같은 내용을 전하면서도 왕규를 갑곶에 귀양보냈다가 뒤이어 사람을 보내어 왕규를 죽였다는 부분이 첨가되어 있다. 그렇다면 어떤 기록이 옳은 것인가.

여러 기록을 검토해 볼 때 박술희가 왕규보다 먼저 제거된 것은 확실하다. 혜종이 병이 들자 얼마 안가 죽을 것을 예견한 요(정종)는 박술희가 딴 뜻이 있다고 하여 유배시키고 곧 이어 그를 죽인 것이 아닌가 한다.[31] 물론 왕규도 박술희의 제거에 협조했거나 아니면 암묵적인 동의 내지 방관했으리라 생각한다. 박술희는 왕규나 요에 있어 그들의 목적을 달성하는데 공동의 장애물이었기 때문이다. 따라서 박술희가 제거된 것은 정종 즉위 이전이라 하겠다.

그러면 왕규가 박술희를 죽인 것처럼 써넣은 이유는 무엇일까. 그것은 태

31) 河炫綱, 앞의 글, 121쪽.

조의 유명을 받아 혜종을 충실히 보좌한 박술희를 정권 탈취를 위해 죽였다는 비난을 피하기 위함이었을 것이다. 그리하여 유배 보낸 것은 정종인데 그를 죽인 것은 왕규라는 어색한 표현을 하게 되었던 것이다. 어차피 왕규는 반역자로써 낙인이 찍혔던 반면 요는 곧 바로 왕이 되었기 때문이다. 이 역시 成敗論에 입각한 역사 서술의 결과라 여겨지는 것이다.

요(정종)는 이렇듯 박술희를 제거한 뒤 서경의 왕식렴 군대를 끌어 들여 왕위에 올랐고 곧 이어 왕규를 제거하였다.[32] 갑곶까지 그를 유배시켰다가 죽였다는 내용은 사실이 아닌 것 같다. 이미 정권을 잡고 왕위에 오른 정종이 그렇게 복잡한 절차를 거쳐 제거할 필요가 없었기 때문이다.《高麗史》世家에도 정종이 즉위한 다음날에 왕규가 반역을 모의하여 그를 죽였다고 나와 있는 것이다.

요컨대 태조 말년 고려 조정은 크게 두 세력으로 분열되어 있었다. 하나는 태자로서 다음 왕위를 계승할 武의 세력이었고 다른 하나는 그의 이복동생인 堯·昭의 세력이었다. 전자는 태조의 부탁을 받은 박술희 세력 및 진천 임씨, 양근 함(왕)씨, 청주 김씨 등의 호족세력과 연결되어 있었다. 반면 후자는 일부 후백제 지역 출신이나 경주 세력과 연결되기도 했지만 주로 패강진 세력, 특히 평산 박씨 세력과 연결되어 있었다. 세력면에서 볼 때는 후자가 훨씬 강했지만 전자는 왕위 계승자라는 이점을 갖고 있었다. 그러다가 태조가 죽고 무가 혜종으로 즉위하면서 후자의 도전이 시작되었다. 그에 대한 대응 과정에서 전자의 세력은 왕규세력과 혜종·박술희세력으로 분열되었고 이 틈을 탄 후자의 세력이 박술희·왕규 등을 제거함으로써 요가 혜종의 뒤를 이어 정종으로 즉위하였던 것이다. 이러한 혜종대의 왕위 계승전은 혜종 가문의「側微」로 인한 왕권의 미약함 때문이기도 하다. 그러나 근본적인 원인은 고려의 건국과 후삼국 통일과정에서 등장한 호족세력들끼리의 결합이 강고하였기 때문이었다.

2) 정종의 왕위계승과 왕권의 동향

혜종의 뒤를 이어 堯가 定宗으로 왕위에 오른 것은 혜종 2년(945) 9월 무

---

32)《高麗史》권 92, 列傳 5, 王式廉.

신일이었다. 그런데 그가 왕위에 오른 것은 군신들의 추대에 의한 것으로 기록되어 있다. 그 과정이 순탄치 않았음은 앞에서 본 바와 같고 최승로도 혜종·정종·광종의 세 임금이 서로 왕위를 계승한 초년에는 모든 일이 안정되지 못하여 兩京의 문·무관이 반이나 살상되었다고 말하고 있다. 여기서 양경이라 함은 開京과 西京을 말하는 것으로 정종의 즉위 과정에서 많은 사람들이 죽었음을 알 수 있다. 특히 박술희나 왕규파에 가담한 개경의 문·무신들이 그 때 피해를 본 주요 대상자가 아닌가 한다.

정종은 원래 불교를 좋아하고 두려움이 많았다. 그리하여 정종 원년(949) 정월 태조의 묘인 顯陵에 致齋를 드리는데 그 날 저녁 소나무 숲 사이에서 왕의 이름을 부르는 소리가 있었다. 그런데 그 뒤에 하는 말이 백성들을 불쌍히 여겨 구휼하라는 소리 같았다 한다. 아마도 불교를 좋아했던 그가 많은 사람들을 살상한 것에 대한 죄책감 때문에 그런 소리를 들은 것이 아닌가 한다.

그리고 그 해에 天鼓가 울므로 죄수를 사면하였다. 천고는 지금으로 말하면 마른하늘에서 울리는 천둥소리를 가리킨다. 그 천고도 자연재해 중의 하나로 오행 중에서 水가 그 성질을 잃었을 때 나타나는 것이다.[33] 이러한 자연재해는 군왕이 음양오행의 운영 원리에 따른 정치를 잘 수행하지 못했을 때 하늘이 내려 주는 일종의 견책이었다.[34] 이러한 자연재해에 대해 정종은 회개하는 의미에서 죄수를 사면하고 있는 것이다.

그의 이 같은 마음은 불교에 대한 더욱 독실한 믿음으로 나타나기도 하였다. 즉 그는 儀杖을 갖추어 佛舍利를 받들고 10리나 되는 開國寺까지 걸어가서 이를 모시기도 하였다. 또 곡식 7만 석을 여러 큰 사원에 바쳐 각기 佛名經寶와 廣學寶를 설치하여 불법을 배우는 사람들을 권장하기도 하였던 것이다. 이러한 정종의 행위는 그가 불교신자였기 때문이기도 하지만 즉위 과정에서 많은 사람들을 살상한 것이 주요한 원인 중의 하나였을 것이다. 물론 이제현은 정종의 이러한 행위를 유교적 안목에서 비판하고 있다. '군자는 邪曲한 짓으로 복을 구하지 않는다'는 옛 글에 위배되는 행위였다고 말하고 있는 것이다.[35]

---

33) 《高麗史》 권 53, 志 7, 五行 1.

34) 崔柄憲, 〈高麗時代의 五行的 歷史觀〉(《韓國學報》 13, 1978) 참조.

그러나 정종은 즉위 초기에 나름대로 좋은 정치를 하려고 애썼던 것 같다. 당시의 상황을 최승로는 다음과 같이 서술하고 있다.

> 정종은 왕위를 계승하자 밤낮으로 부지런하고 정성을 다하여 정치에 힘을 썼다. 혹은 촛불을 켜고서 朝士들을 불러 보기도 하고 혹은 밥 먹는 시간까지 늦추어 가면서 정무를 척결하기도 했다. 그런 까닭에 왕위에 오른 초기에는 사람들이 모두 서로 경하했다(《高麗史》 권 93, 列傳 6, 崔承老).

한편 정종은 西京遷都를 계획하였다. 그것은 물론 그의 즉위가 왕식렴을 비롯한 서경 세력의 협조 덕분이었기 때문이었다. 이에 정종은 즉위 직후에 다음과 같은 조서를 내려 왕식렴을 포상하였다.

> 왕식렴은 조정의 기강이 떨어지려고 하였으나 부흥시켰고 종묘사직이 장차 기우는 듯하였으나 다시 정비하였으니 그대의 죽음을 다한 노력이 아니었으면 내가 어찌 지금의 자리에 이르렀겠는가(《高麗史》 권 92, 列傳 5, 王式廉).

위에서 보다시피 왕식렴의 군사력이 정종의 즉위에 절대적인 역할을 한 것도 사실이지만 평산 박씨의 공로도 무시할 수 없는 것이었다. 기록에 의하면 정종이 즉위한 초기에 내란을 평정하는데 박수경의 공이 컸으므로 얼마 후에 大匡이라는 관계에 올랐다고 한다. 대광은 당시 살아 있는 사람에게 수여한 관계로서는 최고의 관계였다. 그 위에 三重大匡·重大匡이라는 관계가 더 있었지만 그것은 죽은 사람에게 추증된 관계였던 것이다.[36] 이 때문에 정종 2년부터 추진된 서경천도 작업에 박수경의 형인 박수문이 깊이 관여하고 있다. 그는 정종 2년 봄에 德昌鎭에 성을 쌓기도 했지만 서경의 왕성을 축조하기도 했던 것이다.[37] 이 서경 왕성의 축조는 이보다 앞서 태조 5년(922)부터 6년간에 걸쳐 쌓은 西京在城에 대한 수축으로 생각되거니와 이는 서경천도의 계획이 정종 2년(947)부터 실행에 옮겨졌음을 보여 주는 것이다.

서경천도는 또한 風水圖讖說의 영향 때문이기도 했다. 이 풍수도참설의 내용이 무엇이었는지에 대해서는 전혀 알 수 없다. 그러나 추측컨대 개경·서

---

35) 《高麗史》 권 2, 世家 2, 定宗, 李齊賢 贊.
36) 金甲童, 앞의 책, 201쪽의 註 73.
37) 《高麗史節要》 권 2, 정종 2년.

경의 地脈衰旺, 혹은 水德順逆의 설을 기초로 한 것이 아닌가 한다. 개경의 땅은 수덕이 불순하고 지맥이 열세한 때문에 왕업이 쇠퇴하기 쉬운 반면, 서경은 수덕이 순조롭고 지맥이 왕성한 소위 「大業萬代」의 지형이라는 풍수도참설이 대두하여 정종의 심리를 움직이게 한 것으로 생각된다.[38]

좀 더 생각해 보면 정종은 자신의 즉위과정에서 많은 사람들이 살상된 개경을 떠나고 싶어했을지도 모른다. 그리하여 서경으로 천도하여 새로운 마음으로 정치를 하고자 원했을 것이다. 이러한 그의 마음이 서경천도를 더욱 부채질했으리라 여겨진다.[39]

어쨌든 여러 가지 요인이 복합적으로 작용하여 행해진 서경천도 계획에 대해 개경 세력이 크게 반발했을 것임은 짐작하기 어렵지 않다. 개경 세력뿐 아니라 서경천도의 역사에 동원된 많은 백성들도 원성이 자자하였다. 정종은 서경에 왕성을 쌓음과 더불어 시중 權直에게 명하여 궁궐을 경영케 하였다. 그러므로 노역이 그칠 날이 없었다. 또 개경의 민호를 뽑아 서경에 채우니 여러 사람이 복종하지 않으며 원망하였다. 그러다가 왕이 세상을 떠나니 역부들이 기뻐 날뛰었다고 한다.[40]

이러한 반대와 원망에도 불구하고 서경천도 계획을 강행한 것은 그의 천성이 굳세어 굴하지 않고 고집하는 성격 때문이기도 했다. 그러나 그의 왕권이 개경의 호족세력을 압도할 수 없었던 현실적인 상황과도 깊은 관련이 있는 것이었다.

이러한 서경천도 계획과 더불어 정종은 전국에 걸쳐 光軍 30만을 조직하고 光軍司를 두어 이를 관할케 하였다. 이 같은 조치는 崔光胤의 보고에 따른 것이었다. 최광윤은 崔彦撝의 아들로 賓貢進士로서 後晋에 유학하고 있다가 거란에게 사로잡혀 갔으나 재주가 있다 하여 거기서 관작을 받고 있었다. 그러다가 거란의 사신으로 龜城에 왔는데 거란이 장차 고려를 침략할 것이

---

38) 李丙燾, 〈初期 諸嗣王과 西京과의 關係〉(《高麗時代의 硏究》, 乙酉文化社, 1948 ; 亞細亞文化社, 1980, 111쪽).

39) 따라서 정종은 開京勢力에 대한 제거작업의 결과 생겨난 개경세력의 반발과 원한이 두려워 西京遷都를 강행하려 했는지도 모른다(河炫綱, 〈高麗西京考〉《歷史學報》 35·36합집, 1967 ; 앞의 책, 1988, 326~327쪽).

40) 《高麗史》 권 2, 世家 2, 定宗 評.

라고 알려왔다. 이 보고가 사실이었는지에 대해서는 알 길이 없으나 이에 대한 조치로써 북방의 여러 지역에 성을 쌓음과 더불어 광군이 조직되었다.[41] 즉 정종 2년(947) 앞서 본 서경 왕성을 비롯하여 德昌鎭과 鐵甕·博陵·三陟·通德 등지에 박수문이 성을 쌓고 있다. 또 그 해 가을에는 박수경이 德成鎭에 성을 쌓았다. 이러한 일련의 조처가 거란의 침입에 대비하기 위한 것이었다고 생각되며 광군의 창설과도 관련이 있는 것이 아닌가 한다.

그렇다면 이 광군은 어떠한 성격의 군대였을까. 우선 이 때 조직된 광군이 30만이나 된다는 점에 유의할 필요가 있다. 이 숫자로 보아 광군은 중앙군이 아니었음이 분명하다. 또 항상 전투태세를 갖추고 있는 상비군이라고 얘기할 수도 없다. 그 숫자가 너무 많기 때문이다. 그렇다고 하여 이 숫자가 믿을 수 없는 것이라고 단정지을 수도 없다. 따라서 광군은 거란의 침입에 대비하기 위하여 전국적인 규모로 조직한 예비군적인 존재가 아닌가 한다. 이렇게 볼 때 광군은 중앙군이 아니라 지방군이라고 보는 것이 타당하다고 생각한다.[42]

물론 이렇게 해서 조직된 광군이 모두 중앙의 통제 속에 들어 왔다고는 볼 수 없다. 아직도 지방에서 세력을 떨치고 있는 호족들을 무시할 수 없었기 때문이다. 결국 광군은 각 지역 호족들의 협조 하에 이루어진 호족연합군의 형태를 띠었으리라 짐작된다. 그런데 당시 정종은 이 광군 조직을 통하여 지방의 호족들을 통제할 수 있는 계기로 삼으려 했을지도 모른다. 호족들을 광군의 지휘관으로 임명하여 그들의 존재를 인정하면서도 중앙에 설치된 광군사의 통제를 받도록 한 것이다. 다시 말해 광군 조직을 통하여 왕권을 강화해 보려고 시도했다고 볼 수 있다. 처음부터 그런 의도는 아니었다 할지라도 광군을 조직하는 과정에서 자연스럽게 왕권의 강화가 어느 정도 이루어졌다고 하겠다.

이 광군의 실체에 대해서는 현종 2년(1011)에 완성되었다고 여겨지는 경북 醴泉의 開心寺 石塔記를 통해 어느 정도 알 수 있다.[43] 거기에 보면 개심사 석탑을 조성하는 데 수레 18대, 소 1,000마리와 더불어 광군 46隊가 참여하

41) 《高麗史》 권 92, 列傳 5, 崔彦撝.
42) 李基白, 〈高麗 光軍考〉(《歷史學報》 27, 1965 ; 《高麗兵制史硏究》, 一潮閣, 1968, 163~164쪽).
43) 李基白, 위의 책, 166쪽.

고 있다. 이밖에도 彌勒香徒나 椎香徒 등의 존재가 보이고 있어 주목되지만 여기서는 논외로 한다. 어쨌든 이 기록을 통해 광군의 존재를 확인할 수 있는데 46대이면 1대가 25명이므로 1,150명이 된다. 물론 이 대의 지휘관은 隊正이었다. 여기에도 대정 邦祐의 존재가 보이고 있다.

한편 같은 금석문에는 이 석탑을 조성하는 데 棟梁이 된 인물로서 호장 陪戎校尉 林長富의 母主가 있고 副棟梁으로 방우가 보이고 있다. 방우는 그의 직책이 대정으로 나오고 있어 광군의 한 지휘관으로 추정되지만 임장부와 광군과의 관계는 잘 알 수가 없다. 그러나 그가 그 지역의 토착세력인 호장이고 배융교위란 武散階를 갖고 있는 것이 주목된다. 배융교위는 무산계 중의 종9품으로 임장부가 광군의 지휘관이었기 때문에 이러한 무산계가 수여된 것이 아닌가 한다.[44] 그 지역의 토착세력으로서 호장인 임장부는 광군의 상급 지휘관이었고 방우는 그 밑의 하급 지휘관이었다고 생각되는 것이다.

또 이 금석문을 통하여 광군이 토목 공사에도 동원되는 존재였음을 알 수 있다. 물론 이 자료는 후대의 것이긴 하지만 정종대에도 광군의 성격은 대략 비슷했으리라 여겨진다. 광군사의 통제를 받는 지방호족들이 그 휘하에 토착민들을 예속시켜 조직된 지방 예비군의 성격을 갖고 있었다고 하겠다.

이렇듯 서경천도와 광군의 조직 등을 통하여 왕권을 강화해 보려고 애썼던 정종은 소기의 목적을 달성하지 못한 채 정종 3년(948) 병이 들고 말았다. 정종 3년 9월 동여진의 蘇無蓋 등이 와서 말 700필과 토산물을 바쳤다. 이때 정종이 天德殿에 나와서 이것을 받는데 갑자기 벼락이 떨어져 물건 가지고 온 사람을 치고 또 천덕전의 서쪽 모퉁이를 쳤다. 정종이 크게 놀라니 近臣이 그를 부축하여 重光殿으로 들어갔으나 드디어 병이 나고 말았던 것이다. 아마 정종은 서경천도나 광군을 조직하면서 많은 사람들의 원망과 반발을 샀으나 강제로 이를 밀고 나가면서도 나름대로 많은 고민을 했던 것 같다. 그리하여 한 번 벼락이 치자 자신의 잘못이 하늘을 노하게 한 것이 아닌가 하고 크게 놀랐던 것이다.

---

44) 원래 중국의 武散階는 무인들에게 수여된 관계였다. 그러나 이 무산계가 고려에 도입된 후에는 향리나 耽羅王族·女眞酋長·老兵·工匠·樂人들에게 수여되었다(旗田巍, 〈高麗の「武散階」〉《朝鮮學報》21·22합집, 1961 ; 《朝鮮中世社會史の硏究》, 法政大學出版局, 1972 참조).

그러자 정종은 죄수들을 사면하여 하늘의 견책을 면해 보고자 하였으나 그의 병은 낫지 않았다. 게다가 정종 4년(949) 정월에는 정종의 즉위에 결정적인 역할을 한 왕식렴이 죽고 말았다. 이것은 정종의 핵심적인 지지 기반이 무너진 것이나 다름없었다. 그 때문인지는 알 수 없지만 2개월 뒤인 3월에 정종은 병이 더욱 위독해지자 자신의 동복동생 昭를 불러 왕위를 전위하고 帝釋院으로 옮겨가서 죽었다.

정종의 재위는 겨우 4년 동안이었으나 그의 치적에 대한 후세 史家들의 평가는 대체로 비판적이었다. 최승로는 그의 초기 정치에 대해서는 긍정적인 평가를 하고 있지만 서경천도 문제에 대해서는 부정적으로 평가하고 있다.

> 사람들을 징발하여 역사를 시켜 인부를 괴롭히니 원망이 이로 인하여 일어났고 모든 재변의 징험이 아주 빨랐다. 미처 서경으로 천도하지 못하고 왕위를 아주 떠났으니 진실로 원통한 일이다(《高麗史》 권 93, 列傳 6, 崔承老).

반면 이제현은 유학자의 입장에서 정종이 10리나 되는 곳까지 가서 불사리를 봉안한 일이라든가 1만 석의 곡식을 하루 동안에 승려들에게 나누어 준 일 등을 주로 비판하고 있다. 그러나 정종이 종사를 친아우에게 맡겨 왕규와 같은 자가 틈을 엿보지 못하게 한 것은 잘한 일이라 평하고 있다.[45] 이 점에 대해서는 최승로도 마찬가지여서 정종이 왕규의 난을 미리 알고 난을 평정하여 종사를 안정시켜 왕위를 동생에게 전위한 것은 후세의 왕들이 취할 일이라고 말하고 있다.

요컨대 정종은 박수경·박수문 등의 패강진 세력과 서경 세력의 협조로 왕규의 난을 진압하고 왕위에 올랐다. 그리고 그는 서경으로 천도하려고 시도하였다. 이러한 그의 서경천도 계획은 북진정책의 일환이거나 도참사상의 영향으로 볼 수도 있지만 호족들이 진을 치고 있는 개경을 떠나 자신의 독자적인 세력을 서경에 구축하기 위한 시도였다고도 할 수 있다. 또 그는 거란이 침입해 올 것이라는 보고를 받고 광군 30만을 조직하였다. 이것은 물론 거란의 침입에 대비하기 위한 것이었지만 이를 통하여 지방의 호족들을 자신의 통제하에 두려 하였다. 호족들을 광군의 지휘관으로 임명하여 그 존재

45) 《高麗史》 권 2, 世家 2, 定宗 李齊賢 贊.

를 인정해 주는 한편 호족들은 중앙에 설치된 광군사의 통제를 받게 했던 것이다. 그러나 그의 이와 같은 계획은 많은 사람들의 반발과 원망을 사게 되었다. 그리하여 한 번 하늘의 견책이 있자 병이 들어 죽게 되었던 것이다. 결국 정종대의 왕권 강화책도 큰 성과는 거두지 못했다고 하겠다.

3) 광종과 경종의 왕권강화책

(1) 광종대의 왕권강화

정종이 죽고 그의 內禪을 받아 왕위에 즉위한 이는 광종이었다. 광종의 원래 이름은 昭로 태조의 셋째 아들이었다. 그는 요(정종)와 같이 왕규의 난을 진압하는데 큰 역할을 한 인물임은 앞서 설명한 바와 같다. 그러나 그는 서경 세력을 자신의 지지 세력으로 삼지는 않았던 것 같다. 광종의 재위기간 동안에 서경에 대한 배려를 거의 찾아 볼 수 없기 때문이다. 오히려 정종대에 득세했던 서경 세력이 많은 화를 당한 것이 아닌가 짐작된다. 최승로는 그의 상서문에서 혜종·정종·광종의 3대가 왕위를 계승할 초기에 양경(개경과 서경)의 문·무관이 반이나 살상되었다고 하였다. 그런데 이것은 정종의 즉위 과정에서 왕규를 비롯한 개경 세력이 피해를 봤다고 한다면 광종의 즉위 초에는 서경 세력이 화를 당한 사실을 얘기한 것으로 생각되기 때문이다.

이렇게 해서 왕위에 오른 광종은 26년간 집권하면서 많은 치적을 남겼다. 재위 기간 동안의 그의 치적을 자세히 살펴보면 그 성격상 세 시기로 구분할 수 있다. 첫째는 즉위 후부터 광종 7년(956)까지의 시기이고, 둘째는 그 이후부터 광종 11년(960)까지이며, 셋째는 광종 11년 이후부터 그의 말년인 광종 26년(975)까지의 시기로 나누어 볼 수 있는 것이다.[46)]

우선 그 첫째 시기에 대해 살펴보자. 그는 즉위하자 마자 大匡 박수경으로 하여금 국초의 功役者를 정하게 하는 조치를 취하였다. 그리하여 4役者에게는 쌀 25석, 3역자에게는 20석, 2역자에게는 15석, 그리고 1역자에게는 12

46) 河炫綱, 앞의 글(1981), 130쪽. 그러나 이 셋째 시기도 둘로 나눌 수 있는 가능성이 있다. 즉 광종 16년(965) 이후부터 호족세력이 재등장하기 시작하는 시기로 설정할 수도 있는 것이다(金杜珍, 〈高麗 光宗代의 專制王權과 豪族〉《韓國學報》 15, 1979 ; 《均如華嚴思想硏究》, 韓國硏究院, 1981, 98~104쪽).

석을 주고 이를 例食으로 삼게 하였다.

그런데 국초의 공역자란 누구를 가리키는 것일까. 먼저 국초는 주로 태조대를 말하는 것이 아닌가 생각된다. 그러나 꼭 태조대만을 의미하는 것은 아닌 것 같다. 고려 건국 이후부터 자신의 즉위 이전까지를 뜻하는 것이라 여겨진다. 즉 국초의 공역자란 태조에서부터 자신이 왕위에 오를 때까지 왕실을 위해 공로를 세운 자들을 말하는 것이라 하겠다. 특히 자신에게 충성을 다한 자들을 중심으로 이를 선정하여 등급에 따라 포상을 한 조처라 생각된다. 그러기에 이 조처는 자신의 지지세력을 확고하게 다지기 위한 목적에서 비롯된 것이라 하겠다.

곧 이어 그는 元甫 式會와 元尹 信康 등에게 명하여 주·현의 세공액을 정하게 하였다. 세공액이란 각 주·현에서 해마다 중앙에 바치는 공물의 액수를 말한다. 그렇다면 그 이전에는 공물의 액수가 정해져 있지 않았다는 뜻일까. 그렇지는 않을 것이나 다만 이 때에 와서 각 지역 호족들의 충성도나 세력의 크기를 고려하여 세공액을 다시 정한 것이라 하겠다. 당시에는 아직도 각 지역에 지방관이 파견되지 않은 상황이어서 공물을 바치는 책임이 호족들에게 있었다. 그런데 이들이 공무를 가탁하여 백성들을 수탈하는 상황이었다. 따라서 세공액을 정했다는 것은 이들이 수탈할 수 있는 한계를 정했다는 뜻이 된다. 결국 이 조처는 지방의 호족들을 통제하기 위한 조처였다고 하겠다.47)

광종 원년(950) 정월에는 큰바람이 불어 나무가 뽑히는 사건이 일어나자 광종은 재앙을 물리치는 술책을 司天臺에 물었다. 그러자 사천대에서는 덕을 닦는 것이 중요하다고 하였다. 이에 광종은 그 뒤부터 항상 《貞觀政要》를 읽었다 한다. 사천대는 天文·曆數·測候·刻漏를 관장했던 관청인데, 혜종대에 司天官으로서 왕규의 음모를 예견한 최지몽이 이 때에도 사천대에 속해 있지 않았을까 추측된다. 이러한 사건에 대해 광종이 재앙을 물리치는 술책을 묻고 있는 것은 그의 즉위 과정도 그렇게 순탄한 것은 아니었음을 보여주는 것이다.

한편 그가 항상 읽었다는 《貞觀政要》는 唐의 吳兢이 편찬한 책이다. 그

---

47) 金甲童, 앞의 책, 225쪽.
　金光洙, 〈高麗太祖의 三韓功臣〉(《史學志》 7, 檀國大史學科, 1973), 56쪽.

내용은 당 태종이 「貞觀의 治」라고까지 평가되는 선정을 행할 수 있었던 연유와 당 태종이 간직했던 제왕으로서의 자세 및 治者로서의 기본적 관념을 기술하고 있다.[48] 광종도 이 책을 읽으면서 당 태종과 같은 선정을 꿈꾸었으며 제왕으로서의 품격을 갖추려고 노력했을 것이다. 때문에 이후부터 광종 7년까지의 제 1기에는 실로 볼 만한 정치가 이루어졌다.

또 광종 원년에는 光德이란 독자적인 연호를 쓰기 시작했다. 독자적인 연호를 썼다는 것은 고려가 중국과 대등한 국가라는 자주의식의 표현이다. 그것은 또한 왕권의 위엄을 보이기 위한 조처였다고도 말할 수 있다. 물론 다음해인 광종 2년(951)에는 다시 중국 後周의 연호를 쓰기 시작하였다. 당시의 국제정세 속에서 독자적인 연호를 쓴다는 것이 매우 어려웠던 모양이다.

이후 그의 정책은 주로 불교적인 활동이나 후주와의 외교관계로 일관하고 있나. 아마도 스스로를 반성하고 修德하면서 백성들을 괴롭히는 일은 하지 않았던 것 같다.

그는 광종 2년 大奉恩寺를 도성의 남쪽에 세워 태조의 願堂으로 삼았다. 또 어머니 劉氏의 원당으로 동쪽 교외에 佛日寺를 창건하였다. 그리고 광종 5년에는 崇善寺를 세워 어머니 유씨의 명복을 빌기도 하였다. 이와 같은 절의 창건도 백성들을 동원한 역사이기는 했지만 그렇게 큰 원성을 사지는 않았던 것 같다.

광종 2년 후주의 연호를 쓰면서 시작된 외교관계는 그 이후 계속되었다. 광종 3년에는 고려에서 廣評侍郞 徐逢을 후주에 보내 방물을 바쳤다. 그러자 후주에서는 다음해인 광종 4년(953) 衛尉卿 王演과 將作少監 呂繼를 보내 와서 광종을 特進檢校太保使持節玄菟州都督充大義軍使兼御史大夫高麗國王으로 책봉하였다. 광종 6년에는 大相 王融을 후주에 보내어 방물을 바치고 광평시랑 荀質을 보내어 즉위를 축하하였다. 이에 후주에서는 광종 7년 將作監 薛文遇를 보내서 광종을 더 책봉하여 開府儀同三司檢校太師로 삼고 백관의 의복을 중국 제도에 따라 하도록 했다. 그런데 이 때 前節度巡官大理評事 雙冀가 설문우를 따라 왔다가 병으로 머무르게 되었다. 그러다가 병이 낫자 광종이 불러 보니 그 대응하는 것이 뜻에 맞게 되었다. 그리하여 광종은 후주에

48) 鄭秉學, 〈貞觀政要〉(《中國의 古典 100選》, 東亞日報社, 1980), 129쪽.

표를 올려 쌍기를 신하로 삼게 해줄 것을 청하였다. 아마도 후주에서는 이것을 허락한 모양으로 광종은 쌍기를 한림학사로 삼아 文柄을 맡기게 되었다.[49] 이렇게 쌍기가 등용되면서 광종의 개혁정치가 시작되는 것이다.

이 때까지만 해도 광종은 내치에 힘쓰면서 당 태종과 같이 칭송 받는 군주가 되려고 노력했던 것 같다. 따라서 최승로도 광종이 즉위하여 광종 7년(955)까지 8년 동안의 치적을 중국의 삼대(夏·殷·周)와 견줄 수 있다고 하면서 다음과 같이 평하고 있다.

> 광종은 정종의 유명을 받아 왕위에 올라서 아랫사람을 예로써 접대하고 사람을 알아보는 데 실수하지 않으며 친하고 귀한 사람에게 치우치지 않았다. 항상 豪强한 자를 누르고 소원하고 천한 자를 버리지 않고 홀아비와 과부들을 구휼하였다. 왕위에 오른 후부터 8년만에 정치와 교화가 맑고 공평하며 형벌과 은상이 지나침이 없었다(《高麗史》 권 93, 列傳 6, 崔承老).

최승로뿐 아니라 《高麗史》 찬자 또한 다음과 같이 광종 초기의 정치를 매우 긍정적으로 말하고 있다.

> 광종은 신하를 예로써 대우하고 송사를 결단하는 데 밝으며 빈민을 구휼하고 유학을 중히 여기며 밤낮으로 부지런하여 거의 태평의 정치를 이루었다(《高麗史》 권 2, 世家 2, 광종 26년).

그러나 광종 7년부터는 왕권을 강화하고 호족세력을 약화시키기 위한 여러 가지 작업에 착수하게 된다. 먼저 그는 광종 7년(955)에는 奴婢按檢法을 실시하였다. 노비안검법이란 원래는 노비가 아니었으나 전쟁에서 포로로 잡혔거나 빚을 갚지 못하여 강제로 노비가 된 자들을 판별하여 이전의 상태로 되돌려 주는 것을 말한다.

이 비슷한 정책은 이미 태조대에 실시된 바 있다. 태조는 왕위에 즉위한 2개월 뒤인 태조 원년(918) 8월에 백성들 중에서 토목공사와 기근으로 인하여 자신이나 아들을 팔아 노비가 된 자들 1,200여 명을 골라 內庫의 布帛으로써 贖還시켰던 것이다.[50] 태조는 이후에도 더 많은 노비를 방면시키려고 했던 모양이다. 최승로의 상서문에 의하면 태조는 신하들이 전쟁에서 포로로 잡혀

49) 《高麗史》 권 93, 列傳 6, 雙冀.
50) 《高麗史》 권 1, 世家 1, 태조 원년 8월 신해.

노비가 된 자들을 방면하려 하였으나 공신들의 뜻을 동요시킬까 염려하여 실행에 옮기지 못하였다고 전하고 있다.

이들 공신 소유의 노비는 공신들의 경제적·군사적 기반을 이루었다. 이들은 평시에는 공신들의 토지를 경작하였을 것이나 유사시에는 사병이 될 수 있는 존재였던 것이다.[51] 따라서 노비안검법의 실시는 태조 이래의 많은 공신, 특히 호족 출신 공신들에게 큰 타격을 주는 것이었음이 분명하다. 다시 말하면 그 만큼 왕권이 강화된다는 것을 의미한다. 그러기에 대다수의 호족과 공신들은 이 조치에 강력히 반발했을 것이다. 심지어 그의 부인인 大穆王后 皇甫氏까지 이를 중단하도록 요청하였으나 광종의 마음은 확고 부동하여 그 요구를 묵살해 버렸다. 그것은 8년의 세월을 거치면서 착실하게 왕권을 강화시킨 노력의 결과라 하겠다.

그러나 이 노비안검법은 많은 부작용을 초래하기도 하였다. 그리하여 천한 노예들이 때를 만난 것처럼 존귀한 이를 업신여기며 허위의 사실을 다투어 얽어 본주인을 모함하는 자가 헤아릴 수 없이 많이 나오기도 하였다. 즉 노비안검법은 호족과 공신들의 세력을 약화시키는 데에는 어느 정도 효과를 거두었다고 할 수 있다. 그러나 이것이 원인이 되어 신분질서가 문란해졌을 뿐만 아니라 정계의 혼란을 가져오기도 했던 것이다.

이러한 왕권 강화의 시도는 광종 9년 科擧制의 실시로도 나타났다. 광종 9년 5월 한림학사 쌍기를 知貢擧에 임명하여 詩·賦·頌 및 時務策으로써 시험하여 진사를 뽑게 하고 광종이 威鳳樓에 친히 나가서 방을 발표하고 甲科에 崔暹 등 2명을 뽑는 한편 明經에 3명, 卜業의 2명에게도 급제를 주었던 것이다. 이 과거제는 다 아는 바와 같이 후주의 귀화인인 쌍기의 건의에 따라 처음으로 실시된 것이었다.

그런데 이 과거제를 실시한 목적은 어디에 있었을까. 그것은 다름 아닌 정치적 식견과 능력을 갖춘 새로운 관료층을 형성하기 위한 조치였다. 고려의 건국과 후삼국 통일에 크게 기여한 공신들은 대부분 武人들이었다. 그런

51) 洪承基, 〈高麗 前期의 奴婢政策－國王과 貴族의 政治的 利害와 이에 따른 奴婢에 대한 입장의 차이－〉(《震檀學報》 51, 1981 ; 《高麗貴族社會와 奴婢》, 一潮閣, 1983, 154~158쪽).

데 이들은 통일전쟁에는 필요한 존재들이었으나 통일 후 정치체제를 완성시켜 나가는데 있어서는 오히려 장애가 되는 존재들이었다. 그들은 무력은 가지고 있었으나 정책을 수행해 나갈 능력은 부족하였기 때문이다. 그리하여 과거제를 실시하여 유교적 학식으로 왕을 충실히 보필할 수 있는 신관료군을 육성하려 하였던 것이다.[52]

이어 광종 11년(959)에는 백관의 公服을 정하였다. 元尹이상은 紫衫으로, 中壇卿 이상은 丹衫으로, 都航卿 이상은 緋衫으로, 그리고 小主簿 이상은 綠衫으로 정하였던 것이다.

여기서 주목되는 것은 자삼을 입는 계층은 원윤이라는 관계가 기준이 되고 있는 반면 단삼·비삼·녹삼층은 관직을 기준으로 하고 있다는 것이다. 그런데 자삼을 입는 계층은 관계만을 소유한 자들이 많았겠지만 관계와 관직을 동시에 소유한 자들도 있었을 것이다. 그러나 후자의 경우도 관직보다는 관계를 기준으로 하여 복색을 정하였을 것이다. 따라서 자삼층에는 중앙의 관료 집단과 더불어 일부 지방의 호족층들도 포함되었으리라 짐작된다.[53]

반면 단삼 이하의 옷을 입는 계층은 관직 위주로 되어 있는 점으로 미루어 대체로 태조 이후 새롭게 등장한 관료층이라 하겠다. 이들 역시 관계를 가졌을 수도 있지만 복색의 기준은 관직이었다고 보여진다. 중단경은 그 확실한 실체를 알 수 없지만 제사와 관련된 太常府의 小卿에 비길 수 있는 관직이 아닌가 한다.[54] 도항경은 태조 즉위 직후의 인사 조처에서 보이는 都航司의 차관급이었다. 소주부에 대해서는 자세한 내용을 알 수 없다.

그렇다면 이 조처가 있기 전에는 공복이 제정되지 않았다는 말인가. 물론 이전에도 공복은 있었겠지만 서열에 따른 통일적인 제도는 없었던 모양이다. 즉 귀천을 가리지 않고 옷을 입어 관직이 비록 높아도 가난하면 공복을 갖출 수가 없었고 관직이 없어도 가정이 부유하면 비단옷을 입는 상황이었던 것이

52) 金龍德, 〈高麗 光宗朝의 科擧制度問題〉(《中央大論文集》 4, 1959), 147쪽. 과거제 실시 초기의 과거합격자들은 광종의 개혁에 적극적으로 참여했을 가능성이 높다(吳星, 〈高麗 光宗代의 科擧合格者〉《高麗光宗硏究》, 一潮閣, 1981, 39~45쪽).

53) 姜晋哲, 〈田柴科制度의 制定 및 그 內容〉(《高麗土地制度史硏究》, 高麗大出版部, 1980), 35~36쪽.

54) 朴天植, 〈高麗前期의 寺·監 沿革考〉(《全北史學》 5, 1981), 19~21쪽.

다. 그러니까 이 때에 와서 공복이 제정됐다는 것은 왕을 중심으로 한 관료들의 서열이 체계적으로 정비되었다는 것을 뜻한다. 다시 말해 공복의 제정은 광종을 중심으로 하는 새로운 관료체제의 탄생을 의미하는 것이라 하겠다.[55)]

또 곧 이어 개경을 皇都라 하고 서경을 西都라 부르는 조치가 취해졌다. 뿐만 아니라 峻豊이라는 새로운 연호가 쓰여지기도 했다. 이러한 조치는 왕실의 위엄을 높이고 자주적인 측면을 강조하고자 한 것으로 생각된다. 특히 개경을 황도라 한 것은 황제가 거주하는 서울이란 뜻으로 자신을 중국의 황제와 같은 존재로 부각시키고자 한 것 같다. 그리하여 어떤 세력도 자신의 권위에 도전하지 못하도록 한 조처라고 하겠다.

또 이 때부터 호족세력에 대한 무자비한 숙청이 시작되었다. 그 발단은 評農書史 權信이 大相 俊弘과 佐丞 王同 등이 반역을 도모했다고 참소하니 이들을 폄출시킨 데서 비롯되었다. 준홍은 혜종 원년(944)에 세워진 淨土寺法鏡大師慈燈塔碑 陰記에 佐尹의 관계를 가진 인물로 나오고 있다. 또 준홍은 광종 9년(958)에서 광종 11년(960) 사이에 건립된 것으로 여겨지며 현재 충북 괴산에 남아있는 覺淵寺通一大師塔碑 陰記에 內奉省令으로 나오고 있다. 이런 점으로 미루어 준홍은 충주부근 출신으로 여겨지며 중앙정계에서도 상당한 실력자였음에 틀림없다.[56)] 그리고 정토사법경대사자등탑비 음기에 유권열, 유신성 등 충주 유씨들과 같이 나오고 있어 본래는 광종의 지지세력이었다고 볼 수 있다. 왕동에 대해서는 잘 알 수 없지만 王氏 성을 가지고 있는 점으로 미루어 태조의 인척이거나 중요한 지역의 호족출신이 아닌가 한다.

한편 이들을 참소한 권신은 평농서사라는 관직을 갖고 있는 점이 주목된다. 평농서사가 구체적으로 무엇을 맡은 관직인지는 알 수 없지만 글자의 뜻으로 보아 농사와 관련된 관부의 하위관직자로 생각된다.[57)] 어쨌든 권신은 고위관직자는 아니고 관직에 진출한 지가 오래 되지 않은 신진관료군에 속하는 인물이라 하겠다. 이러한 위치에 있던 그가 유력 호족출신으로 생각되는 준홍·왕

55) 申虎澈, 〈高麗 光宗代의 公服制定〉(《高麗光宗硏究》, 一潮閣, 1981), 84쪽.

56) 蔡尙植, 앞의 글, 52쪽.

57) 《高麗史》 권 76, 志 30, 百官 1에 보면 書史는 衛尉寺·司僕寺·禮賓寺 등의 관청에 소속된 吏屬이었다. 그리하여 改定田柴科와 更定田柴科에서 각각 17科·16科에 편입되어 23결·22결의 토지를 받고 있는 계층이었다(《高麗史》 권 78, 志 32, 食貨 1, 田制 田柴科).

동을 참소하자 광종이 이들을 폄출시키고 있는 것은 당시의 시대적 분위기를 잘 엿볼 수 있는 사건이라 하겠다.

이 사건이 일어난 이후부터 정국은 혼란에 빠지게 되었다. 그리하여 참소하는 간신이 때를 만나 충성스럽고 어진 이를 무고하게 모함하고 종은 그 주인을 고소하였다. 또 자식은 그 부모를 참소하여 옥이 항상 가득 찼으므로 임시 감옥을 두었고 죄없이 죽음을 당하는 자도 잇따랐다. 그러자 광종은 그 시기함이 날로 심하여 왕실의 친족들도 몸을 보전하지 못하는 이가 많았으며 하나뿐이었던 그의 아들 伷까지도 의심하여 가까이 오지 못하게 하였다. 이와 같은 상황이 되자 모든 사람들이 두려워하여 잘 아는 두 사람끼리도 감히 서로 이야기하지 못하였다 한다.[58] 이러한 당시의 사정으로 보아 권신의 준홍·왕동에 대한 참소 사건은 하급자가 상급자를 참소한 것임을 알 수 있다.

또한 이 해(960)에는 군사에 관한 관부의 개혁도 이루어졌다. 徇軍部를 군부로 고치고 內軍을 掌衛部로 고쳤으며 物藏省을 寶泉으로 고쳤다. 이들 관부의 개명이 단순한 명칭 변경에 불과한 것은 아닐 것이다. 순군부를 군부로 개칭한 것은 내군을 장위부로 고친 조치와 짝하는 것이라 생각한다. 즉 내군의 장위부로의 개칭은 필시 시위군의 강화와 관련된 것으로 생각되며, 순군부의 군부로의 개칭도 국왕의 병권 장악과 관련된 그 조직이나 기능의 강화로 여겨지는 것이다.[59]

광종은 이렇게 호족세력을 비롯한 많은 사람들을 살해 내지 숙청하면서 자신의 신변에도 위협을 느꼈음이 분명하다. 그러한 두려움 때문에 앞서 본 바와 같이 자신의 아들까지도 가까이 오지 못하게 하였던 것이다. 그리하여 광종은 지방의 각 주·현에서 풍채있는 자들을 뽑아 시위군에 충당하였다. 이러한 시위군에 대한 강화가 순군부와 내군의 개혁으로 나타났던 것이다.

물장성은 구체적으로 무엇을 관장한 관부인지 확실치 않다. 그런데 《高麗史》 백관지 찬자는 이 물장성을 小府寺의 전신으로 보고 있다. 소부시는 工技寶藏을

---

58) 《高麗史節要》 권 2, 광종 11년.

59) 邊太燮, 〈高麗初期의 政治制度〉(《韓㳓劤停年紀念論叢》, 知識産業社, 1981), 178쪽. 鄭景鉉, 〈高麗 太祖代의 徇軍部에 대하여〉(《韓國學報》 48, 1987), 67쪽. 그러나 이 조치는 순군부 권한의 약화이며 호족들이 갖고 있던 군권의 박탈이라는 견해도 있다(李泰鎭, 〈高麗 宰府의 成立〉《歷史學報》 56, 1972, 13쪽).

관장한 관청으로 공양왕 2년(1390)에 혁파되면서 그 소관사항이 內府寺와 軍資寺로 분산되었다. 그런데 군자시는 공양왕 2년 轉輸都監으로부터 전곡과 문서에 관한 소관사항을 위임받아 결국 軍需儲積의 사무를 관장한 관청이다.60) 이것으로 미루어 소부시가 혁파되면서 工技에 대한 사무는 군자시로, 寶藏에 대한 사무는 내부시로 넘어갔다고 보여진다.61) 따라서 소부시의 전신인 물장성도 공기·보장을 관장하였다고 하겠다. 여기서 공기는 왕실에서 필요로 하는 물품이나 군사장비를 만드는 기구로 추측되는 반면, 보장은 국가나 왕실에서 보배롭게 여기는 물건 내지 그에 대한 보관사무를 말하는 것이 아닌가 한다. 한편 물장성은 이미 신라시대부터 있었던 관청으로62) 태봉을 거쳐 고려에까지 이어져 온 관청이다. 이러한 물장성을 보물이 숨겨져 있는 샘이라는 뜻의 보천으로 고친 것은 이에 관한 통제권을 왕실에서 장악하겠다는 의지의 표현이 아닌가 한다.

그런데 위와 같은 일련의 개혁은 쌍기가 본국에 있을 때 모셨던 후주 황제들의 정책과 유사한 점이 많아 주목된다. 쌍기가 본국에서 관직생활을 할 당시의 후주 황제는 太祖(952~954)와 世宗(954~959)이었다. 그런데 이 때 고려의 상황이 후주의 상황과 비슷하여 쌍기는 자신의 경험을 토대로 한 여러 가지 개혁책을 광종에게 제시할 수 있었던 것이다. 당시 고려와 후주의 공통적 상황이란 독립적 무력을 가진 군벌의 존재가 절대군주권의 확립에 큰 장애가 되었고, 필요한 수의 유교적 소양을 갖춘 자들이 사회의 상층 계층에 존재했으며 국가 수입을 증대시킬 수 있는 잠재적 부세자들이 중앙정부의 직접적인 통제권 밖에 다수 존재하고 있었다는 점이었다. 그리하여 광종의 개혁 중 노비안검법의 실시는 도망간 농민들을 전토의 환원을 조건으로 귀향케 한 후주 세종의 정책과 관련이 있는 것이었다. 이러한 정책은 도망갔던 농민들이나 방량된 노비들에게 다시 토지를 경작케 함으로써 국가수입을 증대시키려 한

---

60) 《高麗史》 권 76, 志 30, 百官 1, 小府寺·軍資寺.

61) 한편 小府寺의 권한이 內府寺로 넘어갔다는 기록은 무슨 잘못일 것이고 軍資寺로 옮겨졌다는 기록이 옳다는 견해도 있다(李基白, 〈高麗 京軍考〉《李丙燾博士華甲紀念論叢》, 1956 ; 《高麗兵制史硏究》, 一潮閣, 1968, 62쪽).

62) 이 때에는 物藏典이라 하였는데 大史 4인, 史 2인이 속해 있었다(《三國史記》 권 39, 職官志 中).

조치였다는 것이다. 그리고 과거제의 실시는 후주의 태조가 문신들을 대거 등용, 우대하고 세종이 그들의 질적 향상에 적극 노력한 것과 일련의 맥이 통하는 것이었다. 또한 광종의 시위군 강화책은 후주의 세종이 전국에서 장병들을 소집하여 그 중에서 무예에 능통한 자들을 가려 뽑아 친위군인 殿前軍으로 삼은 조치와 너무나 유사하였던 것이다.[63]

그렇다고 하여 쌍기 혼자의 힘에 의하여 개혁이 추진된 것은 아니었다. 쌍기와 이해를 같이하는 무리들도 함께 참여하였던 것이다. 그렇다면 당시의 개혁 추진세력은 누구였을까. 이에는 다음의 기록이 크게 참고된다.

> 쌍기가 귀화한 이후로부터 文士를 존중하여 은혜와 예가 너무 융숭하니 재주없는 자(非才)가 외람되이 진출하여 계급을 뛰어 갑자기 승진되어 한 해 안에 바로 卿相이 되었다. 혹은 밤마다 사람들을 접견하고 혹은 날마다 손님을 초대하여 이로써 즐거움을 삼아 정사에 게을리 하고 연희와 놀음이 그치지 않았다. 멀리 중국 남방과 북방의 용렬한 사람들(南北庸人)까지도 특별한 예로써 접대하니 이 때문에 젊은 무리들(後生)이 다투어 진출하고 옛 덕망있는 사람들이 점차 쇠진하였다. 비록 중국의 풍속은 존중하였으나 중국의 좋은 법은 취하지 못하였으며 중국의 선비는 예로써 대접하였으나 중국의 어진 인재는 얻지 못하였다. 또 백성들에게 있어서는 膏血의 재물을 더욱 소모케 했으며 사방에 있어서는 헛된 명예를 얻었다. 이로 인하여 다시는 정무에 부지런하지 않고 賓僚를 접견하지 않았다. 그런 까닭으로 신하를 시기함이 날로 심하고 군신 사이의 의론이 날로 서로 막혀져서 정치의 잘되고 못된 점을 감히 말하는 사람이 없었다(《高麗史》 권 93, 列傳 6, 崔承老).

위의 기록은 최승로가 時務28條의 서론 부분에서 광종에 대해 평을 한 것이다. 여기에서 보면 쌍기가 귀화한 후로부터 「文士」를 존중하였고 「非才」가 외람되이 진출하였다. 또 「南北庸人」을 특수한 예로 대접하니 「後生」들이 다투어 진출하였다고 하였다. 따라서 개혁초기의 추진세력은 「文士」와 「南北庸人」이며 그후 「非才」와 「後生」들이 진출하여 혼란을 야기시킨 것이라 할 수 있다.

우선 당시 광종의 초기 개혁 추진세력이었던 「文士」들은 누구였는가를 알아보자. 아마도 그들의 대부분은 학사라고 불리던 자들이었다고 생각한다. 당시에는 制撰과 詞命을 담당한 학사원이라는 관청이 있었는데 여기에 속한

63) 姜喜雄, 〈高麗初 科擧制度의 導入에 관한 小考〉(《韓國의 傳統과 變遷》, 高麗大亞細亞問題硏究所, 1973), 261~267쪽.

관리들을 한림학사라 하였다.64) 이들이 바로 광종 9년부터 시작된 개혁의 담당자들이었다. 이 때의 한림학사로는 쌍기를 비롯하여 金廷彦·趙翌·李夢游·王融·崔行歸 등이 있었다.65)

쌍기는 후주 출신으로 광종대에 과거제의 실시를 건의한 인물임은 다 아는 사실이다. 그는 광종 9년의 과거시험을 비롯하여 광종 11년과 12년의 과거에 고시관인 知貢擧로서 활약하기도 했다. 김정언에 대해서는 그의 행적을 더듬어 볼 만한 기록이 별로 없다. 다만 광종 26년(975)과 경종 3년(978)에 元宗大師碑와 法印國師 坦文의 비문을 지은 바가 있다. 그 때까지 그는 한림학사의 직에 있었던 점으로 미루어 당시 학식이 풍부했던 인물임을 알 수 있다. 조익은 광종 15년(964)에 실시된 과거의 지공거였다. 또한 광종의 右文政治를 예찬하는 시를 짓기도 하였다. 이몽유도 성종 2년(983)과 5년, 6년의 세 차례에 걸쳐 지공거를 역임했던 인물로 성종 6년 8월에는 왕명을 받들어 中外의 奏狀과 行移, 공문의 격식을 제정하기도 했다. 왕융은 광종 6년(955) 후주에 사신으로 다녀 온 바 있으며 광종 17년(966)부터 성종 13년(994)까지의 기간에 11차례나 과거를 주관한 인물이다. 경종 즉위년(975) 10월에는 경순왕(金傅)을 尙父로 책봉하는 조서를 제찬하기도 하였는데 성종이 죽기 직전까지도 관직생활을 계속한 기록이 있다. 그는 중국에서의 귀화인으로 추측되며 아마도 남중국의 吳越國 출신이 아닌가 한다.66) 또 최행귀는 최언위의 아들로 오월국에 유학하여 秘書郞까지 지냈으나 본국으로 돌아 와 광종의 倖臣이 되었다가 광종 말에 제거되었다.

이들 한림학사 이외에도 당시의 문사에 속했다고 볼 수 있는 인물로는 최지몽과 최승로를 들 수 있다.67) 최지몽은 혜종대에 왕규의 변란을 예고한 자로 광종대에도 왕의 측근이 되어 활약했을 가능성이 짙다. 그러다가 광종 21

64) 《高麗史》 권 76, 志 30, 百官 1, 藝文館.

65) 李基東, 〈羅末麗初 近侍機構와 文翰機構의 擴張－中世的 側近政治의 志向－〉(《歷史學報》 77, 1978 ; 《新羅 骨品制社會와 花郞徒》, 韓國硏究院, 1980, 264～273쪽).

66) 李基東, 위의 글, 271～273쪽. 한편 고려 초에 王姓을 하사받은 유공자의 아들로 「勳臣」 벌족 출신인 것이 확실하다는 견해도 있다(姜喜雄, 앞의 글, 271쪽의 註 34).

67) 全基雄, 〈高麗 光宗代의 文臣官僚層과 「後生讒賊」〉(《釜大史學》 9, 1985), 143～148쪽.

년(970) 귀법사에 광종을 따라 갔다가 술에 취하여 실례를 하자 폄출된 인물이다. 최승로는 이미 태조대부터 왕건과 관련을 맺었던 인물로 경종 6년에 한림학사의 직에 있었다. 이것으로 미루어 광종대에도 한림학사의 직에 있으면서 당시의 개혁에 어느 정도 참여하였다고 보여진다. 그가 과거제의 실시 자체에 대해서는 비판하고 있지 않거나 관리와 서인의 의복을 정돈하여 존귀와 비천의 차이를 명백히 하자고 주장하고 있는 점이 이를 말해 준다. 이러한 문사들이 광종대 개혁 초기의 핵심들이었다. 그들은 광종 말의 그 혼란한 정국 속에서도 대부분 살아 남아 경종이나 성종대의 개혁에도 참여하고 있는 것이다.

이 문사층 이외에도 광종에게 특별히 우대 받은 인물들로는 「南北庸人」들이 있었다. 남북용인은 주로 중국의 남북쪽에서 귀화해 온 사람들을 지칭하는 것으로 생각된다.[68] 이들은 쌍기와 왕융 등의 귀화인들이 고려에서 중용되어 개혁의 핵심으로 등장하자 중국에서 건너온 사람들이 아닌가 한다. 雙哲도 자기의 아들인 쌍기가 고려에서 총애를 받고 있다는 소리를 듣고 광종 10년(959) 사신을 따라 왔다가 그대로 고려에 머물렀는데 이 때 그는 佐丞이란 관계로 후대 받았다. 아마 이러한 부류들이 남북용인으로 광종은 그들이 지식이나 재주가 있나 없나를 논하지 않고 후대하였던 것이다. 이밖에도 남북용인에는 발해 계통의 인물들도 포함되었으리라 여겨진다.

한편 최승로가 차례를 뛰어 넘어 한 해가 지나지 않아 卿相이 되었다고 한 「非才」들도 문사층에 속하는 인물들이라 생각된다.[69] 다만 이들은 재주

---

68) 河炫綱, 〈崔承老의 政治思想 硏究〉(《梨大史苑》 12, 1975 ; 앞의 책, 1988), 159쪽과 李基東, 앞의 글, 271~272쪽.
그러나 여기에 雙冀나 王融 같은 이를 포함시키는 것은 합당치 않다고 생각한다. 왜냐하면 이미 이들이 등용된 후에 광종이 후대한 자들을 南北庸人이라 하고 있기 때문이다. 한편 「南北庸人」은 후백제와 발해 계통의 인물들을 가리킨다는 견해도 있다(李基白, 〈新羅 統一期 및 高麗初期의 儒敎的 政治理念〉《大東文化硏究》 6·7합집, 1969·1970, 155쪽 ; 《新羅時代의 國家佛敎와 儒敎》, 韓國硏究院, 1978 및 金塘澤, 〈崔承老의 上書文에 보이는 光宗代의 「後生」과 景宗 元年 田柴科〉《高麗光宗硏究》, 一潮閣, 1981, 53~54쪽).

69) 이 「非才」에 대해서는 이가 곧 雙冀를 가리킨다는 견해가 있는가 하면(河炫綱, 앞의 책, 158쪽), 쌍기를 포함하여 광종이 崇重한 문사들이라는 견해도 있다(李基東, 앞의 글, 272쪽) 또 쌍기를 비롯한 중국의 귀화인일 것이라는 설도 있다(金塘澤, 앞의 글, 53쪽).

와 학식이 부족한데도 개혁을 적극적으로 주장하거나 광종에게 잘 보여 고위직에 오른 자들이라 하겠다. 당시 경상에 오른 자들의 명단을 잘 알 수 없는 현 상황에서는 그 예를 구체적으로 들기는 어렵다. 물론 여기에는 남북용인들의 일부도 포함되리라 생각한다.

다음 「後生」들은 대체로 나이가 젊은이들을 가리킨다고 할 수 있다. 여기에는 주로 신진관료층이 포함된다고 생각된다. 이 신진관료층은 새로이 과거를 통해 진출한 무리들이 주류를 이루었을 것이다. 광종대의 과거합격자로는 崔暹·晋兢·崔光範·徐熙·王擧·金策·崔居業·楊演·柳邦憲·白思柔·韓藺卿·崔亮·田拱之 등이 있었다. 이들이 대부분 후생으로서 광종대에 대거 관계에 진출하였다고 생각된다.70)

어쨌든 광종은 중국의 귀화인들을 후대하였다. 심지어는 그들에게 신하들의 집을 빼앗아 주기도 하고 여자를 골라 주기도 했던 것이다. 그러자 徐弼같은 이는 자진하여 집을 왕에게 바치면서 광종의 정책을 비판하기도 하였다.71)

한편 광종의 이러한 개혁을 사상적으로 뒷받침해 준 것이 均如의 性相融會사상이었다. 균여는 黃州 출신으로 그 지역의 소토호였던 것 같다. 따라서 같은 지역 출신인 광종의 왕비 大穆王后 황보씨와 일정한 관련을 맺고 있었다고 여겨진다. 그러나 균여가 광종과 직접적으로 연결되는 것은 광종 4년(953) 후주에서 사신을 파견하여 광종을 책봉할 때였다. 이 때 장마가 계속되어 책봉의식을 행할 수 없었는데 균여가 祈晴祭를 행하자 雷電이 없어지고 풍운이 걷히어서 무사히 책봉의례를 마칠 수 있었다고 한다.72)

이렇게 하여 광종과 인연을 맺게 된 균여는 그 자신이 소호족 출신이었을 뿐만 아니라 성상융회 사상을 주장함으로써 광종의 전제왕권 확립에 기여하게 되었다. 광종은 대호족세력을 억압하는 대신 왕권의 강화를 위하여 지방의 중소호족세력을 등용하려 했는데 균여의 성상융회 사상 역시 지방의 중

70) 吳　星, 〈高麗 光宗代의 科擧合格者〉(《高麗光宗硏究》, 一潮閣, 1981), 39~45쪽. 물론 여기에는 「南北庸人」 「非才」의 일부와 시위군 계통의 「後生讒賊」들도 포함되었을 가능성이 있다(金塘澤, 앞의 글, 48~61쪽).

71) 《高麗史》 권 93, 列傳 6, 徐弼.

72) 金杜珍, 〈均如의 生涯와 著述〉(《歷史學報》 75·76 합집, 1977 ; 앞의 책, 1981, 11~16쪽).

소호족을 인정하여 그들을 융합할 수 있는 사상체계였기 때문이다.

性相融會 사상이란 敎宗 중에서 性宗에 속하는 華嚴宗과 相宗에 속하는 法相宗이 서로 융합된 사상체계를 말한다. 균여는 원래 화엄종 승려였는데 화엄종은 전제왕권을 뒷받침해 주는 사상이었다. 그리하여 이미 고려 태조가 후삼국을 통일하면서부터 화엄종에 관심을 표명하였다. 태조가 신검의 군대를 충남 연산에서 격파한 후 여기에 開泰寺를 세우고 화엄법회를 열면서 자신이 직접 그 疏文을 지은 것이 그것을 잘 말해 준다. 화엄종은 그 뒤에도 꾸준히 성장하여 광종 4년에는 화엄종 승려인 謙信이 國師로 봉해질 정도로 성장해 있었다. 그런데 화엄교학은 융회적이어서 이질집단에 대한 통합사상이 될 수 있었다.[73)]

법상종은 원래 보편적인 원리를 제시하여 귀일점을 찾으려 하지 않고 현상계의 차이를 그대로 인정하는 사상이다. 개인이나 개체의 현재 상태를 인정하여 각각의 차이에 맞는 설법이나 수행을 통하여 성불할 수 있다는 사상이다. 원래 법상종은 융회적인 성격이 적었으나 '三性이 곧 眞空'이라는 新法相 사상이 등장하여 융회가 가능해지게 되었다. 이 법상종은 고려 초기 이래로 주로 지방의 중소호족들에 의해 수용되었다. 이 때문에 지방의 대호족들을 억압하고 중소호족들을 등용하여 전제왕권을 강화하려 했던 광종에게 균여의 성상융회 사상이 환영받은 것은 당연한 일이었던 것이다.[74)]

광종 11년(960)부터 그 말년까지는 이러한 개혁과 숙청, 그리고 혼란이 계속되면서 일부 호족공신 세력들이 재등장하는 시기라 하겠다. 광종 12년 4월에는 이러한 피의 숙청에 대한 하늘의 견책으로서 홍수가 나서 많은 인가가 떠내려 갔으며 물의 빛깔이 빨간색으로 변하기도 하였다. 또 이 해에 宮闕修營都監을 설치하여 궁궐을 확장, 수리케 하고 광종 자신은 正匡 王育의 집으로 거처를 옮겼다. 이러한 조치는 두 가지 의미를 내포하고 있다고 본다. 하나는 궁궐을 더욱 호화롭게 수리하여 왕실의 위엄을 높이려는 것이고 다른 하나는 자신의 거처를 왕육의 집으로 옮겨 신변의 위협을 제거함과 동시에 지금까지 행한 그의 정사를 정리해 보려 한 것이 아닌가 한다.

73) 金杜珍, 위의 책, 144~159쪽.
74) 金杜珍, 위의 책 참조.

그것은 광종 14년 6월, 2년만에 궁궐로 돌아 와 내린 다음의 조서에서 엿볼 수 있다.

> 내가 요즈음 궁궐을 수리하기 위하여 오랫동안 이궁에 있었으나 마음은 경비에 있고 일은 심상치 않았다. 백관이 아뢰는 일도 친히 듣지 못한 것이 많아 여러 사람이 혹 의심을 품을까 염려하였는데 그것이 내 마음속에 있어 잠잘 때나 밥먹을 때나 잊기 어려웠다. 이제 궁궐을 수리하는 공사가 끝났으므로 정사를 들을 곳이 있게 되었다. 무릇 너희 백관들은 너희들의 일을 공경하여 예전대로 나와 아뢰고 머뭇거림이 없게 하라. 고기가 물을 만나 같이 기뻐하는 것처럼 임금과 신하가 서로 막힘에 이르지 않기를 바란다(《高麗史》 권 2, 世家 2, 광종 14년 6월).

이후 광종의 치적은 대략 세 갈래로 나누어 생각할 수 있다. 먼저 광종의 불교에 대한 혹신을 들 수 있다. 그는 광종 14년(963) 歸法寺를 창건한 것을 비롯하여 광종 19년에는 弘化寺·遊巖寺·三歸寺 등의 사원을 건립함과 더불어 많은 불교행사를 벌였던 것이다. 물론 그 이전에도 광종은 사원을 건립하여 태조와 어머니 劉氏의 원당을 삼는 등 많은 배려를 한 것도 사실이다. 그러나 이 시기에 오면 불교를 지나치게 혹신한 결과 극심한 폐단을 노출시키고 있는 점이 특징이라 하겠다.

광종은 귀법사를 창건하고 濟危寶를 설치함과 더불어 균여를 귀법사에 주지시키는 조치를 취하였다. 제위보는 빈민을 구제하기 위하여 설치한 재단이다. 제위보가 귀법사에 설치되었다는 것은 그만큼 많은 전곡이 쌓여 있었다는 것을 뜻한다. 이것으로 미루어 귀법사의 경제적 위치가 중요했음을 알 수 있으며 광종의 전제왕권을 뒷받침해 주었던 균여가 주지로 있었음을 감안하면 그 정치적 위치도 가늠할 수 있다. 그리하여 광종 21년(970)에는 왕 자신이 직접 귀법사에 행차하기도 했던 것이다.

한편 귀법사에 주지하게 된 균여는 광종 24년에 사망할 때까지 여기서 베풀어지는 각종 齋會를 주관하면서 광종의 개혁을 후원해 주었을 것으로 추측된다. 그러다가 광종 19년 이후의 어느 시기에 참소사건이 일어나면서 균여와 광종과의 사이가 소원해지기 시작한다. 균여가 異情을 수행한다고 같은 귀법사의 승려인 正秀가 참소하였던 것이다. 처음 균여를 해치려 했던 광종은 꿈속에서 神人의 압력을 받고 오히려 정수를 처형하였다. 그러나 이 사건

이후로 광종과 균여는 멀어지게 되고 대신 坦文이 광종과 밀착되는 것이다.

탄문은 일찍이 광종이 태어날 때부터 그와 인연을 맺게 된 인물이었다. 광종의 어머니 유씨가 임신하자 태조는 탄문을 청하여 기도케 하고 마침내 그 법력으로 광종을 낳게 되었다. 이렇듯 그는 일찍부터 왕실과 관련되어 있었고 불교행사에 적극적이었으며, 화엄종의 입장에서 敎禪 일치의 입장을 갖고 있었다는 점에서 광종의 개혁에 쉽게 참여할 수 있는 소지를 갖고 있었다. 그리하여 광종 19년 이후 균여가 광종과 멀어지는 대신 그가 광종과 긴밀한 관계를 유지하게 된다. 그것이 바로 광종 19년(968) 탄문의 王師 책봉으로 나타나게 되었던 것이다.75)

왕사로 책봉된 이후 탄문은 계속 귀법사에 거주하면서 광종 23년 태자를 위해 千佛道場을 개설한 것을 비롯하여 五百羅漢齋를 개설하기도 하였다. 그러면서 광종의 개혁을 후원해 주었다고 보여진다. 이렇게 하여 탄문은 광종 25년 國師로 책봉되기에 이른 것이다. 그러나 광종 26년에 탄문은 광종의 곁을 떠나 普願寺로 갔다가 거기서 바로 죽게 되었다. 개혁의 동반자를 잃게 된 광종은 탄문이 죽은 2개월 뒤에 역시 세상을 떠나게 되었던 것이다. 따라서 귀법사는 광종의 개혁에 대한 지지 기반이었음을 알 수 있다.76)

한편 광종은 많은 불사를 행하기도 하였다. 이렇듯 빈번한 齋會를 베풀자 무뢰배들이 거짓으로 중이 되어 배불리 먹기를 구하고 구걸하는 자가 몰려와서 먹을 것을 구하는 지경에까지 이르렀다. 당시 광종이 얼마나 불교를 혹신하고 있었는가 하는 점은 다음의 기록에 잘 나타나 있다.

> 광종은 참소와 奸邪를 믿어 죄 없는 사람을 많이 죽이고 불교의 인과응보설에 미혹되어 죄업을 제거하려고 하여 백성의 고혈을 짜내어 佛事를 많이 일으켰다. 그리하여 혹은 毘盧遮那의 懺悔法을 베풀기도 하고 혹은 중을 毬庭에 모아 공양하기도 하고 혹은 無遮水陸會를 귀법사에서 베풀었다. 매양 부처에게 재 올리는 날을 당하면 반드시 걸식하는 중에게 밥을 먹이기도 하고 혹

75) 이러한 불교계의 변화는 광종 16년(965) 皇甫氏系 세력의 도움으로 태자에 책봉되어 內史·諸軍事·內議令職 수행을 통해 자신의 실권을 구축해 나가던 伷(후의 경종)의 영향력이 개입되었을 것이라는 견해도 있다(盧鏞弼, 〈光宗末年 太子 伷의 政治的 役割〉《震檀學報》68, 1989, 13~18쪽).

76) 金龍善, 〈光宗의 改革과 歸法寺〉(《高麗光宗研究》, 一潮閣, 1981) 참조.

> 은 內道場의 떡과 과일을 걸인에게 내어 주기도 하였다. 혹은 新池·穴口·摩利山 등의 魚梁을 放生所로 삼아 한 해 동안에 네 번이나 사자를 보내어 그 지방의 사원에 나가서 불경을 강연하였다. 또 살생을 금하여 御廚의 肉膳은 宰夫를 시켜 짐승을 도살하지 않고 시장에서 사서 바치게 하였으며, 대소 신민으로 하여금 모두 다 참여케 하여 米穀·柴炭·馬料를 운반하여 서울과 지방의 길가는 사람에게 보시한 것은 이루 다 헤아릴 수 없었다. 그러나 이미 참소를 믿은 때문에 사람을 초개처럼 여겨 베어 죽인 사람이 산더미같이 쌓였으며 항상 백성의 고혈을 다 짜내어 재를 올리는 데 이바지했으니 부처가 영험이 있다면 어찌 즐거이 공양을 받겠는가. 이 때에 자식이 부모를 배반하고 노비가 주인을 배반하며 모든 범죄자가 모양을 변장하여 중이 되고 돌아다니면서 구걸하는 무리들이 와서 여러 중들과 서로 섞여서 재에 가는 자가 많았으니 무슨 이익이 있겠는가… 또 승려 善會를 시켜 그 보시를 주관케 하니 떡과 쌀을 함부로 다른 데에 허비했다. 이로 인하여 선회가 수명대로 살지 못하였고 길가의 송장이 되었으니 당시의 議論이 이를 기롱했다(《高麗史》 권 93, 列傳 6, 崔承老).

이처럼 광종은 불교를 혹신하여 많은 전곡을 탕진하였던 것이다. 이것이 결국은 광종의 개혁을 실패로 돌아가게 한 한 요인이었다고 하겠다.

한편으로 광종은 후주의 뒤를 이어 송이 건국하자 광종 13년(962) 광평시랑 李興祐를 송에 보내어 방물을 바쳤다. 그리고 광종 14년 12월부터는 송의 연호를 사용하였다. 광종은 일찍이 원년(950)과 11년에 각각 光德·峻豊이라는 독자적인 연호를 사용한 바 있다. 그런데 그 독자적인 연호를 버리고 송의 연호를 사용하였다는 것은 그의 독자적인 개혁에 한계가 있었음을 보여주는 것이다.

이러한 고려의 태도에 대해 송은 冊命使로 時贊을 고려에 보내 왔다. 이때 시찬 등은 오다가 바다에서 바람을 만나 90여 명이나 빠져 죽고 시찬만이 죽음을 면하였으므로 광종이 특별히 이를 후대하고 위로하였다. 광종 23년에는 고려에서 內議侍郎 徐熙를 송에 보내어 방물을 바치기도 하였다. 이에 송나라 황제는 詔勅으로 광종에게 식읍을 더하여 주고 서희는 물론 같이 갔던 崔業과 康禮·劉隱 등에게 관직을 수여하기도 하였다. 이와 같은 광종의 친송 정책은 태조 이래로 지속되어 온 것이기도 하지만 자신의 개혁에 대해 국제적으로 인정받으려 한 것이 아닌가 한다.

또 그는 북방에 많은 성을 쌓기도 하였다. 그것은 거란에 대한 대책이었던 것 같다. 일찍이 정종 때에도 거란이 침입할 것이라는 정보 때문에 광군 30만을 조직하는가 하면 북방에 성을 쌓은 적이 있었던 것이다. 이러한 정책을 계승하여 광종은 樂陵郡(광종 18년)·威化鎭(동 19년)·寧朔鎭(동 20년)·安朔鎭(동 21년) 등에 성을 쌓았다. 광종 24년(973)에도 長平鎭·博平鎭의 2진과 高州에 성을 쌓고 信都城을 수축하는 조치를 취하였는데,[77] 이는 물론 북방민족의 침입에 대한 대비책이었다. 그러나 한편으로는 의도적이었든 그렇지 않았든 간에 개혁의 부작용으로 이반된 민심을 한 곳으로 집중시켜 해소시키는 기능을 하기도 했을 것이다. 거란이 침입할 것이라는 위기감으로 백성들의 반발을 무마하고 성을 쌓는 일에 동원하여 다른 생각을 갖지 못하게 한 조치가 아닌가 한다.

광종 11년부터 광종 26년 그가 죽을 때까지의 개혁과 그 부작용에 대해 최승로는 다음과 같이 말하고 있다.

> 경신년(광종 11 : 960)에서 을해년(광종 26 : 975)까지의 16년간은 간흉이 다투어 진출하여 참소가 크게 일어나니 군자는 용납할 데가 없고 소인만이 제 뜻대로 되었다. 드디어 자식이 부모를 거역하고 종이 그 주인을 고소하기까지 하여 상하가 마음을 합치지 못하고 여러 신하들이 실망하여 舊臣宿將이 차례로 죽음을 당하고 골육이나 인척도 또한 모두 멸하였다. 하물며 혜종이 능히 형제를 보전한 일과 정종이 능히 국가를 보존한 일은 은혜와 의리를 논한다면 중하다고 이를 수 있는데 두 왕의 뒤에 모두 다만 아들 하나만이 있었는데도 또한 그 생명까지 보전하지 못하게 하였다. 또 말년에 이르러서는 자기의 한 아들까지도 의심하고 꺼렸다. 그런 까닭에 경종이 그 때 동궁에 있으면서 매양 스스로 불안했는데 다행히 그 왕위를 계승하게 되었던 것이다. 아 어찌 그 처음에는 잘하여 일찍이 좋은 명예를 얻었는데도 뒤에 잘하지 못하여 이 지경에 이르렀는지 매우 원통한 일이다(《高麗史》 권 93, 列傳 6, 崔承老).

여기서 보는 것처럼 광종은 처음에는 《貞觀政要》를 읽으면서 좋은 정치를 하였으나 광종 11년부터 많은 비난을 사게 되었던 것이다.

요컨대 광종은 즉위 후 8년 동안은 《貞觀政要》를 읽으면서 군왕으로서 지녀야 할 마음과 태도를 닦았다. 그리하여 정치는 물론 의례나 제도면에서도 자못 볼 만한 것이 있었다. 그러나 광종 9년 雙冀가 등용되면서부터 왕권을 강화하기 위한 개혁에 착수하였다. 노비안검법이나 과거제도의 실시, 그리고

---

77) 《高麗史》 권 82, 志 36, 兵 2, 城堡.

공복의 제정 등을 통하여 호족세력을 억압하고 왕권을 강화하려 하였던 것이다. 이 때 개혁을 주도한 세력은 주로 「文士」층과 중국에서 귀화한 「南北庸人」들이었다. 그러나 이러한 개혁과정에서 「非才」들과 신진관료층인 「後生」들이 함부로 진출하여 많은 부작용을 초래하였다. 광종 11년(960) 참소사건이 일어난 후부터는 걷잡을 수 없는 혼란이 계속되면서 구신숙장들이 많은 죽음을 당하기도 하였다. 그렇지만 광종대에는 문신 관료층을 중심으로 한 개혁을 통하여 호족공신 세력의 약화와 왕권의 강화가 어느 정도 이루어진 시기라 하겠다.

(2) 경종대의 정치와 호족

광종은 재위 26년만에 51세의 나이로 죽고 그 뒤를 이어 그의 맏아들이 왕위에 올랐는데 그가 곧 景宗이다. 그는 원래 성품이 온화하고 인후하였다. 그 때문인지 알 수는 없지만 그는 즉위하자마자 맨 먼저 크게 사면령을 내려 귀양간 사람을 돌아오게 하고 옥에 갇힌 사람을 풀어 罪籍을 씻어 주었다. 또 침체한 자들을 뽑아 쓰고 관작을 회복시켜 주었으며 미납된 공물을 면제해 주었다. 그리고 조세를 감면해 주고 假獄을 헐어버렸으며 참서를 불사르니 조정과 민간에서 크게 기뻐하였다 한다.[78]

이러한 경종의 조치로 인하여 광종대에 타격을 입었던 호족공신 세력이 다시 등장하게 되었다. 좀더 소급해 본다면 광종 9년부터의 개혁에 의하여 숙청 당하였던 호족공신 세력은 광종대 후반 이후에 오면서 조금씩 세력을 만회하기 시작하였다고 할 수 있다. 광종 16년에 雙冀·趙翌의 뒤를 이어 비교적 온건한 인물로 여겨지는 王融이 지공거로 임명되고 있다든지 광종의 倖臣이었던 崔行歸가 죽음을 당하고 있는 것 등이 당시의 상황을 잘 말해준다고 하겠다. 또 앞서 보았듯이 開寶 연간(963~975)에 귀법사의 승려인 정수가 균여를 참소했는데 이에 따라 광종은 처음 균여를 죽이려 하였으나 꿈에 神人의 압력을 받고 정수를 처형한 사건이 있었다. 이 사건도 실은 신인이라 표현된 호족세력의 압력으로 내린 조처가 아닌가 하는 것이다. 이러한 정세 속에서 행해진 광종 23년의 사면은 참소를 당한 호족세력을 일부 석방

78) 《高麗史節要》 권 2, 광종 26년.

시킨 조치로 해석된다[79] 이러한 대세 속에서 즉위한 경종은 살아 남은 호족공신 세력을 석방하여 재등장시키고 있는 것이다.

경종은 사면령을 내림과 더불어 광종대에 참소를 당하여 억울하게 죽은 자의 자손에게 복수하는 것을 허락하였다. 그러자 또 한 차례 대규모의 살육전이 전개되었다. 서로 마음대로 사람을 죽여 다시 원통함을 부르짖는 사태가 발생하였다. 심지어 王詵 같은 자는 원수를 갚는다는 핑계를 대고 임금의 명령을 거짓 꾸며 태조의 아들인 天安府院君을 죽이기까지 하였던 것이다. 이 때 경종은 執政 왕선을 외방으로 내쫓고 복수법을 금지시키는 조치를 취하였다.[80]

당시의 상황에 대해 최승로는 또 이렇게 기술하고 있다.

> 광종 말년에는 세상이 어지러워 참소가 일어나서 모든 형벌에 걸린 이는 죄 없는 사람이 많았으며 역대의 勳臣宿將들도 모두 죽음을 면치 못하였다. 경종이 왕위에 오를 때에는 舊臣으로 살아 남은 사람이 겨우 40여 명 뿐이었다. 그 해에도 또한 살해를 당한 사람이 많았으나 이는 모두「後生讒賊」들이므로 진실로 애석히 여길 것은 없다. 다만 天安·鎭州의 두 郎君만은 본래 皇家의 후손이어서 광종께서도 너그럽게 대우하여 마침내 처형하지 않았는데 경종 때에 와서는 울타리가 될 만한 데도 문득 권신의 해침을 당하였으니 어찌 원통하고 애석하지 않겠는가(《高麗史》 권 93, 列傳 6, 崔承老).

최승로가 얘기하는 위에서의 훈신숙장은 바로 호족 내지 공신들을 말하는 것이라 생각된다. 그렇다면 애석하게 여길 것이 못된다는 후생참적은 누구를 지칭하는 것일까. 문맥상으로 보아 이들은 광종대에 훈신숙장들을 참소한 자들로서 대체로 나이가 젊은 무리들을 가리키는 것으로 보인다. 즉 호족공신 세력과 이해를 달리하는 세력이라 하겠다. 우선 이 세력에 포함되는 자들로는 侍衛軍을 들 수 있다.[81] 전국에서 풍채있는 자들을 뽑아 구성한 시위군들은 호족공신 세력을 제거하는 데 앞장섰을 것이기 때문이다. 그리고 하급관리들도 여기에 포함된다고 생각한다. 광종 11년(960) 大相 俊弘과 佐丞 王同을 참소한 評農書史 權信같은 무리들이 여기에 속함은 틀림없을 것이다. 또 노비안검법에 의하여 양인이 된 해방노비 출신자들도 여기에 속할 것이다. 노비안

---

79) 金杜珍, 앞의 책, 98~105쪽.
80) 《高麗史節要》 권 2, 경종 원년 11월.
81) 金塘澤, 앞의 글, 61쪽.

〈표 1〉 경종 원년의 시정전시과

紫衫			文班									雜業									武班		
			丹衫			緋衫			綠衫			丹衫			緋衫			綠衫			丹衫		
品位	田	柴	品位	田	柴	品位	田	柴	品位	田	柴	品位	田	柴	品位	田	柴	品位	田	柴	品位	田	柴
1	110	110																					
2	105	105																					
3	100	100																					
4	95	95																					
5	90	90																					
6	85	85																					
7	80	80																					
8	75	75																					
9	70	70																					
10	65	65	1	65	55							1	60	55							1	65	55
11	60	60	2	60	50							2	(	)							2	60	50
12	55	55	3	55	45							3	55	45							3	55	45
13	50	50	4	50	42	1	50	40				4	50	42	1	(	)				4	50	42
14	45	45	5	45	39	2	45	35	1	45	35	5	45	39	2	45	35	1	(	)	5	45	39
15	42	40	6	42	30	3	42	30	2	42	33	6	42	30	3	42	30	2	42	32			
16	39	35	7	39	27	4	39	27	3	39	31	7	39	27	4	39	27	3	39	31			
17	36	30	8	36	24	5	36	20	4	36	28	8	36	24	5	36	20	4	36	28			
18	32	25	9	33	21	6	33	18	5	32	25	9	33	21	6	33	18	5	33	25			
			10	30	18	7	30	15	6	30	22	10	30	18	7	30	15	6	30	22			
						8	27	14	7	27	19				8	27	14	7	27	19			
									8	25	16							8	25	16			
									9	23	13							9	22	13			
									10	21	10							10	21	10			

*金塘澤, 〈崔承老의 上書文에 보이는 광종대의 '後生'과 경종 원년 田柴科〉 (《高麗光宗硏究》, 일조각, 1981), 65쪽.

검법의 실시로 방량된 이들은 본주인을 모함하는 자가 많았는데 이들의 본주인은 주로 호족공신들이었던 것이다. 이외에도 균여를 참소한 정수와 같은 일부 승려들, 그리고 일선에서 호족의 숙청작업을 직접 담당한 義刑臺의 법관들도 여기에 속하는 무리들이라 하겠다.[82] 이들은 경종이 즉위하면서 대거 살해당함과 더불어 호족공신 세력들이 재등장하게 되었던 것이다.

이러한 상황을 잘 반영해 주는 것이 경종 원년(976)에 제정된 始定田柴科이다. 이 시정전시과는 관품의 높고 낮음을 논하지 않고 다만 인품으로써 정한 것이었다. 그리고 광종대에 정한 4색 공복제에 의거하였으며 紫衫을 제외한 丹衫·緋衫·綠衫層은 다시 文班·武班·雜業의 세 층으로 나누어 지급하였다. 시정전시과의 내용은 표로 나타내 보면 〈표 1〉과 같다.

〈표 1〉에서 보듯이 자삼층이 가장 좋은 대우를 받고 있다. 자삼층은 광종대 공복제도에 의하면 元尹 이상의 관계 소유자들을 말한다. 원윤은 고려 초기 관계의 품계로 볼 때 6품에 속하며 등급으로는 10등급에 해당된다.[83] 원윤 이상 관계의 소유자들은 대부분 호족공신 계열에 속하는 자들이었다. 이들은 때로 관직을 맡기도 했지만 구체적인 관직 없이 관계만을 지니고 散官으로 있는 경우도 많았다. 따라서 자삼층은 문반·무반·잡업의 구분이 없었던 것이다. 물론 관직을 갖고 있다 하더라도 관계가 원윤 이상인 자들은 관계를 기준으로 하여 자삼층에 포함되었다고 생각한다. 그런데 이들이 가장 좋은 대우를 받고 있다는 것은 호족공신 계열이 재등장한 당시의 정치상황을 잘 반영해 주는 것이다.

그러나 자삼층이라 하더라도 10품 이하는 단삼의 문반층 1품과 동일하거나 그보다 열악한 대우를 받고 있다. 그것은 인품을 중시했다고 하였으나 관직도 중시했음을 보여 주는 것이다. 관계가 없다 하더라도 고위관직에 진출한 자들은 단삼의 상위 품계에 편입되어 자삼층의 하위집단보다도 좋은 대우를 받음으로써 이제 관직이 점차 중시되는 상황을 말해 주고 있다. 다시 말해 호족공신 계열이 재등장하기는 했지만 광종대에 진출한 신진관료층도 만만치 않게 자리를 잡아 가고 있음을 시사해 주는 것이다.

82) 全基雄, 앞의 글, 154~167쪽.

83) 《高麗史》 권 75, 志 29, 選擧 3, 銓注 鄕職.

또 한 가지 특징은 잡업계층이 문반과 거의 동일한 대우를 받고 있는 점이다. 그런데 이 잡업계층은 殿中·司天·延壽·尙膳院에 속해 있는 관리들임에 유의할 필요가 있다. 전중성은 宗簿寺의 전신으로 왕의 족속들과 보첩류를 관장하던 관청이었다. 사천대는 天文·曆數·測候·刻漏를 관장한 곳이었다. 상선원은 후의 司膳署로 왕의 膳羞를 담당한 관청이었다. 연수원에 대해서는 잘 알 수 없지만 왕의 건강이나 수명과 관련된 일을 맡아 본 관청으로 생각된다. 이로써 볼 때 이들이 하는 일은 잡다한 일이었으나 모두 왕의 측근에 있는 자들이었다. 광종대에 司膳을 지냈고 경종 원년에 知御廚事를 역임한 韋壽餘가 近臣이라 칭해진 점에서도 알 수 있다. 天文·卜筮에 정통했던 최지몽이 혜종대에 사천관으로서 왕규의 변란을 예고하였고 정종대에 큰상을 받고 있는 점도 이들 직책의 중요성을 알게 해 준다. 따라서 인품을 중시하였던 시정전시과에서 이들이 문반과 동일한 대우를 받고 있는 것은 조금도 이상한 일이 아닌 것이다.[84]

그런데 이 시정전시과가 제정된 지 얼마 되지 않은 경종 2년(977) 3월 개국 공신 및 向義歸順城主들에게 勳田이란 토지가 지급되었다. 언뜻 보면 시정전시과에서 자삼층에 편입되어 토지를 받은 호족공신 계열이 이중의 대우를 받은 것이 아닌가 생각하기 쉬우나 그것은 아닌 것 같다. 전시과의 자삼층은 주로 태조 23년(940)에 제정된 삼한공신 계열이고 이 때의 훈전대상자는 말 그대로 918년 태조의 즉위에 공을 세운 자들과 그 이후 통일과정에서 태조에게 귀순한 성주들이었던 것이다. 훈전은 50결에서 20결까지로 적은 액수였지만 이는 전시과와는 달리 세습이 허용된 토지였다.[85]

한편 경종은 즉위 5개월만인 즉위년 10월에 경순왕 金傅의 딸을 왕비로 맞아들이면서 김부를 尙父都省令으로 책봉하였다. 그런데 이 결혼은 김부 자신의 정치적 욕구에 의해 이루어진 것은 아닌 듯하다. 이것은 경종이 김부와 연결된 어떤 정치세력의 요구를 받아 들여 이루어진 것으로 보는 것이 합리적이라 생각한다. 김부와 연결된 정치세력이란 다름 아닌 신라 계열이었다. 이 신라 계열은 경순왕의 귀부로 태조 때부터 정계에 일부 진출해 있었지만 광종대의 개혁

84) 金甲童, 앞의 책, 233~234쪽.
85) 金光洙, 〈高麗太祖의 三韓功臣〉(《史學志》 7, 1973), 69~70쪽.

정치 속에서 더욱 성장했다고 보여진다. 그러나 광종의 전제정치 하에서 그들은 하나의 독자적인 세력으로 성장하지 못하고 광종 말에 이르러 한 차례 호족세력과 마찰을 일으키기도 했는데, 최행귀·최지몽 등이 숙청 당한 사건이 이를 말해 준다. 그런 와중에서 광종이 죽고 경종이 즉위하자 이들 신라 계열은 자신들의 세력 신장을 위해 경순왕의 딸과 경종의 결혼을 추진시켰던 것이다. 이 계획이 성공으로 돌아감으로써 광종대 개혁추진 세력으로 경종대까지 남아있던 문신관료들과 신라 계열의 연합이 이루어지게 된 것이다.[86]

이러한 관계는 경종 6년(981) 眞觀禪師碑文을 찬술하는 과정에서 엿볼 수 있다. 즉 경종으로부터 선사의 비문 제찬을 위촉받은 최승로는 그것을 사양하면서 왕융을 적임자로 추천하였던 것이다.[87] 후자는 광종대의 핵심적인 개혁세력인 문신관료층이며 전자는 신라 계열의 대표자였다고 할 수 있다. 그러므로 이 사건은 신라 계열과 문신관료층의 정치적 제휴를 암시하는 것이 아닌가 한다.

경종은 곧 이어 제2·3·4·5비인 4명의 왕비를 더 얻고 있다. 그런데 4명의 왕비가 태조의 후예들인 점이 주목된다. 그들의 할아버지가 태조이고 할머니가 모두 태조의 후비였던 것이다. 이러한 왕실의 족내혼은 광종의 혼인으로부터 시작되었지만[88] 이 당시의 혼인은 특별한 정치적 의미를 갖고 있었다. 즉 이들 후비들의 친족인 忠州 劉氏·黃州 皇甫氏·貞州 柳氏들의 재등장을 의미하는 것이었다.

이들 세 왕후족은 광종대의 전제정치와 호족세력의 숙청과정 속에서 큰 활약을 할 수 없었다. 광종의 제1비 황주 황보씨가 노비안검법 실시의 중단을 요구했으나 광종이 이를 듣지 않았다는 기록이 그 무렵의 상황을 짐작케 해준다. 이 건의는 황주 황보씨 개인의 견해라기보다 그 친족세력의 요구에 의해 행해진 것이라 생각되기 때문이다. 이런 상황 속에서 광종의 죽음과 경종의 즉위는 이들이 세력을 만회할 수 있는 기회를 가져다주었다. 이리하여 경

---

86) 全基雄, 〈高麗 景宗代의 政治構造와 始定田柴科의 성립기반〉(《震檀學報》 59, 1985), 33~35쪽.

87) 〈智谷寺 眞觀禪師碑〉(《韓國中世社會史資料集》, 亞細亞文化社, 1976), 79쪽.

88) 鄭容淑, 앞의 책, 80~82쪽.

종과의 혼인을 추진하였고 이것이 이루어짐으로써 이제 경종의 외척으로서 실력을 행사하게 되었던 것이다. 이 결혼은 경종대 호족세력의 전반적인 재등장과도 흐름을 같이하는 것이라 할 수 있다. 결국 경종대에는 신라 계열과 문신관료층의 세력과 세 왕후족을 비롯한 호족공신 세력이 때로는 연합하고 때로는 경쟁하는 관계가 유지되었다고 하겠다.[89]

이 경종대의 정치는 원년(976) 11월까지 죄수들의 사면과 복수법의 허용 등으로 극심한 혼란을 겪다가 집정 왕선이 추방되면서 왕을 중심으로 한 개혁이 이루어진다. 경종은 우선 왕선을 내쫓는 대신 荀質과 申質을 좌·우집정에 임명하고 이들로 하여금 내사령을 겸하게 하였다. 집정제를 좌·우집정제로 바꾼 것은 한 사람에게 권력을 집중시키지 않기 위함이었다. 또 내사령은 일찍이 경종 자신이 태자로 있을 때 역임했던 관직으로 그 기능은 왕명의 출납이었다. 따라서 좌우집정으로 내사령을 겸하게 한 것은 권력의 집중을 막으면서 왕명을 효과적으로 전달하기 위한 조치였다. 다시 말해 이것은 바로 신료들의 최고위층인 집정까지도 왕이 직접 장악하려 한 것이었다.[90]

이와 함께 元甫 韋壽餘를 近臣으로 삼아 御廚의 일을 관장케 하였다. 위수여는 강화현출신으로 광종대부터 司膳의 직에 있었는데 성격이 단아하여 법도를 지켰다 한다.[91] 이러한 그를 근신으로 삼은 것은 왕권을 강화하면서 생길지 모르는 불의의 사태를 예방하기 위함이라 생각된다.

경종 2년(977)에는 과거를 재개하였다. 이 때 경종은 지공거를 讀卷官이란 명칭으로 바꾸고 東池에 나아가 친히 진사시험을 주관하여 급제한 高凝을 비롯한 6명에게 즉시 관직을 주기도 하였다.[92] 이와 같은 경종의 과거에 대한 특별한 관심은 과거관료들을 통해 왕권을 강화하려 한 데서 나온 것이라 하겠다.

이후 경종 5년까지는 큰 사건 없이 그런대로 평온한 상태가 계속되었다. 그러나 귀양갔던 최지몽이 정계에 복귀하면서 한 차례의 숙청작업이 전개되었다. 경종 5년 소환된 최지몽은 大匡內議令東萊郡侯에 책봉되었는데, 곧 이

89) 全基雄, 앞의 글, 36~37쪽 참조.
90) 李泰鎭, 앞의 글, 17~18쪽.
91) 《高麗史》 권 94, 列傳 7, 韋壽餘.
92) 《高麗史》 권 74, 志 28, 選擧 2, 科目 2 및 《高麗史節要》 권 2, 경종 2년 3월.

어 王承의 모반을 예견하여 경종으로 하여금 왕승을 주살케 한 것이다. 왕승이 어떠한 인물이었는지에 대해서는 기록의 미비로 자세히 알 수 없으나 왕씨 성을 가지고 있는 것을 보면 왕실의 인척이었거나 왕실과 밀접한 관련이 있는 호족이 아닌가 한다. 이와 같은 최지몽의 등장과 왕승의 제거로 신라 계열과 문신세력의 위치는 더욱 부상하게 되었다고 하겠다. 어쨌든 이 사건 이후 경종은, "정사를 게을리 하여 날마다 오락을 일삼고 음악과 여색에 빠지며 바둑 두기를 좋아하고 소인을 가까이 하며 군자를 멀리 하는"[93) 상황으로 빠져들게 되었다. 결국 이 사건이 있은 지 얼마 안되어 경종은 병이 들고 경종 7년(982) 7월 27세의 나이로 세상을 떠났다.

최승로도 당시 경종의 정치를 다음과 같이 신랄하게 비판하고 있다.

> 이로부터 邪와 正의 구분이 없고 恩賞과 형벌이 균일하지 않았다. 정치를 잘할 겨를이 없이 다시 게으르게 되어 드디어 여색에 빠지고 鄕樂 듣기를 좋아하였다. 잇달아 장기와 바둑을 좋아하여 종일토록 싫어하지 않아 좌우에 모신 사람은 오직 中官과 內豎뿐이었다. 이로 말미암아 군자의 말은 들어 갈 수도 없고 소인의 말만 때때로 따르게 되었다(《高麗史》 권 93, 列傳 6, 崔承老).

요컨대 광종이 죽고 경종이 즉위하면서 광종대에 숙청되었던 호족세력이 다시 등장하게 되었다. 이들은 경종 원년의 시정전시과에서 자삼층에 편입되어 좋은 대우를 받았다. 물론 개국공신과 지방의 성주들에게는 훈전이 지급되었다. 그러나 광종대의 개혁추진 세력이었던 신진 문신관료들과 신라 계열도 나름대로의 대우를 받았다. 문반 단삼층의 상위집단이 자삼층의 하위집단보다 좋은 대우를 받은 것이 이를 말해 준다. 또 이러한 상황이 경종의 결혼으로 나타나기도 하였다. 경종은 원년 11월부터 左右執政兼內史令制의 실시나 과거의 친시 등을 통해 왕권 강화를 시도하였다. 그리하여 정치가 어느 정도 안정을 찾는 듯했으나 경종 5년 최지몽의 등장과 왕승의 모반사건 등으로 정국은 다시 혼란에 빠지게 되었다. 이 사건으로 신라 계열과 문신관료들이 부상하는 가운데 경종은 병이 들어 죽게 되었던 것이다. 즉 문신관료들과 신라 계열이 중심이 된 왕권 강화와 중앙집권 체제의 완성은 성종대로 넘어가게 되었던 것이다.

---

93) 《高麗史》 권 2, 世家 2, 景宗 評.

4) 호족 연합정권설의 문제

(1) 호족 연합정권설과 그 비판

지금까지 혜종대부터 경종대까지의 정치사적 전개 과정을 개략적으로 살펴보았다. 종래 학자들은 태조대부터 경종대까지의 정치형태를 「豪族聯合政權」이라 불러 왔다. 그러나 근래에 와서 이에 대한 강력한 의문과 비판이 제기되고 있어 주목된다.

우선 豪族聯合政權說에 대해 살펴보자. 신라 말기에 오면 여러 가지 모순이 폭발하게 된다. 이 때 지방에서 새로운 사회세력으로 등장한 것이 바로 豪族이었다. 호족은 그들의 독자적인 세력을 강력하게 내세우는 존재였다. 이른바 후삼국시대는 호족의 존재를 배경으로 하여 전개된 것이다. 나아가 태조의 고려 건국과 후삼국 통일도 호족들의 협조 없이는 불가능한 것이었다. 따라서 태조 왕건 당시의 정치형태를 호족과의 관계에 주목하여 규정한다면 호족 연합정권이라 말할 수 있다. 왕건과 호족과의 결혼정책이라든가 賜姓政策, 정치기구에 나타난 특징이 그것을 말해 준다. 또 중앙정부는 지방관을 각 지역에 파견하지 못하고 독자적으로 일정한 영역을 지배하고 있던 호족들을 매개로 하여 간접적으로 전국에 대한 지배력을 행사하고 있었다. 이러한 호족연합정권적 성격은 성종이 즉위하여 중앙집권적 개혁을 추진할 때까지 계속되었다는 것이다.[94]

이를 좀더 구체적으로 살펴보자. 먼저 호족 연합정권설의 가장 큰 전제는 호족들의 독자성이다. 당시 호족들은 성주 혹은 장군이라 불리고 있었는데 그 세력이 미치는 지방의 민중들을 직접 지배하며 독자적인 군사력을 보유하고 있었다. 뿐만 아니라 그들은 兵部·倉部 등과 같은 관부를 설치하여 지방민들을 통치하고 있었다.[95] 호족들은 이러한 독자적인 세력 기반을 잃지

94) 李基白, 〈槪要〉(《한국사》 4, 국사편찬위원회, 1981), 3~4쪽.

95) 李基白, 〈新羅私兵考〉(《歷史學報》 9, 1957 ; 《新羅政治社會史硏究》, 一潮閣, 1974, 266쪽).
河炫綱, 〈高麗初期의 地方統治〉(《高麗地方制度의 硏究》, 韓國硏究院, 1977), 12~15쪽.

않은 채 고려왕조에 참여하였으므로 태조는 호족의 세력 기반을 중앙행정력에 흡수시킬 수 없는 왕권의 한계를 가지고 있었다는 것이다. 다시 말해 호족들은 중앙에서도 독립된 단위로서 활동하고 있었다는 것이다.

다음의 예를 그 근거로 들고 있다. 태조 원년 6월 桓宣吉의 반역사건 때 그와 같이 행동하였던 '其徒五十餘人'이 환선길 개인에게 충성을 다하는 세력 기반이었을 것이다. 태조 10년 8월 溟州將軍 王順式이 그의 아들 長命을 개성으로 보내 '卒六百'으로 숙위케 하였는데 이들도 장명이 직접 지휘하는 군사적 기반이었을 것이다. 또 혜종대에 왕규와 대립하게 된 박술희는 자신의 신변 보호를 위해 병사 100여 명을 수행시켰다. 이 경우의 병사 100여 명도 박술희 개인에게 충성을 다하는 군사적 기반이었다는 것이다. 다시 말하면 호족들은 중앙에 진출해서도 사병을 갖고 있었다는 것이다.[96)]

둘째로는 호족과 왕권과의 관계다. 이것은 호족의 독자성과도 관련되는 문제로 태조대의 왕권은 그만큼 미약했다는 것이다. 태조는 즉위한 지 얼마 안 되어 지방에 사신을 보내 '선물을 많이 하고 말을 낮추는(重幣卑辭)' 자세를보였고 이에 歸附者가 많게 되었다. 그러나 호족들이 귀부하였다고 해서 그출신 지방에 중앙의 행정력이 침투한 것은 아니었다. 다만 호족들이 고려왕조에 대하여 적대의식 또는 독립적인 태도를 버리고 고려왕조에 가담하거나 협력하는 대신 그에 상응한 혜택을 받는다는 것을 의미한다. 말하자면 고려왕조와 지방호족 사이의 호혜적인 관계에 바탕을 둔 것이라 하고 있다.

이러한 관계는 이후에도 상당히 오랫동안 지속되었다. 예를 들면 태조 3년 정월 康州將軍 閏雄이 그의 아들 一康을 개경으로 보내어 볼모로 삼게 한 것도 귀부에 해당된다고 할 수 있다. 그러나 윤웅은 강주에 그대로 머물러 있으면서 독자적인 세력을 보유하고 있었고 다만 충성의 표시로 자신의 아들을 보내었을 뿐이다. 태조는 이에 대해 일강에게 阿粲의 관등을 주면서 중앙 고관의 딸과 결혼시키고 있는 것이다. 이 같은 사례는 이밖에도 다수 찾아 볼 수 있다는 것이다.[97)]

---

96) 河炫綱, 〈高麗王朝의 成立과 豪族聯合政權〉(《한국사》 4, 국사편찬위원회, 1987), 48~50쪽.

97) 河炫綱, 위의 글, 46~48쪽.

셋째로는 태조의 혼인정책을 들 수 있다. 《高麗史》 后妃傳에 의하면 왕건에게는 29명이나 되는 왕후·부인이 있어서 마치 호색가와 같은 느낌을 주고 있다. 그러나 그것은 왕건이 결코 여자를 좋아한 때문만은 아니었고 대부분 정책적인 결혼이었던 것이다. 왕건은 각지의 유력한 호족의 딸들과 결혼함으로써 그들과의 끊을 수 없는 결합을 굳게 하려고 하였다. 그러므로 그의 부인들은 각지의 중요한 지방 출신들이 많았던 것이다. 예를 들면 貞州 柳氏·羅州 吳氏·平山 庾氏·平山 朴氏·廣州 王氏·瑞興 金氏·江陵 王氏·順天 朴氏 등은 각기 그 지역 호족세력의 딸들이었다는 것이다.98)

또한 태조는 29명의 부인에게서 25명의 아들과 9명의 딸을 얻었는데 이들을 근친결혼시키고 있어 주목된다. 그 이유는 왕실세력이 미약했던 태조가 자녀들이 유력한 다른 호족과 결혼하게 되면 왕실세력이 분열되지 않을까 염려한 때문으로 보고 있다. 태조는 고려 왕실의 기반을 안정시키고 왕권을 강화하기 위해 호족들의 세력을 왕실 주변에 묶어 두려고 한 것이 아닌가 하는 견해를 보이고 있는 것이다.99)

넷째로는 여러 가지 제도상의 특징에서 호족 연합정권의 성격을 엿볼 수 있다는 것이다. 우선 중앙의 정치기구면에서 廣評省·徇軍部의 존재가 호족 연합정권의 성격을 말해 주고 있다. 즉 광평성은 태조 원년 6월의 인사 조처에서 볼 때 서열 1위의 최고관부인데 단순한 행정기관이라기보다 호족세력을 대변하는 국가의 정책결정 기관일 것이라 보고 있는 것이다. 그것은 광평성의 글자가 뜻하는 바와 같이 널리 평의하는 기관이었으며 장관인 侍中이 2명이라는 점이 이를 뒷받침해 준다고 보고 있다.100)

순군부는 여러 호족의 군사력을 효율적으로 운용하는 협의체적인 군사 지휘권의 통수부로 보고 있다. 즉 군사에 관한 왕명을 시행하는 관부로 여겨지는 병부보다 순군부가 서열이 높다는 것은 태조가 이미 전제왕권과 결별하였음을

---

98) 李基白, 〈王建〉(《韓國의 人間像》 2, 1965 ; 《高麗貴族社會의 形成》, 一潮閣, 1990, 22~23쪽).

99) 河炫綱, 앞의 글, 55쪽.

100) 李泰鎭, 앞의 글, 13쪽.
李基白, 〈貴族的 政治機構의 成立〉(《한국사》 5, 국사편찬위원회, 1975), 18~20쪽.

뜻하는 것이라 하였다.[101] 또 호족들의 권익을 대변하는 입장에서 그 군대에 관한 업무를 관장하는 종합적인 기관으로 보기도 하였다. 그 근거로는 청주세력의 모반 직후 청주인 玄律의 徇軍郎中 임명을 裵玄慶 등이 반대한 것에서 찾고 있다. 나아가 순군부가 병부보다 중시된 것은 당시 호족의 군사력이 고려 정부의 군사력보다 더 우위에 있었던 사실을 보여주는 것이라 하고 있다.[102]

其人制度와 事審官制度에서도 호족 연합정권의 면모를 찾아 볼 수 있다. 기인제도는「건국초기에 향리의 자제를 뽑아 서울에 볼모로 삼고 또한 출신지의 일에 대하여 고문에 대비케 한」제도이다.[103] 그러나 고려 초에는 국왕의 일방적인 필요나 강요에 의하여 호족의 자제가 選上될 수는 없었다. 오히려 호족들이 자진해서 그들의 자제를 중앙에 보내 중앙의 권위를 후광으로 하여 지방에 확고한 세력 기반을 가지려고 하였다고 할 수 있다. 물론 태조도 중앙에 올라 온 호족들의 자제를 잘 대우해 주지 않을 수 없었다. 따라서 기인제도도 국왕과 호족과의 호혜적인 관계에 바탕을 둔 제도였다는 것이다.[104]

사심관제도는 태조 18년 신라의 경순왕 김부가 항복해 오자 그를 경주의 事審으로 삼아 副戶長 이하의 관직 등에 관한 일을 맡아보게 한 데서 비롯되었다. 그러자 다른 공신들도 이것을 본받아 각기 자신의 고을의 사심관이 되었다.[105] 그런데 태조가 이 제도를 시행한 것은 호족세력을 무마하고 통제하기 위한 것이었다. 당시의 중앙 행정력이 지방에까지 침투할 수가 없었기 때문에 수도에 거주하는 호족 출신의 지배계층을 매개로 하여 간접적인 지방통제를 꾀하려 했던 것이라 보고 있다.[106]

결론적으로 말해 이러한 특징을 가진 호족 연합정권설의 핵심은 왕권이 호족세력을 통제할 수 없을 만큼 약했다는 것이다. 따라서 태조대뿐 아니라 혜종대의 경우도 혜종이 자신에게 도전해 오는 왕규를 제거하지 못한 것은 왕권이 왕규세력보다 강하지 못했기 때문이라는 것이다. 심지어는 광종대에

101) 李泰鎭, 위의 글, 8쪽.
102) 河炫綱, 앞의 글, 51~52쪽.
103) 《高麗史》 권 75, 志 29, 選擧 3, 銓注 其人.
104) 河炫綱, 앞의 글, 46~48쪽.
105) 《高麗史》 권 75, 志 29, 選擧 3, 銓注 事審官.
106) 河炫綱, 앞의 글, 55~56쪽.

도 여러 가지 왕권 강화책을 실시하였으나 여전히 호족세력을 압도할 수는 없었다고 보고 있다. 아직도 왕권 내지 고려의 중앙 행정력이 지방에까지 침투하지 못하였고 호족세력은 여전히 강대한 영향력을 발휘하고 있었다는 것이다. 다만 광종대 왕권 강화책의 의의는 호족세력을 숙청하고 왕권을 강화한 결과 왕권과 호족 세력 사이에 호혜적인 정치적 절충이 가능하게 된 것이라고 보고 있는 것이다.[107)]

그러나 이 호족 연합정권설에 대해 많은 비판과 반론이 제기되었다. 우선 호족의 독자성과 관련된 사병문제에 대해 비판이 가해졌다. 즉 환선길·왕순식·박술희와 관련된 무리들은 사병으로 볼 수 없다는 것이다. 환선길이나 왕순식은 국왕에 대한 신하의 위치에 있었으며 그 군신관계 속에서 자율적 규제를 하고 있는 존재임에 유의할 필요가 있다. 따라서 군신관계의 성립이 인정되는 한 '其徒五十餘人'이나 '卒六百'은 궁극적으로 국왕의 지배 아래 편입되었음을 뜻하며 완결된 독립세력일 수 없다. 또 사료를 보면 태조는 환선길을 "심복으로서 위임하여 항상 정예를 거느리고 숙위케 하였다"라고 되어 있는 바 문맥상 이 정예를 환선길의 사병이라고 하기는 어렵다. 환선길 자신이 중앙의 한 장군으로 있었으며 그의 정예부하들 역시 중앙군 군사로 보는 것이 타당하다는 것이다. 만일 환선길에게 태조도 통제할 수 없는 사병이 있었다면 태조는 그에게 경호 임무를 맡기지도 않았을 것이라는 점이 지적되기도 했다. 뿐만 아니라 호족의 개념과 관련되는 문제이기는 하지만 환선길을 과연 호족으로 볼 수 있는가 하는 의문이 제기되기도 하였다.[108)]

왕순식이 아들 장명과 함께 중앙으로 올린 '卒六百'의 경우 원래 이들이 왕순식 휘하에 있을 때는 사병이었다고 할 수 있다. 그러나 그가 이 병력을 중앙으로 올려 보낸 것은 왕권 견제를 위해서가 아니라 태조에 대한 충성을 표시하기 위함이었다. 숙위 임무라고 하는 것은 성격상 왕의 직속군이 행하는 기능이다. 그러므로 장명이 이끌고 온 병력은 숙위 임무를 수행하게 되면서부터는 현실적으로 사병으로서의 속성을 상실하였다는 것이다. 박술희의

107) 河炫綱, 〈豪族과 王權〉(《한국사》 4, 국사편찬위원회, 1981), 109·152쪽.

108) 朴菖熙, 〈高麗初期 '豪族聯合政權'說에 대한 檢討-'歸附' 豪族의 정치적 성격을 중심으로-〉(《韓國史의 視角》, 永言文化社, 1984), 37~38쪽.

호위 병력 100여 명도 사병으로 보기는 어렵다는 견해가 제시되었다. 혜종의 갑작스런 죽음이라는 비상한 불안사태 속에서는 관군병력이라 하더라도 그들의 장군에 대한 호위라든가 쿠데타에 동원될 수가 있다는 것이다. 따라서 태조의 신임을 받았던 박술희가 이 때 운용한 병력은 관군의 일부로 보는 것이 타당하다는 것이다.109)

둘째, 호족과 왕권과의 관계에서 성립된「歸附」의 문제도 재검토되었다. 즉 고려 태조와 귀부 호족과의 관계가 서로 간의 호혜적 혹은 협조적 관계였다는 호족 연합정권론자들의 견해에 문제가 있다는 것이다. 태조대에 있어 호족의 귀부는 인질을 두는 것을 상례로 한다고 볼 수 있다. 개경에 인질을 두는 사태는 한편으로는 왕권의 확인, 그리고 지방세력의 견제책으로서 국왕의 필요에 의하여 (호족에) 강요된 사태인 것이며 다른 면으로는 호족이 국왕에 臣屬됨으로써 고려 국가의 보호를 받으며 국가 권력의 권위를 후광으로 삼고 지방에 계속적인 안정 세력을 유지하려는 필요에 의해 창출된 것이다. 결국 호족의 국왕에 대한「歸附」란 군신적 상하관계의 성립을 말하는 것이라 하고 있다.110)

강주장군 윤웅이 그의 아들 일강을 개경에 인질로 파견한 경우는 태조와 견훤 사이의「交質」과 같은 것은 아니고, 일방적으로 윤웅에 의한 볼모의 개경 파견인 것이다. 이러한 형태는 하위자가 상위자에 대한 사대의 표시로서 행하는 것이다. 그는 하위자의 위치를 자인하면서 고려왕조로부터 일정한 보호를 받고자 한 것이다. 다시 말해 볼모를 보내는 그 시점에서 국왕과 볼모를 보내는 자 사이에 군신관계가 성립된다는 것이다. 이같은 관계는 昧谷城主 龔直이나 신라의 경순왕 김부, 명주장군 왕순식, 碧珍郡將軍 良文, 眞寶城主 洪術 등이 귀부했을 때에도 똑같이 적용된다고 보고 있다.111)

특히 일찍이 태조 11년 來朝한 바 있는 왕순식이 一利川 전투에 대병력을 이끌고 온 바가 있었다. 그러자 태조는 왕순식을 만나 꿈 이야기를 하였다. 그런데 대화 중에 태조는 자신을 朕이라 하면서 순식을 卿이라 부르고 또 순식은 자신을 臣이라 칭하고 있다. 이것을 보면 이들이 완전한 군신관계를

109) 鄭景鉉, 〈高麗 太祖代의 徇軍部에 대하여〉(《韓國學報》48, 1987), 38쪽.
110) 朴菖熙, 앞의 글, 21쪽.
111) 朴菖熙, 위의 글, 22~32쪽.

맺고 있었음을 알 수 있다는 견해도 제시되었다.112)

한편 태조 3년 이전에는 태조와 귀부 호족의 관계가 어느 정도 대등한 입장에서 협조적인 관계로 보는 것이 타당하다. 그러나 태조 3년 이후에는 지배와 복속이 작용하는 군신관계로 발전하였다. 즉 왕권이 안정된 태조 3년 이후에는 지방호족들이 자신의 향토와 인민의 보전을 위해 스스로 고려에 귀부하여 왔다. 이 때의 「歸附」는 신속의 의미를 갖는 것으로 양자 사이에 지배와 복속이 작용하는 군신관계가 설정되었다는 주장도 나오게 되었다.113)

셋째, 태조의 호족 연합정책 중의 하나로 중요하게 거론되어 온 혼인정책에 대해서도 재검토의 여지가 있다는 주장이 나오게 되었다. 즉 태조의 결혼이 전국 각지의 유력 호족들과 결속하기 위한 정략결혼이었다는 것은 문제가 있다는 것이다. 우선 그 근거로 后妃들의 출신지가 지역적으로 편중되어 있다는 것이다. 29명의 후비 중 출신 지역을 알 수 있는 26명을 조사해 보면 고려 지역이 11개 지역에 18명, 후백제 지역이 2개 지역에 2명, 신라 지역이 4개 지역에 6명으로 나타난다. 이것은 고려 지역 출신 호족들이 타지역 출신 호족보다 태조와 혼인관계를 맺는데 유리한 여건을 가지고 있었기 때문이었다. 이 지역 호족들은 궁예 때부터 上京從仕하여 고려를 건국하는데 큰 역할을 했거나 일찍이 고려에 귀부하여 태조의 측근으로 활동할 수가 있었던 것이다. 이것이 태조가 이 지역 출신의 많은 호족과 혼인관계를 맺게 된 주요 배경이다. 다시 말해 태조 후비들의 출신지가 주로 고려지역에 분포하고 있는 점은 태조의 의도적인 정략결혼이 아니었음을 보여 주는 것이다. 또 태조의 후비들을 보면 한 가문에서 2, 3명의 비가 나온 것을 알 수 있다. 이러한 현상이 과연 태조의 필요에 의해서 생긴 것인가. 그보다는 후비들의 친부가 태조의 측근으로 중앙에서 일찍부터 활동할 수 있었다는 것과 중앙에서의 확고한 기반을 다지려는 이들의 의도에 보다 근본적인 이유가 있었을 것이라 하고 있다. 태조의 장인들 중에는 지방의 유력 호족으로 보기 어려운 자들이 있다. 王柔(儒)·王景·王乂 등이 그 예다. 이러한 여러 가지 사실로 미루어 태조의 혼인은 중앙으로

112) 文暻鉉, 〈豪族聯合政權論의 檢討〉(《高麗太祖의 後三國統一 硏究》, 螢雪出版社, 1987), 176쪽.

113) 嚴成鎔, 〈高麗初期 王權과 地方豪族의 身分變化-'豪族聯合政權'說에 대한 檢討-〉(《高麗史의 諸問題》, 三英社, 1986), 38~47쪽.

진출한 호족들이 중앙에서 자신의 기반을 다지기 위해 왕실과의 통혼을 절실히 원했던 데서 이루어진 것이라 하고 있다.[114]

이 견해는 어느 정도 타당성이 있다고 보여진다. 호족 연합정권론자 자신도 태조의 혼인이 고려 왕실의 요청에 의한 경우보다는 호족들의 요청에 의해 이루어진 경우가 더 많았을 것이라는 점은 인정하고 있기 때문이다.[115] 따라서 莊和王后 吳氏의 경우는 그 소생을 낳지 않으려 하기도 하였으며,[116] 혼인은 했으나 같이 살지 않은 경우도 있었다. 예컨대 大·小西院夫人 金氏는 태조와 혼인했으나 찾아오지 않자 결국 여승이 되었던 것이다.[117] 그러나 태조의 혼인이 그 妃父들의 중앙 진출 후에 이루어졌을 것이라는 의견은 선뜻 받아들이기 어렵다. 오히려 태조와의 혼인이 이루어진 뒤에 비부의 자격으로 중앙에 진출한 자들이 더 많았지 않나 한다. 그것은 태조 후비들의 출신지가 궁예 휘하에서 왕건이 경략했던 지역과 거의 일치하고 있는 면에서 엿볼 수 있다.[118]

넷째, 제도적인 측면에서 호족 연합정권의 속성을 엿볼 수 있다는 견해에 대해서도 많은 비판이 가해졌다. 우선 태조 원년에 서열 제1위로 나타나는 廣評省이 호족세력을 대변하는 기관이 아니었다는 견해가 제시되었다. 광평성은 장관인 시중을 정점으로 하여 조정에서 널리 정치를 평의하는 정무기관이었다는 것이다. 광평성은 궁예 때부터 있었던 기관인데 고려 초에 호족 출신이 여기에 진출했을 가능성은 충분히 있지만 역시 공식적인 행정관부로서의 성격은 변함이 없었을 것이라 하고 있다.[119]

그것은 광평성의 장관인 시중을 통해서도 알 수 있다. 913년에 왕건이 광평 시중에 임명되고 있는데, 그것은 왕건이 궁예의 절대적인 신임을 받았기에 가능한 일이었다. 왕건이 송악의 호족 출신이라 하더라도 그가 시중에 임명된 것은 호족의 대표자로서가 아니라 관료로서였다. 때문에 광평시중은 호

---

114) 嚴成鎔, 위의 글, 48~51쪽.
115) 河炫綱, 앞의 책(1988), 130쪽.
116) 《高麗史》 권 88, 列傳 1, 后妃 1, 太祖 莊和王后 吳氏.
117) 《高麗史》 권 88, 列傳 1, 后妃 1, 太祖 大西院夫人 金氏·小西院夫人 金氏.
118) 金甲童, 앞의 책, 110~114쪽.
119) 邊太燮, 〈高麗初期의 政治制度〉(《韓沽劤停年紀念論叢》, 知識産業社, 1981), 169~173쪽.

족세력의 대표자이기보다는 왕명을 받드는 행정 책임자였다는 것이다.120) 또 태조대에 시중에 임명된 金行濤·朴質榮·劉權說·康公萱·柳德英·李(柳)陟良·王鐵 등의 출신지를 분석해 보면 개성 부근, 즉 洞州·平山·信州·貞州·中和와 忠州였다. 이들은 직접 태조와 혼인관계를 맺었거나 혼인관계를 맺은 호족 세력의 일원이었다. 이들은 국왕의 명을 받아 백관을 거느리는 기능을 수행하였다. 따라서 시중은 지방 호족세력을 대표하는 위치에 서있다기보다는 국왕의 관료였다. 다시 말해 시중은 국왕 밑에서의 정치적, 행정적 기능이 보다 중시되었다는 것이다.121)

호족 연합정권론자들이 호족 제장들의 군사력과 연결된 협의체로 보는 徇軍部에 대해서도 다른 의견이 제시되었다. 순군부는 병권을 맡아서 군중에 호령하는 군사지휘권을 가진 기관이라는 것이다. 그것은 태조가 청주인 현률을 순군 랑중에 임명하자 배현경·신숭겸 등이 논박한 말에서 엿볼 수 있다. 즉 이전에 순군리 林春吉이 모반할 수 있었던 것은 그가 '병권을 맡은 데다가 本州를 믿었기'때문이라 하고 있는 것이다. 여기서 배현경 등이 현률의 순군 랑중 임명을 반대한 근본적인 이유는 순군부의 기능이 지방호족의 군사력과 연결될 수 있었기 때문이 아니라 병권을 장악하고 있었기 때문이라는 것이다. 반면 병부는 단순한 군사행정 기관의 역할을 담당한 기관으로 보고 있다.122)

그런데 《高麗史》 권 76, 百官志에는 순군부가 혹시 掌兵의 기능이 있는 것이 아닌가 하는 고려사 찬자의 견해가 제시되어 있다. 掌兵이란 무장들이 출전 명령을 받아서 수행하게 되는 실제적인 전투지휘 활동을 말한다. 따라서 순군부가 중앙군의 각급 전투지휘관들로 구성된 기구로 생각할 수 있다. 그러나 순군부의 관리들이 문신 계열이었다는 점에서 인정하기 어렵다. 「徇」자를 巡行한다는 뜻으로 해석하여 순군부는 왕권을 보위하기 위하여 중앙의 여러 병력들의 동태를 순행 감시하던 일종의 보안기구가 아닐까 하는 견해도 나왔다. 그 근거로는 순군부의 관리들이 주로 충성심이 확실한 자들이었

120) 趙仁成, 〈弓裔政權의 中央政治組織－이른바 廣評省體制에 對하여－〉(《白山學報》 33, 1986), 74~75쪽.
121) 陰善赫, 〈高麗 太祖代의 侍中〉(《湖南文化硏究》 18, 全南大 湖南文化硏究所, 1988), 148~156쪽.
122) 邊太燮, 앞의 글, 172~173쪽.

으며, 「典兵權」이란 표현도 무장들의 지휘권 행사의 동태를 살피는 것으로 해석할 수 있기 때문이라는 것이다.[123] 그러나 이 견해는 좀 지나친 추측이 가해진 것이 아닌가 한다. 순군부가 일종의 보안기구라면 왕명을 받들어 군사지휘권을 행사하는 관부는 병부라는 말인가 아니면 또 다른 관부가 있었다는 뜻인가. 그에 대한 분명한 언급이 없는 것이다.

其人制度에 대한 비판은 앞서 「歸附」의 문제를 다룰 때 대략 언급하였다. 즉 고려왕조의 강요가 아니고 자발적으로 호족들이 자신의 자제를 서울에 올려 보냈다 하더라도 그것은 평등한 관계가 아닌 상하관계의 성립을 뜻하는 것이다. 이 경우 국왕이야말로 그 인질에 대하여 이런 저런 반대급부적 조건을 결정할 수 있는 당사자인 것이며 인질을 보내는 자는 다만 하위자로서 피동적 위치에 있다고 할 것이다. 국왕은 이러한 호족들을 군신관계 하에서 지배함으로써 그 지방의 지배를 임시적으로 위임하고 있을 뿐이라는 것이다.[124]

事審官制度가 호족들을 통한 지방의 간접지배 양식이라는 데에 대해서는 큰 이의가 있을 수 없다. 다만 태조가 이 제도를 시행·운용한 것은 호족들의 힘이 강대하여 중앙행정력이 지방에까지 침투할 수 없었기 때문만은 아니라는 사실을 상기할 필요가 있다. 당시의 상황에서 그것이 가장 효율적인 지방 통제책이었을 뿐이었다.

태조는 필요에 따라 호족들을 벌주거나 제재를 가할 수도 있었다. 그것은 下枝縣將軍 元奉의 예에서 살펴 볼 수 있다. 원봉은 일찍이 태조 5년(922) 來投해 온 바 있는데 그 대가로 이듬해 元尹이란 관계를 수여 받고 그 출신지가 順州로 승격되었다. 그러나 태조 13년 원봉이 견훤의 군대에게 패배하자 태조는 원봉을 죄주는 한편 순주를 다시 하지현으로 강등시켰던 것이다.[125]

이처럼 태조는 자신에게 귀부하거나 협조하는 호족들의 근거지는 승격시켜 준 반면 반항하거나 패배한 호족들의 근거지는 그 격을 강등시켰다. 태조대에 安東府·高鬱府 등의 府와 50여 개 가까운 州가 탄생된 것도 이러한 정책의 결과였다.[126] 물론 많은 군·현이 강등되기도 하였다. 현재의 전라도

123) 鄭景鉉, 앞의 글, 64~66쪽.
124) 朴菖熙, 앞의 글, 20쪽.
125) 《高麗史節要》 권 1, 태조 5·6·13년.
126) 旗田巍, 앞의 책.

지역에는 승격된 곳이 거의 없는 반면 강등된 곳은 집중적으로 분포되어 있다. 이것은 호족들의 叛附에 따라 태조가 군현을 승격 또는 강등시켰음을 보여주는 것이다. 태조대에 중앙의 통치에 의한 군현의 來屬關係가 집중적으로 발생하고 있는 것도[127] 호족세력보다는 태조의 왕권이 훨씬 우위에 있었음을 보여 주는 것이라 하겠다.

또 태조는 중앙이나 지방에 있는 호족들에게 고려식 官階를 수여하였다. 물론 이 관계가 호족들에게만 수여된 것은 아니었다. 귀부·내투한 호족들 이외에도 무인들과 왕의 장인들, 그리고 문인·유신들도 그 수여 대상이었다.[128] 그런데 관계를 제수 받았다는 것은 이제 그들 자신이 국왕의 臣僚임을 자인하는 것이라 할 수 있다. 지방에서 분권적 세력을 형성한 호족들도 태조정권의 합법적인 신료가 되었음을 뜻하는 것이라는 견해도 있다.[129] 태조는 지방의 유력 호족들에게 관계를 수여하여 이들을 국가의 공적 질서체계 속에 편입시키는 한편 이들에게 그 지역의 통치권을 위임하였던 것이다. 관계를 수여 받은 호족들의 근거지가 대체로 주·부의 읍격을 가지고 있었던 것도 태조의 지방 통제책과 밀접한 관련이 있다고 보아야 할 것이다.[130]

지금까지 살펴 본 바와 같이 고려 초기에는 호족세력이 왕권보다 강하였다는 호족 연합정권설은 여러 가지 측면에서 비판을 받고 있는 것이 사실이다. 그러한 비판 중에는 문제가 있는 것도 없지 않으나 대체적인 면에서 볼 때 타당하다고 할 수 있다. 고려 초기에도 왕권은 호족세력보다 우세하였다는 쪽으로 의견이 모아지고 있는 듯하다. 다만 다른 시대에 비하여 호족세력이 강하였으므로 그들을 배려한 여러 가지 정책이 실시되었을 뿐이라 하겠다.

그런데 문제는 왕권이 호족세력보다 강하면 호족 연합정권이라고 말할 수 없는 것인가 하는 것이다. 이 같은 물음은 호족 연합정권론자들에게도 똑같이 적용될 수 있다. 호족세력이 왕권보다 우세하면 이것이 호족 연합정권인가 하

金甲童, 앞의 책, 93~123쪽.

127) 金甲童, 위의 책, 126~137쪽.

128) 金甲童, 위의 책, 189~199쪽.

129) 金光錫, 〈高麗太祖의 臣僚制〉(《白山學報》 33, 1986).

130) 金日宇, 〈高麗初期 郡縣의 主屬關係 形成과 地方統治〉(《민족문화》 12, 民族文化推進會, 1989), 51쪽.

는 것이다. 이러한 의문은 처음부터 호족 연합정권이 무엇인가라는 개념 정립을 명확히 하지 않았기 때문에 제기되는 것이다. 따라서 호족은 무엇을 가리키는 것이고 연합정권의 개념은 무엇인가 하는 점을 살펴 볼 필요가 있다.

(2) 호족 연합정권의 개념

무엇을 호족이라고 하는가 하는「豪族」의 개념부터 알아보자. 호족이란 용어의 사용은 일찍이 중국에서 시작되었다.《後漢書》의 곳곳에 등장하고 있는 것이다.「豪」는 원래 모양은 돼지 같으나 붓대와 같이 억센 털을 가진 짐승의 이름이었다. 그러다가「豪」는 길고 질 좋은 짐승의 털을 의미하게 되었고 급기야는 보통 사람보다 뛰어나고 우수한 사람을 가리키게 되었다. 이런 의미의「豪」에 친족집단을 뜻하는「族」이 붙어 豪族이 되었던 것이다. 따라서 호족은 뛰어나고 우수한 친족집단이라는 의미로 볼 수 있겠다.

그러나 역사 용어로서의 호족은 특정한 시기에, 특정한 의미로서 쓰이고 있다. 中國史에 있어서의 호족은 주로 漢代와 魏晋南北朝時代에 사용되었다. 그리고 중앙의 귀족과 대비되는 개념을 가지고 있었다. 호족은 지방의 토착세력으로서 그 지역의 실력자나 그 친족집단을 지칭하는 의미로 보통 사용되었던 것이다.[131]

당시의 호족은 대토지 소유자로서 토지 경영을 위하여 다수의 노비와 소작인을 두고 있었다. 그러나 노비에 의한 노동의 비중은 크지 않았고 대부분 소작인에 의한 생산이 주류를 이루었고 막대한 재력을 가지고 있었다. 호족들은 舍人·賓客이라 일컬어지는 비혈연자들도 기식시켰다. 그런데 이 빈객들의 대부분은 遊俠의 무리들로 군사력의 핵심을 이루었다. 이들은 또 각 군현의 관리가 되어 때때로 중앙 관직으로 진출하기도 하였다. 이밖에도 호족들은 문화의 독점적 향수자이기도 하였다. 특히 그들 사이에 애호되었던 유학은 호족생활의 윤리적 체계화 뿐 아니라 정치의 원리로서 중시되기도 하였다.

이와 같이 중국사에 나타난 호족은 대토지 소유자라는 재력을 기본으로 하고 吏員이나 관직자로서의 권력, 그리고 族人이나 빈객으로 형성된 무력까지 갖춘 지방의 친족집단이거나 세력가였다. 또 그들은 문화적인 독점력도 갖추고 있었

131) 金甲童, 앞의 책, 248~253쪽.

다. 이러한 호족은 한대의 왕조 말기부터 역사의 전면에 등장했고 위진남북조는 물론 수·당시대에 이른바 문벌귀족의 근간을 이루는 사회계층이었다.[132)]

그렇다면 韓國史에 있어서의 호족은 어떻게 규정되어 왔는가. 신라 말에 흥기한 호족도 대토지 소유라는 재력을 갖고 있었다. 寺田 및 屯田의 私領化, 丁田의 私田化 등의 추세에 의하여 그 지반을 마련하게 되었다.[133)] 그리고 귀족·관료들에게 지급되었던 食邑·祿邑도 수취체제의 혼란으로 호족들의 田莊으로 되었으며, 그들은 莊頭라는 관리인까지 파견하기도 했던 것이다.[134)]

호족들은 私兵을 중심으로 한 무력도 가지고 있었다. 지방호족들의 사병은 같은 친족들도 있었겠지만 주로 유민이나 일정한 지역의 주민이 모집 내지 징집되었을 것이다. 아마도 이들 사병과는 擬制家族的인 관계가 유지되었으리라 추측된다. 기록에 보면「族」·「黨」등으로 표현된 자들이 사병에 해당된다고 하겠다.[135)]

한편 그들은 중앙과 비슷한 관부 조직을 가지고 지역민들을 통치하고 있었다. 그들은 堂大等·大等이란 직함을 가지고 兵部·倉部와 같이 중앙과 동일한 명칭의 부서까지 갖추고 있었다.[136)] 이와 같은 통치기구는 일률적인 것이 아니고 지역에 따라 조금씩 달랐을 뿐만 아니라 신라시대의 州治나 小京의 일부에는「學院」이 설치 운영되고 있었다.[137)] 따라서 이들 지역에 유력한 호족들이 많이 있었던 것도 결코 우연한 일이 아니었던 것이다. 중국의 경우와 같이 나말려초의 호족도 경제력은 물론 권력·무력을 갖추고 문화의 독점력까지 누리고 있는 존재였다. 즉 지방의 유력한 族團이거나 실력자였다.

이러한 호족은 나말에 새로운 세력으로 등장하여 고려왕조를 성립시키는데 크게 기여하였다. 왕조 성립 후 호족들은 두 가지 방향으로 나아가게 되었다. 하나는 중앙으로 진출하여 문벌귀족이 되었고 다른 하나는 지방에 남

132) 宇都宮淸吉, 〈漢代の豪族〉(《歷史敎育》 94, 1961 ; 《中國古代中世史硏究》, 東京, 創文社, 1977, 381~384쪽).
133) 白南雲, 《朝鮮封建社會經濟史》 上(改造社, 1937), 13~16쪽.
134) 姜晋哲, 〈豪族의 土地支配〉(《高麗土地制度史 硏究》, 高大出版部, 1980), 20쪽.
135) 李基白, 〈新羅 私兵考〉(《歷史學報》 9, 1957 ; 《新羅政治社會史硏究》, 一潮閣, 1974).
136) 李基白, 위의 글, 266~267쪽.
137) 金光洙, 〈羅末麗初의 地方學校問題〉(《韓國史硏究》 7, 1972).

아 있으면서 왕권 강화와 더불어 향리화의 길을 걸었던 것이다. 지방에 남아 있던 향리들도 과거나 천거를 통해 중앙관리로 진출할 수 있는 길은 열려 있었다. 그리고 그들이 중앙에서 고위 관직에 오르는 데에도 별다른 제약은 없었다. 고려시대 문벌귀족의 저변에도 호족의 후신이라 할 수 있는 향리의 세계가 있었던 것이다. 이러한 호족의 역사적 성격도 중국의 경우와 맥을 같이 하는 것이라 하겠다.

요컨대 중국사나 한국사를 막론하고 호족은 대토지 소유라는 경제력을 근간으로 하여 권력이나 무력, 그리고 문화의 독점력까지 갖춘 지방의 유력한 족단이나 그 일원을 가리키는 용어라고 하겠다. 한편 호족은 고대사회 속에서 왕권과 대립하는 일면 타협하기도 하는 존재였다. 그러다가 중앙의 통제력이 약화되면서 역사의 전면에 등장하여 새로운 사회의 건설에 큰 역할을 하였다. 새롭게 재편된 왕조체제 속에서도 문벌귀족의 저변을 이루게 되었던 것이다.

호족의 개념과 성격이 대략 이렇다고 할 때 나말려초의 사회상황을 논하는데 호족이란 용어의 사용이 과연 정당한 것인가 하는 문제를 따져 볼 필요가 있다. 논자에 따라서는 이 용어의 사용이 부적절하다는 지적이 있기 때문이다. 호족이란 존재는 주로 고대사회를 설명할 때 언급되는 것이므로 고려시대에 호족이란 용어를 사용하는 것은 적당치 않다는 것이다.[138] 또 나말려초 사회변동의 담당자층을 호족 대신에 「豪富層」이라는 용어로 표현한 경우도 있었다. 그 이유는 호족에 대한 종래의 내용 규정들이 소위 족단이라는 혈연적인 기반, 정치적으로는 낙향한 귀족이나 촌주 등 과거 수장층과의 계보적 연결, 그리고 경제적으로는 공동체원에 대한 공납제적 지배라는 면에 중점을 두어 사용해 옴으로써 새 시대를 향한 변혁세력으로서의 성격보다는 오히려 구시대적인 성격이 강조되었기 때문이라는 것이다. 호족이라는 일종의 단체 개념보다는 豪富라는 용어를 사용할 때 개별적인 존재로 수렴되고 다양한 사회경제적 분석이 가능하기 때문이라 하고 있다.[139] 그밖에도 당시의 지방분권세력은 호족이라 하는 것보다는 「鄕豪」라 하는 것이 적절하다는 견해도 있었다. 이

138) 李純根, 〈羅末麗初「豪族」용어에 대한 연구사적 검토〉(《聖心女大論文集》 19, 1987).

139) 蔡雄錫, 〈高麗前期 社會構造와 本貫制〉(《高麗史의 諸問題》, 三英社, 1986), 341쪽의 註 20 참조.

용어는 태조의 아들로서 왕위에 즉위한 광종대의 명칭이기 때문이라는 것이다. 이들 지방분권적 성향을 가진 재지 향촌세력을「鄕豪」라 하고 이들이 중앙으로 진출하여 집권층을 형성한 중앙 권세가를「權豪」·「豪强」이라 불러야 한다는 것이다.140)

이러한 견해는 일면 타당한 측면이 없지 않다. 그러나 호족이란 용어의 사용이 아주 부적절한 것은 아니다. 드물기는 하지만 호족이란 용어가 사용된 예가 있기 때문이다.141) 따라서 호족이란 용어가 전혀 보이지 않는다면 별문제지만 그렇지 않은 한에 있어서는 호족 용어의 사용이 부적당한 것은 아니라 하겠다. 더욱이 지금까지 보편적으로 사용해 온 용어를 정당한 이유 없이 임의로 바꾸어 사용하는 것은 혼란만을 초래할 뿐이라 생각한다. 또 호족이란 용어는 중국사와 일본사에도 사용되고 있어 비교사학적인 측면에서도 유용한 일이라 하겠다. 다만 호족의 개념과 비슷한 용어가 다수 쓰이고 있음은 유의할 필요가 있다. 冠族·大族·右族·望族·大家·豪家·大姓·著姓·鄕豪·土豪·豪右·豪黨·豪强 등은 표현 방식에 따라 조금씩 상이한 느낌을 주지만 대체로 호족과 비슷한 개념으로 쓰이고 있는 것이다.142)

그러면 이제「聯合政權」의 개념에 대해 알아보자. 연합이란 일정한 목적 아래 둘 이상의 개별적인 조직체가 일정한 테두리 안에서 서로 어울려 하나를 이루는 것을 뜻한다. 그러나 이것은 연합에 대한 일반적인 개념이고 이것이 정치학 용어로 쓰일 때는 다른 의미를 갖는다. 즉 연합정권 또는 연합정부는 이미 정치학에서는 개념 정립이 이루어진 용어라는 것이다.

현대의 정치적 용법에 있어「Confederation」(국가연합이라 번역할 수 있다)은 국가결합의 한 형태로 외부와 관련된 공통의 행동을 위한 몇몇 독립국(주권국)들의 영구적인 결합을 뜻한다. 다시 말해 국가연합은 조약에 기반을 둔 여러 국가간의 평등한 결합관계를 말한다. 이러한 결합관계가 더욱 강화되면

140) 文暻鉉,〈豪族論〉(《高麗太祖의 後三國統一 硏究》, 螢雪出版社, 1987), 165~168쪽.

141)《祖堂集》권 17, 雙峰和尙 道允條에 '累葉豪族'이란 용어가 보이며《高麗史》권 21, 世家 21, 신종 및《高麗史節要》권 14, 신종 3년 8월에「豪族」이 보이고 있다.

142) 金甲童, 앞의 책, 258~261쪽.

중앙정부의 강력한 통제력으로 인해 구성국은 국제법상의 능력을 상실하게 되어 「Federation」(國家聯邦)이 되는 것이다. 현재의 미국이나 소련(독립국가연합 이전)이 그 예이다.

독립국(주권국)들의 연합체제는 다음과 같은 몇 가지 근본적인 특징과 공통적인 운영 원리를 갖는다. 첫째, 연합관계는 성문법 즉 영속적인 계약에 의해서 성립된다는 점이다. 여기에는 권력의 분산과 정치적 체계의 분산 등을 규정하는 것이 보통이다. 둘째는 철저한 지방분권이 보장된다는 것이다. 지방정부들은 중앙의 통치행위에 동등한 상대자로서 참여할 수 있고 연합정부의 헌법에 보장된 대로 고도의 자치권을 가지고 독자적으로 행동할 수 있다. 셋째, 권력에 대한 지역적인 분배라는 특징을 갖는다. 그리하여 영역적 민주주의라고도 불리는 것이다.

이러한 특성을 유지하기 위해서는 여러 가지 제도와 장치가 마련된다. 먼저 성문법에 규정된 연대의식을 유지하기 위해 시민들과 지방정부·중앙정부 사이에 연락체계를 둔다. 시민들은 자신들에게 봉사할 대표를 뽑아 지방정부나 중앙정부에 보내는 것이다. 반면 지방분권을 유지하기 위해서는 각 지방정부의 지배 영역이 거의 영속적으로 보장된다. 만약 변경될 때에는 각 지방정부의 동의가 필요하다. 그리고 각 지방정부의 독자적인 행정·입법·사법제도의 설치가 보장된다. 또 지방분권적인 정당체계의 존재가 인정된다.143)

위와 같은 특징과 제도를 가진 국가결합의 한 양태를 국가연합(Confederation)이라 하고 이렇게 탄생된 국가를 연합국가 내지 연합정권이라 하는 것이다. 그런데 문제는 종래의 호족 연합정권설이 이러한 정치학적 개념 검토 하에서 이루어진 것이 아니라는 데 있다. 중국 후한시대에 적용되었던 용어를 별 비판 없이 빌려 쓴 것에 불과했던 것이다. 따라서 우리는 중국의 호족 연합정권설에 대해서도 짚고 넘어 갈 필요가 있다.

후한의 호족 연합정권설에 대한 핵심은 다음의 두 가지로 요약될 수 있다. 첫째는 후한을 세운 光武帝 劉秀가 처음 거병했을 때의 군대가 종래 豪族內婚制를 통해 결합되어 있던 南陽豪族의 연합군이었다는 것이다. 둘째는 이러

143) 金甲童, 위의 책, 263~265쪽.

한 상황이 유수의 황제 즉위 이후에도 계속되어 연합적 성격을 띤 남양 호족들이 정계의 주도권을 잡고 있었다는 것이다.144)

그러나 이러한 견해에 대해 상당한 비판이 제기되었다. 근본적인 사실 파악에 문제가 있다는 것이다. 즉 유수가 처음 거병했을 때 남양 호족은 물론 다른 지역의 호족들도 거의 참여치 않았다는 것이다. 호족들이 유수 집단에 참여한 것은 유수가 河北 지방의 王郞 집단을 토벌하여 강력한 세력으로 등장한 이후라는 것이다. 유수가 황제의 지위에 오른 후 정권을 잡고 있었다고 할 수 있는 32공신 중 남양 출신은 13명에 불과한 반면 다른 지역 출신이 19명이나 된다. 이같은 상황은 유수의 초기 군사집단이 남양의 호족 연합군이었으며 후한제국 성립 이후에 남양 호족이 정계의 주도권을 잡았다는 호족 연합정권설에 문제가 있음을 보여주는 것이다.145) 따라서 후한에 적용되었던 호족 연합정권의 개념을 가지고 고려 초기의 상황을 논하는 것도 불합리한 일이라 하겠다.

또 한편으로는 정치학에서 정의된 연합정권의 개념을 굳이 역사학에도 그대로 적용시켜야 하느냐 하는 지적이 있을 수 있다. 역사학 나름대로의 개념을 정립하여 사용하면 되지 않겠느냐는 말이다. 언어는 약속이기 때문에 그러한 말에도 일리는 있을 수 있다. 그러나 역사학이라고 해서 그것이 역사학자들만의 전유물이라고 생각해서는 안 된다. 역사는 모든 인간들의 공유물인 것이다. 평범한 사람은 물론이고 정치학자가 역사를 읽을 때에도 그것을 이해하도록 써야 한다. 정치학자가 역사를 읽으면서 호족 연합정권이란 용어를 접할 때는 이미 정립된 정치학적 개념을 가지고 대하게 될 것이다. 그런데 그 개념이 맞지 않으면 혼란만을 초래할 것이다. 요즈음처럼 학문간의 연계성이 강조되는 상황에서는 더욱 그렇다고 하겠다. 결국 우리는 정치학적으로 개념이 정립된 연합정권이란 용어에 유의하면서 호족 연합정권을 살펴야 한다는 것이다.

요컨대 「豪族聯合政權」이란 개념을 정치학적으로 살펴본다면 독자성을 가진 호족들이 상호간의 조약이나 합의를 통해 창출한 정권이라 하겠다. 그리하여 호족들의 지배 영역이 하나의 독립국처럼 되어 있고 지방과 중앙과의

144) 宇都宮淸吉, 〈劉秀と南陽〉(《漢代社會經濟史硏究》, 弘文堂, 1954), 393~394쪽.
145) 矢野主稅, 〈後漢光武帝集團の性格〉(《門閥社會成立史》, 國書刊行會, 1976), 424~440쪽.

관계가 거의 평등하여야 한다. 그리고 지방과 중앙과의 사이에 연락체계가 존재하여야 한다. 이것이 바로 정치학적인 호족 연합정권의 개념인 것이다.

(3) 고려 초기의 정치형태

그렇다면 고려 초기의 정치적 성격은 어떻게 규정할 수 있을까. 종래 주장되어 온 대로 호족 연합정권이라 할 수 있을까. 이제 호족 연합정권이란 정치학적인 개념이 도출된 이상 그에 합당한가를 검증해 보자. 우선 신라 말에 호족들의 독자성이 얼마나 유지되었는가에 대해 살펴보자. 당시 그들은 성주·장군의 칭호를 가지고 있었는데 그 출신 기반은 대개 낙향한 중앙귀족이나 吏職者, 그리고 촌주였다. 이들은 진성여왕 3년(889)부터 시작된 전국적인 농민반란의 와중에서 지역민들을 무장시켜 스스로 지켰다. 그 같은 예는 李悤言의 경우에서 찾아 볼 수 있다. 그는 신라 말에 벽진군을 지키고 있었는데 뭇도둑들이 날뛰게 되자 성을 견고히 하여 그 지역을 고수하니 이에 백성들이 의뢰하여 편안하게 되었던 것이다.146) 《掾曹龜鑑》에서도 당시의 상황에 대해 "나말에 여러 고을의 토착민은 능히 읍을 호령하여 다스리는 자였다"라든가 "나말에 귀족의 후예가 다투어 豪武로써 州郡을 제패하였다"라고 기술하고 있는 것이다.147) 따라서 신라 말의 지방세력인 호족들은 거의 독자적으로 자신의 관할 구역을 통치하고 있었다고 할 수 있다. 그들의 관할 구역은 하나의 독립국처럼 되어 있었다고 하겠다. 그들이 신라의 통제권에서 벗어나 고려왕조에 마음대로 귀부할 수 있었던 것도 이러한 상황을 말해 주는 것이다.

그렇다면 고려정권은 호족들의 계약 내지 합의에 의해 성립되었는가. 결론부터 말한다면 전혀 그렇지 않았다. 왕건을 왕으로 추대한 자들부터가 호족이 아니었던 것이다. 태조를 왕으로 직접 추대한 것은 洪儒·裵玄慶·申崇謙·卜智謙 등이었다. 신숭겸의 경우 출신지는 전라도 谷城縣이었지만 그 지역의 호족은 아니었다. 때문에 그의 희망에 따라 平山으로 본관이 정해졌지만 실제 살았던 곳은 光海州(지금의 춘천)로 무덤도 거기에 있다. 복지겸도 그의 선대가 당나라에서 건너 왔기 때문에 《世宗實錄地理志》에는 土姓으로

146) 《高麗史》 권 92, 列傳 5, 王順式 附 李悤言.
147) 《掾曹龜鑑》 권 1, 興陽李氏譜 및 安東金氏譜.

기재되어 있지도 않다. 홍유의 홍씨도 《世宗實錄地理志》 토성조에 기재되어 있지 않다. 배현경도 본래의 慶州 裵氏와는 계열을 달리하는 것 같다. 또한 그들의 원래 이름이 術·白玉衫·能山·砂塊 등의 漢式이 아닌 점으로도 그들을 호족이라 하기는 어렵다고 하겠다. 그들에 의한 왕건의 추대가 계약이나 합의에 의한 것이 아니었음은 물론이다.148)

이제 고려왕조 성립 후에 고려정부와 호족들과의 관계는 어떠하였는가를 살펴 보자. 태조는 왕위에 오른 후 其人制나 군현의 陞降을 통해 지방의 호족세력을 통제하려 하였다. 또 때때로 巡官이나 轉運使를 지방에 파견하여 정치·경제적인 면에서 감시, 통제하였으나 호족들의 독자성은 어느 정도 유지되었다. 비록 중앙의 통제에 의해 군·현의 내속관계가 조정되기는 했지만 속군·현의 행정·조세 업무를 관장한 今有(檢務)·租藏에 토착 호족들이 임명된 것은 이러한 상황을 말해 준다. 물론 속군·현에서는 호족들이 정치·행정·조세 업무 모두를 관장하였다. 또 호족 출신의 공신들이 중앙으로 진출할 경우 외관과는 별도로 자신들의 출신지를 통제할 수 있었던 事審官制도 독자성의 한 근거이다.

그리고 웬만한 행정사무는 호족들이 알아서 처리하였다. 《高麗圖經》에는 "民長의 명칭은 중국의 鄕兵이나 保伍의 長과 같다. 즉 백성 가운데 富足한 자를 뽑아 시켰는데 그 마을의 큰 일이면 관부에 가되 작은 일이면 곧 민장에게 속하므로 거기 사는 細民들이 자못 존중하고 섬긴다"라는 기록이 있는 바149) 여기서의 민장이 고려 초기에는 각 지역의 호족이었다고 생각된다. 고려 인종 때의 상황이 이럴진대 외관이 거의 파견되지 못했던 태조대의 실정은 가히 알만 하다 하겠다. 또 성종 7년(988)에 백성들의 고소를 처결하지 않는 長吏는 처벌하겠다는 判文이 나오게 된 것은150) 호족의 후신인 장리들이 사법권도 가지고 있었음을 보여주는 것이다.

이상에서 간단히 살펴 본 바와 같이 고려 초기의 호족들은 행정·징세 및 사법권 등을 어느 정도 가지고 있었다. 그러나 고려는 한 국가였기 때문에 나라를 대표하는 외교권은 중앙정부가 가지고 있었다. 그러면서도 호족들과

148) 金甲童, 앞의 책, 281~282쪽.
149) 《高麗圖經》 권 19, 民庶 民長.
150) 《高麗史》 권 84, 志 38, 刑法 1, 職制.

중앙정부 사이에는 사심관제와 기인제를 통한 연락관계가 지속되었다. 따라서 고려 초기의 정권은 연합체제적인 성격을 어느 정도 가지고 있기는 했지만 정권의 성립 자체가 호족들 간의 조약이나 합의에 의한 것이 아니었기 때문에 호족 연합정권이라 잘라 말할 수는 없다. 그러나 이 시기에 호족들의 세력이나 독자성이 다른 어느 시기보다 강했던 것은 사실이다. 따라서 고려 초기의 정권을 「호족연합적 성격을 가진 정권」이라든가 이 시기를 「호족의 시대」라고 부르는 것은 크게 잘못된 것이 아니라 생각된다.

〈金甲童〉

3. 고려 귀족사회의 성립

1) 성종대 지배체제의 정비

경종이 27세의 젊은 나이로 죽자 그 뒤를 이어 成宗이 즉위하였다. 성종은 戴宗 旭의 아들로 유교적 소양을 갖춘 인물이었다. 그의 일대에 고려의 많은 제도와 문물이 정비되었는데 그것은 그의 諡號에서도 엿볼 수 있다. 《高麗史節要》 찬자는 성종의 "성품이 엄정하고 도량이 넓어 법을 세우고 제도를 정하는데 節義를 숭상하였으며 賢士를 구하고 백성들을 구휼하여 정치가 볼 만한 것이 있었다"[1]라고 평하고 있는 것이다.

그의 정치는 한 마디로 요약해서 말한다면 유교적인 중앙집권 체제의 완비에 있었다고 말할 수 있다. 우선 그는 불교의 폐단을 시정하려고 많은 애를 썼다. 그는 즉위하자마자 八關會의 雜技들이 떳떳치 못하고 번잡스럽다 하여 이를 폐지했는가 하면 성종 3년(984) 10월에는 사람들이 자기 집을 희사하여 사원으로 만드는 폐단을 금지케 하기도 하였다. 또 6년 10월에는 兩京(개경과 서경)의 팔관회 자체를 아예 폐지하기까지 하였다. 팔관회는 이미 신라시대 때부터 성대하게 치러졌던 불교행사였지만 상당 부분 토착적인 민

---

1) 《高麗史節要》 권 2, 성종 評.

속신앙과 혼합되어 있었다. 고려 태조의 訓要10條에 의하면 당시의 팔관회는 天靈과 五嶽・名山・大川・龍神을 섬기는 것이라 하면서 이를 잘 지킬 것을 당부하고 있다.[2] 그러한 팔관회를 성종은 폐지했던 것이다.

그러나 성종도 불교 자체를 배척하거나 무시한 것은 아니었다. 예를 들면 성종 7년(988) 12월에는 불교의 교법에 의해 1월・5월・9월을 3長月로 하여 짐승에 대한 도살을 금지시키는 조치를 취하였던 것이다. 성종 8년에는 "태조의 忌齋와 先考의 기재에는 5일 동안을, 先妣의 기재에는 3일 동안 향불을 피우고 불공을 드리며 짐승의 도살을 금하고 고기를 먹지 않는다"는 敎書를 반포하고 이를 실천하기도 했다.[3] 성종 10년에는 韓彦恭이 宋에서 대장경을 가져오자 왕이 내전으로 맞아들이고 승려를 초청하여 대장경을 읽게 하고 죄수들을 석방하기도 하였다. 또 그는 임종시에도 內天王寺라는 절로 옮겨가서 죽었던 것이다.

이러한 불교의 폐단 시정과 함께 성종이 가장 주력한 것은 유교적인 제도와 문물의 정비였다. 성종 2년(983) 圜丘壇을 설치하여 풍년을 빌었으며 거기에 태조의 신위를 모시는 조치를 취하였다. 또 같은 해에 친히 籍田을 갈고 神農氏를 제사하였으며 后稷의 神位를 함께 모시기도 하였다. 이 때부터 풍년을 빌고 적전을 가는 예식이 시작되었던 것이다. 성종 4년에는 五服에 휴가를 주는 제도를 마련하기도 하였다. 그에 의하면 斬衰와 齊衰 3년에는 100일의 휴가를 주고 齊衰 朞年에는 30일의 휴가를 주며 大功 9월에는 20일, 小功 5월에는 15일, 그리고 緦麻 3월에는 7일의 휴가를 주도록 되어 있었다. 성종 8년에는 太廟를 지으면서 몸소 백관을 거느리고 자재를 운반하였다. 동왕 13년에 이르러서는 태묘에 친히 제사를 지내고 태조・혜종・정종・광종・대종・경종의 神主를 모시기도 하였고, 이에 앞서 동 12년에는 昭穆에 따른 五廟制를 실시하였다. 또 성종 15년에는 조정의 관리들이 부모상을 당하였을 때 휴가를 주는 제도도 마련하였다. 그리하여 忌日에는 3일, 매달 초하루와 보름은 1일, 大・小祥의 제삿날에는 7일, 대상 후 60일을 지나서 禫祭를 지낼 때에는 5일 동안의 휴가를 주도록 하였던 것이다.

---

2) 《高麗史》 권 2, 世家 2, 태조 26년 4월.
3) 《高麗史》 권 3, 世家 3, 성종 8년 12월 병인.

성종은 또한 유교적인 애민사상을 직접 실천하려 노력하였으며 충효의 윤리를 장려하기도 하였다. 성종 5년(986) 태조대의 黑倉을 보완 개편하여 義倉제도를 마련하였다. 의창은 흉년이 들었을 때 곡식을 대여해 주었다가 가을에 이자를 붙여 받기도 하였고 가난한 사람들에게 무상으로 나누어주기도 했던 기관이었다.[4] 이와 같은 의창 설치의 동기에 대해서는 그의 교서를 통해 잘 엿볼 수 있다. 즉 "내가 듣건대 오직 덕으로 정치를 잘 할 수 있고 정치는 백성을 기르는 데 있다고 하며 나라는 백성으로 근본을 삼고 사람은 먹는 것으로 하늘을 삼는 것이다. 우리 태조께서 흑창을 설치하여 가난한 백성에게 대여하는 것을 法式으로 삼으셨다. 지금 백성은 점점 늘어가는 데도 저축은 많지 못하니 쌀 1만 석을 더 보태고 이름을 의창이라 고치겠다. 또 여러 州·府에도 각기 의창을 설치하고자 하니 맡은 관원은 그 지역 인구와 호구의 많고 적음과 창고에 있는 곡식의 수량을 조사하여 아뢰어라"[5] 하였다. 또 성종 12년에는 兩京과 12牧에 常平倉을 설치하였다. 상평창은 말 그대로 곡식의 가격을 조절하여 항상 고르게 하는 기관이었다. 흉년이 들어 곡식의 가격이 비싸지면 비축해 놓은 곡식을 방출하여 가격을 떨어뜨리고 풍년이 들어 가격이 싸지면 이를 사들여 가격을 조절하였던 것으로 생각된다.

한편 성종 9년(990)에는 孝子·順孫·義夫·節婦들을 전국에서 찾아 포상을 내렸다. 아버지가 독사에게 물려 죽자 침실에 빈소를 설치하고 5개월 동안이나 살아 있을 때와 다름없이 음식을 드렸던 南海 狼山島의 백성 能宣의 딸 咸富 및 어머니를 자기 집 후원에 장사지내고 아침저녁으로 제사를 지냈던 折衝府別將 趙英 등 7인에게 다 旌門을 세우고 국가의 부역을 면제해 주었다. 이 때 내린 교서를 보면 성종이 얼마나 효를 중시했는가 하는 점을 잘 알 수 있다. 거기에 의하면 "대체로 국가를 다스리는 데에는 먼저 근본을 힘써야 한다. 근본을 힘쓰는 데에는 효도보다 더한 것이 없으니 효도는 三皇五帝의 기본사업으로써 만사의 강령이요 모든 善의 주체이다…아아 임금은 만 백성의 우두머리요 만 백성은 임금의 심복이다. 백성들이 착한 일을 하면 그

4) 林基形, 〈義倉攷－高句麗 及 高麗時代를 中心으로－〉(《歷史學硏究》 2, 全南大, 1964) 참조.

5) 《高麗史》 권 80, 志 34, 食貨 3, 常平義倉.

것은 동시에 나의 복이요 악한 일을 하면 그것은 역시 나의 근심이다. 부모 봉양을 잘하는 자를 표창하여 풍속을 아름답게 하는 뜻을 표시하는 바이다. 시골의 우매한 백성들까지도 오히려 꾸준히 효도를 하려 하는데 벼슬하는 신하들이야 자기 조상을 받드는 것을 소홀히 할 수 있겠는가. 능히 자기 집에서 효자가 된다면 반드시 국가의 충신이 될 수 있을 것이다. 모든 관료와 백성들은 나의 말을 명심할지어다"6)라고 하였다. 이것은 성종이 효의 윤리를 말하면서도 그것을 더욱 발전시켜 관리들로 하여금 국가에 대한 충성을 강조하고자 하였음을 보여주는 것이다.

그러나 성종이 가장 치중한 것은 중앙집권 체제의 완성이었다. 우선 그는 중앙의 관제를 정비하였다. 그 때까지 내려오던 廣評省·內奉省·內議省·內史省 체제를 唐의 三省 체제를 모방하여 정비하였다. 《高麗史》 百官志, 門下府·尙書省條에 보면 국초의 내의성이 성종 원년에 內史門下省으로 고쳐졌으며 고려 초기의 광평성은 성종 원년에 御事都省이 되었다가 성종 14년에 이르러 尙書都省이 된 것으로 나와 있다. 그러나 이것은 피상적인 고찰로 내사문하성은 광평성·내사성·내의성의 기능이 혼합되어 탄생된 것이며 상서도성의 전신은 오히려 광평성이 아닌 내봉성이었다고 보는 것이 합리적인 것 같다.7) 또 성종 원년에서 2년 사이에 최승로가 選官御事가 되고 徐熙·鄭謙儒·薛神祐 등이 각각 병관어사, 공관어사, 형관어사에 임명되기도 하였다. 성종 2년(983)에는 《高麗史》 성종 세가의 표현과 같이 대체로 3省 6曹의 체제가 갖추어졌던 것이다. 그러나 당의 3성 체제를 모방했다 하더라도 그 실상은 당과 달랐다. 고려의 내사문하성은 내사성과 문하성의 2성이 아니라 사실상 하나의 관부였던 것이다.8) 물론 이들 관부의 기능이나 역할도 정확하게 분리되었다. 내사문하성은 정사를 논의하여 처리하거나 諫諍·封駁의 업무를 담당하였으며 상서도성과 그 휘하의 6부는 행정의 실무를 담당하여 집행하는 기구였다.

또한 관리들의 서열 체계도 당의 文散階·武散階의 도입을 통하여 새롭게

6) 《高麗史》 권 3, 世家 3, 성종 9년 9월.
7) 李泰鎭, 〈高麗 宰府의 成立－그 制度史的 考察－〉(《歷史學報》 56, 1972), 34~39쪽.
8) 邊太燮, 〈高麗의 中書門下省에 대하여〉(《歷史敎育》 10, 1967 ; 《高麗政治制度史研究》, 一潮閣, 1971), 43~47쪽.

정비되었다. 물론 이전에도 관리들의 서열 체계는 있었다. 그것은 官階라 하였는데 중국의 영향을 받지 않은 토착적인 것이었다. 그러다가 성종 2년부터 중국식 문산계가 채용되면서 관계는 서서히 그 기능을 상실하기 시작하였으며 결국 성종 14년에 가서는 鄕職으로 전락하여 버렸다.[9] 한편 성종 14년(995)에는 무산계 29등급이 도입되어 사용되었다. 그러나 이 문·무산계의 기능은 중국과는 다른 고려의 독자적인 성격을 갖게 되었다. 즉 중국에서의 문산계는 문신들만이 받은 것이었으나 고려에서는 문신들 뿐 아니라 무신들도 문산계를 받았던 것이다. 아마도 그것은 고려 초기의 관계가 문·무신 모두에게 주어졌던 전례 때문이 아니었나 생각된다. 무산계의 성격도 중국과 달랐다. 고려의 무산계는 무신들만 받은 것이 아니라 鄕吏·耽羅의·王族·女眞酋長·老兵·工匠·樂人 등도 받았던 것이다.[10] 이처럼 성종이 중앙의 관제나 관계를 재정비할 수 있었다는 것은 그만큼 왕권이 강화되었다는 것을 뜻한다. 동시에 이를 지지할 수 있는 정치세력이 성장해 있었음을 보여주는 것이기도 하다.

성종의 이러한 유교적 왕권 강화와 중앙집권책은 郡縣制의 정비로도 나타났다. 성종은 동왕 2년 전국의 12개 주에 州牧이라는 외관을 파견하였다.[11] 외관이 파견된 12개 주는 楊州·廣州·忠州·淸州·公州·海州·晋州·尙州·全州·羅州·昇州·黃州 등이었다. 이러한 조치는 그 전해에 올린 최승로의 건의에 의한 것인데[12] 이로써 성종은 지방의 鄕豪 세력을 억제하고 중앙의 명령을 지방에까지 효과적으로 침투시킬 수 있었던 것이다.

---

9) 金甲童, 〈高麗初期 官階의 成立과 그 意義〉(《歷史學報》 117, 1988;《羅末麗初의 豪族과 社會變動硏究》, 高麗大 民族文化硏究所, 1990, 181~189쪽). 그러나 이미 光宗代부터 문산계가 사용되기 시작했다는 견해도 있다(武田幸男, 〈高麗初期의 官階－高麗王朝 成立過程의 一考察－〉《朝鮮學報》 41, 1966, 7~14쪽).

10) 旗田巍, 〈高麗의 武散階〉(《朝鮮學報》 21·22, 1961;《朝鮮中世社會史の硏究》, 法政大學出版局, 1972, 385~402쪽).

11) 당시의 州牧은 지방행정구역명이 아니라 지방관의 명칭이었다. 그것은 성종이 舜임금의 12州牧 파견을 본받았다는 표현에서 알 수 있으며 중국 漢代의 주목도 지방관명이었기 때문이다. 또 金審言이나 柳伸과 같이 주목에 임명된 인물들이 찾아지고 있는 것이다(《高麗史》 권 93, 列傳 6, 金審言 및 권 95, 列傳 8, 柳伸). 물론 나중에는 이것이 행정 구역명으로 변화함으로써 그 장관도 牧使라 칭하게 된다.

12)《高麗史》 권 93, 列傳 6, 崔承老.

이러한 외관이 파견된 지 4개월 뒤에는 각 지역의 지방관청에 公廨田이 지급되었다. 지방의 州·府·郡·縣·鄕·所·部曲·館·驛 등에 丁數에 따라 公須田·紙田·長田이 지급되었던 것이다. 이 때의 공해전 지급은 몇 가지 특징을 가지고 있었다. 첫째 지방관의 유무와 관계없이 官衙를 대상으로 지급되었다. 그것은 지방관이 없고 향리들만이 있는 지역에도 공해전이 지급되었음을 뜻한다. 특히 군현의 戶長과 향·부곡의 長에게 지급된 것으로 여겨지는[13] 長田의 존재가 주목된다. 따라서 그 지역 향리들에 대한 우대책으로 볼 수도 있지만 꼭 그런 것은 아니었다. 이전에도 어떤 형태로든 관청을 운영했겠지만 새로이 공해전을 지급해 준 것은 향리들이 관청 운영의 경비 조달을 명목으로 한 수탈을 방지하는 데 목적이 있었지 않나 한다. 둘째 향·부곡·관·역과 같은 특수 행정구역에도 공해전이 지급되었다는 점이다. 물론 지급액수는 일반 군현보다 적었지만 이들 지역에도 토착세력과 지방관청이 있었음을 보여주는 것이다. 셋째 특징은 공해전 지급의 기준이 주·부·군·현 등 명칭상의 읍격에 의한 것이 아니라 丁數에 있었다는 점이다.[14] 결국 공해전 지급은 각 지역의 토착세력에 대한 회유책이면서 한편으로는 이들에 대한 강력한 통제책이기도 하였던 것이다.

성종 2년 공해전 지급이 완료된 뒤에는 주·부·군·현의 吏職을 개편하였다. 堂大等·大等을 호장·부호장으로, 그리고 兵部·倉部를 司兵·司倉으로 바꾸었던 것이다. 이것은 단순한 명칭 개정이 아니었다. 고려의 중앙정부에도 있었던 병부·창부의 명칭을 고친 것은 중앙과의 차별을 명확히 하기 위한 것이었다고 생각된다. 이러한 명칭의 개정으로 지방의 토착세력은 그 독자성이 약화되어 중앙의 통제를 받는 존재로 전락해 갔던 것이다. 따라서 이 조치는 앞서의 12주목의 설치, 공해전의 지급 조치와 더불어 지방세력의 통제와 중앙집권책의 강화라는 측면에서 일련의 명맥이 통하는 것이었다고 하겠다.

또한 성종 10년(991) 각 지방의 주요한 곳에 別號를 제정하기도 하였다. 물론 《高麗史》나 《高麗史節要》에는 그러한 사실이 기록되어 있지 않다. 그

---

13) 姜晋哲, 《改訂 高麗土地制度史硏究》(一潮閣, 1991), 199쪽.
14) 安秉佑, 〈高麗前期 地方官衙 公廨田의 설치와 운영〉(《李載龔博士還曆紀念論文集》, 175~176쪽).

러나 《世宗實錄地理志》 경기도 廣州條에 보면 "성종 10년 辛卯年에 州郡의 別號를 정했다"고 되어 있다. 또 《慶尙道地理志》 蔚山郡條와 《世宗實錄地理志》 전라도 務安縣條에는 이 지역의 별호가 宋 太宗 淳化 2년에 제정되었음을 전하고 있다. 순화 2년이 바로 성종 10년으로 별호의 제정이 사실이었음을 보여주는 것이다. 《高麗史》 地理志에도 각 지역의 별호를 기록하면서 '成廟所定'이라 표현해 놓고 있는 것이다.

이러한 淳化別號의 제정은 당시 성종의 유교적 중앙집권책과 慕華思想을 잘 보여 주는데, 그것은 실제 그 명칭이 중국의 그것과 같은 것이 많았다는 점뿐만 아니라 그 운용에서도 엿볼 수 있다. 즉 이 순화 별호는 왕실의 종친이나 공신들에게 封爵을 할 때에 많이 쓰였는데 그것은 중국의 천자가 각 지역의 제후들을 책봉한 것과 궤를 같이 하는 것이었다. 한편 이 순화 별호의 지역적 특징을 보면 태조 왕건의 后妃 출신지역이나 태조공신 세력의 근거지, 그리고 주로 태조대에 州가 된 지역에 집중되어 있다. 당연한 결과로서 순화 별호는 지금의 경상도·황해도·경기도 지역에 집중되어 있는 반면에 전라도 지역에는 거의 없는 편이다. 이러한 특징은 순화 별호가 지방 토호세력이 강하면서도 고려 왕실에 많은 기여를 한 지역에 제정되었음을 알 수 있다. 즉 순화 별호의 제정은 성종의 일방적인 지방세력 억제책에서 비롯된 것은 아니었다는 것이다. 성종대 중앙관료로 진출한 국가유공자의 후예들이 그들 가문의 공로를 인정받고 싶어하던 열망과 성종의 지방세력 억제책이 부응하여 성립되었다는 것이다. 다시 말해 다른 문벌의 급속한 세력 확대나 공신가문 출신의 지위 불안정에 따른 결과이며 국가권력 측에서도 적극적으로 이에 부응하는 회유정책 속에서 순화 별호가 제정되었던 것이다.[15]

이후 성종 11년(992) 주·부·군·현 및 관·역·강·포의 名號를 개정하기도 했다는 기록이 있으나[16] 그 내용에 대해서는 잘 알 수가 없다. 그러다가 군현제 개편의 또 다른 전기는 성종 14년에 이루어졌는데 우선 들 수 있

---

15) 禹太連, 〈地方別號의 制定과 그 運用〉 上·中·下, (《慶北史學》 10·11·12, 1987·1988·1989).

16) 《高麗史》 권 3, 世家 3, 성종 11년 11월 및 권 56, 志 10, 地理 1, 序文. 《高麗史節要》 권 2, 성종 11년.

는 것이 10道制의 실시였다.

즉 전국을 關內道 · 中原道 · 河南道 · 江南道 · 嶺南道 · 山南道 · 嶺東道 · 海陽道 · 朔方道 · 浿西道 등 10道로 나눈 것이었다. 물론 이 때의 도는 지방 행정구역의 명칭으로 보기는 어렵고 감찰 내지 순찰구획이었다고 볼 수 있다.[17] 다음으로 들 수 있는 것이 州縣制의 실시였다. 군 단위의 행정구역 명칭을 없애고 州 · 縣(鎭) 단위의 행정구역만 존재케 하였던 것이다. 아마도 그것은 「高麗初」에 州로 승격된 지역을 다시 강등시킬 수 없었기 때문이 아닌가 한다. 이 때 새로이 주로 승격된 지역이 26개나 되었다.[18] 또 성종은 이 해에 많은 外官을 파견하는 조치를 취하기도 하였다. 이 때 파견된 외관의 수는 留守 2 · 都護府使 4 · 節度使 12 · 都團練使 7 · 團練使 11 · 防禦使 15 · 刺史 15 등 66인이었다.

이러한 성종 14년의 군현제 개혁은 몇 가지 특징을 가지고 있었다. 첫째, 성종의 개혁은 대체로 唐制를 모방한 것이 많았다는 점이다. 10도제의 실시가 바로 당 太宗의 정착을 모방한 것이며 주현제의 실시도 당 高祖의 정책을 모방한 것이었다. 또한 이 때 파견된 외관의 명칭도 대부분 당에서 빌어온 것으로 절도사 · 방어사 · 단련사 · 자사 등이 바로 그것이다. 둘째, 당시의 군현제는 북방민족의 침입에 대비하기 위한 군사적 편제였다는 것이다. 그것은 북방 지역에는 군사적 성격이 강한 방어사가 파견되고 중부 지역에는 도단련사 · 단련사가, 그리고 남방 지역에는 행정적 성격이 강한 자사가 파견되고 있는 상황에서 엿볼 수 있다. 셋째, 당시의 군현제 개편은 성종의 과거제 · 교육제에 대한 지대한 관심과 밀접한 관련을 가지고 있었다. 그것은 國學에 이름만 걸어 놓고 공부를 게을리 하는 자들이 있음을 지적하면서 박식한 선비를 뽑겠다는 성종 8년의 교서에 따라 과거 급제자의 수가 급격히 증가하고 있는 데에서 엿볼 수 있다. 이 때 급제한 자들이 많이 외관으로 나아간 것이 아닌가 생각된다.[19] 결국 성종 14년의 군현제 개혁도 대체적으로 당제를 모방한 유교적 중앙집권책의 일환이었다고 하겠다.

---

17) 河炫綱, 《高麗地方制度의 硏究》(韓國硏究院, 1977), 42쪽.
18) 金甲童, 앞의 책, 160쪽.
19) 金甲童, 위의 책, 168~176쪽.

이리하여 성종은 나름대로 소기의 목적을 달성하였다고 볼 수 있다. 그러나 아직도 지방의 향호 세력은 건재하여 이들을 회유할 필요가 있었다. 여기에서 나온 것이 성종 15년(996) 사심관의 정원 조정이었다. 즉 지방의 각 주에 丁의 수에 따라 2·3·4인의 사심관을 두도록 하였다.[20] 이것은 사심관의 증가로 인한 인원 수의 제한 조치로 볼 수 있으나 그보다는 지방출신의 관료가 증가함에 따른 사심관 정원의 증원이 아닌가 생각된다. 다시 말해 많은 외관 파견에 대한 지방 세력의 반발을 무마하기 위한 조치라는 것이다.

성종의 또 다른 업적인 科擧·敎育制는 그의 지대한 관심에서 이루어졌다. 과거제에 대해 보면 성종 2년 처음으로 최종 고시인 禮部試 합격자들을 왕이 다시 친히 시험하는 覆試를 실시하였다. 또 과거를 거의 매년 실시하였다. 물론 성종 1년·9년·11년에는 실시하지 않았다. 그러나 성종 2년에 두 번 실시하였으며 광종 때만 하더라도 광종 9년에서 26년 사이에 8번밖에 실시하지 않은 것에 비하면 급격한 횟수의 증가라 할 수 있다. 그리고 인원수도 성종 8년 이후 급격히 증가하였다. 그 이전에는 가장 많이 뽑은 것이 8명이었지만 성종 8년에는 19명, 13년에는 17명의 급제자를 뽑았던 것이다.[21]

교육제도는 과거제와도 깊은 관련을 가진다. 물론 유교사상에 심취했던 성종이 깊은 관심을 가진 것은 당연한 일이었다. 우선 지방의 주·군·현으로 하여금 자제들을 뽑아 서울에 나아가 학습을 하도록 하였다. 이 조치가 취해진 연대는 분명하지 않으나 성종 2년 12목의 설치와 관련시켜 생각해 볼 때 성종 2년의 사실이 아닌가 한다.[22] 그러나 이 조치에 따라 개경에 올라 온 학생들 중 고향으로 돌아가고 싶어하는 자들이 많게 되자 성종은 후속 조치를 취하였다. 성종 5년에 고향으로 돌아가고자 하는 학생 207명에게는 베 1,400필을 주어 가게 하고 그대로 머무르는 학생 53명에게는 幞頭 106매와 쌀 265석을 주었던 것이다.[23] 이와 함께 이듬해에는 고향으로 돌아 간 학생들을 가르칠 스승이 없다 하여 經學博士·醫學博士 각 1인을 12목에 파견하

---

20) 《高麗史》 권 75, 志 29, 選擧 3, 事審官.
21) 《高麗史》 권 73, 志 27, 選擧 1, 凡選場.
22) 李基白, 〈高麗 貴族社會의 成立〉(《한국사》 4, 국사편찬위원회, 1981), 185쪽.
23) 《高麗史》 권 74, 志 28, 選擧 2, 學校.

여 이들을 가르치게 하였으며, 열심히 經書를 공부하고 孝悌로 소문이 있거나 의술이 쓸 만한 사람이 있으면 지방의 관원들로 하여금 중앙에 천거케 하는 조치를 취하기도 하였다. 그러나 이러한 조치가 큰 효과를 보지는 못했던 것 같다. 그러자 성종 8년(989)에는 문신들과 지방의 경학박사들에게 교육에 힘써 줄 것을 당부하고 이를 인사행정에 반영할 것을 밝히고 있다. 太學助教 宋承演과 羅州牧의 경학박사 全輔仁을 교육에 힘쓴 공로로 표창하는 한편, 제자 10명 이하를 가진 문신은 전근할 때에 그 교육상황에 따라 인사행정에 반영할 것이고 12목의 경학박사로서 과거에 응시할 만한 제자가 없는 경우에는 만기가 되어도 다시 유임시킬 것을 교서로써 반포하였던 것이다. 또 같은 해에 12목과 모든 州·府의 경학박사·의학박사들을 장려하고 술과 음식을 하사하기도 하였다.[24]

성종의 교육에 대한 관심은 학교의 건립으로도 나타났다. 성종 11년에 교서를 내려 "경치 좋은 곳을 택하여 학교를 크게 세우고 적당한 토지를 주어서 학교의 식량을 해결하며 國子監을 창설하라"[25]고 하였다. 그런데 이 기록에 의거하여 처음 국자감이 창건되었다고 보는 것은 무리이다. 국자감은 이전에 이미 설치되어 있었고, 이 기록은 종래의 국학이 국자감으로 개편 정비되었거나 단순한 국자감 건물의 창건을 뜻하는 것으로 보는 것이 합리적일 것이다.[26]

이렇듯 성종이 교육에 대해 신경을 쓴 것은 훌륭한 인재를 선발하여 국가의 기틀을 마련하고자 한 데에 있었다. 그리하여 그는 "유교를 숭상하여 周孔(周公과 孔子)의 風敎를 일으키며 唐虞(堯임금과 舜임금)의 정치를 본받고자"[27] 하였던 것이다. 특히 지방의 자제들을 교육시키려고 했던 것은 이들을 관료화시킴으로써 향리들의 세력을 억제하고 왕권 강화를 꾀하려는 중앙집권책의 하나였다고 할 수 있다.

---

24) 《高麗史》 권 74, 志 28, 選擧 2, 學校.
25) 《高麗史》 권 74, 志 28, 選擧 2, 學校 성종 11년 12월.
26) 閔丙河, 〈高麗時代 成均館의 成立과 發展〉(《大東文化硏究》 6, 1969), 5~6쪽.
朴性鳳, 〈國子監과 私學〉(《한국사》 6, 국사편찬위원회, 1975), 175~179쪽.
申千湜, 〈高麗前期 學制 成立과 敎育理念〉(《高麗敎育制度史硏究》, 螢雪出版社, 1983), 27~30쪽.
27) 《高麗史》 권 74, 志 28, 選擧 2, 學校 성종 5년 7월.

한편 성종은 그 집권 초기에는 전통적인 西京 우대책을 취하지 않았다. 성종 9년(990)까지 서경에 대한 아무런 기록을 찾을 수 없는 것이 이를 말해준다. 반면 東京(慶州)에 대한 우대 조치를 취한 것 같다. 동경에 대한 유수관의 설치가 서경보다 8년이나 빠른 성종 6년에 이루어지고 있다.[28] 이와 같은 서경의 경시와 동경의 우대는 경종의 정책을 이어 받은 탓도 있겠지만 최승로를 비롯한 경주 출신 유신들의 건의와 동향에 따른 것이 아닌가 한다. 최승로의 時務 28條를 보면 定宗이 지나치게 서경천도 계획에 치중한 것을 가장 큰 실책으로 비판하고 있다.[29]

그러다가 서경에 대한 관심은 성종 9년에 와서야 표명되고 있다. 그 해 9월 기묘일에 선왕들의 제도를 이어 받아 서경에 행차하겠다는 조서를 반포하였다. 곧 이어 10월 서경에 가서 다시 교서를 반포하였던 것이다. 그 내용은 舜임금이 泰山을 순행하고 당 황제가 洛陽에 갔던 예를 본받아 서경에 행차해보니 농사는 풍년이요 백성들은 편안한 생활을 누리고 있음을 알게 되었다는 내용이다. 그는 죄수들을 사면하고 이웃 주현의 백성들과 노인들에게 포상을 하였다. 그런데 이 해는 최승로가 죽은 지 1년 되는 해였다. 성종의 서경 행차는 다음해인 성종 10년에도 이루어졌다. 따라서 이러한 성종의 서경에 대한 갑작스런 관심은 최승로의 죽음과 관련이 있지 않나 생각된다. 즉 경주 세력의 부상과 함께 동경이 중시되다가 최승로의 죽음과 더불어 서경 세력이 등장하면서 이와 같은 성종의 정책이 취해진 것이 아닌가 한다.[30]

성종대는 대외적인 문제도 복잡한 시기였다. 고려는 건국 초기부터 중국과 친선관계를 가져 온 반면 발해를 멸망시킨 거란에 대해서는 적대관계를 취하였다. 그러나 거란의 세력이 점점 커지면서 고려는 난처한 입장에 처하게 되었다. 이럴 즈음 성종 4년 宋에서 韓國華를 보내 이전에 잃었던 燕雲 16州를 되찾는데 고려가 도와 줄 것을 요청해 왔다. 그러나 성종은 시일을 끌면서 출병하지 않다가 한국화의 위협과 회유에 따라 마지못해 출병을 약속하

28) 《高麗史》 권 57, 志 11, 地理 2, 慶尙道 東京留守官 慶州.
《高麗史節要》 권 2, 성종 6년 11월.
29) 《高麗史》 권 93, 列傳 6, 崔承老.
30) 河炫綱, 〈高麗 西京考〉(《歷史學報》 35·36, 1967 ; 《韓國中世史研究》, 一潮閣, 1988), 333쪽.

였다. 이러한 한국화의 요구는 고려와 거란이 결탁하여 여진인들을 납치해 갔다는 女眞의 誣告와도 관련이 있는 것이었다. 그러나 송과 거란의 전쟁에서 송이 패하자 거란(요)은 거리낄 것이 없게 되었다. 이에 따라 송을 도와준 고려도 위협을 당하게 되었고 성종 12년 결국에는 거란의 침입을 받게 되었다. 성종은 이러한 동아시아의 국제 정세에 따라 북방의 경계를 게을리 할 수 없었고 이에 따라 성종 14년에 군현제를 군사적인 편제로 개편하였다. 이러한 북방 민족의 위협이 한편으로는 중앙집권 체제를 구축할 수 있었던 한 요인이었다고 하겠다.

요컨대 성종은 국가체제를 유교사상에 입각한 중앙집권 체제로 구축하려 하였다. 그것은 그 자신이 상당한 유교적 소양을 갖추고 있었기 때문이기도 하였다. 그는 불교의 폐단을 시정하면서 유교적인 제도와 문물의 정비에 노력하였다. 五廟制나 籍田禮의 정립, 五服制度와 그에 따른 휴가제의 제정, 그리고 효자와 절부 표창 등의 정책을 실시하였던 것이다. 그런가 하면 당의 제도를 모방하여 관제를 정비하고 향호 세력의 통제에도 힘을 기울였다. 내사문하성이나 상서 6부의 성립, 문·무산계의 정비, 그리고 지방 향리직의 개편과 지방관의 파견 등이 이루어지게 되었던 것이다. 또한 과거제도나 교육제도의 강화를 통한 인재 양성에도 힘을 기울였다. 동경이나 서경의 경영을 통하여 자신의 지지 세력을 확보하려 하였으며 북방 민족의 위협에 효과적으로 대처하기도 하였다. 성종은 이러한 정책을 통하여 지방의 향호 세력을 억제하고 어느 정도의 중앙집권 체제를 달성할 수 있었던 것이다.

2) 중앙집권적 귀족정치의 이념과 최승로의 시무책

위에서 살펴 본 바와 같은 지배체제의 정비는 성종 자신의 의지에 의한 것이었지만 최승로나 李陽·金審言과 같은 儒臣들의 건의와 보좌에 힘입은 바도 컸다. 따라서 여기서는 최승로의 시무 28조를 중심으로 하고 이양이나 김심언의 封事, 그리고 성종의 교서를 통하여 당시의 정치 이념이 어떠했는가를 살펴보기로 하자.

성종은 즉위한 다음 해인 원년(982) 6월에 5품 이상의 중앙관리로 하여금 봉사를 올려 時政의 득실을 논하게 하였다. 이에 따라 최승로가 글을 올렸는데 그 내용은《高麗史》崔承老傳과《高麗史節要》에 자세히 나와 있다.

그가 올린 봉사의 내용은 크게 세 부분으로 구성되어 있다. 첫째 부분은 그가 봉사를 올리게 된 배경과 의미에 대해서 기술하고 있다. 그가 봉사를 올리게 된 것은 당의 史臣 吳兢이《貞觀政要》를 편찬하여 玄宗에게 올린 것처럼 훌륭한 정치를 본받아 국가를 발전시키겠다는 일편단심에서였다고 기술하고 있다.

둘째 부분은 太祖로부터 景宗에 이르는 다섯 왕의 치적에 대한 평을 하고 있다. 이 부분은 대개「五朝政績評」이라 부르고 있다. 그는 태조에 대해 모든 사람을 받아들이는 후한 덕과 넓은 도량으로 후삼국을 통일한 사실을 높이 평가하고 있다. 즉 신라의 경순왕이 나라를 들어 귀순해 왔을 때 그를 받아들이기는 했으나 두 번 세 번 사양한 끝에 할 수 없이 수용하였음을 지적하고 있다. 이러한 덕에 감복하여 溟州로부터 興禮府에 이르는 110여 성이 귀부하였다는 것이다. 수십 년간 적대적인 관계에 있었던 견훤이 자식들의 반역으로 고려에 도망하여 오자 이를 받아들이고 후한 예로 대접한 것도 도덕과 의리 때문이었다는 것이다. 또 발해를 멸망시킨 거란과는 통교하지 않고 고려를 괴롭히던 여진도 庾黔弼과 같은 훌륭한 장수를 보내 싸우지 않고도 귀순시켰음을 지적하고 있다. 그러면서 발해의 세자인 大光顯과 그 무리들이 귀순해 오자 그들을 편안히 살게 해 준 것도 불쌍한 사람을 가엾게 여기는 그의 마음에서 비롯되었다고 하고 있다. 후백제 신검과의 마지막 전투도 이를 피하고자 하였으나 부득이한 사정 때문에 하게 되었다는 것이다. 이처럼 최승로는 태조가 후삼국을 통일한 원동력을 무력에서 찾지 않고 유교적인 德治에서 구하고 있는 것이다.

후삼국을 통일한 이후에도 태조는 禮로써 큰 나라를 섬겼으며 도의로써 인접 국가와 사귀고 아랫사람을 대할 때는 공손하게 대하였다. 절약과 검소함을 숭상하여 궁궐이나 의복이 도를 넘지 않았고 상벌을 공평하게 하였으며 인재를 적재적소에 배치하였음을 말하고 있다. 여기에서도 그가 생각하고 있는 君主像은 위엄 있고 권위적이 아니라 겸소하고 신하들에게 공손한 것이었음을 알 수 있다.

다만 건국 초기인 만큼 종묘와 사직이 아직도 빛나지 못하고 예악과 문물이 결핍된 것이 많았으며 백관의 품계와 격식, 그리고 대외적인 규정과 의식이 미처 제정되지 못한 점이 있었다는 것이다. 이러한 점은 태조의 단점이라기보다 창업한 초기라 어쩔 수 없는 한계였다 하였다.

惠宗은 태자 시절에는 스승을 존경하고 賓客과 관리들을 잘 대우하였다. 왕위에 오른 처음에는 정종 형제가 다른 의도를 가지고 있다고 참소하는 자가 있었으나 이를 묻지 않고 더욱 은총과 대우를 두텁게 할 만큼 큰 도량을 가지고 있었다. 그러나 점차 의심이 많아져 좌우에 항상 호위병을 데리고 다녔으며 장졸들에게 상벌을 균등히 하지 못하여 조정에 원망이 생겼고 인심이 떠나가게 되었음을 지적하고 있다.

定宗은 王規 등이 왕위를 엿보고 있을 때 서경의 王式廉과 결탁하여 이를 방지하였으니, 왕실을 보존하게 된 것은 바로 정종의 공이었다. 다만 도참설을 혹신하여 서울을 서경으로 옮기려 하였으므로 많은 사람들이 부역에 동원되어 민심이 떠나게 된 점은 애석한 일이라고 하였다. 서경천도 계획은 정종의 굽힐 줄 모르는 고집 때문이었다고도 언급하고 있다. 따라서 군왕은 자신의 독자적인 고집보다도 신하들의 의견을 경청할 필요가 있음을 강조하고 있다.

光宗은 즉위 후 8년 동안에는 아랫사람을 예로써 대접하고 항상 豪富者와 억센 자들을 억제하였으며 백성들에게도 많은 혜택을 베풀었다. 그리하여 자못 볼만한 정치를 이룩하였다. 雙冀를 등용한 후로부터 재주 없는 자들이 부당하게 등용되어 갑자기 재상이 되기도 하였으며 의탁해 온 남북의 용렬한 자들에게 특별한 은총을 베풀어주었다. 그리하여 "중국의 교화는 존중했으나 중화의 좋은 법은 섭취하지 못하였으며 중국의 선비들은 대우하였어도 중국의 현명한 인재는 얻지 못하였다"는 것이다. 또 불교를 혹신하여 국고를 낭비하였으며 말년에는 많은 무고한 사람을 죽였다. 심지어는 자신의 외아들까지도 의심을 품어 잘못하면 경종도 목숨을 보전하지 못할 뻔했음을 언급하고 있다. 광종의 가장 큰 실책은 중국계 귀화인들을 지나치게 중용하여 전제정치를 하였다는 것이었다.

景宗은 즉위 초에 참소와 중상의 문서를 불태우고 옥에 갇혔던 죄 없는 사람들을 석방하니 조정과 민간에서 찬양하고 경축하였다. 다만 정치의 원칙을 알지 못하여 몇몇 권신에게 정사를 맡기니 그 폐해가 종친에까지 미치게 되었다. 이 때부터 간사함과 정직함이 구별되지 못하였고 상벌이 고르지 못하게 되었다. 그 자신도 음악과 여색에 빠짐으로써 군자의 말은 듣지 못하고 소인의 말만 듣게 되었다고 평하고 있다.

최승로는 이렇듯 5왕의 행적을 평가하면서 성종으로 하여금 이를 취사선택하라고 말하고 있다. 즉 태조의 유풍을 깊이 따르고 혜종이 형제의 우의를 잘 지킨 것과 정종이 왕실의 계통을 보전한 일, 광종이 즉위 후 8년간에 한 모범적인 정치, 경종이 죄수를 석방하고 참소의 문서를 불태운 일은 잘한 일들로 본받아야 할 것임을 강조하고 있다. 그리고 시작할 때의 착한 마음으로 끝까지 할 것이며 교만하지 말고 자신을 낮추어 백성들을 구제한다면 복이 스스로 올 것이라고 덧붙이고 있다. 최승로가 5조정적평에서 말하고 있는 요체는 군주가 항상 겸손한 마음으로 신하를 대하며 넓은 도량으로 만백성을 포용해야 한다는 것이다. 즉 군주는 仁과 禮를 갖추고 덕치를 해야 한다는 것이었다.

다음의 내용이 시무 28조이다. 현재 기록에 남아있는 것은 22조뿐이고 나머지 6조는 유실되어 그 내용을 알 수가 없다. 그 22조의 내용을 간략하게 표로 만들어 보면 〈표 1〉(159쪽)과 같다.

〈표 1〉에서 보이는 바와 같이 최승로는 각 방면에 걸친 자신의 의견을 개진하였다. 위의 22개 조항을 내용 별로 묶어 보면 몇 개의 부류로 나누어 볼 수 있다. 그는 우선 유교적 정치이념을 가지고 있었기 때문에 불교에 대해 많은 비판을 가하고 있다(2·4·6·8·10·16·18·20조). 그는 2조에서 功德齋를 위하여 백성들의 고혈을 짜내는 일이 광종대부터 시작되었는데 이를 폐지하기를 건의하고 있다. 특히 이 때에는 왕이 친히 茶를 갈고 보리를 친히 찧기도 했지만 실제로는 많은 사람을 죽이고 복을 바라는 것은 모순된 일이라 하고 있다. 이와 같은 맥락에서 왕이 거리에서 간장과 된장을 나누어주는 행위도 그만 둘 것을 4조에서 건의하고 있다. 佛寶의 錢穀도 승려들이 백성들에게 이식함으로써 오히려 많은 폐단을 낳고 있다(6조). 그러므로 승려에 대한 지나친 환대도 다 소용없는 일이다. 즉 광종이 善會란 승려를 환대하였

〈표 1〉 최승로의 時務 28條 중 22조의 내용

조항	내 용
1조	서북 변경의 수비 강조
2조	불교의 功德齋 등 폐단에 대한 시정을 건의
3조	侍衛軍의 감소를 건의
4조	사소한 布施 행위의 금지와 공평한 상벌과 권선징악을 통한 정치를 강조
5조	중국에 대한 사신의 감축을 주장
6조	佛寶의 錢穀에 대한 엄중한 관리를 주장
7조	주요 지역에 대한 외관 파견을 주장
8조	堀山의 승려 如鐵에 대한 지나친 환대를 비판
9조	의복제도의 정비를 통한 사회 신분질서의 확립을 강조
10조	승려들의 客館·驛舍에의 유숙 금지 건의
11조	고려 고유의 土風을 준수하자고 건의
12조	섬 주민들에 대한 貢役의 균등화를 주장
13조	연등회·팔관회와 偶人의 조성에 따른 백성들의 고충을 덜어 주자고 건의
14조	군주는 신하를 예우해 주어야 한다고 주장
15조	궁중의 노비와 廐馬의 수를 감소하자고 건의
16조	佛宇의 濫設을 비판
17조	家舍제도의 확립을 통한 신분질서의 수립을 강조
18조	금·은·동·철을 사용한 불상 제작과 寫經의 금지를 건의
19조	三韓功臣과 世家의 자손들에 대한 관직 제수를 건의
20조	불교에 대한 酷信을 버리고 나라를 다스리는 데에는 유교사상에 입각할 것을 건의
21조	번잡한 제사를 감하고 공손하고 자기를 반성하는 마음을 가져야 한다는 군왕의 유교적 몸가짐을 강조
22조	良賤之法의 확립을 통한 엄격한 사회신분제도의 유지를 주장

으나 결국은 거리에서 죽는 화를 당하였으니 이런 자가 어찌 남에게 복을 가져다 줄 수 있느냐는 것이다(8조). 당시 승려들이 객관과 역사에서 자면서 대접이 시원찮다 하여 관원과 백성들을 괴롭히는 사태까지 있으며(10조), 佛宇의 남설로 인한 백성들의 고통이 큼을 지적하기도 하였다(16조). 또 불경을 필사하고 불상을 조성하는 것은 다만 오래도록 전하게 하면 그만이지 반드시 금·은과 같은 진귀한 것을 쓸 필요는 없다고 강조하였다. 신라도 말년에 금·은으로 불상을 조성하여 사치가 극도에 이르렀기 때문에 불상을 훔치려는 도적이 성행하고 결국은 멸망의 길에 이르렀음을 지적하고 있는 것이다

(18조). 또 백성들이 공덕을 닦는 것이야 자신의 재물과 힘을 쓰는 것이지만 군왕의 공덕재에 드는 비용은 다 백성들의 재물에서 나오는 것이다. 그러므로 이를 금하는 것이 좋겠다는 의견을 개진하고 있다(20조).

그러나 여기서 유의할 점은 최승로가 비판한 것은 불교의 폐단에 대한 것이지 불교 그 자체는 아니라는 것이다. 따라서 불상을 조성하고 寫經을 하는 것이 나쁜 것이 아니라 사치스런 물건을 쓰고 있는 것을 비판하였다(18조). 불교를 신앙하는 그 자체가 나쁜 것이 아니라 국고의 재물을 지나치게 낭비함으로써 백성들의 생활에 나쁜 영향을 미칠 것을 우려한 때문이라 하고 있는 것이다(20조). 그는 "불교를 믿는 것은 자신의 몸과 마음을 닦는 근본(修身之本)이요 유교를 행하는 것은 나라를 다스리는 근원(理國之源)"이라 하고 있다. 다시 말해 나라를 다스리는 데 있어서는 불교보다도 유교사상에 입각해야 하지만 몸과 마음을 닦는 데는 불교가 필요함을 인정하고 있는 것이다.

그는 불교, 도교, 그리고 토속적인 행사도 지양하고 굳이 시행한다면 유교에 따를 것을 건의하고 있다. 13조에 보면 연등회·팔관회 때문에 많은 백성들이 고통을 겪고 있으니 이를 시정해야 한다고 건의하고 있다. 그리고 각종 偶人을 만드는데 노력과 비용이 많이 들며 한 번 쓴 다음에는 바로 파괴해 버리니 이를 금하도록 하는 것이 좋겠다는 의견을 개진하기도 하였다. 또한 나라에서 종묘와 사직에 대한 제사도 제대로 하지 못하면서 山川과 星宿에 대한 제사는 매우 번잡스럽게 하고 있음을 지적하기도 하였다(21조). 여기서 산천에 대한 제사는 전통적인 토속신앙이요 성수에 대한 제사는 도교의 醮祭를 말하는 것이다. 그런데도 이들을 번잡스럽다고 하는 것은 그 제사의 비용이 모두 백성들의 고혈에서 나오는 것이기 때문이라는 것이다. 그러면서 꼭 필요한 제사는 음양오행설에 입각한 月令에 따를 것을 주장하고 있다. 즉 겨울·여름의 講會와 先王·先后의 忌日에 재를 올리는 것은 그 유래가 오래된 것이라 폐지할 수 없는 것이지만 기타 그만 둘 수 있는 것은 줄이기를 바라며 만약 줄일 수 없으면 월령에 따라야 할 것임을 피력하고 있는 것이다. 그는 불필요한 불교·도교 및 토속적인 행사는 반대하면서도 유교에 따른 행사인 종묘·사직에 대한 제사와 월령에 따른 시행을 강조하고 있음을 알 수 있다.

다음으로 그는 정치형태면에서 지방 분권주의보다도 중앙집권적인 정치형태를 원하고 있었다. 그것은 7조와 17조를 통해서 잘 알 수 있다. 7조에서 최승로는 각 지방에 수령을 파견할 것을 건의하고 있다. 이미 태조대에 외관을 두려 하였으나 미처 겨를이 없어 실행하지 못하였다. 그러나 이제 향호들이 공무라 칭하고 백성들을 수탈하고 있으니 비록 모든 곳에 일시에 파견하지 못한다 할지라도 10여 주・현을 합하여 한 명의 외관을 파견하라고 하고 있다. 그것이 바로 나라를 다스리는 법이라 하였다. 즉 "임금이 백성을 다스리는 법은 집집마다 가서 날마다 볼 수는 없는 것입니다. 때문에 각 지방에 수령을 파견하여 백성들의 이해를 살피게 하는 것"이라 하고 있는 것이다. 또 17조에서는 주・군・현과 停・驛・津의 토호들이 함부로 큰 주택을 짓고 있으니 제도에 초과되는 집들은 철거할 것을 주장하고 있다. 이것은 지방 호족세력들의 힘을 약화시키기 위한 한 방법이었다고 할 수 있다.

그러나 왕이 모든 권력을 갖고 전제정치를 하는 것은 반대하였다. 3조에 보면 왕실 시위군의 수를 감소할 것을 주장하고 있는 것이다. 태조시대에는 다만 궁성을 숙위하는 일 뿐이어서 시위군의 수가 그리 많지 않았는데 광종대에 와서 그 수가 급격히 증가되었음을 지적하고 있다. 경종대에 이르러 시위군의 수가 약간 감소되기는 했으나 아직도 많다고 하면서 이의 감축을 건의하였다. 또 15조에서는 궁중에 복무하는 內屬奴婢와 內廐馬의 수를 줄일 것도 건의하고 있다. 그 이유로는 궁중의 비용 절감과 군량의 확보를 들고 있으나 그 내면에는 국왕 권력의 지나친 비대화를 우려한 측면도 있었지 않았나 한다.

한편으로 최승로는 국왕이 중앙관료들을 예우해 줄 것을 주장하고 있다. 다음의 14조는 이 같은 사상을 잘 표현해 주고 있다.

> 《周易》에 이르기를 '성인은 인심을 감동시키므로 천하가 평화롭게 된다'라고 하였으며 《論語》에 이르기를 '아무 것도 하는 일이 없는 듯이 보이면서도 나라를 잘 다스린 자는 舜이다. 그는 대체 어찌 한 것인가. 자기 몸을 공손히 하여 왕위에 앉아 있을 뿐이었다'라고 하였습니다. 聖人이 하늘과 사람을 감동시킨 것은 그가 純一한 덕이 있고 사심이 없기 때문입니다. 만약 전하께서 겸손한 마음을 가지고 항상 조심하고 두려워하며 신하를 禮로써 대우한다면 누가 자기의 성심과 정력을 다 바치어 조정에 나아가서는 좋은 계책을 진언하고 집에 가서는 국정을 보좌할 것을 생각치 않겠습니까, 이것이 이른바 임금은 예로써 신하를 부리고 신하는 충성으로써 임금을 섬긴다는 것입니다. 바라건대 전하께서

는 매일을 하루같이 근신하시며 스스로 교만하지 마시고 아랫 사람을 대할 때에는 공손함을 생각하고 혹시 죄를 범한 자가 있으면 그 경중을 모두 법에 의하여 논죄케 하소서. 이렇게 하시면 태평한 위업을 가히 이룩할 수 있을 것입니다(《高麗史》 권 93, 列傳 6, 崔承老).

이상에서 보는 바와 같이 군주는 항상 겸손한 마음을 가지고 신하를 예로써 대우해야 한다고 주장하고 있는 것이다. 그리고 19조에서는 삼한공신과 世家의 자손들에게 관직을 줄 것을 청하고 있다. 삼한공신의 자손들이 賤隷들 속에 섞여 있어 불만이 팽배하고 있으며 광종 때에 죽임을 당했거나 쫓겨난 세가들의 자손을 다시 우대해야 된다는 것이다. 그리하여 중앙귀족들을 중심으로 하여 정치를 운영해 나가야 한다는 것이다. 요컨대 그가 생각하고 있던 이상적인 국가형태는 유교정치 이념에 입각한 중앙집권적 귀족정치였다고 할 수 있다.[31]

그런가 하면 그는 사회적으로 엄격한 신분 질서의 확립을 주장하였다. 그것은 9조·17조·22조 등에서 엿볼 수 있다. 신라 때에는 公卿·百官·庶人들의 의복과 신발·버선 등이 각각 品色이 있어 존비와 귀천을 구별하였는데 태조 이래로 이러한 제도가 무너지게 되었음을 말하고 있다. 벼슬이 높아도 집이 가난하면 公襴을 입지 못하고 관직이 없어도 집이 부유하면 綾羅錦繡를 입는다는 것이다. 그러니 중국과 신라의 제도에 의하여 백관들에게 공란을 입게 하고 평민들은 무늬있는 비단옷을 입지 못하게 할 것을 주장하고 있다(9조). 17조에서는 신분의 높고 낮음에 따라 가옥제도를 정하여 이를 준수케 할 것을 건의하고 있다.

이를 가장 잘 보여주는 것이 22조이다. 그 내용을 인용해 보면 다음과 같다.

우리 태조가 창업한 초기에 여러 신하들 중 본래 노비를 소유하고 있던 자를 제외하고는 본래 없는 자들이 혹은 종군하다가 포로를 잡아 노비로 삼기도 하였고 혹은 재물로써 노비를 사기도 하였습니다. 태조는 일찍이 포로를 석방하여 양민으로 만들려고 하였는데 공신들은 뜻이 동요될까 우려하여 편의대로 맡겨 두었습니다. 그 때로부터 60년 후에 이르기까지 공소하는 자가 없었습니다. 광종

31) 李基白, 〈新羅統一期 및 高麗初期의 儒敎的 政治理念〉(《大東文化硏究》 6·7, 1970 ; 《新羅思想史硏究》, 一潮閣, 1986), 240~241쪽.

때에 이르러 비로소 노비를 심사하여 그 시비를 분간케 하였습니다. 이에 공신들은 원망하지 않는 자가 없으면서도 간하는 자도 없었고 大穆王后가 간하였으나 듣지 않았습니다. 그리하여 천한 노예들이 뜻을 얻어 존귀한 사람을 능욕하고 다투어 허위 사실을 날조하여 본 주인을 모함한 자가 헤아릴 수 없었습니다. 광종은 스스로 화근을 만들어 놓고 그 폐해를 근절하지도 못하였으며 말년에 이르러 심히 많은 사람들을 부당하게 죽이어 덕을 잃은 바가 컸습니다. 옛날에 侯景이 梁나라의 臺城을 포위하니 近臣이었던 朱异의 종이 성을 넘어 후경에게 투항하였습니다. 후경은 그 종에게 儀同의 지위를 주었더니 그 종이 말을 타고 비단 두루마기를 입고 성 아래에 가서 소리치기를 '주이는 관직생활 50년만에 겨우 中領軍 벼슬을 얻었는데 나는 처음 侯王을 섬기어 벌써 의동이 되었다'라고 하였습니다. 이에 성안의 僮奴들이 다투어 후경에게 투항하여 드디어 대성이 함락되었습니다. 바라건대 전하께서는 깊이 옛일을 생각하시고 미천한 자가 윗사람을 능욕하지 못하도록 하시고 노비와 상전과의 관계에서 중도를 잡아 처리하십시오(《高麗史》 권 93, 列傳 6, 崔承老).

여기에서 보는 바와 같이 최승로는 광종대의 奴婢按檢法을 비판하면서 엄격한 신분 질서의 유지를 강조하고 있는 것이다. 신분 질서가 혼란해지면 국가체제도 무너질 것이라는 점을 후경의 故事를 인용하여 말하고 있다. 최승로는 고려왕조의 건국으로 새로이 형성된 지배계층의 권익을 옹호하는 입장에 서 있었다고 할 수 있다. 따라서 지배계층과 피지배계층의 구분을 엄격히 하려 하였던 것이다.[32]

그는 또 제도나 풍습 등은 반드시 중국의 것을 따를 필요가 없다고 하고 있다. 禮樂·詩書의 교훈과 군신·부자의 도리는 중국을 본받아 고쳐야 할 것이나 기타 車馬·衣服 등의 제도는 본국의 풍속에 따르게 하여 사치와 검박을 적절히 할 것을 강조하고 있다(11조). 그가 유학자이기는 했지만 무조건 중국을 따르는 慕華主義者가 아니었으며 나름대로의 자주의식을 가지고 있었던 것이다.

이와 같은 맥락에서 최승로는 중국에 보내는 사신의 횟수와 인원수를 줄이자고 건의하였다. 태조 때에는 몇 해에 한 번씩 사신을 보내어 예방할 뿐이었는데 지금은 공식사절 뿐 아니라 무역사절도 많음을 지적하고 있다. 이것은 중국에서 우리를 천하게 여기는 한 요인이 될 수도 있으며 왕래하다

32) 河炫綱, 앞의 책, 168쪽.

죽는 자도 많으니 무역에 관한 사절은 줄일 것을 말하고 있다(5조). 이러한 그의 주장은 중국을 무조건 사대하는 것이 아닌 우리 민족과 국가에 대한 自肯心이 들어 있는 것이라 하겠다.

한편 최승로는 국방문제에 대해서도 언급하였다 고려가 후삼국을 통일한 지 47년이 지났는데도 아직 편안하지 못한 것은 서북쪽에 있는 미개종족들과 국경을 접하고 있기 때문이다. 그러하니 馬歇灘이나 압록강 중 좋은 곳을 택하여 경계로 삼으라 하고 있다 그리고 그 지역의 토착인들 중에서 말 달리고 활 쏠 줄 아는 사람들을 선발하여 경비케 하면 京軍의 고생을 덜 수 있고 군량미도 절약할 수 있을 것이라고 하였다(1조). 이러한 그의 견해는 옳았던 것으로 이에 대한 방비를 게을리 하다가 성종 12년(993) 거란의 침입을 맞게 되었던 것이다.

최승로의 封事 내용의 핵심은 되풀이하는 이야기지만 유교정치 이념에 입각한 중앙집권적 귀족정치를 이룩하자는 데 있었다. 그리하여 불교의 폐단을 집중적으로 비판하였으며 유교적인 덕치와 엄격한 신분 질서의 확립을 주장하였다. 그러나 한편으로는 불교를 인정하였으며 중국에 대한 무조건적 사대가 아니고 민족의 자주성을 강조하기도 하였다. 이와 같은 그의 사상은 당시의 시대적 분위기 속에서 나왔다고 할 수 있으나 그의 출생과 성장과정과도 밀접한 관련이 있는 것이었다.

우선 그의 가문과 출생에 대해서 알아보자. 이에 대해서는 《三國遺事》에 자세히 기록되어 있다.[33] 그 내용을 간추려 보면 다음과 같다. 최승로의 아버지는 崔殷諴이었다. 그는 늦도록 아들이 없다가 衆生寺에 가서 기도하여 낳은 아들이 바로 최승로였다. 최승로가 태어난 지 석 달이 채 못되어 견훤이 경주를 습격하니 성안이 크게 어지러웠다. 그러자 최은함은 아들을 안고 중생사의 觀音像 獅子座 밑에 감추어 두고 왔다. 반 달이 지나 적병이 물러가서 근심스럽게 돌아 와 보니 살결이 고와지고 젖 냄새가 입에 아직도 남아 있었다. 이에 최승로를 안고 돌아 와 기르니 총명하고 슬기로움이 남보다 뛰어났다. 그러다가 경순왕이 고려에 귀순하자 그를 따라 와서 고려의 大姓이 되었다는 것이다.

물론 이 내용을 전적으로 믿을 수는 없다. 그 이름도 《高麗史》와는 한자

---

33) 《三國遺事》 권 3, 塔像 三所觀音 衆生寺.

표기가 약간 다르다. 《高麗史》의 崔殷含이 여기서는 崔殷諴으로, 崔承老는 崔丞魯로 기록되어 있는 것이다. 그런데 여기서 중요한 사실을 알 수 있다. 그가 佛力의 힘에 의하여 태어났고 견훤이 쳐들어 왔을 때에도 부처님의 보호에 의해 살았다는 것은 그와 불교와의 밀접한 관련성을 나타내 주는 것이다. 그는 불교신앙을 지닌 가문에서 태어났을 뿐 아니라 개인적으로도 불교와 불가분의 관계에 있었던 것이다. 그가 유학을 공부하고 주장하기는 했지만 불교 자체를 배척할 수는 없었던 것이다.

이렇게 하여 고려에 오게 된 최승로는 나이 12세에 태조와 대면하게 되었다. 태조가 그를 불러 《論語》를 읽게 하고는 가상히 여겨 그를 元鳳省 학생에 예속시키고 鞍馬와 例食 20石을 하사하였다. 그리고 이 때부터 최승로에게 文柄을 맡겼다고 기록되어 있다.[34] 그러나 그가 12세 때부터 문장에 관한 일을 도맡았다는 것은 아무래도 믿기 어렵다. 원봉성 학생으로서의 수련을 마친 후 문장을 맡기 시작했다고 보는 것이 합리적일 것이다. 그는 태조 때부터 궁중생활을 하였고 광종대에도 소극적이나마 개혁정치에 참여했던 것 같다.[35] 그것은 왕의 총애를 받고 聖恩에 감사하는 마음을 읊은 시를 통해서 엿볼 수 있다.[36] 앞서 본 바와 같이 그가 태조에서 경종에 이르는 五朝의 政績評을 쓸 수 있었던 것도 이러한 그의 관력에 기인하는 것이었다.

그는 중국에 유학하여 공부하지 않고 국내에서만 공부한 순수 국내파였다. 그래서 중국에 유학하고 돌아 온 지식인들과는 입장이 달랐다고 여겨진다. 그가 쌍기를 비롯한 중국계 귀화인들을 극심하게 비판하고 있다든지 우리 고유의 의복과 제도를 존중하고 있는 것도 그의 이러한 입장 때문이었지 않았는가 생각한다.[37]

또한 그는 6두품 출신이었다. 그는 慶州 崔氏로 李·鄭·孫·裵·薛氏 등

34) 《高麗史》 권 93, 列傳 6, 崔承老.

35) 李基白, 〈高麗 貴族社會의 形成〉(《한국사》 4, 국사편찬위원회, 1981), 157쪽. 그 러나 최승로는 광종의 개혁정치에 적극적으로 참여한 後生에 속하는 인물이라는 견해도 있다(金哲埈, 〈崔承老의 時務二十八條에 대하여〉(《趙明基華甲紀念 佛敎史學論叢》, 1965 ; 《韓國古代社會硏究》, 知識産業社, 1975, 384쪽).

36) 崔滋, 〈上謝宣獎入唐文字 兼頒內庫酒果詩〉(《補閑集》). 그러나 최승로가 광종대의 정치를 극심하게 비판하고 있는 점을 들어 이 시가 성종대에 쓰여진 것은 아닐까 하는 설도 제시되어 있다(河炫綱, 앞의 책, 147쪽).

37) 河炫綱, 위의 책, 143~145쪽.

과 더불어 6두품 가문의 성씨였던 것이다 신라의 6두품은 여러 가지 면에서 眞骨과는 차별 대우를 받는 계층이었다. 그들은 위계 면에서 제6관등인 阿飡까지, 그리고 관직 면에서는 각 관부의 차관급까지만 오를 수 있었으므로[38] 많은 불만을 가진 계층이었다. 그 때문에 최은함·최승로 부자가 경순왕을 따라 고려에 와서 왕건을 도왔는지도 모른다. 그러나 6두품은 귀족 계열에 드는 지배계층이었다. 일반 농민이나 천민들과는 이해를 같이 할 수 없었다. 최승로가 엄격한 신분 질서의 확립을 주장한 것도 이러한 맥락에서 이해할 수 있는 것이다.

한편 시무 28조 중 지금은 전하지 않는 나머지 6조의 내용이 무엇이었을까 하는 점도 궁금하다. 이에 대해서는 (1)고려가 북진정책을 추진했던 만큼 對北方·對宋 관계에 대한 언급이 있었을 것이다. (2)중앙관제와 관련된 내용이 있었을 것이며 (3)교육문제에도 언급이 있었을 것이라고 생각된다. 이외에도 (4)유교적인 昭穆제도와 (5)고려 초기에 파란의 원인이 되었던 외척세력 관계나 妃嬪문제, 그리고 (6)常平倉이나 토지제도·조세제도 등에 관한 내용이 언급되었을 것으로 여겨진다.[39]

이러한 유교적 정치이념은 최승로 뿐 아니라 이양이나 김심언의 봉사를 통해서도 엿볼 수 있다. 이양은 성종 7년(988) 봉사를 올려 세 가지 일을 건의하고 있다. 첫째는 月令에 따라 입춘 전에 土牛를 내어 농사철의 늦고 이름을 알리자는 것이요, 둘째는 周禮에 의거하여 왕후가 왕에게 곡식 종자를 바치는 의식(獻種儀)을 행하자는 것이었다. 그리고 셋째는 월령에 의하여 정월 중순 이후에는 제사에 쓰기 위하여 암컷을 잡지 말며 벌목을 금지하고 새끼 짐승과 알 가진 새를 잡지 말고 많은 사람을 동원하지 말라는 것이었다.[40]

이와 같은 유교행사와 월령에 따른 禁令은 당시 유교사상이나 음양오행설이 상당한 수준에 이르렀음을 보여준다. 그러한 한편 특징적인 것은 유교적인 군왕은 전제권력을 행사하거나 사치·방종해서는 안되고 신하들을 잘 대우해 주고 백성들을 사랑해야 한다는 최승로의 사상과 일맥상통하는 것이라 하겠

38) 李基白, 〈新羅六頭品硏究〉(《省谷論叢》 2, 1971 ; 《新羅政治社會史硏究》, 一潮閣, 1974), 37~38쪽.
39) 金哲埈, 앞의 글, 381~382쪽.
40) 《高麗史》 권 3, 世家 3, 성종 7년 2월.

다. 봉사의 내용 중에도 "현명한 군왕은 하늘의 도를 받들어 백성들에게 농사짓는 때를 가르쳐 주는" 것이라거나 "성인은 아래로 지리를 살피고 위로는 천문을 보아 때의 변화에 통달하고 군왕은 어진 정치를 행하고 은혜를 펴서 만물의 뜻을 이루게 하는 것"이라는 점을 지적하고 있는 것이 이를 말해준다. 따라서 군왕은 하늘과 만물의 이치에 따라야 하는 자였다. 바꾸어 말하면 그 이치를 알고 있는 유학적 지식인의 말을 잘 들어야 한다는 것이었다.[41]

김심언의 봉사는 성종 9년(990)에 행해졌다. 그 내용은 2조목으로 구성되었는데 그 첫째는 6正 6邪와 刺史 6條에 따른 중앙 관리와 지방관의 복무태도를 확립하자는 것이었다. 그리고 둘째는 서경에 司憲 1인을 두어 관리들의 비위를 감찰하자는 것이었다.[42] 먼저 6정이란 聖臣·良臣·忠臣·智臣·貞臣·直臣 등의 올바른 일을 하는 신하를 말하고, 6사란 具臣·諛臣·姦臣·讒臣·賊臣·亡國之臣 등 그릇된 일을 하는 신하를 말하는 것이었다. 흥망의 기미를 명확히 알고 화란을 사전에 예방케 하는 자가 성신이요, 임금에게 예의로써 권장하고 훌륭한 계책으로 인도하여 악행을 시정시키는 자는 양신이고, 어진 자를 추천하고 옛날의 사적을 자주 칭찬하여 임금의 의지를 격려하는 자는 충신이다. 그리고 성공과 실패를 잘 살펴 미연에 방지하거나 구출하고 화를 복으로 전환케 하여 임금으로 하여금 근심을 없게 해 주는 자는 지신이고, 국법을 준수하고 祿과 賞을 사양하며 먹고 마시기를 검약하는 자가 정신이다. 마지막으로 국정이 혼란할 때에 기탄 없이 임금의 과실을 말하는 자가 곧 직신으로 이들이 곧 6정이었다.

그런가 하면 벼슬자리에 편안히 앉아 녹만 탐내고 공무에 힘쓰지 않는 자를 구신이라 하고, 임금이 하는 말은 모두 옳다 하면서 비위만 맞추는 자는 유신이며, 속마음과 행동이 달라 착한 사람을 질투하고 현명한 사람을 미워하여 상벌이 부당하게 되고 명령이 실행되지 못하게 하는 자는 간신이다. 지혜나 언변은 있으나 골육의 친척을 이간시키고 밖으로는 조정에 혼란을 가져오게 하는 자는 참신이며, 권력을 독차지하고 권세를 마음대로 하며 임금의 명령을 마음대로 조작하는 자는 적신이다. 임금에게 아첨과 간사로써 불

41) 李基白, 앞의 글(1981), 208쪽.
42) 《高麗史》 권 93, 列傳 6, 金審言.

의에 빠지게 함으로써 임금의 죄악이 국내에 유포되고 인접국에까지 전파되게 하는 자를 망국지신이라 하는데 이들을 6사라 하는 것이다.

《漢書》에 나오는 자사 6조는 (1)백성들의 질병·고통과 失職의 유무를 살필 것 (2)長吏 이상 수령의 정사를 살필 것 (3)도적과 백성들에게 해를 끼치는 자 및 크게 奸猾한 자를 살필 것 (4)토지에 대한 범죄나 네 계절의 금령을 어기는 자를 살필 것 (5)백성들 중에 효행·공경·청렴·결백으로 행동이 모범이 되고 재주가 뛰어난 자가 있는가를 살필 것 (6)향리들이 錢穀의 출납을 장부에 기록하지 않거나 고의로 흐트러뜨린 것이 없는지를 살필 것 등이다.

여기서 보는 바와 같이 김심언은 중앙이나 지방의 관리들이 복무해야 할 자세에 대해 강조하고 있다. 그는 개경과 서경은 물론이고 6관(이·호·예·병·형·공)과 12道 주·현의 관청 벽에 그 내용을 써 붙일 것을 건의하고 있는 것이다. 이와 같이 군왕의 통치 자세보다 신하들의 복무 태도를 강조하고 있는 것은 정치가 신하들에 의하여 좌우된다는 생각 때문이 아닌가 한다. 그것은 일면 최승로의 생각과 상통하는 면이라 할 수 있다. 그리고 이 때의 상황이 어느 정도 왕권이 안정되어 있었던 데에 기인하는 것이라고도 하겠다. 서경에 사헌 1명을 두어 分司의 관리들을 감찰하자는 두 번째 조항도 관리들의 복무 자세를 올바로 하자는 데 그 목표가 있었음은 물론이다.

성종은 이렇게 제시된 정치이념을 적극적으로 받아 들여 시행하였다. 앞장에서 보았듯이 중앙관제의 정비나 12목의 설치, 유교적 의례의 제정 등이 바로 이들의 건의와 밀접한 관련이 있었던 것이다. 성종 자신도 때때로 교서를 반포하여 자신의 뜻과 의지를 표명하였다. 성종 2년 12목을 설치할 때에 그는 舜임금이 실시했던 제도를 본받아 이를 시행하게 되었다는 취지의 교서를 반포하였다.

> 나의 몸은 깊은 궁중에 있으나 나의 마음은 널리 백성들에게 가 있다. 내가 침식을 제 때에 하지 못하면서 정사에 힘을 기울이며 언제나 신하들의 좋은 의견을 듣고자 한다. 높아도 낮게 들으며 멀어도 가깝게 보아 착한 인재에 의거하려 한다. 이에 지방 수령들의 공로에 의거하여 진실로 백성들의 희망에 맞도록 하려 한다(《高麗史》 권 3, 世家 3, 성종 2년 2월).

따라서 12목의 설치가 최승로라는 신하의 의견에 의한 것이었음을 알 수 있다. 이양이나 김심언의 건의도 즉시 시행했음은 물론이다.

성종 5년에는 "지방관들은 재판 사무를 지체하지 말고 창고에는 곡식이 충만하게 하며 곤궁한 백성들을 구제하고 농업과 잠업을 장려하며 부역과 조세는 가볍게 하고 처사는 공평히 하라"고 하고 있다.[43] 특히 그는 많은 인재의 양성과 선발에 중점을 두고자 했다. 성종 6년 8월에 鄭又玄에게 급제를 주고 내린 교서에는 "경박한 풍속을 개변시켜 사람마다 예의를 알게 하고 학교에는 학생들의 수가 늘어나고 농민들 속에서도 글 읽는 사람이 많아지도록 하고 싶다"라고 말하고 있다.[44] 또 성종 11년(992)에도 "임금이 천하를 교화하는 데는 학교가 제일 급선무다. 堯舜의 유풍을 계승하고 周公과 孔子의 도를 닦으며 국가의 헌장·제도를 설정하고 군신 상하의 의례를 분간하여야 하는 바 현명한 선비가 아니면 어찌 이러한 규범들을 창안할 수 있겠는가"[45]라는 교서를 내렸다. 이처럼 성종도 중앙집권적 귀족정치의 실현을 위해 지방관들을 파견하고 많은 인재를 양성·선발하고자 하였던 것이다.

요컨대 성종이 즉위하면서 유교적 정치이념이 급속히 확산되었다. 그것은 우선 최승로의 봉사에서 알 수 있다. 그는 5조정적평을 통하여 군주는 넓은 포용력을 가지고 신하들을 잘 예우해야 한다는 군주상을 제시하였다. 그리고 시무 28조에서는 불교의 폐단을 비판하면서 정치이념으로써는 유교가 필요함을 역설하였다. 그와 함께 지방관을 파견하여 호족세력을 약화시켜야 한다는 중앙집권책을 제시하였다. 그러나 그것은 왕의 전제권력에 의한 것이 아니라 신하들의 보좌와 역할에 의한 것이었다. 결국 그의 주장은 중앙집권적 귀족정치를 실현하자는 것이었는데 신라의 6두품 출신으로서는 당연한 주장이었다. 불교 자체는 인정하였다든가 엄격한 신분 질서의 확립을 주장한 점, 그리고 고려의 독자성을 강조한 점도 그의 출신이나 성장과 밀접한 관련을 가지는 것이었다. 이양이나 김심언의 봉사도 최승로의 주장과 궤를 같이 하였다. 이양은 유교적 의례나 월령에 따른 금령을 잘 지키자고 주장하였다. 그런데 그것이 바로 군왕의 자세였으며 유교적 음양오행설에 입각한 것이었다. 김심

43) 《高麗史》 권 3, 世家 3, 성종 5년 9월.
44) 《高麗史》 권 3, 世家 3, 성종 6년 8월.
45) 《高麗史》 권 3, 世家 3, 성종 11년 12월.

언의 6정 6사와 자사 6조, 그리고 서경사헌의 설치 주장도 정치가 군왕 개인에 의해 운영되는 것이 아니라 관리들에 의해 운영되는 것이라는 사상을 내포하고 있는 것이라 하겠다. 성종도 이러한 신하들의 의견을 적극적으로 받아들여 좋은 인재를 양성하고 선발하기 위하여 여러 번의 교서를 반포하기도 했다. 결국 성종대에는 중앙집권적 귀족정치의 실현이라는 유교정치 이념이 어느 정도 자리를 잡은 시기였던 것이다.

3) 정치적 지배세력의 상황과 성격

위에서 살펴 본 바와 같이 성종대에는 유교정치 이념에 입각한 중앙집권 정책을 추구하였다. 따라서 이 시기의 관료들도 대체로 신라 출신의 儒臣들이나 과거 급제자들이 주류를 이루었다. 그것은 이 시기의 관료들을 분석해 보면 알 수 있다. 분석의 대상은 성종의 배향공신·지공거·내사문하성과 어사도성·중추원의 고관들, 그리고 대간직에 있었던 자들로 한정시키고자 한다. 우선 배향공신에 봉해졌던 인물로는 崔承老·崔亮·李知白·徐熙·李夢游 등 5명이었다. 이 중 최승로·최량은 穆宗 1년(998)에 배향되었고 나머지 3명은 顯宗 18년(1027)에 추가로 배향된 인물들이었다.[46] 지공거를 지낸 자들로는 王融·최승로·이몽유·劉彦儒·盧奕·白思柔·崔暹·柳邦憲 등이 있었다. 내사문하성에서 활동하던 인물로는 崔知夢·최승로·朴良柔·서희를 들 수 있고 어사도성(후의 상서성)의 관리들로는 최승로·최량·이지백·서희·유언유·鄭謙儒·박양유 그리고 薛神祐와 李謙宜 등이 있었다. 중추원의 관리로는 韓彦恭·趙之遴 등을 들 수 있다. 또 내사문하성의 省郎으로는 최량·이지백·이양·김심언 등이 있었고 어사대의 관리로는 鄭又玄과 李周憲을 들 수 있다. 이상 당시 핵심적인 지배세력에 있었다고 여겨지는 총 22명을 분석의 대상으로 삼고 중복되는 자는 제외하였다.

먼저 이들 중에는 경주 출신의 신라계 유신들이 있었다. 최승로는 경순왕을 따라 고려에 온 이래로 줄곧 궁중에서 관직생활을 하였다. 성종 원년(982)에 行選官御事로서 유명한 시무 28조를 올렸으며 그 결과 성종 2년에는 門

46) 《高麗史》 권 3, 世家 3, 목종 원년 4월 및 권 5, 世家 5, 현종 18년 4월.

下侍郞平章事가 되었다. 그 후 성종 7년(988)에는 門下守侍中에 임명되었으며 淸河侯라는 작위와 함께 식읍 7백호에 봉해졌다.[47] 이러한 그의 관력으로 미루어 볼 때 성종이 그를 얼마나 신임했는가는 가히 짐작할 수 있다. 앞서 본 바와 같이 최승로가 올린 시무 28조의 내용이 성종의 개혁정치에 거의 반영되었음에서도 알 수 있다. 성종 8년 최승로가 죽자 성종은 교서를 내려 그의 공훈과 덕행을 표창하고 太師직을 추증하였으며 賻儀로 布 1천 필, 밀가루 3백 석, 쌀 5백 석, 乳香 1백 냥 등을 주기까지 하였던 것이다. 더욱이 그가 신라의 6두품 출신으로써 고려 조정에서 최고의 지위에 올랐다는 것은 일단의 사회발전이며 새로운 정치세력의 등장이라고도 할 수 있는 것이다.

최량도 경주인이었으니 최승로와 같이 6두품 출신이 아니었나 한다. 최승로와 일족으로도 생각되며 그의 정치적 성향 또한 최승로와 맥을 같이 하는 것으로 생각된다. 그는 이미 광종대에 과거에 급제한 후 攻文博士를 지내기도 했다. 성종이 왕위에 오르기 전부터 그의 스승이 된 인연으로 성종 즉위 직후부터 관직에 등용되기 시작하여 左散騎常侍參知政事兼司衛卿이 되었다. 그러나 그가 질병으로 해임되자 성종은 "최량은 내가 潛邸에 있을 때부터 충성을 남김없이 바치어 나의 우매한 것을 열어 주었으니 그 공로를 생각하면 잊지 못하겠다"하고는 다시 그를 복직시켰다.[48] 이것으로 보아도 성종의 최량에 대한 배려가 어떠했는가를 가히 짐작할 수 있다. 그러다가 얼마 후에 문하시랑에 임명되었다. 성종 12년 거란이 침입하자 서희·박양유 등과 같이 北界에 주둔하면서 적을 방어하기도 하였다.[49] 그 후 곧 바로 內史侍郞兼民官御事同門下平章事監修國史로 승진되었다. 성종 14년에 그가 죽자 성종은 太子太師를 추증하고 쌀 3백 석, 보리 2백 석, 腦原茶 1천 角을 주었다. 이와 같은 성종의 후의는 최승로에 버금가는 것이었음을 알 수 있다. 최량과 최승로는 나란히 목종 원년에 성종의 廟廷에 배향되었다.

성종 12년과 15년에 지공거를 지낸 바 있는[50] 崔暹도 경주 출신의 6두품 계열로 추측된다. 그는 일찍이 광종 9년의 첫 과거 시험에 급제한 인물이었

47) 《高麗史》 권 93, 列傳 6, 崔承老 및 권 3, 世家 3, 성종 7년.
48) 《高麗史》 권 93, 列傳 6, 崔亮.
49) 《高麗史》 권 94, 列傳 7, 徐熙.
50) 《高麗史》 권 73, 志 27, 選擧 1, 科目 選場.

다.[51] 그는 常侍로서 김심언을 가르쳤으며 김심언을 자신의 사위로 삼기도 하였다.[52] 상시는 내사문하성의 좌·우산기상시(정3품)를 말하는 것으로 그가 간관직에 있었음을 알 수 있다. 그가 과거를 관장할 때의 관직은 詞命을 制撰하는 임무를 맡은 翰林學士였으니[53] 그의 학문적 위치를 가히 짐작할 수 있다.

이밖에 刑官御事를 지낸 설신우도 신라의 6두품 출신이 아닌가 한다. 그에 대해서는 자세한 내용을 알 수가 없지만 당시의 薛氏는 신라 6두품 계열의 설씨밖에 없었을 것이기 때문이다. 즉 그는 신라시대 활약한 바 있는 薛聰의 후예가 아닌가 하는 것이다.

이렇듯 성종대에는 배향공신이었던 최승로와 최량을 비롯하여 최섬·설신우 등 신라 출신의 유신들이 성종의 신임을 받고 있었다. 그리고 과거에 합격한 유학자들도 정계에 많이 등용되어 있었다. 우선 성종의 배향공신 중 하나였던 서희를 들 수 있다. 그는 광종 11년 쌍기의 주관 하에 시행된 과거에 합격한 자로[54] 광종대에 활약한 바 있는 徐弼의 아들이었다. 그는 다 아는 바와 같이 호족들과 공신세력을 억압하고 숙청했던 광종의 개혁정치에 비판적이었던 인물이다. 아마도 그의 그러한 행동은 고려 태조를 도와 공신이 되었을 것으로 추측되는 徐穆의[55] 후예였기 때문이 아닌가 한다. 서희는 18세의 나이로 과거에 합격한 후 廣評員外郎을 거쳐 內議侍郎으로서 광종 23년 송나라에 사신으로 가기도 하였다. 이때는 10여 년간이나 사신 내왕이 없었으나 그의 예의 범절이 뛰어났으므로 송 태조가 檢校兵部尙書를 제수했다고 한다. 성종 2년에는 兵官御事가 되었는데 성종이 서경에 갔다가 永明寺에 놀러 가려는 것을 간하여 중지한 일도 있었다. 또 성종 12년 거란이 침입했을 때 서경 이북의 땅을 적에게 넘겨주자는 의견이 있어 성종도 이 의견에 따르고자 하였으나 서희의 반대로 이루어지지 않았다. 즉 서희는 "저들의 병력이 성대한 것만을 보고 갑자기 서경 이북을 떼어 준다면 그것은 올바른 계책이 아닙니다. 뿐만 아니라 三角山 이북은 모두 고구려의 옛 강토인데 그들

51)《高麗史》권 2, 世家 2, 광종 9년 5월 및 권 73, 志 27, 選擧 1, 科目 選場.
52)《高麗史》권 93, 列傳 6, 金審言.
53)《高麗史》권 76, 志 30, 百官 1, 藝文館.
54)《高麗史》권 73, 志 27, 選擧 1, 科目 選場.
55)《新增東國輿地勝覽》권 8, 利川都護府.

이 한없는 욕심으로 끝없이 강요한다고 해서 다 주겠습니까. 하물며 국토를 떼어 적에게 준다는 것은 만세의 치욕입니다" 하면서 반대했던 것이다. 대신 그 자신이 강화의 사절로 가서 蕭遜寧과 담판하여 江東 6주를 더 획득했음은 유명한 일이다. 그가 성종과 더불어 海州에 갔을 때는 성종이 서희의 幕으로 들어와 술을 가져오라고 하자 이를 완곡히 거절한 일도 있었다.[56] 여기서 보는 바와 같이 서희는 최승로와는 달리 성종의 정책에 대해 비판적 인물이었던 것 같다. 즉 신라 출신의 유학자들이 추진했던 유교 이념에 입각한 漢化 정책을 못마땅하게 생각했다는 것이다. 이런 면에서 그는 최승로 계열과 약간의 대립이나 갈등이 있었다고 상정할 수도 있을 것이다.

다음으로는 백사유를 들 수 있다. 그는 광종 24년에 시행된 파거에 합격한 인물이었다.[57] 그 후 성종 10년(991) 송나라에 사신으로 가서 大藏經과 御製를 준 데 대한 사례를 한 바 있다.[58] 또한 성종 10년과 14년의 과거를 주관한 지공거로서 그의 관직은 한림학사였다. 이로 미루어 그는 전문적인 학자였으며 그러기에 현실 정치에는 크게 관여하지 않은 것으로 생각된다.

禮部侍郎으로서 성종 16년의 과거를 관장했던 유방헌도 과거 급제자였다. 그는 광종 23년의 과거에서 鄕貢進士로 급제하였던 것이다.[59] 그는 全州 承化縣人으로 祖는 후백제의 우장군이었으나 父는 문장을 잘 써서 고려에서 檢務, 租藏을 거쳐 大監이라는 관직을 지낸 바 있었다.[60] 그는 광종 때 공문박사가 되었으며 성종 때 예부시랑을 거쳐 목종대에는 한림학사 우간의대부를 지내기도 했다. 그는 성격이 어질고 너그러워 아무리 급박한 때라도 당황하는 기색을 보이지 않았다. 산업을 경영하지도 않았으며 간관으로 있을 때에도 남의 허물을 함부로 들추어 말하지 않았다 한다.[61] 이러한 성격으로 볼 때 그는 성

---

56) 《高麗史》 권 94, 列傳 7, 徐熙.
57) 《高麗史》 권 73, 志 27, 選擧 1, 科目 選場.
58) 《高麗史》 권 3, 世家 3, 成宗 10년.
59) 《高麗史》 권 73, 志 27, 選擧 1, 科目 選場.
60) 〈柳邦憲墓誌〉(《朝鮮金石總覽》, 朝鮮總督府, 1919).
61) 《高麗史》 권 93, 列傳 6, 柳邦憲. 그러나 〈柳邦憲墓誌〉에는 목종이 사냥을 좋아 하자 이를 두 번이나 간하였다고 되어 있다. 이는 아마도 유방헌이 직책을 충실히 수행했음을 선전하고자 한 것으로 생각된다. 墓誌는 보통 그 사람의 장점만을 기술하는 경향이 있으므로 실제 그러했는지는 모르지만 대체로 《高

종의 정치를 비판하는 쪽에 가담하지는 않은 것 같다.

右補闕·兼起居注를 지낸 바 있는 김심언도 성종 때 과거에 급제한 자였다. 그는 앞서 본 바와 같이 성종에게 6정 6사와 《漢書》의 자사 6조 등 봉사 2조를 성종에게 올린 인물이다. 물론 성종은 이 건의를 흔쾌히 받아 들여 시행하였다.[62] 이런 측면에서 보아 김심언은 유교정책을 시행하던 성종의 정치에 매우 협조적이었으며 이를 뒷받침해 준 인물이라 하겠다. 즉 최승로와 정치적 노선을 같이 했다고 할 수 있다.

監察御史였던 정우현도 성종 6년 3월에 시행된 과거에 합격한 인물이었다. 그는 供賓令으로서 성종에게 봉사를 올려 時政 7事를 논하였는데 그것이 성종의 비위를 거슬렀다. 그러자 성종이 죄줄 것을 백관들에게 물었더니 다 옳다고 하였다. 그러나 서희가 이를 반대하고 오히려 상을 주어야 한다고 주장하였다. 그에 따라 정우현은 감찰어사에 등용되기도 한 적이 있었다.[63] 이런 측면에서 볼 때 그가 성종의 비위를 건드린 것은 봉사의 내용이 최승로나 이양·김심언 등이 올린 봉사와는 상당히 달랐던 것 같다. 그것은 또 정치적인 입장에서도 최승로 계열과는 견해를 달리 했었기 때문이라고도 생각된다.

그밖에도 과거출신자는 아니지만 유학자임이 분명한 자들도 여럿 있었다. 우선 지공거를 지낸 자들은 다 유학자였다고 볼 수 있다. 그 중 대표적 인물이 王融이었다. 그는 광종 17년부터 과거를 관장하기 시작하여 성종 13년까지 11번이나 지공거를 역임한 인물이다.[64] 그런데 그가 광종대의 혼란기와 경종대의 반동정치를 겪으면서도 희생되지 않고 살아 남은 것을 보면 그는 현실정치에는 깊이 관여하지 않았다고 생각된다. 그는 유학자로서 학문에만 몰두한 인물이었다고 추정되는 것이다. 따라서 그의 정치적 성향도 중도에 가까웠다고 생각된다.

성종 2년·5년·6년의 세 차례에 걸쳐 지공거를 지냈고 후에 배향공신에 책봉된 이몽유도 유학자였다. 그것은 성종이 그로 하여금 중앙 및 지방 관청에서 주달하는 글과 통첩, 공문의 양식을 정하도록 하였다는 기록에서 엿볼

麗史》의 기록이 정확한 것이 아닌가 한다.

62) 《高麗史》 권 93, 列傳 6, 金審言.

63) 《高麗史》 권 94, 列傳 7, 徐熙.

64) 《高麗史》 권 73, 志 27, 選擧 1, 科目 選場.

수 있다.[65] 이러한 업무는 학식이 부족한 사람으로서는 할 수 없는 일이기 때문이다. 병관어사로서 성종 2년의 과거를 관장하였던 劉彦儒는 그 출신이나 관력을 잘 알 수 없다.[66] 그러나 최승로나 이몽유와 같이 과거를 관장했다는 점이나 지공거의 성격상 유학자였다고 보는 것이 합리적일 것이다. 또 같은 해에 지공거를 지낸 노혁도 유학자였을 것이다.

성종 즉위시 內史令이 되었던 최지몽이나 中樞院使를 지낸 한언공도 유학자들이었다. 최지몽은 전라도 靈岩출신으로 이미 태조 때부터 활약한 인물이다. 그는 경전과 사서에 밝았을 뿐 아니라 天文·卜筮에도 능통하였다. 그리하여 태조의 꿈을 잘 해몽하여 知夢이란 이름을 하사 받기도 했었다. 혜종대에는 왕규의 음모를 미리 알고 왕을 피신시키기도 하였으며 광종대에는 11년간이나 유배생활을 하기도 했다. 그러나 경종 5년 소환되어 다시 관직생활을 하였다. 성종 원년에는 左執政守內史令上柱國이 되었고 弘文崇化致理功臣號를 받기도 하였다. 그러다가 성종 6년 그가 병으로 눕자 성종 자신이 직접 가서 문병을 하였으며 병을 낫게 하기 위해 말 두 필을 歸法寺·海安寺에 희사하고 승려 3천 명에게 음식을 주는 등 해보지 않은 일이 없었다고 한다.[67] 이것으로 보아 성종의 신임이 대단하였으며 굳이 정치적인 성격을 살펴 본다면 최승로 계열과 맥을 같이 한다고 생각된다.

한언공은 湍州(長湍) 출신으로 어려서부터 총명하고 학문을 좋아하여 광종 초 15세의 나이로 光文院의 書生이 되어 공부하였다. 그 후 진사 시험에 응시하여 떨어지기는 했으나 관직생활은 계속하여 內議承旨舍人이 되었다. 성종대에 이르러서는 형부시랑·병부시랑에 보임되었다. 성종 9년(990)에는 송에 사신으로 갔다가 이듬해 2천 5백 권에 달하는 대장경을 가지고 돌아오기도 했다. 귀국하자 성종은 그를 御史禮官侍郎判禮賓省事에 임명하였다. 그런데 그는 송나라의 추밀원을 본떠 중추원을 설립할 것을 건의하였다. 이에 따라 중추원이 설치되고 그는 중추원 부사가 되었다가 곧이어 中樞院使殿中監知禮官事에 보

65) 《高麗史》 권 3, 世家 3, 성종 6년 8월.

66) 아마도 忠州 출신의 劉氏가 아닌가 한다. 정종이나 광종의 외가가 충주였으며 태조 때에 侍中을 지낸 劉權說, 광종의 배향공신이었던 劉新城, 광종 말년 內承旨로 관직을 시작한 劉瑨 등도 모두 충주 유씨였기 때문이다.

67) 《高麗史》 권 92, 列傳 5, 崔知夢.

임되었다. 그 후 참지정사(종2품)까지 승진한 그는 목종대에 많은 활약을 하여 목종의 배향공신이 되었던 인물이다.[68] 그가 비록 과거에 합격하지는 못했지만 광문원의 학생으로 공부한 점에서나 禮官을 역임한 것은 그가 유교 경전에도 밝았음을 시사해 주는 것이다. 따라서 정치적 성향으로 볼 때 최승로 계열에 속하는 인물이 아닌가 한다.[69] 그것은 그가 성종에 의해 중용된 것에서도 미루어 알 수 있다.

左補闕兼知起居注였던 이양도 유학자였다. 그는 성종 7년(988) 월령에 입각한 행사의 실시나 금령의 준수, 그리고 籍田禮·獻種禮의 실시 등을 건의한 인물로 유명하다.[70] 이와 같은 사항은 유학을 깊이 공부하지 않으면 다룰 수 없는 문제다. 따라서 그가 과거에 합격했는지 아닌지는 모르지만 유학자임에 틀림없다. 또 그의 봉사 내용은 앞서 보았듯이 유교적 정치이념에 입각한 것이므로 최승로 계열과 맥을 같이 한다고 할 수 있다.

그러나 그들이 유학자였는지 여부를 잘 알 수 없는 인물들도 있다. 그러한 인물로 이지백을 들 수 있다. 그는 성종 2년 간의대부를 지낸 바 있으며[71] 성종 12년에 前民官御事로 나오고 있는 점으로 미루어 민관어사를 지내기도 했던 것 같다. 그런데 거란이 침입하자 항복하거나 서경 이북을 떼어 주자는 의견에 반대한 서희의 편에 선 바 있다. 그는 경솔하게 국토를 떼어 주자는 의견을 다음과 같이 비판하였던 것이다.

> 금·은·보화를 蕭遜寧에게 주고 그의 속마음을 타진해 보십시오. 또한 국토를 경솔히 적국에 할양하는 것보다는 차라리 선대로부터 전해 오던 燃燈·八關·仙郎 등 행사를 다시 거행하고 타국의 색다른 풍습을 본받지 마십시오. 그리하여 국가를 보전하고 태평을 누리는 것이 좋지 않겠습니까(《高麗史》 권 94, 列傳 7, 徐熙).

---

68) 《高麗史》 권 93, 列傳 6, 韓彦恭.

69) 그가 과거에 떨어졌는데도 불구하고 문하시중까지 이른 것은 학자적 관료이기보다는 행정적인 능력을 발휘하였기 때문이라 하여 그를 서희, 이지백과 같은 계열의 인물로 보는 견해도 있다(李基白, 앞의 글, 1981, 166쪽). 그러나 과거에 떨어졌다 하여 유학적 소양이 부족한 인물로 보는 것은 지나친 속단이 아닌가 한다. 그리고 그가 서희 등과 의견을 같이 했다는 근거도 없다. 오히려 그가 고위 관직에 오를 수 있었던 것은 유학적 소양을 가지고 최승로 등과 더불어 성종을 잘 보필하였기에 가능한 일이었지 않나 한다.

70) 《高麗史》 권 3, 世家 3, 성종 7년 2월.

71) 《高麗史》 권 3, 世家 3, 성종 2년 9월.

그가 이와 같이 말한 것은 성종이 중국 풍습을 즐겨 모방하려 하여 백성들이 이를 좋아하지 않았기 때문이었다.

이러한 그의 주장은 최승로가 연등회·팔관회의 폐단을 지적하자 성종 6년(987) 개경과 서경의 팔관회를 폐지한 것과 정면으로 배치되는 것이었다. 이것으로 보아 당시 성종을 위시하여 최승로 등의 유교정책에 불만을 갖고 있는 세력이 상당수 있었음을 알 수 있다. 그 거두가 서희이고 이지백도 그의 동조세력이었다고 생각된다.

다음으로 박양유를 들 수 있다. 그에 대해서는 자세한 기록이 없어 출신이나 활동 상황을 잘 알 수가 없다. 다만 성종 9년 왕의 조카인 誦을 開寧君으로 책봉할 때 知都省事로 나오고 있으며 성종 12년(993) 거란이 침입했을 때는 시중으로서 上軍使가 되었다는 기록이 있을 뿐이다.[72] 이 때 서희는 中軍使, 최량이 下軍使였던 점으로 보아 이들보다도 상위에 있었음은 분명하다. 그런데도 큰 활동이 보이지 않는 것은 그가 성종의 유교정책에 비판적이었기 때문이 아닌가 한다. 그렇다면 대체로 서희 계열과 입장을 같이 한다고 할 수 있다. 그는 경종의 배향공신이었으나[73] 경종대의 업적이나 활동 상황도 잘 알 수가 없다. 혹 그는 평산 박씨가 아닌가 생각되기도 한다.[74] 만약 그렇다면 광종대에 호족세력을 숙청할 때 承位·承景·承禮 등 세 아들이 투옥되자 화병으로 죽은 삼한공신 朴守卿과는 달리 이 때에 살아 남았다가 경종대의 반동정책 속에서 큰 활약을 했던 인물이 아닌가 한다.

이겸의는 청주인으로 성종 3년에 主農卿이라는 관직에 있다가 형관어사로 승진한 인물이다. 그 해에 성종은 이겸의로 하여금 군사를 거느리고 가서 압록강가에 성을 쌓도록 하였는데 여진의 침입으로 포로가 되었다.[75] 그런데 다른 기록에 의하면 그는 태조를 도와 그의 아버지인 希能과 함께 삼한공신이 되었다고 기술되어 있다.[76] 그러나 그의 생몰 연대를 볼 때 태조공신이 될 수는 없다. 아마도 이희능의 사적을 기술하면서 부자가 함께 기록된 것이

72) 《高麗史》 권 3, 世家 3, 성종 9년 12월·12년 10월.
73) 《高麗史》 권 60, 志 14, 禮 2, 吉禮 太廟 禘祫功臣配享於廷.
74) 李樹健, 〈高麗前期 支配勢力과 土姓〉(《韓國中世社會史硏究》, 一潮閣, 1984), 159쪽.
75) 《高麗史》 권 3, 世家 3, 성종 3년.
76) 《高麗史》 권 99, 列傳 12, 李公升.

아닌가 한다.[77] 어쨌든 그가 삼한공신의 후예라는 점에서는 서희나 박양유와 계열을 같이 한다고 할 수 있으나 속단할 수는 없다.

監察司憲이었던 이주헌과 左承宣 조지린은 각각 洞州(瑞興) 土山縣과 白州(白川) 銀川縣 출신으로 모두 吏職으로 출세한 인물이었다.[78] 조지린은 성종 14년 請婚 사절로서 거란에 가기도 하였다.[79] 정겸유에 대해서는 성종 2년에 공관어사에 임명되었다는 기록이 있을 뿐이다.[80] 따라서 이들이 어떠한 행동을 보였으며 어떠한 정치적 성격을 보였는지 추단하기 어렵다.

이상에서 살펴 본 바와 같이 성종의 배향공신을 비롯하여 내사문하성이나 어사도성, 중추원, 대간, 그리고 지공거를 지낸 인물 22명을 분석해 보면 신라의 6두품 계열이 4명, 과거 합격자가 5명, 그 밖의 유학자가 7명이었다. 이외에 삼한공신의 후예가 2명, 吏職으로 출세한 자가 2명, 그 출신을 알 수 없는 자가 2명이었다. 따라서 성종대의 지배세력은 신라의 6두품 계열과 유신 계열이 주류를 이루었음을 알 수 있다. 그것은 유교적 정치이념에 입각한 체제정비를 꾀했던 성종의 의도와 궤를 같이 하는 것이었다. 그러나 같은 유학자라 하더라도 성종의 지나친 유교정책과 중화정책을 비판하는 세력도 있었으니 서희·이지백·정우현 등이 그들이었다. 따라서 당시의 정계는 성종의 유교정책을 적극적으로 뒷받침한 최승로·최량·최섬·이양·김심언 계열과 서희·정우현·이지백 계열이 약간의 대립과 갈등을 보이고 있었다고도 하겠다.[81]

그러면 당시 지배세력의 성격은 어떻게 규정할 수 있을까. 고려 초에는 지방의 호족 출신이나 武功功臣들이 핵심적인 지배세력의 위치를 차지하고 있었다. 그것은 고려왕조가 계속적인 전쟁과 지방 호족들의 힘에 의하여 개창되고 후삼국 통일을 달성하였기 때문이었다. 그러나 안정기에 접어든 고려는 중앙집권적 유교정치를 필요로 하였으므로 전문적인 유신들이 필요하게 되었다. 지방에 별 지지 기반이 없는 유신들은 물론이고 호족 출신의 관료들도 중앙에

---

77) 李樹健, 앞의 책, 182쪽.
78) 《高麗史》 권 94, 列傳 7, 李周憲 및 趙之遴.
李基白, 앞의 글(1981), 163·166쪽.
79) 《高麗史》 권 3, 世家 3, 성종 14년.
80) 《高麗史》 권 3, 世家 3, 성종 2년 5월.
81) 李基白, 앞의 글(1981), 169~170쪽.

정착하면서 그들의 기반을 닦아 나아가게 되었다. 즉 지방과의 연고관계를 끊는다 하여도 자신들의 생활을 영위해 나아갈 수 있는 세력과 지위를 확보하게 되었던 것이다. 다시 말해 중앙 귀족적 성격을 띠게 되었던 것이다.[82]

이들은 중앙에서 관직의 세습을 꾀하여 하나의 문벌 가문을 이룩하였다. 몇 예를 통하여 살펴보자. 성종대 시무 28조를 올렸던 최승로 가문은 그 후에도 유명한 관리들을 배출하였다. 그의 아들은 崔肅인데 어느 관직까지 올랐는지 모르지만 최숙의 아들 崔齊顔은 현종·덕종·정종·문종 4대를 섬겨 관직이 문하시중(종1품)에까지 올랐다.[83] 최량의 아들인 崔元信도 과거에 합격하여 호부시랑(정4품)을 역임하였다.[84]

長湍 韓氏인 한언공의 가문도 번성하였다. 성종 때 중추원사를 지낸 그는 목종내에 가서는 문하시중까지 올랐으며 목종을 보필한 공로로 그의 관향인 장단현이 湍州로 승격되기도 하였다.[85] 그의 아들 韓祚는 두 딸을 정종에게 바쳐 왕실의 외척으로 세력을 떨치기도 하였다.[86] 한조의 관직은 贈門下侍中으로 나오고 있지만 살아 있을 때에도 높은 관직에 있었을 것이라 추측된다.[87]

청주 이씨인 이겸의의 가문도 인종대에 급제하여 활약한 李公升 때에 와서 꽃을 피우게 되었다. 그는 인종·의종·명종·신종·희종 5대를 섬겼으며 관직은 문하시랑동중서문하평장사(정2품)까지 올랐다.[88] 그의 직계는 아니지만 같은 청주 이씨로서 현종조에 활동한 李可道도 있다. 그는 현종 5년 일어난 上將軍 金訓·崔質 등의 난을 진압한 공로로 중용된 인물이다. 그리하여

---

82) 물론 이들을 중앙귀족이라 하고 고려사회를 귀족사회라고 부르는 것이 과연 적당한 것이냐에 대해서는 문제가 없지 않다. 왜냐하면 역사용어는 당대의 용어를 쓰는 것이 가장 바람직하다고 할 수 있는데 당시 《高麗史》의 기록에는 貴族이란 용어가 많이 보이지 않기 때문이다. 신라시대에는 眞骨, 조선시대에는 兩班이란 용어가 당대에 실제 있었지만 고려시대에는 이들 지배세력을 貴族이라 한 예가 많지 않다는 것이다. 그러나 현재 필자로서는 이 용어에 대한 대안을 제시할 수 없기 때문에 잠정적으로라도 기존의 것을 그대로 따르고자 한다.

83) 《高麗史》 권 93, 列傳 6, 崔承老.

84) 《高麗史》 권 93, 列傳 6, 崔亮.

85) 《高麗史》 권 93, 列傳 6, 韓彦恭 및 권 56, 志 1, 地理 1, 長湍縣.

86) 《高麗史》 권 88, 列傳 1, 后妃 1, 靖宗 容信王后 韓氏 및 容懿王后 韓氏.

87) 혹 靖宗 2년 侍御史에 책봉된 韓延祚가 韓祚가 아닌가 생각되기도 한다(《高麗史》 권 6, 世家 6, 정종 2년 2월 경오). 왜냐하면 인종대의 李公壽가 李壽라고도 불리웠으며 崔竩를 살해한 金俊도 원래 이름은 金仁俊이었기 때문이다.

88) 《高麗史》 권 99, 列傳 12, 李公升.

왕씨 성을 하사 받기도 하였으며[89] 현종·덕종에게 각각 한 딸을 바치기도 하였다.[90] 그도 문하시랑동중서문하평장사의 관직까지 올랐다.

이러한 대표적인 예는 利川 徐氏인 서희의 가문이었다. 그의 가문은 이미 광종조에 활약한 서필에서부터 현달하였지만 서희에 의해 더욱 빛을 발휘하였다. 그의 아들인 徐訥도 성종 15년의 과거에 합격하여 주로 현종대에 많은 활동을 하였다. 그리하여 현종의 妃父가 되었으며 관직은 문하시중까지 올랐다.[91] 이들 3대가 연속하여 최고 관직에 올랐으며 모두 배향공신에 책봉되었던 것이다. 한편 서희의 玄孫인 徐恭도 고위관직을 역임하였다. 그는 蔭叙로 景靈殿判官에 임명되면서 관직생활을 시작하였다. 그러다가 명종 초년에 죽었는데 최고 관직은 평장사이었다.[92] 이처럼 서희 가문은 과거나 음서를 통하여 계속적으로 중앙에서의 특권과 지위를 세습할 수 있었던 것이다.

성종대의 지배세력은 중앙에서의 관직생활을 바탕으로 권력과 정치적 지위를 축적해가고 있었다. 따라서 관직의 세습을 가능케 한 고려시대의 음서도 대략 성종조 무렵에 성립되었다고 생각된다. 음서에 대한 실제적인 사료는 목종 즉위년(997)에 처음 보이지만[93] 이미 성종대부터 실시된 것 같다. 5품 이상의 관료들을 그 이하와는 달리 특별 대우를 하고 있는 기사가 여럿 보이기 때문이다. 예를 들면 성종 원년에 京官 5품 이상의 관리들에게 각각 봉사를 올려 시정의 득실을 논하도록 하였으며[94] 8년 2월에는 5품 이상의 문관과 4품 이상의 무관으로서 질병이 있는 자에게 의사를 보내 치료케 하라는 교서를 내린 바 있다.[95] 또 같은 해 4월에는 京官 6품 이하는 四考加資케 하면서도 5품 이상은 반드시 王旨를 받아 처리케 하였고[96] 목종 11년

89) 《高麗史》 권 94, 列傳 7, 王可道.
90) 《高麗史》 권 88, 列傳 1, 后妃 1, 현종 元質貴妃 王氏 및 덕종 敬穆賢妃 王氏.
91) 《高麗史》 권 94, 列傳 7, 徐熙 附 徐訥.
《高麗史》 권 88, 后妃 1, 현종 元穆王后 徐氏.
92) 《高麗史》 권 94, 列傳 7, 徐熙 附 徐恭.
93) "(성종 16, 목종 즉위년) 十二月 御威鳳樓 頒赦…文武官加一級 五品以上者 授蔭職"(《高麗史節要》 권 2). "穆宗卽位敎 文武五品以上者 授蔭職"(《高麗史》 권 75, 志 29, 選擧 3, 銓注 凡蔭叙).
94) 《高麗史》 권 3, 世家 3, 성종 원년 6월.
95) 《高麗史》 권 3, 世家 3, 성종 8년 2월.
96) 《高麗史節要》 권 2, 성종 8년 4월.

(1008) 5월에는 5품 이상관으로 하여금 각기 1명씩을 천거토록 하기도 했던 것이다.[97] 따라서 성종조에 음서제의 실시를 위한 움직임이 있었다고 보는 것이 타당하다.[98] 좀더 좁혀 생각해 본다면 중앙과 지방의 관제 정비와 문·무산계의 정비가 이루어진 성종 14년 무렵에 음서제도가 마련된 것은 아닐까 하는 추측도 가능하다.[99] 그렇다면 성종대의 지배세력들이 서서히 귀족적 성격을 띠기 시작했다는 하나의 단서가 되는 것이 아닌가 한다.

또 이들은 관직생활의 대가로 전시과라는 토지를 받음으로써 경제적인 토대도 구축해 가고 있었다. 뿐만 아니라 현종 12년(1021)에 보이는 功蔭田의 존재도[100] 이미 성종대 무렵에 형성된 것이 아닌가 생각되기도 한다. 예컨대 성종 원년(982) 최지몽을 홍문숭화치리공신에 봉하고 성종 7년 최승로를 淸河侯에 봉할 때 공음전 같은 토지를 준 것은 아닐까 한다. 그렇다면 이들은 점차 경제적 부도 세습하게 되었다고 할 수 있는 것이다.

이들이 중앙관료로 서서히 귀족화하기 시작함으로써 지방에 남아 있던 그들의 친족과 구분되기 시작하였다. 즉 在地勢力과 在京勢力으로 분리되었던 것이다. 일단 과거나 음서 등을 통하여 중앙관료가 된 이들은 여러 가지 특권 때문에 본향으로 내려가는 것을 꺼리게 되었다. 그리하여 범죄를 범한 자들을 고향으로 강제 퇴거시키는 「歸鄕」이 형벌로서의 의미를 갖게 되었다. 예를 들면 감찰하는 관리가 금품을 훔치거나 감찰할 때에 재물을 받고 법을 어긴 자 및 관청의 물건을 팔고 산 자에게는 귀향죄가 적용되어 고향으로 돌아가야 했던 것이다.[101] 이 귀향죄가 언제 성립되었는지는 분명히 알 수 없다. 그러나 현종 7년에, 감독에 임한 관리가 스스로 도둑질하였을 때에는 贓物의 다소를 막론하고 모두 本貫으로 유배토록 한 조치가 있는 점으로[102] 미루어 성종대에도 이러한 분위기가 있었지 않나 한다.

이상에서 살펴 본 바와 같이 성종대의 지배세력은 신라의 6두품 계열이나

---

97) 《高麗史》 권 75, 志 29, 選擧 3, 銓注 薦擧之制.
98) 李基白, 앞의 글(1981), 193쪽.
99) 朴龍雲, 〈高麗時代 蔭叙制의 實際와 그 機能〉 上(《韓國史硏究》 36, 1982 ; 《高麗時代 蔭叙制와 科擧制의 硏究》, 一志社, 1990, 5~7쪽).
100) 《高麗史》 권 78, 志 32, 食貨 1, 田制 功蔭田柴.
101) 《高麗史》 권 84, 志 38, 刑法 1, 職制.
102) 《高麗史》 권 84, 志 38, 刑法 1, 職制 현종 7년 5월.

과거 합격자를 비롯한 유신들이 주류를 형성하고 있었다. 그것은 유교적 정치이념을 추구한 당시의 상황에 부합되는 것이었다. 그러나 이들 사이에도 약간의 대립과 갈등은 있었다. 이른바 최승로 계열과 서희 계열이 그것이었다. 전자는 적극적으로 성종의 유교정책과 중화정책을 지지하였고 후자는 이러한 성종의 정책을 비판하면서 전통을 중시하였다. 그럼에도 불구하고 이들은 모두 중앙관료로서 관직에 따른 정치적 지위와 경제적 토대를 보장받을 수 있었다. 그리고 그들은 그러한 자신들의 지위를 세습시키고자 하였다. 여기에서 음서제나 공음전제도, 그리고 귀향죄 등의 제도가 탄생되기 시작하였다. 그들은 이제 지방과의 연계관계를 끊고도 생활할 수 있는 터전을 마련해 갔다. 즉 중앙 귀족적 성격을 띠게 되었던 것이다.

〈金甲童〉

4. 고려사회 지배세력의 성격론

1) 관료제 및 가산관료제설과 그에 대한 비판

고려사회의 성격은 여러 시각에서 조명해 볼 수 있다. 그 가운데에서 아마 가장 많이 논의되어 온 것 중의 하나는 奴隸制 내지는 封建制 문제와 관련한 고대 또는 중세 사회론일 것이다. 하지만 이와 함께 사상적인 측면에서 불교적 성격이 논의되기도 하였으며, 또 이 시기에 유난히 잦았던 외세와의 항쟁에 주목하여 대외적인 성격이 지적되기도 하였다.

그러나 이 자리에서는 위에 든 바와 같은 시각이 아니라 주로 정치적 사회적 주도세력의 측면에서 고려가 貴族的 성격을 지니고 있었다는 점에 초점을 맞추어 생각해 볼까 한다. 널리 알려진 대로, 사실 고려를 그처럼 귀족제사회로 이해하는 견해는 연구자에 따라 다소의 출입을 보였다 하더라도 1920년대 초 이래의 개설서로부터[1] 얼마 전에 발표된 전문적인 논문에 이르

1) 李基白은 〈高麗 貴族社會의 形成〉(《한국사》 4, 국사편찬위원회, 1974, 152쪽 ; 《高麗 貴族社會의 形成》, 一潮閣, 1990, 34쪽)에서 安廓의 《朝鮮政治史》(1923) 및 孫晉泰의 《朝鮮民族史槪論》(1948) 등을 들면서 이 점을 지적하고 있다.

기까지[2)] 폭넓은 공감을 얻어 왔었다. 고려왕조는 출생신분을 크게 강조하던 身分制社會로서, 가문·문벌이 좋은 귀족들이 정권을 차지하고 국가를 운영하여 갔다고 보았기 때문이다.

그런데 1970년대 초기에 들어와 이에 대한 반론이 제기되었다. 고려국가가 채택한 보다 일반적인 官人등용법은 개인의 능력 여하를 시험하여 선발하는 科擧制이었으며, 그에 따라 선발된 과거관료가 정치의 주도적 역할을 담당했으므로 고려왕조는 귀족제사회로 이해할 것이 아니라 官僚制社會로 보아야 한다는 것이다. 아울러 이 학설의 주창자는 자기가 말하는 관료제란 독일의 사회학자 막스 웨버(Max Weber, 1864~1920)가 《支配의 諸類型》에서 그 하나로 지적한 「家産國家」에서의 통치구조인 「家産官僚制」를 뜻한다는 점도 같이 밝히고 있다.[3)]

그리하여 이 논자는 고려에서 과거제가 처음 시행되는(958) 光宗朝에 이미 과거에 합격한 과거관료를 골간으로 하여 官僚制가 수립될 수 있었으며, 이는 成宗代(982~997) 이후 더욱 강화·발전되어 갔다고 하였다. 그는 이 같은 자기의 입론을 위해 각 왕대에 크게 활동한 관료들을 일일이 열거하면서 그 대부분은 과거급제자가 아니면 科試를 주관한 고시관인 知貢擧였다는 점을 지적하고 있다. 이러한 현상은 《高麗史》 列傳에 立傳되어 있는 650명의 인물들을 분석하여 보아도 같은 결과가 나오며, 이를 다시 주도적인 위치에 있던 관료의 숫자를 따졌을 때 더욱 두드러진다는 사실을 강조하고 있다. 그리하여 이것은 기본적으로 관직이 血系와는 별반 관계없이 개인의 능력 여하에 의거하여 주어졌다는 것을 뜻하며, 동시에 그로써 과거가 얼마나 중시되었던가도 이해할 수 있다고 주장한다. 실상 父祖의 蔭德에 힘입어 官途로 나가는 蔭敍制를 많이 이용했을 듯싶은 공신의 후손들 역시 과거제에 적극 적응하고 있고, 또 비록 음서에 의해 등용되었다 하더라도 在官 중에 계속하여 급제를 시도하는 것도 같은 연유로 볼 수가 있다. 이처럼 과거제가 일반성을 띠고 있었을 뿐더러 절대적인 기능을 했던 고려는 마땅히 관료제사회로 파악되어야 하며, 따라서

---

2) 대표적인 논문으로는 邊太燮의 〈高麗朝의 文班과 武班〉(《史學硏究》 11, 1961 ; 《高麗政治制度史硏究》, 一潮閣, 1971), 〈高麗社會의 特性〉(《史學硏究》 13, 1962 ; 《韓國史의 省察》, 三英社, 1978), 〈高麗貴族社會의 歷史性〉(《讀書新聞》, 1972, 5 ; 《韓國史의 省察》, 三英社, 1978)을 들 수 있다.

3) 朴菖熙, 〈高麗時代 「官僚制」에 대한 고찰〉(《歷史學報》 58, 1973), 35쪽.

蔭敍制 一般性說에 근거를 둔 귀족제사회론은 부정될 수밖에 없다는 것이다.[4]

한편 이 논자는 원래 지방의 한미한 流外出身이었거나 대수롭지 않은 中·下級官吏의 자제가 급제한 것을 계기로 出仕·陞進하여 門地를 세운 예를 들어 같은 논리를 펴고 있다. 이는 과거제가 하층신분의 상승 이동을 가능케 하여 주는 기능이 컸다는 사실을 말해 주는 것으로 역시 귀족제 존립설을 부정하는 또 하나의 증거가 된다는 것이다.[5]

검토하여 보건대, 이상의 논지는 일단 긍정적인 면이 많다고 생각된다. 과거는 원리상으로 문예·경전 등에 관한 개인의 학문적 실력을 기준으로 하여 관인을 선발하는 고시제도로서, 그 비중이 매우 컸을 뿐만 아니라 그것이 지니는 사회적인 기능이나 역할 역시 결코 낮게 평가할 수 없기 때문이다. 그러나 한편으로 관인 선발제도의 또 다른 하나인 음서제를 강조하며 종래의 귀족제설을 보완하는 입장에서 고려를 「貴族官人社會」로 파악하는 것이 옳다는 주장도 동시에 발표되고 있고,[6] 또 관료제설 주창자가 말하는 「家産官僚制」나 과거제 운영의 실제와 그 성격에 관한 이해방식 등에 의문을 제기하며 비판하는 논자도 나오고 있다.

그러면 지금부터 이 같은 비판론에 관하여 살펴보기로 하겠다. 고려왕조를 관료제 내지 가산관료제 사회로 보려는 주장에 대한 비판은 우선 그 논지가 주로 《高麗史》 열전에 올라 있는 인물을 통계화하여 전개한 데 잘못이 있었다는 점에서 시작되고 있다. 《高麗史》 열전은 극히 제한된 사료일 뿐 아니라 그것은 또한 관료적 성격이 강한 조선 초기의 관인들에 의해 편찬되었기 때문에 과거 출신을 중심으로 서술한 만큼 한계성이 뚜렷한 것인데 그와 같은 사실을 고려함이 없이 다만 그곳에 수록되어 있는 인물의 숫자만 가지고 사회의 성격을 규정한 입론은 재고되어야 한다는 것이다.[7]

잠시 생각하더라도 이러한 견해는 일면 정당한 것 같다. 하지만 관료제설에 관한 비판은 과거제 자체에 대하여 이해를 달리하고 있는 데서 보다 적극적으로 행해지고 있음을 보게 된다. 과거제를 처음으로 도입한 광종조의

---

4) 朴菖熙, 위의 글, 39~52쪽.
5) 朴菖熙, 위의 글, 52~55쪽.
6) 金毅圭, 〈高麗官人社會의 性格에 對한 試考〉(《歷史學報》 58, 1973).
7) 金毅圭, 위의 글, 62~63쪽.

상황만 해도 그것을 채택한 목적은 매우 제한적이어서 급제자 수가 극소수에 그쳤다는 점을 간과해서는 안되리라는 지적을[8] 할 수 있다. 즉 광종 9년(958)에 科試를 처음 실행한 이후 재위하는 18년 동안 8회를 실시하면서 進士는 27명, 明經은 5명을 뽑고 있어서 급제자 수는 고작 연평균 2명도 못되는 것으로 나타나는데,[9] 이러한 실정에서 과거관료를 골간으로 하는 관료제의 수립을 논하기는 어렵지 않을까 판단되기 때문이다.

응시 자격의 면에서 볼 때 과거는 결코 신분을 초월하여 실력에만 기준을 두고 있던 관인등용법이 아니라는 지적 역시 주목할 만한 것이다. 실제로 靖宗 11년(1045)에 발표된 判文에 "五逆·五賤·不忠·不孝·鄕·部曲·樂工·雜類의 자손에게는 赴擧를 許하지 않는다"고 한[10] 내용이 전해지고 있다. 여기에서 5역과 불충·불효는 범죄자류로 생각된다. 이러한 사람들에게는 본인은 말할 것 없고 그 자손에게도 과거에 응시할 자격이 주어지지 않았다. 그리고 신분제도상으로 구체적인 내용은 잘 알 수 없으나 여러 종류의 천인을 지칭한 듯한 5천과 더불어 향·부곡인 및 악공과[11]하급의 말단 吏屬인 잡류의 자손에게는 역시 응시가 금지되고 있는 것이다. 물론 이들 가운데에서 잡류의 자손에게만은 얼마 뒤에 응시를 허용한 듯한 기사가 보이며,[12] 그로부터 다시 얼마의 시기가 지난 인종 3년(1125)에는, "電吏·杖首·所由·門僕·注膳·幕士·驅史·大丈 등의 자손은 군인의 자손에게 諸業의 選路에 허통하도록 한 예에 의거해 赴擧케 하되, 製述·明經의 兩大業에 오른 자는 5품까지로 한정하고, 醫·卜·地理·律·算業에 (오른 자는) 7품까지로 한정한다"고 하여[13] 급제자에 대한 限品敍用의 규정을 마련하고 있는 것으로 미루어 응시가 허락된 사실을 확인할 수 있다. 이처럼 시기에 따라 다소의 차이를 나타내고는 있으나, 5역·불충·불효 등의 특수한 경우 이외에도 5천이나 향·부곡인·악공의

8) 姜喜雄, 〈高麗初 科擧制度의 導入에 관한 小考〉(《韓國의 傳統과 變遷》, 高麗大 亞細亞問題硏究所, 1973), 269쪽.
9) 朴龍雲, 〈高麗時代의 科擧-製述科의 運營-)〉(《高麗時代 蔭敍制와 科擧制硏究》, 一志社, 1990), 271쪽.
10) 《高麗史》 권 73, 志 27, 選擧 1, 科目 1, 靖宗 11년 4월 判.
11) 樂工을 樂·工으로 해석하는 논자도 있다.
12) 《高麗史節要》 권 5, 문종 12년 5월·《高麗史》 권 75, 志 29, 選擧 3, 銓注 限職, 문종 12년 5월·《高麗史》 권 95, 列傳 8, 李子淵.
13) 《高麗史》 권 75, 志 29, 選擧 3, 銓注 限職, 인종 3년 정월 判.

자손 등 과거에 응시할 자격이 없는 사회적 신분층이 존재했다는 사실만은 분명하게 알 수가 있는 것이다.

지방 향리의 경우는 문종 2년(1048)에 나온 判文에 규정되고 있는데, 그에 의하면 제술업(과)과 명경업(과)에 응시할 수 있는 사람은 '각 州縣 副戶長 이상의 孫과 副戶正 이상의 子'로 되어 있다.[14] 그 뒤 문종 5년에는 향리의 승진 규정이 마련되어 ⑨諸壇史로부터 ⑧兵史·倉史로, 다시 거기에서 ⑦州府郡縣史로, 이어서 ⑥副兵正·副倉正→⑤副戶正→④戶正→③兵正·倉正→②副戶長→①戶長의 순서로 9단계를 밟도록 하고 있지마는[15] 응시 자격을 이와 견주어 볼 때 꼭 가운데에 위치한 부호정과 그리고 그 위의 호정 및 병정·창정은 子까지, 다시 그 위의 부호장·호장은 子·孫까지 응시하게 하고, 부병정·부창정 이하의 자손에게는 응시 자격을 주지 않았음을 알 수 있다. 제술업과 명경업에는 향리층 가운데서도 일정한 선 이상의 자손만이 응시가 가능했던 것이다.

그러나 응시자격 문제에 있어서 보다 중요한 의미를 지니는 것은 앞에서 설명한 부류보다도 一般良民의 경우가 어떠했는가에 있다고 생각된다. 이들이 사회 구성원의 절대 다수를 차지하는 신분층이었기 때문이다. 그런 점에서 검토하여 갈 때 우선 주목되는 기사가 위에서 든 바 향리층의 응시자격을 규정한 문종 2년(1048)의 판문 말미에, 雜業 가운데 하나인 醫業에는 호정 이상의 子에 한정하지 않고 비록 庶人이라도 응시하게 한다는 내용이다. 여기에서 지칭하고 있는 서인은 종래 우리들이 이해하여 왔던 것처럼 일반양민과 동일한 존재로 생각된다.[16] 그렇다면 양민은 의업 등 주로 기술직을 선발하는 잡업에는 응시가 가능했으나 제술업과 명경업에는 그것이 불가능하였다는 해석을 할 수 있게 된다.

---

14) 《高麗史》 권 73, 志 27, 選擧 1, 科目 1, 문종 2년 10월 判.

15) 《高麗史》 권 75, 志 29, 選擧 3, 銓注 鄕職, 문종 5년 10월 判. 이 사료에 나오는 後壇史는 앞뒤의 문맥으로 보아 諸壇史로 이해함이 타당하다. 이 점에 대해서는 千寬宇, 〈閑人考－高麗初期 地方統治에 관한 一考察－〉(《社會科學》 2, 韓國社會科學硏究會, 1958 ; 《近世朝鮮史硏究》, 一潮閣, 1979, 33~34쪽) 참조.

16) 文炯萬은 〈高麗科擧制度에 있어 赴擧資格의 再檢討〉(《釜山史學》 4, 1980), 4~6쪽에서 庶人을 오히려 良民과 대칭되는 존재로 파악하고 있는데, 필자로서는 선뜻 동감이 가지 않는다.

이 문제와 관련된 기사로 역시 앞에서 제시한 바(註 13 사료) 電吏·杖首 등 잡류의 자손은 “軍人의 자손에게 諸業의 選路에 허통토록 한 예에 의거해 赴擧케 한다”는 인종 3년(1125)의 판문도 주목할 필요가 있다. 양대업을 비롯한 각 科試에 응시할 수 있도록 한「軍人」을 어떻게 이해하느냐에 따라 일반 양민의 응시 가능성도 생각하여 볼 수 있기 때문이다. 그러나 여기의「군인」도 軍班制說에 전적으로 동의하는 것은 아니지만 역시 군인직을 전문으로 하는 京軍 소속의 군인으로 이해하는 게 옳을 듯싶다. 만약에 이와 같은 견해가 타당하다고 할 것 같으면 특히 제술과의 경우「군인」에게 응시할 수 있는 자격을 주었다고 해서 그 사실을 근거로 일반양민에게도 허용되었을 것이라고 말하기는 또한 어렵게 된다.[17]

양민에 대한 과거에의 응시를 명시한 규정은 이보다 10여 년이 더 경과한 인종 14년(1136) 11월의 판문에 나타나고 있다. 즉, 거기에 보면 明經業監試와 書業·算業·律業 등 각 雜業監試에 응시한 수험생에게 부과하는 과목이 白丁과 莊丁으로 나뉘어 정리되어 있는 것이다.[18] 여기에서 백정과 장정이 과연 어떤 부류였느냐 하는 매우 어려운 문제가 다시 제기되는데, 현재로서는 백정이란 주로 職役을 부담치 않아 국가로부터 토지를 지급 받지 못한 농민층으로, 그리고 장정은 莊(庄)·處民과 관련시켜 생각하여 보려는 견해가 많다는 정도로 언급해 둘 수밖에 없을 것 같지만, 하여튼 이로써 명경업과 잡업에는 백정 등의 일반양민이 응시할 수 있었다는 사실만은 분명하게 확인이 된다. 물론 이것은 명경업의 응시 자격에 관한 문종 2년의 판문과는 차이가 있어 앞으로 좀더 검토가 필요할 듯싶지마는, 그러나 명문으로 나와 있는 본 규정에 의문을 가질 것까지는 없다고 생각되는 것이다.

그런데 논자들이 그간 주목한 것은 이보다는 오히려 이 인종 14년의 규정에 하필이면 왜 제술업감시에 관한 내용이 없느냐 하는 점이었다. 이에 대해 혹자는 제술업만은 백정과 장정에게 응시 자격을 주지 않았기 때문이었으리라는 견해를 피력하고 있거니와,[19] 필자도 이 의견이 옳겠다는 생각이 많이 든다.

17) 朴龍雲, 앞의 책, 240~241쪽.
18) 《高麗史》 권 73, 志 27, 選擧 1, 科目 1, 인종 14년 11월 判.
19) 李基白, 앞의 책(1990), 57쪽.

종래 논자들 가운데서는 제술업까지도 일반양민에게 개방되어 있었다는 주장을 펴기도 했으나,[20] 이에 대해서는 부정적인 견해 또한 적지 않은 것이다.[21]

하기는 근자에도 일반양민보다 사회적으로 낮은 대우를 받았던 鄕·部曲人에게조차 과거에 응시할 자격이 주어졌다는 의견이 제시되었다.[22] 이 논자는 과거라고만 표현하고 있으나 그것은 제술업을 포함한 각종 科業을 모두 지칭한 듯 싶은데, 위에서 설명한 인종 14년의 판문에 장정이 언급되고 있음을 참작컨대 이와 비슷한 위치에 있었다고 생각되는 부곡인들이 어느 시기부터 명경업이나 잡업에 응시할 수 있었을 가능성을 완전히 배제하는 데는 주저되는 면이 없지 않다. 그러나 이들이 과연 제술업에도 응시할 수 있었을까는 여전히 의문시된다. 부곡인의 과거응시 긍정론자는 그 가장 중요한 근거로 역시 앞에서 든 바 '五逆·五賤·不忠·不孝·鄕·部曲·樂工·雜類의 자손에게는 赴擧를 許하지 않는다'고 해석하여 온 靖宗 11년의 판문을 종래와는 달리 '五逆·五賤·不忠·不孝(의 죄를 범한) 鄕·部曲·樂工·雜類의 자손에게는 赴擧를 許하지 않는다'고 해석해야 한다는 점을 들고 있다. 이렇게 이해하고 보면 五逆 등은 수식어가 되어 그 같은 죄를 범하지 아니한 향·부곡·악공·잡류의 자손은 과거에 응시할 수 있었다는 논리인 것이다. 하지만 그와 같이 해석할 경우 '五逆·不忠·不孝'는 그런대로 납득이 가나 '五賤'은 죄의 종류가 아니라 어떤 부류의 賤人 자체를 의미한다고 짐작되는 만큼 수식어로 사용되었다고 보기가 어려워 이해에 곤란이 따른다. 역시 새로운 해석에 동의하기에는 난점이 없지 않은 것이다.

또 구체적인 실례로 들고 있는 鄭文만해도 그렇다. 논자는 정문의 급제가 '부곡인이 과거에 응시할 수 있었음을 보여 주는 *好例*'라 하였지만[23] 사실은

20) 曺佐鎬, 〈麗代의 科擧制度〉(《歷史學報》 10, 1959), 149~152쪽.
文炯萬, 앞의 글, 4~6쪽.
李成茂, 〈韓國의 科擧制와 그 特性-高麗 朝鮮初期를 中心으로-〉(《科擧》, 一潮閣, 1981), 74·96쪽.

21) 李基白, 앞의 책.
許興植, 〈高麗 科擧의 應試資格〉(《高麗科擧制度史硏究》, 一潮閣, 1981), 84·85쪽.
朴龍雲, 앞의 책, 239~243쪽.

22) 朴宗基, 〈高麗 部曲制 成員의 分析〉(《高麗時代 部曲制硏究》, 서울大出版部, 1990), 48~51쪽.

23) 朴宗基, 위의 글, 52쪽.

그의 外祖가 부곡 출신이었을 뿐 정문 자신은 그렇지 아니하였다. 더군다나 그의 부친은 제술과에 壯元으로 급제한 후 禮部尙書(정3품)·中樞使(종2품)의 지위에까지 올랐고, 뒤에 私學 12徒 가운데 하나인 弘文公徒를 열어 門下侍中(종1품)光儒侯에 추증된 鄭倍傑이었다는[24] 점을 감안할 때 정문을 부곡과 직접 연결시켜 파악하는 데는 무리가 많다고 생각된다.

지금까지 검토하여 왔듯이 명경업과 잡업은 시기의 문제가 좀 있기는 하지만 대체로 일반양민에게까지 개방되었으나 제술업은 향리의 경우 副戶長 이상의 子·孫이나 副戶正 이상의 子, 그리고 중앙 관리의 경우는 胥吏 이상층과 양반·귀족에게 응시가 한정되어 있었다고 보는 게 좋을 듯하다. 그런데 이들 세 과업 중 관료의 주된 공급원이 된 것은 매우 제한된 신분층만이 응시할 수 있었던 제술업으로서, 이것이 명경업과 잡업에 비하여 절대적 우위에 있었다.[25] 그런 데다가 명경업이나 잡업마저도 경제적·사회적으로 매우 어려운 여건에 처해 있던 일반양민들이 그들의 처지를 극복하고 과연 얼마만한 숫자가 응시·급제할 수 있었을까를 생각할 때 그리 전망이 밝지 않았던 것 같다.[26] 응시 자격면에서만 하더라도 고려시대의 과거제가 지니는 한계성은 뚜렷했던 것이라 하겠다.

비슷한 이야기이지만 이 시기의 과거는 시행과정에서 가문관계에 의해 많은 영향을 받았다는 의견도 있다. 과거 절차법에 따르면 擧子는 시험이 시행되기 일정한 기간 이전에 行卷과 家狀을 貢院에 제출하게 되어 있었다.[27] 이 중 가장에는 당해인의 성명과 본관·四祖(父·祖·曾祖·外祖) 및 응시 자격·연령·4조의 관직 등을 기록하게 되어 있었는데,[28] 그것이 비록 집안의 허물을 알아보는 데 목적이 있었다고 하지마는[29] 과거시험 그 자체에도 적지 않은 영향을 미쳤으리라는 것이다. 金富軾의 아들 金敦中은 차석으로 급제하였는데도 인종

24) 《高麗史》 권 95, 列傳 8, 鄭文.
25) 이 점에 대해서는 朴龍雲, 앞의 책, 588~591쪽 참조.
26) 李基白, 앞의 책, 57~58쪽.
27) 《高麗史》 권 73, 志 27, 選擧 1, 科目 1, 선종 8년 12월 判·예종 11년 11월 判.
28) 《高麗史》 권 74, 志 28, 選擧 2, 科目 2, 試官 원종 14년 10월·공민왕 9년 同年錄. 同年錄에 대해서는 許興植, 〈高麗科擧制度의 檢討〉(《韓國史硏究》 10, 1974, 39쪽 ; 앞의 책, 1981, 67~68쪽) 참조.
29) 《高麗史》 권 73, 志 27, 選擧 1, 科目 1, 예종 11년 11월 判.

이 그의 아버지를 위로코자 수석으로 올려 주고 있는 예나,[30] 좀 시기가 뒤지는 때의 사실이긴 하지만 李穀과 許伯이 과거를 관장하면서 私情에 이끌려 대부분 '世家의 不學子弟'들을 선발하여 憲司의 탄핵을 받은 일[31] 등이 그 증거로 들어진다. 또 일단 과시에 급제했다 하더라도 初職을 받을 때까지 대기하는 기간의 장·단, 제수 받는 초직 자체의 이·불리, 臺諫의 심사과정 등에서 역시 가문관계가 작용했을 가능성은 컸다고 짐작된다.[32] 史書에 수석으로 급제한 사람의 성명은 모두 실려 있어 고려 전기에 해당하는 의종 24년까지만 하여도 130명이 찾아지는데, 그들 중 60%가 넘는 숫자인 80명에 가까운 인원은 성명만을 전할 뿐 官歷이 전혀 알려지지 않은 주된 원인도 이 같은 점에 있지 않았나 추측되는 것이다.[33]

고려시대에는 지방의 향리나 流外의 서리들이 과거에 급제한 것을 계기로 出仕하여 門地를 세우는 일이 종종 있었다. 이런 점에서 과거제가 지니는 사회적 기능은 이미 지적한 바와 같이 충분히 인정되어야 한다. 그러나 앞서 살펴 왔듯이 당시의 과거제는 실제적으로는 제한된 상급의 지배신분층을 중심으로 운영되는 면이 많았던 것이다. 요컨대 고려시대의 과거는 정치적·경제적·사회적으로 유리한 지위에 있는 자들이 그들의 특권을 배타적으로 공유하는 하나의 방법이었다고 생각되고 있지마는,[34] 이렇게 볼 때 과거제에 근거하여 주창된 관료제 내지 가산관료제 사회설은 다시 검토할 여지가 많다는 것을 느끼게 된다.

한편 위에서 살핀 내용과는 방향을 달리하여 관료제 및 가산관료제의 개념을 추구한 결과 양자간에는 상충되는 점이 많다는 사실을 지적하고, 또 가산관료제와 같은 개념을 고려사회에 그대로 적용시키기도 어렵다는 견해가 있었다. 즉, 관료제는 근대적인 소산물로 합리화·능률화를 목적으로 규칙의 지배·沒主觀性·專門化·階層的 權限秩序 등을 속성으로 하는 집행이나 관

30) 《高麗史節要》 권 10, 인종 22년 하5월.

31) 《高麗史》 권 109, 列傳 22, 李穀.

32) 朴龍雲, 앞의 책(1980), 277~302쪽 참조.

33) 朴龍雲, 〈高麗 家産官僚制說과 貴族制說에 대한 檢討〉(《史叢》 21·22, 1977 《高麗時代 臺諫制度 硏究》, 一志社, 1980, 315~316쪽).

34) 李基白, 앞의 책, 61쪽.

리 조직을 말하고 있다. 그러므로 이 조직을 구성하는 인적 요소인 행정간부, 곧 관료들도 인격적으로는 자유여서 오직 객관적인 관직 의무에만 복종하고, 명확한 관직 권한을 가지며, 그들의 선발은 전문자격에 따라 자유로운 계약에 의하였다고 한다.

이에 대칭되는 지배구성체가 「家産制」였다. 즉 이는 전근대사회에 있어서의 전통적 지배의 한 형태로, 지배자의 권리는 그의 고유권으로 간주되어 그것이 임의의 소유대상과 같은 방식으로 專有되며 경제적 권익도 그와 동일한 양식으로 처분이 가능하다는 특징을 띠었다. 그런데 이 가산제 지배자가 그의 권력을 국가권력으로 발전시켰을 때 그 국가를 「家産國家」라 할 수 있거니와, 여기에 상당한 정도로 관료제적 요소가 나타남으로써 가산관료제의 개념도 도출되게 되었다. 그리하여 가산관료제란 결국 가산제사회에서 행정을 담당하는 관료들이 합목적적인 직무 배분에 의하여 신분적인 階序制 조직을 이루어, 형식적으로는 관료제적인 방식으로 기능하고 있는 경우를 지칭하는 통치구조로 파악되고 있다. 그런데 여기서 유의할 점은 이 가산관료제는 본질적으로 家産制 지배구조에 원점을 두고 있다는 사실이다. 그렇기 때문에 그 행정간부도 근대관료제의 그들과는 근본적인 차이가 있어 몰주관적인 자격에 의하여 선발되는 것이 아니라 군주와의 개인적인 성실관계에 따라 그가 자의적으로 선택하였고 또 그 지배도 가산제적이었다는 것이다.[35]

이와 같이 이해하고 보면 관료제와 가산관료제는 서로 다른 구조를 가지고 있었으며, 또한 두 체제가 다같이 과거제가 시행되었다 하여 곧바로 성립되는 성질의 것이 아님을 대략 알 수 있다. 나아가서 기본적으로 가산제적 지배원리를 가지고 있던 가산관료제를 왕권이 宰樞群과 臺諫 등에 의하여 많은 견제를 받았던 고려사회에 그대로 적용시키는 것 역시 무리라는 사실도 어느 정도 명확해진다. 고려왕조를 관료제 내지 가산관료제 사회로 보아야 한다는 제의에는 여전히 찬동하기가 어렵다고 판단되는 것이다.

2) 귀족·귀족제의 개념

35) 朴龍雲, 앞의 책(1980), 295~301쪽.

고려를 귀족제사회로 보려고 할 때 먼저 귀족과 귀족제에 대한 개념부터 살필 필요가 있다. 종래 이에 대해서는 「家門·門閥이 좋은 사람들」을 귀족으로 규정하고, 이들이 정권을 차지하고 국가를 운영하는 사회를 곧 귀족사회로 이해하였으며,[36] 또 身分制社會라는 점에 중점을 두어 이 같은 사회에서의 지배신분층을 귀족이라 보고 이들을 중심으로 말할 때에 그 사회는 곧 귀족사회라고 할 수가 있다는[37] 견해 등이 피력되어 왔다. 그렇지만 이와 같은 정의는 약간의 문제가 없지 않은 것 같다. 전자의 경우 가문·문벌을 기준으로 삼아 그것이 좋은 文班만을 귀족으로 보고 그것이 문반보다 못한 무반은 아예 귀족층에서 제외해 버리고 말았지마는, 엄연히 지배체제의 큰 한 부분을 차지하고 있고 또 功蔭田柴의 대우에 있어서나 자손의 음서 및 國子學·太學에의 진학에 있어서도 문반과 똑같은 특권을 보유하고 있는 이들을 그렇게 처리하여도 좋을까 하는 의문이 제기될 수 있으며, 후자의 경우에 있어서도 지배 신분층은 생각하기에 따라 귀족에는 포함시킬 수 없는 豪族이나 吏族 등을 포괄하는 넓은 신분층을 의미할 수 있겠기 때문이다.

그러므로 이 개념 규정은 좀더 구체화할 필요가 있는데, 서양에서 전형적인 형태를 보인 것처럼 귀족의 범위를 公爵·侯爵·伯爵·子爵·男爵과 같이 爵位貴族으로 한정시킬 수 있다면 문제는 간단하다. 주지하듯이 그들은 각각의 작위를 자손에게 세습시키면서 그에 따르는 여러 가지 특권을 누리는 특수 신분층이었다.

고려에도 그와 비슷한 爵位制는 있었다.[38] 그러나 우리의 경우 왕족을 제외한 異姓으로 봉작을 받은 사람들을 보면 대체적으로 왕실과 인척관계에 있는 고위관료나 국가에 특별한 공로가 있는 인물에 한정되고 있으며 또 그것이 자손에게 세습되지도 않은 것 같다. 말하자면 고려시대의 작위는 그것을 받은 당사자에 대한 優遇 조처일 뿐 세습도, 그리고 귀족 일반에게 공개되어 있는 것도 아니었다고 생각된다. 따라서 고려왕조에서는 작위와 같은

36) 邊太燮, 앞의 책(1971), 276쪽.
37) 李基白, 〈高麗 中央官僚의 貴族的 性格〉(《檀國大 第4回東洋學學術會議講演鈔》, 1974) 46~47쪽.
38) 《高麗史》 권 77, 志 31, 百官 2, 爵·宗室諸君·異姓諸君 참조.

명목상의 기준에 의해 귀족의 여부를 판가름하기는 어려운 것이다.

이런 점에 우리의 고충이 있지마는, 일반적으로 넓은 의미에서 귀족은 '일반 인민과 구별되는 신분적·정치적 특권이 주어진 가족에 태어난 인간' 또는 '신분제사회에서의 지배신분층' 등으로 규정하려는 경향이 많은 듯하다. 물론 좀더 파고들어 가면 이러한 규정도 약간의 문제가 없지 않다고 생각되는데, 그러나 어쨌든 여기에서 한 가지 분명한 것은 귀족은 양민보다 상위의 특권신분층이라는 것과 이러한 신분은 특권적 家系에 출생함으로써 획득될 수 있다는 점일 것이다. 다시 말하면 「血의 상속」에 의해서 특권적 신분을 세습하며, 이러한 세습되는 특권적 신분에 적합한 정치·경제·사회 등 제부면의 특권적 지위까지도 향유하는 인간이 귀족의 범주 속에 편입될 수 있다는 것이다. 일단은 귀족의 개념을 이와 같이 규정할 때, 이 규정에 맞는 사람들이 국가의 요직을 점유하고 귀족제적인 테두리 안에서 나라를 운영하여 간다면 그 사회를 곧 귀족사회라고 불러 무방하지 않을까 이해되고 있다. 그러므로 이러한 사회에서는 다음과 같은 특성이 드러난다. 즉, 귀족제 아래에서는 출생신분이 제1차적인 중요성을 가지며 개인의 능력이나 資性은 제2차적 문제가 된다. 어느 개인은 그 개인으로서가 아니라 그의 배경이 되는 종족·친척과 合體되어 평가되기 때문이다. 이와 관련된 당연한 귀결이겠지만 또 귀족제 아래에서는 관직의 세습적 경향이 강하게 나타난다. 그리하여 정권은 소수의 가문에 의해 累代에 걸쳐 장악되며 그 결과 문벌이 형성되고 家格의 상하가 생겨난다. 이 家格意識은 혼인관계에 잘 표현되어 귀족들은 동일층 내지는 상층 가문과의 결혼을 희망하며 그에 따라 하나의 폐쇄적인 통혼권을 형성하게 된다. 아울러 저들은 자기네의 물질적 뒷받침을 위하여 토지의 사적 영유를 제도적으로 보장하는 방향을 모색하기도 한다는 것이다.[39]

그러나 이것으로써 역사상의 귀족 내지 귀족제의 개념이 분명해졌다고는 할 수 없을 것 같다. 위에서 말했듯이 귀족은 세습적인 특권신분층이라고 했거니와, 이처럼 귀족은 「역사의 堆積」에 의하여 형성될 수 있는 것인데, 그렇다면 이 「역사의 퇴적」이 얼마만큼의 시간적 경과를 거쳐야 하는 것일까. 그리고

---

39) 朴菖熙, 앞의 글, 36~37쪽.
朴龍雲, 앞의 책(1980), 307~310쪽.

또 귀족은 지배신분층이라고 했지만 그 범위는 유동성이 있을 수 있겠는데 그 한계는 어떻게 잡아야 할까. 이러한 문제들이 해결되어야 하기 때문이다.

이 문제를 살펴 가는 데 있어 官品이 하나의 기준으로 제시될 수 있지 않을까 싶다. 한국 내지 중국사회의 귀족은 관직귀족이었던 때문이다. 우리의 귀족은 곧 관직보유자로서, 그들에게 있어 관직은 정치적 권력의 원천이요 경제적 수입원이며 사회적 위세의 상징이었다. 따라서 관직을 지니고 있었는지 여부 및 高下는 그 사람의 신분과도 연결되어 있었던 것이다.

이런 관점에서 고려시대의 귀족을 5품관 이상으로 보자는 견해가 있다. 물론 논자 중에는 종9품 이상의 品官 전체를 귀족으로 이해하자는 의견도 있으나[40] 거기에는 좀 무리가 따르는 것 같다. 당시에 귀족적 특권이 부여된 품계는 5품 이상이었기 때문이다. 음서의 특전이 그러하며 공음전시를 지급하여 자손에게 세습시킬 수 있도록 한 것도 5품관 이상이었다. 뿐만 아니라 장차 관료로의 진출에 큰 영향을 미치게 될 국자학·태학에의 입학도 5품관 이상의 자손에게 한정하는 등 5품과 6품 사이에는 커다란 선이 그어져 있었다. 이처럼 5품관 이상의 고위관료가 되어야 여러 가지 귀족적 특권을 부여받게 되고, 이 특권적 지위를 세습적으로 이어 나가 代를 거듭하게 됨에 따라서 하나의 가문을 형성, 귀족으로 행세할 수 있었을 것으로 생각되는 것이다.

그런데 비록 5품 이상 귀족관료의 자손이라 하더라도 官途에의 첫 출발은 아주 하위의 官位에서부터 시작하였다. 그렇다면 저들이 아직 6품 이하의 관직에 머물고 있을 때에는 어떻게 파악해야 할까. 고려의 귀족도 관직귀족이었던 점에서 이러한 미묘한 문제가 있지마는, 그래도 역시 저들은 귀족으로 파악해야 하리라 판단된다. 저들은 출생과 동시에 귀족적 신분을 부여받은 셈이며 현재 그 특권의 혜택을 누리고 있고 또 장차도 특별한 사유가 없는 한 귀족적 특권을 향유할 수 있는 지위를 약속 받고 있기 때문이다. 전체의 지배신분층 중에서 이와 같은 귀족적 특권을 누릴 수 있는 가문은 얼마 안 되는 소수에 불과하였을 것으로 생각되는데, 그렇지 못한 대부분의 사람들은 관료로서의 지위를 누리는 것으로 만족할 수밖에 없었을 것이다.[41]

---

40) 白南雲, 〈貴族群〉(《朝鮮封建社會經濟史》 上, 改造社, 1937), 274쪽.
41) 朴龍雲, 앞의 책(1980), 310~312쪽.

다음으로 귀족이나 가문과 같은 의식의 형성에 소요되는 시간의 경과에 대한 문제인데, 대체적으로 3세대는 지나야 하지 않았을까 보고 있다. 아마 어느 하급관료가 특별한 공로로 인하여 귀족적 특권을 누릴 수 있는 지위에까지 올랐으나 그 지위가 당대로 끝나고 말았을 때 우리는 그의 집안을 귀족가문이라고 말할 수는 없을 것이다. 위에서 지적했듯이 그 같은 의식의 형성에는 「역사의 퇴적」이 필요하였거니와, 그것은 동·서양을 막론하고 3세대 정도는 경과해야 하지 않았을까 인식되고 있으며, 고려시대도 예외는 아니었으리라 짐작하고 있는 것이다.42)

위의 설명은 다음과 같이 정리된다. 즉, 귀족은 특권적 신분층에서 출생하여 또다시 그 지위를 자손에게 세습시키는 존재들이었다. 이러한 과정이 3세대를 거치는 동안 하나의 門地를 세우게 되면 귀족가문으로서 여타의 지배신분층과도 구별되는 家格을 인정받게 되었다. 이들은 그들의 가격에 부응하는 정치적 특권과 경제적 혜택 및 사회적 위세까지도 세습적으로 향유하면서 자기네끼리의 連姻關係를 통하여 하나의 통혼권을 형성하는 특징도 나타내었다. 고려사회에서는 이러한 귀족적인 특성이 5품관 이상의 선에서 뚜렷이 보였다. 그리하여 이러한 성격과 특징을 지닌 귀족층이 대부분의 국가 요직을 점유하고 정책의 결정이나 가치의 배분을 귀족제적으로 운영하여 갈 때 그 사회는 곧 귀족제사회라고 할 수 있다는 것이다.

3) 귀족제사회설의 논거

앞에서 간간이 언급했듯이 고려가 귀족제사회였다고 주장하는 입장에서 가장 중요한 논거로 내세운 것은 蔭敍制였다.43) 이 음서제는 父祖의 家蔭·蔭德에 따라 그 자손을 관리로 敍用하는 제도로서, 거기에는 祖宗의 苗裔, 즉 왕족의 후예와 공신의 자손에게 부여되는 음서와 5품 이상의 고급관료 자손에게 부여되는 일반음서의 세 종류가 있었다. 그 중에서 특히 주목되는

42) 朴龍雲, 위의 책, 312~313쪽.
43) 金毅圭, 앞의 글.
李基白, 앞의 책(1990).

것은 후자였거니와, 이로써 일반 고급관료의 자손들은 왕족·공신의 후손과 마찬가지로 과거를 거침이 없이 쉽게 관도로 나갈 수 있었던 것이다. 바꾸어 말하면 5품 이상의 고급관료들은 왕족·공신과 더불어 자신들의 지위를 이용하여 자손을 벼슬시킬 수 있는 특권을 부여받고 있었던 것이라 하겠다.

그러면 이러한 특권은 어느 정도까지 許與되어 있었을까. 이와 관련하여 주목을 받은 문제가, 음서는 일반적·정기적으로 실시된 제도였는가 아니면 특별한 경우에만 시행된 제도였는가 하는 점과, 관료 1명이 자손 1명에게만 蔭職을 주는 이른바 '1人 1子'가 원칙이었는가 아니면 여러 명의 자손에게 음직을 줄 수 있었는가 하는 점이었다. 이 점에 있어 종래에는 특별한 경우에 시행되었으며,44) '1인 1자'에 한하여 가능했다고45) 파악하여 왔다. 그러나 근자에 이르러 음서는 국왕의 즉위·왕태후의 책봉과 같은 경사나 旱災·變亂 등 국가의 중대한 시기 등 뿐만이 아니라 정기적·항례적으로 시행되었다는 데 의견이 모아지고 있다.46)

그리고 '1인 1자'가 원칙이었다는 견해에 대해서도 이의를 제기하고 아마 한 명의 관료가 여러 명의 자손에게 음직을 주는 '1人 多子'가 가능하였을 것이라는 주장도 나오고 있다.47) 사료에 보이는 '1인 1자'란 음직을 제수하는 당해년에 한 관료가 여러 자제들을 한꺼번에 벼슬시킬 수 없다는 뜻의 1子이지 그 관료가 전 생애 동안 1자에 한하여 음직을 줄 수 있다는 의미가 아니라는 해석이다. 논자는 이러한 立論을 위해 坡平尹氏·西河林氏·平壤趙氏家 등 1명의 관료가 2명 이상의 자손에게 음직을 준 구체적인 사례를 들고 있다. 아울러 음직의 제수가 정기적·항례적이었다는 것과 음직의 제수 규정에48) 致

44) 許興植, 앞의 책, 210~211쪽.

45) 金毅圭, 〈高麗朝蔭職小考〉(《柳洪烈華甲紀念論叢》, 서울大出版部, 1971), 104쪽.

46) 朴龍雲, 〈高麗時代蔭叙制의 實際와 그 機能(上)〉(《韓國史硏究》 36, 1982, 26~29쪽 ; 앞의 책, 1990, 32~36쪽).
金龍善, 〈高麗時代의 蔭叙制度에 대한 再檢討〉(《震檀學報》 53·54, 1982, 25쪽 ; 《高麗蔭叙制度硏究》, 一潮閣, 1991, 43쪽).
盧明鎬, 〈高麗時代의 承蔭血族과 貴族層의 蔭叙機會〉(《金哲埈華甲紀念 史學論叢》, 知識産業社, 1983), 248~251쪽.

47) 朴龍雲, 위의 책(1990), 36~42쪽.
崔在錫, 〈高麗朝의 相續制와 親族組織〉(《東方學志》 31, 1982, 19~20쪽 ; 《韓國家族制度史硏究》, 一志社, 1983).

48) 《高麗史》 권 75, 志 29, 選擧 3, 銓注 蔭叙 인종 12년 6월.

仕 宰臣이나 前代 宰臣의 자손까지 해당시키고 있는 것 역시 그에 관한 방증자료가 된다는 의견 등도 덧붙이고 있다.[49]

그러나 이에 대해서는 여전히 '1인 1자'의 원칙을 지지하는 입장에서, 반대 의사가 계속 표명되고 있어 지금으로서는 당장 어떤 결론을 내리기가 어려울 듯하다. 하지만 후자의 경우에도 음서는 子·孫은 물론 外孫·女婿·甥·姪·弟에게까지 미치고 있으므로 음직을 주는 관료, 즉 托蔭者만 달리하면 자손은 몇 명이라도 혜택을 받을 수 있었다는 점이 지적되고 있는 한편, 왕족의 외손 내지 공신의 후손으로서, 아니면 일반음서라 하더라도 定規蔭叙 이외에 特賜蔭叙 등 방식이 다양했으므로 被蔭者의 범위는 상당히 넓었으리라는 설명을 하고 있다.[50] 하여튼 고려에서 음서제가 광범하게 시행되고 있었던 것만은 사실인 듯싶은 것이다.

음서는 이처럼 5품 이상의 귀족관료들이 그들의 자손을 家蔭에 의해 관도로 나가게 할 수 있는 길로서의 의미 이외에 또 그 관도에 早期進出시키는 제도로서도 커다란 뜻이 있었던 것 같다. 고려에서는 대체적으로 하위의 散職으로부터 관리생활을 시작하였거니와, 이 하위직에서 소요되는 많은 기간을 될 수록 빠른 시일 내에 관직에 발을 딛게 함으로써 가능한 한 줄여 보자는 의도도 있지 않았느냐는 것이다. 이것은 과거를 치르는 경우 그 준비에 많은 시일이 소요될 것이므로 권력가문에서는 우선 음서로 관직에 진출시켜 놓음으로써 만일에 대비하는 뜻도 되고 또 조기진출의 이익도 노리는 그런 제도가 아니었나 생각된다는 이야기다.[51] 구체적으로는 이미 5세에 음직을 받은 예가 보이며, 10세 미만도 다수일 뿐더러 대개 15세 전후하여서는 진출하고 있다.[52]

이러한 형태로 고려시대의 귀족관료들은 음서제를 널리 이용하여 온 것이 확실시되는데, 더욱 주목할 점은 이 음서를 통하여 진출한 관인들이 아무런 限品制의 제약을 받지 않고 높이 승진하고 있다는 것이다. 한 연구에 의하면

---

49) 朴龍雲, 앞의 책(1990), 104~107쪽.

50) 金龍善, 앞의 책, 80~89쪽.
盧明鎬, 앞의 글, 263~272쪽.

51) 朴龍雲, 앞의 책(1990), 318~319쪽.
張東翼, 〈高麗時代의 官僚進出(其一)－初仕職〉(《大丘史學》 12·13, 1977), 108쪽.

52) 朴龍雲, 위의 책, 43~47쪽.
金龍善, 앞의 책, 76~79쪽.

음서로 시작한 대부분의 관인이 5품 이상관으로 진급하고 있으며, 특히 蔭職 63인 중에 재상급인 2품 이상으로 승진한 사람만도 39인이나 된다고 보고하고 있다.[53] 이것은 60%를 훨씬 상회하는 숫자인데, 과거의 수석합격자 중에서 아무런 官歷을 남기고 있지 못한 인원이 60%에 가깝다는 사실과 극히 대조를 이룬다.

蔭補된 관인들의 대부분이 5품 이상관으로 진급하고 있다는 사실은 이들이 다시 그들 자손에게 음직을 줄 수 있다는 말과 마찬가지이다. 즉, 음서를 통한 관직의 전수가 행하여지고 있었다는 것이다. 이와 같은 사실은 앞에 설명한 귀족제사회의 특성과 잘 부합되는 이야기이며, 따라서 高麗 貴族制說을 주장하는 근거로 음서제를 들고 있는 데는 대략 수긍하고들 있다.

물론 이와 같은 견해에 대해 음서는 초직을 주는데 그칠 뿐 그 후의 승진과는 어떤 연관성이 내재하여 있지 않은「襲官制의 退化現象」으로서 귀족제의 근거로 볼 수 없으며,[54] 또 과거제를 강조하는 입장에서 음서제도는 부족한 文班의 보충을 위한 보조수단에 지나지 않았다는[55] 주장도 있었다. 그렇지만 이러한 주장들이 음서제의 실제와 거리가 있다는 사실은 이미 검토하여 온 바와 같다.

음서제와 같은 원리에서 5품 이상의 귀족관료에게 그들의 특권적인 생활을 세습적으로 누릴 수 있는 경제적 토대로 마련된 것이 功蔭田柴法이었다. 이 공음전시는 처음 勳田의 형태로 공훈이 현저한 공신에 한하여 賜給하는 제도였으나 얼마 뒤부터는 훈공의 유무와는 관계없이 관인 신분 그 자체에 대한 우대 보호책으로 5품 이상의 문무양반에 대하여 일률적으로 지급하게 되었다고 생각된다. 그 규정에 의하면 해당자는 品秩에 따라 최고 1품이 田 25결·柴 15결, 최하 5품이 田 15결·柴 5결을 지급 받게 되어 있었다. 그리고 散官은 각 품마다 原額에서 5결을 감하여 급여 받으며, 樂工·賤口에서 放良된 員吏는 비록 5품 이상의 지위에 오르더라도 이 혜택에서 제외되었다.[56] 이 법의 가장 커

53) 金毅圭, 앞의 글, 122쪽.

54) 朴菖熙, 〈高麗時代「貴族制社會」說에 대한 再檢討〉(《白山學報》 23, 1977), 114~118쪽.

55) 許興植, 앞의 책, 209쪽.

56) 이 규정은《高麗史》권 78, 志 32, 食貨 1, 田制 功蔭田柴 문종 3년 5월조에 있는 기사인데, 그에 대한 해석은 李佑成, 〈閑人·白丁의 新解釋〉(《歷史學

다란 특징은 일반의 양반전시가 當代限인데 비하여 공음전시는 법 제정의 근본 취지에 합당하게 '傳之子孫'하는 세습적 상속을 인정한 점에 있었다.

공음전시는 본래 관도에 오르지 못한 고위관료의 자손들이 그들의 관인 신분을 유지할 수 있도록 경제적 생활토대를 마련해 주는데 목적이 있었으므로, 원칙대로 한다면 수급 대상자는 5품 이상의 귀족관료라기보다 오히려 그들의 자손이었다. 그러나 실제에 있어서는 그렇지가 아니하였다. 공음전시는 양반전시를 받고 있는 재직중의 관료에게 이중으로 지급하고 이것을 다시 자손에게 상속시키는 형태를 취하였던 것이다. 그것은 귀족사회의 여러 제도가 귀족관료의 이해와 그들의 신분우대 원칙에 최대한으로 부합되도록 마련된 것이기 때문이었다.[57)]

그런데 사실 논자 중에는 상술한 내용과 좀 다른 견해를 표명한 이도 여럿 있었다. 이들은 공음전시의 지급규정에 나오는 바 1品·5品 등의「品」을 官品·品秩로 이해하지 아니하고 品種의「品」으로 보았다. 그리하여 공음전시는 관품 5품 이상의 고급관료만을 대상으로 한 것이 아니라 전 관리를 대상으로 한 것으로서, 그들을 5등의 段階·品種으로 구분해 토지를 지급하는 제도였다는 주장을 폈던 것이다.[58)] 여기에 더하여 전 관리를 대상으로 하기는 했지만, 그러나 그것은 관료 전체가 수급의 혜택을 누리는 일반적인 給田制가 아니라 그들 중에서 글자 그대로 특별한 공훈을 세운 자만이 지급받을 수 있었다는 의견[59)] 등 다양한 견해가 제시되고 있다.

報》 19, 1962, 61~64쪽 ; 《韓國中世社會硏究》, 一潮閣, 1991)에 의하였다. 그러나 이에 대해서는 뒤에 설명하는 바와 같이 좀 달리 보려는 의견도 있다.

57) 姜晋哲, 〈高麗時代의 土地制度〉(《韓國文化史大系》 Ⅱ, 高麗大 民族文化硏究所, 1965), 1266·1267쪽.
——, 〈兩班功蔭田柴科〉(《高麗土地制度史硏究》, 高麗大出版部, 1980), 83~84쪽.

58) 末松保和, 〈高麗初期의 兩班에 대하여〉(《東洋學報 36-2, 1953 ; 《青丘史草》 1, 笠井出版社, 1965, 173쪽).
金龍善, 앞의 책, 233~242쪽.

59) 朴菖熙, 〈高麗의「兩班功蔭田柴法」의 해석에 대한 再檢討〉(《韓國文化硏究院論叢》 22, 1973).
金東洙, 〈高麗의 兩班功蔭田柴法의 解釋에 대한 再論〉(《全南大論文集》 26, 1981).

만약에 이 주장이 사실로 확인되기만 한다면 당연히 공음전시를 음서제와 같은 원리에서 귀족관료들에게 특권적인 생활을 영위할 수 있도록 마련해 준 경제적 토대라고 이해하기는 곤란하게 된다. 따라서 그것은 고려사회가 귀족적 성격을 지녔다는 입론의 근거로 들기도 어렵게 되겠는데, 하지만 아직까지는 먼저 소개한 통설이 그렇게 부정되어도 좋을 정도의 단계에 와 있다고는 생각되지 않는다. 그러므로 일단 공음전시법은 여전히 귀족적 성격을 보여 주는 제도였으며, 이와 같은 제도를 마련한 고려왕조는 귀족제사회였다는 쪽으로 결론을 내려 두고자 한다.

이상 제도적인 측면에서 살폈거니와, 그와 함께 귀족관료들의 실상과 그들이 고려사회에서 차지하고 있는 정치적·사회적 위치를 밝히는 작업을 통해서도 귀족제설은 뒷받침을 받고 있다. 이 작업은 구체적으로 귀족관료들의 家系와 관직 및 통혼권 등에 대한 조사의 형태를 띠었거니와, 그 결과 고려의 대표적 門閥貴族家門은 慶源(仁州)李氏로 알려졌다.[60]

〈표 1〉(201쪽)에 약도로 보였듯이 이 가문에서는 10여 대에 걸쳐서 5명의 수상과 20명에 가까운 재상을 배출하고 왕실 및 주요 귀족가문들과 인척관계를 맺고 있는 것이다. 사서에서는 이 집안을「閥閱」또는「海東甲族」등으로 표현하고 있지만, 그만큼 많은 재상을 배출할 수 있었던 데에는 가문이 크게 작용하지 않았나 생각된다. 그 같은 분위기는 우선 음서 출신자가 다수라는 사실에서 쉽게 느낄 수 있다. 뿐만 아니라 李子淵은 內史侍郎平章事(정2품)로서 納妃하여 守太尉(정1품)를 추가하고 그의 처 金氏는 大夫人을 제수받는데, 이 때에 그의 아들 顗에게는 軍器注簿(정8품)가, 顥와 顓에게는 9품직이 특별히 수여되며, 이들 중 顗와 顓은 재상의 지위에까지 오른다.[61] 그리고 李資謙의 경우에도 그가 朝鮮國公으로 책봉받을 때 그의 여러 아들들에게도 동시에 관직상의 승진 조처가 있었다.[62] 이런 일은 귀족사회가 아니고서는 있을 수 없는 사실이다.

朴天植, 〈高麗史 食貨志 "功蔭田柴"의 檢討〉(《全北史學》 7, 1983).

60) 藤田亮策, 〈李子淵과 그의 家系〉(《青丘學叢》 13·15, 1933·1934 ; 《朝鮮學論考》, 1963).

尹庚子, 〈高麗王室과 仁州李氏와의 關係〉(《淑大史論》 2, 1965).

金潤坤, 〈李資謙의 勢力基盤에 對하여〉(《大丘史學》 10, 1976).

李萬烈, 〈高麗 慶源李氏家門의 展開過程〉(《韓國學報》 21, 1980).

61) 《高麗史》 권 95, 列傳 8, 李子淵.

〈표 1〉 慶源李氏家系略圖

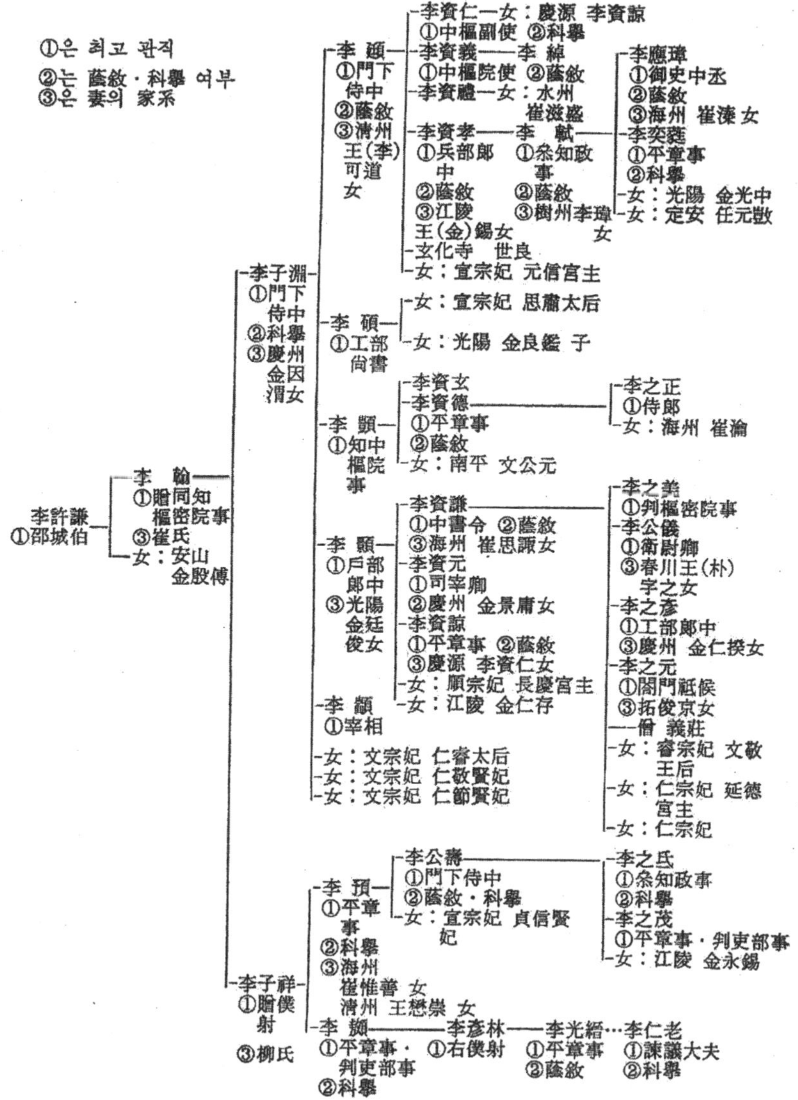

62)《高麗史節要》권 9, 인종 2년 추7월.

일면 혼인관계를 보면, 왕실과는 이자연의 세 딸이 모두 文宗妃가 된 것을 비롯하여 李顥·李預의 딸이 각각 宣宗妃, 李顥의 딸은 順宗妃, 그리고 이자겸의 한 딸은 睿宗妃, 두 딸은 仁宗妃가 되고 있으며, 또 당대의 명문인 慶州金氏(金因渭·金景庸)·安山金氏(金殷傅)·海州崔氏(崔沖·崔思諏)·淸州李氏(李可道)·江陵金氏(金仁存)·光陽金氏(金良鑑)·水州崔氏(崔士威·崔滋盛)·南平文氏(文公元)·定安任氏(任元敱)·樹州李氏(李瑋) 등과 인척을 맺고 있다. 당시의 모든 귀족가문들은 최고의 귀족이라 할 수 있는 왕실과 혼인하여 외척이 되기를 바랐으며, 설령 그렇게는 되지 못하더라도 자기들 상호간에 중첩되는 連姻을 맺어 폐쇄적으로 귀족신분의 범위를 지키려고 애썼었다. 우리들은 경원 이씨가에서 그와 같은 귀족제사회의 제특성을 잘 엿볼 수 있는 것이다.

해주 최씨도 경원 이씨에 비견할 만한 고려의 최대 문벌의 하나였다. 이 가문은 海東의 儒宗으로 널리 알려진 崔沖을 비롯하여 10여 대에 걸쳐 6명의 수상과 10여 명의 재상을 내고 있거니와, 사서에 "文行으로 宰輔에 오른 자가 수십 인이었다"는 표현은 결코 과장이 아니었다. 혼인의 대상도 모두 명문으로, 전기에는 경원 이씨·강릉 김씨·남평 문씨·貞州柳氏(柳洪)와, 후기에는 정안 임씨·彦陽金氏(金就礪)·橫川趙氏(趙冲) 등과 인척을 맺고 있어서 '門閥之盛이 일시 無比'의 형세였다 한다.63)

특히 남평 문씨와의 혼인관계를 설명하는 글 가운데는, "(文)公仁은 雅麗하고 유순하였으므로 侍中 崔思諏가 딸로써 처를 삼게 하였다. 과거에 급제하여 直史館이 되었는데, 家世가 單寒하였으나 귀족과 連姻을 하여 호사를 마음대로 하였다"는64) 주목할 만한 기사가 전한다. 문공인은 귀족인 해주 최씨와 연인관계를 맺음으로써 정치적 권력과 경제적 부를 마음껏 할 수 있었다는 것이다. 그는 후에 평장사(정2품)·판이부사로 수상을 지내며 그의 집안은 5대 여에 걸쳐 3명의 수상을 비롯하여 여러 명의 재상을 배출하는 명문이 되었다.65)

경주 김씨계의 한 갈래인 金鳳毛·金台瑞의 집안도 당시 「貴族」으로 높이

63) 《高麗史》 권 95, 列傳 8, 崔沖 및 권 96, 列傳 9, 崔思諏. 이 가문에 대해서는 朴龍雲, 〈高麗時代 海州崔氏와 坡平尹氏 家門 分析〉(《白山學報》 23, 1977) 참조.
64) 《高麗史》 권 125, 列傳 38, 文公仁.
65) 朴龍雲, 〈高麗前期 文班과 武班의 身分問題〉(《韓國史硏究》 21·22, 1978), 36~45쪽.

평가받던 가문이다.66) 이 가문은 전기에는 그리 보잘 것 없는 가세였지만 후기로 접어들어 왕실 및 武人執政 崔怡의 집안과 혼인관계를 맺어 계속 5대에 걸쳐 재상을 배출하며 그 중 한 명은 수상의 지위에까지 오르고 있는 것이다.

여기에서 하나 하나를 모두 설명할 수는 없지만 이 방면에 관심을 가진 연구자들에 의하여 慶州崔氏(崔承老)·利川徐氏(徐弼·徐熙)·慶州金氏(金富軾系)·坡平尹氏(尹瓘)·平山朴氏(朴寅亮)·鐵原崔氏(崔惟淸)·靈光金氏(金審言)·全州柳氏(柳伸)·淸州韓氏(韓惟忠)·稷山崔氏(崔弘宰)·孔巖許氏(許載)·開城王氏 등도 귀족가문들로 밝혀져 있다.67) 고려시대에는 이들 귀족가문 출신이 정부의 거의 모든 요직을 차지하고 있었다고 해도 지나친 말은 아닌 것이다. 인종 때 고려에 왔던 송의 사신 徐兢이 그의 견문록에서, "고려는 族望을 숭상해서 國相은 다수가 勳臣·戚臣이 임명되었다"고68) 한 것은 정확한 관찰이었다고 생각된다. 물론 인종조는 귀족정치가 난숙기에 들어간 시기였으므로 시대를 달리하면 그 양상도 좀 바뀌겠지만 커다란 방향은 마찬가지였던 것으로 보인다.

여전히 고려는 정치적·경제적 사회적 특권신분층인 소수의 문벌귀족 가문이 정부의 요직을 점유하고 국가를 운영해 간 귀족사회라고 이해된다. 그러므로 음서제와 공음전시법과 같은 귀족적 특권의 제도화가 성립할 수 있었으며, 과거제 조차도 귀족제적인 방향에서 운영하여 갔다고 생각되는 것이다.

이러한 바탕 위에서 그 나름의 특성을 지녔던 고려 귀족제사회는 일정한 역사성을 지녔다고 할 수 있을 듯하다. 즉, 그것은 新羅 骨品制社會를 거쳐

---

66) 〈壽寧翁主墓誌〉(《朝鮮金石總覽》 上, 朝鮮總督府, 1919), 481쪽.

67) 귀족가문에 관한 연구로는 다음의 글들이 있다.
邊太燮, 앞의 책.
閔賢九, 〈高麗後期 權門世族의 成立〉(《湖南文化硏究》 6, 1974).
李樹健, 〈高麗時代「土姓」硏究(上)〉(《亞細亞學報》 12, 1976 ; 《韓國中世社會史硏究》, 一潮閣, 1984).
———, 〈高麗前期「土姓」硏究〉(《大丘史學》 14, 1978 ; 1984).
黃雲龍, 〈高麗 閥族考〉(《釜山史學》 1, 1977).
朴龍雲, 위의 책(1980).
———, 〈高麗時代의 定安任氏·鐵原崔氏·孔巖許氏 家門 分析〉(《韓國史論叢》 3, 1978).
———, 〈高麗時代의 水州崔氏 家門 分析〉(《史叢》 26, 1982).
金蓮玉, 〈高麗時代 慶州金氏의 家系〉(《淑大史論》 11·12, 1982).

68) 《高麗圖經》 권 8, 人物 守太師尙書令李資謙序.

朝鮮 兩班社會로 이행하는 사이에 개재하였던 한 시대의 소산이라 이해되기 때문이다.[69] 그러나 넓은 의미에서 보면 신라의 진골이나 조선의 양반도 귀족이라 할 수 있고, 따라서 그들 사회 역시 귀족제사회라고 칭할 수 있을 가능성이 없지 않다는 데서[70] 얼마간의 문제는 남는다. 하지만 고려사회는 그를 전후한 두 사회와는 다른 특성과 나름의 위치를 지녔던 것도 사실이며, 그리하여 우리는 현재 귀족제사회라고 하면 곧 고려사회를 지칭하는 하나의 용어와 같이 쓰고 있거니와, 앞서 검토했듯이 거기에 별다른 하자가 없다고 생각되는 만큼 일단은 종래의 기조를 재확인하는 정도에서 이해해 두는 게 어떨까 한다.

〈朴龍雲〉

69) 邊太燮, 앞의 책(1978), 148쪽.
朴菖熙, 앞의 책(1977), 109쪽.
70) 李基白, 앞의 글(1974), 47쪽.

Ⅱ. 고려 귀족사회의 발전

1. 시련의 극복과 체제의 정비

2. 귀족사회의 전개와 동요

Ⅱ. 고려 귀족사회의 발전

1. 시련의 극복과 체제의 정비

1) 목종·현종대의 시련과 정비

고려 穆宗·顯宗代는 귀족사회 체제가 발전되어 가던 시기였다. 成宗代에 성립·정비된 내외관제와 통치체제가 이 무렵 자리를 잡아 갔던 것이다. 그리하여 왕권과 지배귀족이 원만한 협조를 이루게 됨에 따라 국가를 다스려 나가는 귀족사회 체제는 文宗朝에 들어서면서 난숙한 모습을 드러내기에 이른다. 그러나 귀족사회가 발전해 나가는 길이 순탄한 것만은 아니었다. 국내외적으로 많은 시련과 극복의 과정이 있었던 것이다.

목종·현종대에 있었던 시련의 구체적인 모습은 어떠한 것이며 이러한 시련의 원인은 어디에 있었는가, 그리고 그 시련과 위기들을 어떻게 극복해 나갔는가를 알아보기로 하자. 이는 前期의 통치체제가 뿌리를 내려가는 과정에서 일어난 일련의 진통과 시련의 실체를 이해하는 것이 됨은 물론, 나아가 귀족사회의 발전과정을 파악하는 첩경이 되기도 할 것이다.

널리 알려져 있는 바와 같이 목종대에는 金致陽 난으로 대표되는 일련의 정치사태와 이에 따른 정국의 변동이 있었다.[1] 따라서 김치양 난을 중심으로 목종대의 정치세력의 추이를 살펴보는 일은 그 선행과제가 될 것이며 목종대의 정치적 시련과 현종의 즉위과정, 그리고 이어진 거란족의 침입과 격퇴를 이해하는 데 실마리가 될 수 있을 것이다.

목종대 정치는 西京勢力이 담당하여 정계의 핵심을 장악하고 있었다. 목종 원년(998) 7월에 서경을 鎬京으로 개칭하여 서경의 우위를 나타내려 한 것도

1) 李泰鎭, 〈金致陽亂의 性格-高麗初 西京勢力의 政治的 推移와 관련하여-〉(《韓國史硏究》 17, 1977).

위의 정계 판도에서 연유한 것으로 보인다. 또 이와 같은 西京優遇 정책은 서경이 왼 도읍지임을 표방하는 의미를 지니고 있었다.

그런데 이러한 서경정책은 국왕 스스로에 의해서라기보다 모후인 景宗妃 獻哀王后의 영향에 따른 것이었다. 이 모후의 출신이 서경 세력의 중심인 黃州皇甫氏란 사실이 그러한 가능성을 높여 주는 것이다. 헌애왕후는 목종 즉위 후 태후의 지위를 확보하면서 정치의 주도권을 쥐고 나갔다. 洞州 곧 瑞興 출신으로 태후의 외척인 김치양을 등용한 것은 그 출발이었다고 믿어진다.[2)]

목종대는 황주 황보씨계의 千秋太后를 중심으로 한 서경 세력이 우세를 유지하면서 定宗代 이래 추구된 같은 척족인 忠州劉氏 및 貞州柳氏 계열과의 유대도 작용하였다. 이 점은 목종대 宰臣이던 徐熙·韓彦恭·韋壽餘·劉瑨·康兆·崔沆·蔡忠順의 경우를 통해 알 수 있는 것이다.

목종은 왕권 행사에 일정한 제약을 받는 가운데서 왕권 신장을 위한 노력을 버리지 않았다. 목종 6년(1003)에 과거제 정비 및 강화를 촉구하는 교서[3)]를 내린 것은 이러한 노력의 일환이었다고 생각된다. 그리고 慶州系 유신 崔彦撝의 손자인 최항이나 近畿地方 호족계 출신으로 보이는 채충순[4)] 등과 같이 목종대는 서경 세력이 중심이 된 왕후족 계열의 세력과, 성종대 이래의 유교적 관인형으로 양성된 부류가 양 세력으로 병존체제를 이루었던 것으로 보인다. 따라서 서경 세력이 주도하게 된 목종대 이래의 관인 출신들은 이질적인 존재로 전락될 수밖에 없는 운명에 놓여 있기도 하였다. 여기에 목종대 정치적 시련의 단초가 움트고 있었던 것이다.

한편 목종대는 정치세력상의 변동은 있었지만, 중앙관제 자체에는 어떠한 변화도 일어나지 않았다. 새로이 진출한 왕후족 계열의 대표적 인물도 기성의 관직체계를 통해 현달하였던 것이다. 그러나 제도적 변화가 없던 것은 아니었

---

2) 김치양은 성종대에 승려로서 태후의 거처인 千秋宮을 출입하다가 "자못 추잡한 소문이 있어" 먼 지방에 杖配되어 있었다. 그런데 목종 즉위 후 곧 불러 들여져 閤門通事舍人의 벼슬을 받았고, 몇 년 되지 않는 사이에 벼슬이 뛰어 올라 右僕射 兼 三司事에 이르렀다. 김치양 계열의 진출이 대단히 두드러진 것은 "백관의 벼슬이 오르고 못 오르고는 모두 그 손에서 나오고 親黨을 布列하였다"(《高麗史》 권 127, 列傳 40, 叛逆 1, 金致陽)는 기록으로도 짐작할 수 있다.

3) 《高麗史》 권 3, 世家 3, 목종 6년 정월.

4) 내력이 잘 알려지지 않은 채충순은 蔡靖의 본관이 陰城임을 감안하여 그가 음성인일 것이라고 추측되고 있다(李泰鎭, 앞의 글).

다. 목종 8년(1005)에 있었던 「外官汰去」의 조처가 그것이다.

이미 알려져 있듯이, 성종 14년(995)의 지방조직은 왕 2년(983)에 이루어진 5도호부·12목의 체제에 都團練使·團練使·刺使·防禦使의 州를 보태서 이룬 형태였다.[5] 이들 중 목종 때 태거의 대상이 된 것은 도단련사·단련사·자사의 주로서, 성종 14년에 증설된 것 중에는 방어사의 주 한 경우만 남았을 뿐이었다.[6] 그런데 남게 된 19개의 防禦鎭使 주의 소재를 살펴보면, 朔方道의 3개 주(高州-고성, 湧州-덕원, 文州-문천)를 제외하고는 모두 關內道·浿西道 소속으로 이 시기의 정치적 주도세력인 서경족의 본거지로 나타나고 있다.[7] 군사적 측면에서 태거의 조처는 서경 세력 자체의 어떤 이점과 관련이 있지 않았을까 보인다.[8]

목종 8년 외관태거의 조처가 단행될 무렵 김치양은 천추태후와의 사이에 낳은 아들을 왕위에 올리고자 그 2년 전부터 일을 꾸미고 있었다. 태조의 자손으로 유일하게 남은 大良院君은 이 때문에 위협을 받기 시작하였다. 대량원군이 삼각산 神穴寺에 유폐된 것은 이에 연유한 것이었다. 그런데 김치양은 목종 12년(1009) 정월에 이르러 더 적극적인 정국 변환의 계기를 마련하고자 태후의 거처인 천추궁에 불을 내도록 하였다.[9] 김치양은 이 사건을 예상되는 반대 세력의 축출 내지는 약화의 한 계기로 삼고자 했던 것으로 보인다.[10]

그러나 김치양 측의 적극적인 공세가 펼쳐지기 전에 국왕이 아파 누움을 칭탁하여 청정을 일체 폐한 가운데 嬖臣 劉忠正의 밀고로 그의 의도가 알려짐으로써[11] 국왕 측의 대책이 앞서게 된다. 이 때 국왕에게서 入衛의 명을 받은 이는 康兆였다. 그는 당시 정국의 형세를 이용하여 왕 폐립의 단행까지 결심하고 대량원군을 맞아 들여 옹립하기 위해 一隊를 따로 삼각산으로 보내는 한편, 자신은 주력군을 이끌고 바로 개경으로 들어와 김치양 일당을 제거하였다.

---

5) 李基白, 〈高麗地方制度의 整備와 州縣軍의 成立〉(《趙明基華甲記念 佛敎史學論叢》, 1965 ; 《高麗兵制史硏究》, 一潮閣, 1968, 191~194쪽).
6) 《高麗史節要》 권 2, 목종 8년 3월.
7) 李基白, 앞의 책, 193쪽.
8) 李泰鎭, 앞의 글.
9) 《高麗史節要》 권 2, 목종 12년 정월 임신.
10) 李泰鎭, 앞의 글.
11) 《高麗史》 권 93, 列傳 6, 蔡忠順.

이어 대량원군의 즉위가 확실하게 된 다음 목종을 폐위하여 태후와 함께 충주로 내치고 뒤이어 사람을 보내어 죽이게 하였다.[12] 이렇듯 강조와 그 일파에 의해 목종이 살해됨으로써 정치적 시련은 일단락되었다. 그리하여 그들의 뜻대로 대량원군이 곧 顯宗으로 즉위하게 되고 정치의 주도권은 강조가 장악하였다. 최고의 실력자로 부상한 강조는 中臺使로서 近職을 장악한데다 參知政事로서 재신의 열에 들었으며 吏部尙書까지 겸하였던 것이다.

그런데 현종 2년(1011) 정월 왕의 파천 중에 강조가 피랍되니 이로 말미암아 서경 세력은 위축되었다.[13] 강조의 피랍사건은 상대적으로 많은 非西京勢力이 중요 관직을 많이 차지하게 되었다. 이러한 사정은 강조가 제거된 뒤 같은 왕 3년 2월에 있었던 인사발령을 통해 알 수 있다.

즉, 위수여－문하시중, 유 진－문하시랑, 최사위－내사시랑평장사, 최 항－이부상서 참지정사, 박충숙－상서좌복야, 채충순－예부상서 등이 그것인데 여기서 현종의 추종세력이 모두 재신급 인사에 등용되고 있음이 주목된다.[14] 따라서 현종 3년부터의 정치체제는 왕정이 일차적으로 앞세워진 것이 특징인데, 이는 목종대 이래의 서경 세력 중심체제가 외척관계나 군권을 배경으로 했던 것과는 대조가 된다. 그리고 때맞추어 제도적 정비가 단행된 것도 주목할 만한 사실이다. 즉 현종 3년(1012) 정월에 5都護·75道安撫使의 制[15]가 실시되었다는 점이다. 이는 목종 8년(1005)에 태거된 성종 14년의 지방조직과 맥이 닿는다는 점에서 현종대의 정치가 성종대의 체제로의 복귀를 추구하면서 나름의 틀을 잡아가기 시작한 것으로 보아 좋을 것이다. 이처럼 현종대의 정치체제는 기본적으로 성종대 것을 추구하였다는 점이 주목된다. 그것은 현종대가 왕권확립을 목적으로 하는 유교적 입장을 취하고 있다는 점에서 그러하다.

이러한 현종대에도 커다란 시련이 계속 닥쳐왔다. 거란의 여러 차례에 걸

---

12) 《高麗史》 권 127, 列傳 40, 叛逆 1, 康兆.

13) 卓思政·朴昇·崔昌·魏從政·康隱 등은 「康兆之黨」으로 논핵되어 해도에 유배되었다(《高麗史》 권 4, 世家 4, 현종 2년 8월 병진).

14) 李泰鎭은 "위수여·유진은 서경 세력이기는 하나 주류가 아닌 제휴세력 계열이며, 또 이때는 이미 연로한 축이어서 그 직위 자체가 예우적인 느낌을 준다"고 하였다(앞의 글, 108~109쪽).

15) 「75」道安撫使는 「7州」安撫使의 착오일 것이라는 견해가 있다(邊太燮, 《高麗政治制度史硏究》, 一潮閣, 1971, 119쪽 및 河炫綱, 《高麗地方制度의 硏究》, 韓國硏究院, 1977, 8~9쪽).

친 침입이 바로 그것이다. 현종 원년(1010) 遼는 당시 강조의 정변을 구실로 삼아 그 죄를 묻는다는 이유로 고려를 침입했던 것이다.[16] 이는 물론 高麗와 宋의 통교를 막는 것이 근본 목적이었지만,[17] 이렇게 시작된 요의 제2차 침입은 특히 크나큰 시련을 안겨 주었다. 즉, 요군은 興化鎭에서 순검사 楊規의 강력한 저항을 받자 通州로 진격하였다. 그리고는 고려의 주력부대를 지휘하던 강조를 붙잡아 살해한 후 개경까지 함락시켰던 것이다. 이로 인해 현종은 羅州로 피난하는 어려움을 겪기도 했지만, 한편 요군은 홍화진·귀주·통주·서경 등을 함락하지 못한 채 개경으로 곧장 진격한 까닭에 병참선이 차단되어 전군이 위험에 빠질 우려도 많았다. 이에 요군은 고려 측의 정전 제의를 받아 들여 현종이 親朝한다는 조건으로 물러갔다. 그러나 현종의 친조가 이루어지지 않고, 그들이 원하는 강동 6주의 반환 요구도 받아들여지지 않자, 요는 또 다시 침략을 감행하였다. 현종 6년(1015)정월부터 요의 대군이 행동을 개시하여 같은 왕 9년(1018) 12월 蕭排押(소손녕의 형)의 10만 군이 쳐들어옴으로써 침략이 본격화되었다. 이 때 고려는 姜邯贊(상원수)·姜民瞻(부원수)이 거느리는 20만 군으로 대항하였고 같은 왕 10년(1091) 2월에 거둔 龜州大捷은 그 통쾌한 끝맺음이 되었던 것이다.[18]

이 무렵 對內 정치적 중요 사실을 보면 우선 주목되는 것은 요의 제2차 침입으로 현종이 나주까지 내려 간 것을 전후해서 佛力의 가호를 빌고자 대장경 조판을 시작한 일이다. 이 방대한 사업은 몇 대를 거쳐 문종 때 완성되지만 그 대부분은 현종대에 조판되었던 것이다. 이는 현종이 특히 죽은 부모의 명복을 빌기 위하여 玄化寺를 크게 짓고 宋代에 새로 조판한 金字大藏經 6천 권을 들여다가 경판을 많이 새긴 데서 짐작된다.[19] 이 경판들(初雕大藏經)은 대구 符仁

16) 金庠基, 〈단구와의 항쟁〉(《국사상의 제문제》 2, 국사편찬위원회, 1959), 34·138쪽. 한편 池內宏은 〈契丹成宗の高麗征伐〉(《滿鮮地理歷史硏究報告》 7, 1920 ; 《滿鮮史硏究》 中世篇 2, 吉川弘文館, 1937, 227쪽)에서 그 목적이 고려왕의 입조에 있었다고 하였다.

17) 《高麗史》 권 8, 世家 8, 문종 12년 8월에 보이는 소위 問罪書에도 침략의 본뜻이 나타나 있다.

18) 귀주대첩의 요인은 여러 가지가 있겠지만 무엇보다 요로 하여금 1차 80만, 2차 40만 군의 대침입이었던 것을 3차 10만 군으로 줄이게 하고, 서경유수 강감찬 지휘하에 10년간 20만 군을 양성·대비한 고려의 전략전술이 돋보인다.

19) 이 분야 연구에 근자 朴相國 등이 노력하고 있지만(〈海印寺 大藏經板에 대한

寺에 소장되었다가 고종 19년(1232)경 몽고 침략으로 불타 버렸지만, 그 사이에 義天의 속장경이 보태져서 현존하는 再雕大藏經을 조판하는 바탕이 되었다. 한편 현종은 유교진흥에도 관심을 보여 薛聰과 崔致遠을 각각 弘儒侯·文昌侯로 봉하고 처음으로 문묘에 종사하니 동방 유현을 배향하는 시초가 되었다.[20)]

또 戰後 복구사업으로 이러한 교화적 시책과 더불어 개경의 羅城을 축조한 것이 두드러진다. 국초 이래 개경 궁성은 내성만 있고 외성이 없었다. 이는 외관도 그렇지만 거란 침입 때 방위상 허점이 크게 문제되었다. 이에 강감찬의 건의로 현종 초년에 나성을 쌓게 되었다. 王(李)可道의 감독으로 30만 인부가 동원되어 현종 20년(1029) 8월에 완성되니 5년 전에 성립된 5部 35坊 344里의 5部坊里制와 함께 고려 수도건설의 일단이 완성되고 중앙집권의 큰 진전을 보인 것이다.

현종대에는 또 국력회복을 위한 경제시책이 마련되었다. 무엇보다 농사를 권장하여 농민으로 하여금 농업에만 힘쓰도록 노력동원을 줄였다. 누에치기 외에 말 기르기에도 법을 정해 마정의 충실을 기하였다. 과세감면과 물가 조절에도 나섰으며 특히 義倉收斂法을 실시하여 역대의 구민책을 강화하였다.

이러한 일련의 시책으로 중앙관제와 더불어 지방제도의 更正이 이루어졌는데, 이는 고려 전시대를 걸쳐 보더라도 획기적인 계기가 되었다. 먼저 중앙관제를 보면 현종 13년(1022)에 太子師·保와 관속을 두었는데 이는 태자교육제도의 시초를 이룬 것이며, 이 무렵 太卜監을 司天臺로 개칭하여 천문·역서 등을 관장하였는데 이로써 관제의 내실과 진전을 짐작할 수 있다.

이보다 앞서 현종 3년(1012) 東京留守를 혁파한 것을 시작으로 같은 왕 9년(1018)에는 4도호 8목의 지방제도를 정하였다. 즉 安南(全州)·安西(海州)·安北(安州)·安東(慶州)에 도호부를 두고 廣州를 비롯한 忠州·淸州·晋州·尙州·全州·羅州·黃州 등 오늘날까지도 각기 고장의 중심이 되는 8곳에 목사를 파견하였다. 이로써 종래의 10도제는 형식적으로도 점차 사라지게

再考察－그 名稱과 板刻 內容을 中心으로－〉《韓國學報》 33, 1983), 일반적으로는 池內宏 등 일인 학자의 성과가 아직도 이용되고 있는데 이것은 안타까운 일이다.

20) 《高麗史》 권 4, 世家 4, 현종 13년 정월·11년 8월. 최근 金鎔坤은 〈高麗 顯宗代의 文廟從祀에 대하여 －崔致遠의 경우를 中心으로－〉(《高麗史의 諸問題》 三英社, 1986, 528~544쪽)에서 최치원 從祀의 정치적 요인을 해명하였다.

되고 뒤에 소위 「五道兩界制」가 성립되는[21] 한편으로 앞의 4도호와 양계(서북쪽 경계의 西界와 동북쪽의 東界) 및 8목체제가 오래 계속되었던 것이다. 다만 안동도호부는 현종 21년(1030) 경주가 동경으로 다시 승격됨에 따라 지금의 안동으로 옮겨지고 안남도호부는 현종 13년(1022) 폐지되면서 오늘날 안변의 安邊都護府가 대신 올라섰다.

또 戶長·事審官制를 選擧任命制로 하여 정돈하고 현종 15년(1024) 鄕貢규정을 세워 지방 貢生 차출의 원활을 기하였으며 따로 문무관의 단련을 법제화하기도 하였다. 그리고 현종 2년(1011)에 都兵馬錄事가 임명되고 이어 6년(1015) 都兵馬使 기록이 처음으로 나타난 것으로 보아 이 무렵 도병마사제가 대체적인 조직을 이룬 듯하거니와 자세한 관제는 문종 때 가서 제정되기에 이른다.[22] 현종 9년(1018)에는 또 향리직의 정원도 조정되고 기능이 분화하였으며 향리의 공복규정도 마련되었다.

현종대를 계기로 전개된 고려 중기의 체제정비 사업은 德宗·靖宗代에로 이어졌다. 우선 국방시설상으로는 압록강구에서 永興에 이르는 천리장성이 쌓여진 일이다. 이미 전대 이래 발론된 것이지만 덕종 2년(1033) 柳韶가 맡은 후 12년 걸려서 정종 10년(1044)에 공사를 마쳤다. 대내적으로는 덕종 3년(1034) 黃周亮의 주관 아래 전대의 역사 편찬이 완성되었다. 일찍이 태조에 관한 실록은 많이 정리되어 있었던 듯한데 제2차 거란 침입 때 대궐이 불타 다른 문적들과 함께 모두 소실되었으므로 현종 4년(1031) 최항 등의 참여 하에 태조~목종 사이의 七代事蹟(實錄)을 꾸미기 시작하여 이 때 36권으로 완성하게 된 것이다. 이후 실록 편수사업은 정례화된 듯 정종대에 들어 崔冲이 修國史의 소임을 맡아 전대의 실록을 편찬하고 있다. 그리고 정종 8년(1042)과 11년(1045)에는 史書와 禮書가 간인되기도 하며 國子監試 등 과거제의 내실이 뒤따랐다.[23] 또 전후하여 隨母法·賑恤制를 비롯한 사회경제 정책도 강구되었다.

21) 河炫綱, 앞의 책, 40쪽.
朴龍雲, 《高麗時代史 上》(一志社, 1985), 123~130쪽.
22) 旗田巍, 《朝鮮中世社會史の硏究》(法政大學出版局, 1972).
23) 과거의 監試制 등 진전은 학자간에 이설이 있다(朴龍雲, 앞의 책, 147~148쪽 주 참조).

2) 문종의 체제정비와 전성

11세기 동안은 대체로 고려문화의 황금기라 할 수 있는데, 그 중에서도 문종대(1043~83) 근 40년간은 李齊賢의 말대로 왕의 근검과 함께 인재가 등용되고 학문이 숭상되며 정치·경제·문물 제반이 제 구실을 하여 나라가 풍족하고 밖으로는 요·송 등과 원만한 관계를 유지하여 태평세월이 계속되었다.[24]

이제 그 문물과 제도 일반의 정비상황을 열거하면 다음과 같다.

(1) 전시과의 갱정과 녹봉제

초기의 田柴科制는 始定(경종 원년 : 976)과 改定(목종 원년 : 998 및 덕종 3년 : 1034)을 거쳐 문종 3년(1049)에 功蔭田柴法이 생기고 문종 30년(1076)에 전면적으로 更定 완비됨으로써 앞으로의 기준이 확정되기에 이르렀다.[25]

이 更定田柴科는 예전 골격은 그대로 두면서 이전에 비하여 18科에 따르는 結의 차를 수정하여 제1과를 田 100결·柴 50결로 하는 등 차례로 줄이고 柴地는 많이 감소시켜 15과 이하는 아예 제외하였다. 그러나 무반 대우는 크게 높여 상장군을 尙書보다 위인 제3과에 배당하였으니 특기할 만한 사실이었다. 또 散職者가 배제되어 실직 위주로 된 것은 현실적인 집권화의 추세가 반영된 것이었다. 한편 大相 이하 佐丞까지의 향직에 대해서도 전시가 지급된 것, 그리고 과외로 「武散階」와 「別賜科」가 병설된 것 또한 특이한 것이다. 무산계는 문산계와는 아주 다르게 향리나 耽羅·女眞 족장 등과 老兵·工匠·樂人 등을 우대하여 준 것이었는데 실제 지급 여부에는 미심한 점도 없지 않다.[26]

祿俸制는 전시와 병행하여 쌀을 현물로 지급하는 제도로서 태조이래 부분적으로 있었던 것이 문종 30년(1076)에 이르러 정식으로 조절 완비된 것이다. 이 때 후비·종실에서부터 문무반은 물론 權務官·東宮官·西京官 외에 胥吏·공장 등에까지 녹봉이 지급되었다. 후대에 내려오면서 규정이 상당히 수

24) 《高麗史》 권 9, 世家 9, 文宗.
《高麗史節要》 권 5, 文宗末年 史贊.
25) 아래 경제항 참조. 朴龍雲, 앞의 책, 158~171쪽.
26) 旗田巍, 앞의 책, 402~404쪽.

정·추가되기도 하였지만 잡직 이하는 別賜로서 구별되었다.

이리하여 전시과와 녹봉제는 이후 관직과 정원·品秩의 班次를 확정해주게 되고, 이로써 결국 문무양반의 경제적 토대를 상대적으로 우대해주어 중앙 집권의 실을 거두고 문치적 귀족사회의 확립에 큰 진전을 볼 수 있게 하였다.

(2) 개성부와 경기 및 귀족중심 사회

일찍이 松嶽에 수도를 정한 고려는 점차 왕권의 강화와 중앙집권화가 진전됨에 따라 그 실을 채워가기 위해 開城府의 설치 및 변경이 있게 되고, 그에 따라 주변 군현을 합하여 京畿의 확대를 보게 되었다. 개성부는 이미 성종 14년(995)에 설치된 바 있어 중앙관청의 한 부분을 이루었는데 현종 9년(1018)에는 지방관청으로 비뀌었다가 문종 16년(1062)에 경기의 개편과 함께 그 주관 부서로 부활되었다. 이 때 경기 13현으로 형성된 개성부는 문종 23년(1069) 50여 현을 관할하는 확대를 보게 되었으니 이는 오늘의 서울과 경기·충북은 물론 강원·황해도까지 포괄하는 것이었다. 이와 같이 문종대 개성부가 확대되었다는 것은 그만큼 특권 귀족세력의 성장을 반영하는 것이며, 이러한 일련의 재편 결과가 14세기 초엽까지 존속된 것을 보면 고려 귀족정치 제도가 일단 완성되었음을 실질적으로 잘 나타내는 것이라 하겠다.[27]

실제로 현종 이래의 安山金氏에 이어 仁州李氏가 독주하기 시작한 것도 이때였다. 李子淵의 고모가 金殷傅의 처가 되어 문종 등의 어머니를 낳음으로써 왕실의 외조모가가 된 후 득세한 상황은 따로 자세히 다루어질 터이지만[28] 이자연의 세 딸 모두가 문종의 왕비가 되고 여섯 아들이 다 크게 출세한 것은 물론, 그 왕비들이 3왕과 의천 등 10왕자를 낳은 것은 특이한 일이었다. 이 때문에 외척귀족이 유례없이 영화를 독점하여 큰 폐단도 생기게 되었는데, 이에 대항하여 과거출신 중심의 신흥 관료귀족이 등장하고 그 가운데 학력 배양이 절실하여 사학 중심의 학벌귀족도 형성되게 되었다.

이러한 중앙귀족은 지방토호 무리 및 사원세력과 상류층을 이루고 중간층

---

27) 末松保和, 〈高麗開城府考〉(《靑丘史草》 1, 1965).
邊太燮, 앞의 책.
28) 다음 장 참조.

서민층 내지 하류 천민층과 더불어 전체적인 계급구성을 보게 되는데 각 계급간의 위상이 대체로 이 무렵에 정리된 듯하다. 즉 중간층 중 상위인 南班은 궁중 관원인데 그들의 최고직위인 4품 서열이 갱정 전시과에서 빠지고 7품직 이하만 남았으며, 이것은 후대 내내 존속되어 《高麗史》에도 百官志에 "南班之職本限六品"이라고 나온다. 이로 미루어 중앙집권의 강화에 따른 近侍세력의 제한조직이 상대적으로 중간층의 계급적 지위를 떨어지게 한 것임을 알 수 있다.

다음 농민 軍丁에 있어서 3等戶制의 가능성을 문종 때의 三子 중 一子 許僧法[29]에서 유추하기도 하지만[30] 또 문종 31년(1077)의 其人選上 규제 등에 의거한 三丁一戶 구성 내지 足丁·半丁의 논의는 閑人·白丁 문제와 더불어 많은 학설이 있다.[31]

또, 하류 천인·노비에 관하여 문종 3년(1049)에 도망 私奴를 강력 단속하는 법이 나온 것으로 보아 귀족사회가 무르익어 간 당시 노비의 존재 양상을 짐작하기에 족하다. 천인 노비는 후대까지 벼슬 근처도 갈 수 없음은 물론 姓조차 갖지 못하였는데, 귀족들이 중국식 성과 함께 항렬법을 쓰게 된 것은 문종 전후의 일로 짐작된다. 인주 이씨를 비롯하여 경주 김씨·파평 윤씨·해주 최씨 등에서 이러한 관행이 똑같이 확인되는데 이들은 흔히 혈족내 근친혼을 하여 문종 35년(1081)에는 이를 금지 통제하는 법령이 나오기도 하였다. 또 정종 때 제정된 자손 상속법을 이어 문종 22년(1068)에는 자손 없는 자의 收養 규정도 마련되었는데 고려시대에는 후대보다 처첩제도가 느슨하고 他姓者의 入養得姓도 가능하였던 것이다.

(3) 법제와 경제유통

문종대의 법제 정비는 즉위 원년(1047)에 착수되었다. 시중 崔冲이 그 해 6월 왕명에 의하여 律官을 모아 律例를 자세히 교정·정리하고 書算業도 교정을 가하였으며 동 8월 사형 판결에는 三覆制를 실시하였다. 왕은 이런 사안

29) 《高麗史》 권 8, 世家 8, 문종 13년 8월 정해.

30) 원래 9等戶制에 대한 의심은 深谷敏鐵에 이어서 李丙燾가 언급하고 있지만 근자에 발표된 것으로는 李惠玉, 〈高麗時代 貢賦制의 一硏究〉(《韓國史硏究》 31, 1980)가 있다.

31) 旗田巍의 앞의 책을 비롯하여 韓㳓劤·深谷敏鐵·李佑成·武田幸男 및 千寬宇 등의 연구가 있다.

의 결재 때에 거동을 삼가고 6년(1052)에는 죄인 심문에 법관 3명 이상의 합의를 거치도록 하는 등 매우 신중을 기하였다. 또 문종 10~11년에는 撫問使를 보내어 각 지방관의 성적을 사정하고 按察使·監倉使나 事審主掌使를 시켜 사심관의 민폐 여부를 다스려 나갔다. 국초에 세력이 매우 컸던 사심관이 점차 통제를 받게 된 것은 그만큼 중앙집권의 내실이 갖추어진 것을 뜻한다.[32] 기인의 選上法이 충실히 시행된 것도 같은 맥락에서 이해되는 것이다.

한편 풍속제도에도 손을 써서 민심의 돈후를 기하고 특히 養老에 힘쓰며 선왕의 능묘와 전대의 명현 사당의 수호에도 마음을 기울였다. 이런 가운데 문종대의 지방 안정책은 상당한 실적을 올렸고 지방관의 권농을 독려하여 재해대책을 세밀하게 세우고 조세 감면이나 飢民 구제도 힘쓰며 민간의 고리대 피해를 막는 子母停息法을 세정하기도 하였다. 이와 같은 사회시책은 다 중세 농경국가가 취하는 기본 방책이기도 하지만《高麗史》食貨志 서두에 문종이 절검 간소를 힘써 창고의 미곡이 남아 돌고 자급자족의「富庶之治」를 이루었다고 쓰여 있는 것을 보더라도 당시의 산업 사정을 추측할 수 있다.[33]

이러한 성과는 농업기술의 꾸준한 발전과 수리시설의 계속적인 수축에 힘입은 바가 큰 것이다. 문종대의 구체적인 사례는 延安 臥龍池(남대지)의 중수 정도 밖에 안보이지만, 이 전후대까지 포함한다면 삼한 이래의 金堤 碧骨池를 비롯하여 尙州 恭檢池, 密陽 守山堤 등이 개수되어 농업 증산을 실현하게 되었던 것이다.

그리고 가내 수공업으로 널리 명주·모시 등의 베 생산이 진전됨은 물론 각지의 所에서 금·은 동·철·소금·종이·자기 등이 생산되어 국내 수요를 충족시키고 국제무역에도 기여하였다. 문종 32년(1078) 宋使 安燾가 모처럼 고려에 와서 선물 사태를 만나 배에 다 실어 갈 수 없을 정도였다는 사실을 감안해 보면 麗·宋 간의 무역 등 외교관계는 매우 친밀했음[34]이 확실하다. 이에 따라 국내 광업생산도 제법 활발했을 터이고 문종 때에 都鹽院의 관제가 정비된 것으로 보아 소금 전매제가 세워지고 어업도 '細民은 海品을

32) 旗田巍, 앞의 책.
33) 《高麗圖經》 권 16, 倉廩.
34) 《高麗史》 권 9, 世家 9, 문종 32년 7월.

多食한다'고 할만큼 고기잡이가 성했던 것이다.[35)]

또 도자기생산이 활발해지면서 청자 제작 기법이 높은 경지에 이르렀다. 이리하여 농공업의 발달과 더불어 큰 도시를 중심으로 국내상업이 일어나 노점상 같은 墟市가 날마다 열리는 성황까지 보게 되었다.

(4) 불교의 흥성

고려의 숭불과 그에 따른 불교의 생활화는 문종대에 최고조에 달하였다. 왕과 귀족이 정치·경제적으로 불교에 기울어지고 민중은 불교생활에 젖어들어 오히려 속화의 폐단이 커졌으므로 아래에 보이는 바와 같이 단속령이 나오기까지 하였다. 불교는 여러 가지 특권과 특혜 속에서 義天이나 그의 스승 爛圓과 같이 왕공·귀족자제가 다투어 출가함으로써 승려는 일급귀족이 되고 개경에만도「佛寺七十區」라는 대성황을 이루는 가운데 불교법회가 끊이지 않았다. 그 중에서도 興王寺는 문종 10년(1056)에 창건되어 12년 동안 2,800칸에 달하는 巨刹로 발전하였다. 성을 두르고 금탑을 쌓은 이 문종의 원찰은 지금 터만 확인되고 있지만 그 화려함이나 법회의 성황 등이 전고에 유례가 드문 것이었다고 한다. 이리하여 문종 때에 갖가지 불교의식의 절차가 정해지고[36)] 거란·송 등과 佛典의 교류가 이루어졌다. 이에 홍왕사에서는 의천의 속장경과 같은 경판 사업도 전개되기에 이르렀다. 이러한 왕공·귀족불교의 전성과 더불어 문종의 왕자가 셋이나 출가하였으며 이는 손자대에로 이어져 의천 외에 道生·圓明 등 왕자손·小君 고승이 나왔다. 이리하여 문종대만도 圓融·慧炤·智光 등 국사가 배출되었다.

문종의 넷째 아들 大覺國師 의천이 天台宗을 개창하고 속장경을 간행한 사상사·문화사상의 위대한 업적은 따로 상론될 것이므로[37)] 간단히 언급하는데 그치려 하거니와, 왕자로 송나라에 유학하는 과정에서 보여준 준비성과 열정, 그에 따라 단시일에 얻어 낸 성과 등은 후세에 길이 모범이 될 것으로 보인다. 또 부왕이 창건한 홍왕사에서 천태종을 강론하여 불교의 일대 혁신

35)《高麗圖經》권 23, 雜俗.

36) 洪潤植,《韓國佛敎思想史硏究》(圓光大, 1975).

37) 〈고려 전기의 종교와 사상〉(《한국사》16, 국사편찬위원회, 1994) 참조.

을 기하고 이어 敎藏都監을 두어 《新編諸宗敎藏總錄》을 공들여 만들고 마침내 麗·宋·遼·日의 당대 불교 총결집인 속장경을 간행한 문화·사상사상의 기여는 만고에 빛나는 업적이었다. 그 중에서도 신라승 元曉를 비롯한 20여 명의 대찬술을 모아 그 높은 경지를 재발견 정립하여 대승불교사상 龍樹·馬鳴과 맞겨루게 한 공로[38]는 필설을 넘어선 위업임에 틀림없다. 이와 같은 신라와 그 문화에 대한 재발견·재창조 노력은 고려문화가 최고경지에 도달했던 것을 반영한 예가 된다고 보겠다.

또 불교를 중심으로 한 문적 교류도 볼만하였다. 문종대를 전후한 송과의 교류는 특히 두드러지거니와 의천의 노력이 가세하여 불전의 수입과 수출은 괄목할 만한 것이 있었다. 문종 37년(1083)에 송의 대장경이 들어 왔고 그 후에도 많이 전래되었는데 신라 때 들여왔던 智儼·賢首 등의 화엄학 책은 송에 역수출되기도 하였다. 거란과의 불교 교류는 더욱 뜻깊은 의미가 있었다. 거란대장경은 이미 문종 전기에 해당하는 道宗의 淸寧年間(1055~1064)에 완성되자마자 문종 17년(1063)과 26년(1072)에 고려에 들어 왔으며 속장경에는 거란 불경이 많이 들어 있어 본고장에는 없어진 것이 고려대장경에만 전해내려오게 되었던 것이다. 또 의천과 제자 守其 등의 진력으로 원효의 經疏가 요에 전해져 왕의 애독서가 되기도 하였다.

이러한 불전 교류는 여·일 간에도 행해져 문종 때 일본승 25명이 와서 헌물한 사실도 있었으며 의천의 장경 원본이 오늘날에도 그곳에 전하고 있는 것[39]은 당시의 사정을 잘 보여주는 것이다.

불교가 이처럼 안팎으로 퍼지면서 문종 13년(1059)에는 한 집에 3子 중 1子는 15세 때 승려가 되도록 허락하는 법이 제정되고 僧科 및 왕사·국사제도도 행하게 되었으며 각종 법회의 성행은 유난스러웠다. 보살계 도량은 문종 때 5회 거행된 것을 비롯하여 왕의 정례적 受戒 행사가 되었으며 여러 가지 명목의 祈福·消災道場이 성행하였다. 특히 仁王經을 내세운 도량과 갖가지 經行은 왕실이 매우 즐겨하던 것으로 그 규모와 빈도가 대단하였거니와, 이 때 몇천 몇만

---

38) 《大覺國師文集》 권 20, 續海東敎迹.
高翊晉, 《韓國古代佛敎思想史》(東國大出版部, 1989) 참조.

39) 義天目錄을 비롯 몇 권의 殘本이 전하고 있다. 국내에는 松廣寺에 국보로 지정된 5책 등이 알려져 있다.

명의 승려에게 공양을 베푼 飯僧 행사는 고려불교의 특이한 상황을 잘 보여주는 것이다. 이러한 거국적 행사는 연등회나 팔관회에서 절정을 이루었다.[40)]

한편 이처럼 불교가 크게 장려되고 생활화함에 따라 폐단이 생기고 단속령이 나오기도 하였다. 벌써 문종 10년(1056)에 "절간은 떠들썩하고 불교행사에는 더러운 냄새가 풍기며 중이 속민과 어울려 가축을 기르고 밥장사를 하면서 놀아나고 행패를 부리니 엄하게 다스리라"는 사례[41)]까지 나올 지경이었다.

(5) 유교와 사학 및 도서출판

고려의 유교주의 정치는 이미 성종 때부터 기틀을 마련했으며 11세기에 거란의 침입이 수습되고 문종대 같은 태평세월이 열리면서 문운이 크게 떨치게 되었다. 문종의 문치 장학과 최충의 사학교육은 특히 큰 계기가 되었다.

원래 고려시대의 유교와 불교는 오랫동안 서로 보완의 관계를 유지하여 양쪽을 똑같이 중시하고 겸하는 학풍이 흔하였다. 최승로·채충순·의천이 다 그런 이들이었지만 성종 때의 학술진흥이나 광종 이후의 과거제 실시 등으로 점차 유교를 많이 공부하게 되어 문종대에 이르면 최충 부자나 鄭倍傑 등 훌륭한 유자가 배출되기에 이르렀다. 당시 시가와 문장에 힘쓴 이들이 과거의 고시관(知貢擧)을 지내면서 자연 明經科보다 製述科를 중시하는 결과를 가져오게 하였다.

최충에 의한 사학교육의 시작과 계속적인 홍성은 이러한 일반적인 경향에 새 물꼬를 트게 되었다. 최충은 벼슬을 마친 다음 자기 집에 사학을 열었는데 학도가 운집하자 九齋學堂을 마련하니(문종 9년 : 1055) 이는 우리나라 사립학교의 시초를 이룬 것이다. 이 사숙이 부진한 관학을 압도하고 대성황을 이루게 되자 개경에만도 11개의 유명한 사학이 설립되어 세칭 12徒私學의 발달을 보게 되었다. 그중 시중 崔公徒(뒤에 文憲公徒)가 가장 명성을 떨쳤는데 여기에서는 과거 준비를 위한 교육만이 아니라 道學의 중추가 되는 《中庸》에 주목하여 도의 연마 등 실천윤리를 중시하였다. 따라서 海東孔子 최충의 영예로운 이름은 累代儒宗으로 대를 물려 가며 학벌귀족[42)]의 본맥을 형성하기에 이르렀다.

---

40) 주 37) 참조.

41) 《高麗史》 권 7, 世家 7, 문종 10년 9월 병신.

42) 朴性鳳, 〈國子監과 私學〉(《한국사》 6, 국사편찬위원회, 1975).

이런 추세에 자극된 듯 문종 17년(1063)에 국자감 격려와 직제 강화가 있었다. 즉 학관의 책임을 논하고 학도의 성적에 따라 진퇴를 정하라는 규제가 내려지고 관계 교관의 직품이 제정되었다.[43] 그러나 다음 대에 국자감의 정폐론까지 나온 것을 보면 별 진전이 없었던 듯하다.

이처럼 문종 때까지 관학이나 과거제의 정비는 미진한 점도 있었으나 인쇄술의 발달 등 전반적인 문화 기운은 종래의 침체를 넘어선 듯하다. 원래 목판 인쇄술은 신라이래 계속 발전되어 온 것이지만 불교·유교서와 의서 등의 수요가 늘고 특히 대장경 등의 대규모 사업과 宋板本의 영향이 크게 작용하여 정종대부터 經史관계 간행사업이 활발하였다. 문종 10년(1056)에는 서경의 주청으로 秘閣 소장 경사자집류 여러 책을 각각 하나씩 인출하여[44] 서경학원에 간직토록 하였으며 또 전국 주요 지방관원들이 의약서와 경사서를 새로 조판하여 비각에 보내 왔다.

이와 같은 도서의 교류는 중앙·지방간만이 아니라 송·일 등 국제간에도 확대되었으니 이는 사학 발달 등이 단적으로 보여주듯이 문풍의 향상과 확산의 추세가 그만큼 커진 것을 뜻한다. 의약서가 많이 눈에 띄는 것은 물론 문종의 병약치료와 직접 관련된 것이지만 이러한 학술의 발달과 교류는 다음대로 계속 이어져 갔다. 무엇보다 당시의 古印本이 오늘날까지 국내외 도서관 등에 전해 온 것은[45] 그런 실정을 잘 나타낸 것이다. 이 무렵 지필묵의 발달도 촉진되어 고려의 출판인쇄 문화는 송나라와 더불어 세계 최고의 수준을 달리고 있었던 것이다.

(6) 풍수지리 사상과 현실작용

신라 말기이래 道詵의 풍수지리설은 일종의 인문지리 사상 내지 국토종합개발 계획의 일환으로 주목되어 왔거니와 고려시대에는 국운의 성쇠를 좌우

朴贊洙, 《고려교육제도사연구》(고려대 박사학위논문, 1992).

43) 《高麗史》 권 74, 志 28, 選擧 2, 문종 17년.

44) 독일 Mainz에 있는 Gutenberg박물관은 고려의 인쇄문화를 중시하여 거론하면서도 이러한 소량 인쇄의 특성을 일러 'steel stamp'라고 평가하고 있다.

45) 종래 일본에만 전한 것으로 알려진 초판 대장경 판본이 최근 국내에서도 발견되어 국보로 지정되었다.

하는 圖讖思想으로서 현실정치에 많은 영향을 끼친 것이 사실이었다. 특히 문종대 이후 문운 전성기에는 직접적인 京都·離宮 건설에 크게 작용하였다.

즉 문종대에 불력과 지덕에 의지하여 나라 이익을 증진해 보고자 하는 노력은 이미 서술한 홍왕사 창건과 더불어 吉地에 巡駐離宮을 마련하는 것으로 나타났다. 예성강변 개풍 廣德 땅에 長源亭을 짓는 것을 비롯하여 漢山 남쪽 한양땅에 남경을 시설하고 서경에는 좌우궁을 지어 西京畿를 설치함으로써 이른바 巡駐三京이 틀을 잡았던 것이다.[46] 문종 때에만도 지덕이 왕성한 곳을 찾아 도읍을 삼거나 혹은 자주 순주하여 홍륭을 기하려는 延基思想의 전개상은 실례가 많다.

먼저 장원정의 경우, 전래(道詵) 비기에 '고려 태조의 반도 통일(936) 후 120년 되는 문종 10년(1056)에 개경의 西江 명당에 이궁을 건설하면 基業이 늘어난다'는 설에 의거, 이 정자를 지은 것이라 한다. 도참설을 믿고 이름도 「長源」이라 명명한 문종은 여러 번 이곳에 순행하고 賀詩를 짓게 하였다.

또 10년이 지난 문종 21년(1067)에는 오늘의 서울 땅에 남경을 설치하게 된다. 이미 태조 초 평양에 서경이 건설되고 성종 때 경주에 동경이 두어진 바 있지만 문종 때 남경을 신설함으로써 지방행정상으로 개경을 빼고도 3경이 생겼다. 이리하여 도참사상의 측면에서는 동경을 제외하는 순주삼경제가 마련되게 되었다. 한편 남경(원 楊州) 땅은 선사 이래 백제·고구려의 首邑 내지 別都였거니와 문종의 남경 설치는 역시 도참비기의 '개국 후 160년(문종대)에 木覓壤(서울 남산)에 도읍한다'라는 참위설에 의거한 것으로 보인다. 그후 숙종대에 남경을 순주 3경으로 재창건하자는 논의가 있는 것을 보면 문종의 순행은 오래 지속되었던 것 같지 않다.

이러한 사정은 서경의 좌우궁 건설에서도 비슷하였다. 원래 태조 때 서경이 두어지고 중기 인종 때까지 개경과 서경의 양경체제를 유지한 것은 너무나 두드러진 사실이거니와, 명칭상 한때 광종의 西都, 목종의 鎬京 등과 같이 개칭이 있었고 성종 때와 문종 때에는 원 이름대로 복구되기도 하였지만 한결같이 중시하는 전통은 계속되었다. 문종 16년(1062)에는 이에 더하여 서

46) 李丙燾, 《高麗時代의 硏究》(乙酉文化社, 1948 ; 亞細亞文化社, 1980), 99, 128~138쪽.

경기 4道를 두었으니 기술한 경기 확대와 대응시켜 태조 이래의 分司제도를 한층 강화한 것이라고 하겠다. 다만 서경 내지 서경기제도는 인종 때 妙淸 등의 난 이후 폐지되고 말지만, 문종 35년(1081)에는 서경 본궁(萬壽臺 長樂宮)을 수리할 뿐 아니라 도참설에 따라 또 좌우 두 궁을 조영하였다. 이 두 궁은 본궁 좌우 10여 리 되는 곳에 龍宮·珠宮으로 복영된 것이라 하거니와[47] 그 후 숙종 때의 남경 재건 등과 더불어 지리도참설의 현실작용이 매우 컸음을 잘 보여준다.

(7) 대외문물 교류

여송국교는 요와의 얽힘 때문에 반세기 이상 단절된 상태에 있었으나 문종 연간에 들어 다시 정식으로 열리게 되었다. 즉 문종 25년(1071) 金悌 등을 송에 보내어 국교를 재개한 것이 그것이다. 그런데 親宋 준비는 이미 문종 12년(1058)부터 큰배를 건조하는 등 착실히 추진되고 있었다. 재신들이 반대하여 처음에는 국교가 지연되었으나 앞서부터 송이 고려에 환심을 사는 방책을 세우고 22년(1068)에는 정식으로 통교를 제의해 와서 이 때 성사가 된 것이다.

그러나 한편 요와의 불편한 관계 때문에 왕 28년(1074) 金良鑑 등을 보내면서 종래의 동쪽 길, 즉 登州 등 산동반도를 경유하지 않는 남쪽 길을 택하기도 하였다. 이에 충청·전라 연안을 끼고 곧바로 남행하여 明州에 배를 대고 송에 들어갔던 것이다.

이리하여 문종대를 전후한 麗·宋 양국간의 공사간 무역 거래는 특히 볼만한 것이 있었다. 대표적인 공무역의 예로 문종 32년(1078) 宋使가 가져 온 예물을 보면 막대한 옷가지·구슬류·비단·차·악기 등이 있지만 따로 公私的으로 서적과 약재 등이 엄청나게 수입되었다. 즉, 대장경 등 불서를 비롯 유가·도가 및 제자백가서 등이 많이 들어와[48] 후대에 소문난 愛書愛藏의 나라가 되고 송에 역수출되기도 하였다. 또 약재의 대량수입은 문종 33년(1079)의 한 예만 보아도 100종을 넘는데, 앞에서 언급했듯이 중풍환자이던 문종 자신의 필요에 따른 것이었지만 여·송간 문물교류의 밀접함이 그렇게 한 것이라고 하겠다.

47) 李丙燾, 위의 책.

48) 이런 과정에서 蘇軾이 두 번이나 고려 사신들의 책 구입을 막으라고 上奏했던 것은 너무나 유명한 이야기이다.

이러한 수입과 짝하여 수출도 활발하였다. 문종 25년(1071)과 34년(1080)의 조공무역품의 예를 보면 역시 옷가지·비단·금은의 사치품과 종이·먹 등이며 이 밖에 부채·자개·붓·화문석 등이 송나라 사람들의 환영을 받았다. 이 때문에 여·송간의 公私 사행과 상인 왕래는 역대 어느 왕조들보다 활발한 편이었고 그 중 문종대가 고려 일대를 통해서도 가장 성했던 것은 말할 나위도 없다.

이런 가운데 唐樂이 문종 27년(1073) 2월에 들어와 연주되었다거나 송의 저명인사가 많이 귀화한 것도 인상적인 사실이다. 현종대의 周佇는 우선 두고라도 문종 때의 張琬·盧寅 등 6·7인이 유명하며 다음 예종·인종 때에는 胡宗旦·林完 같은 명사까지 들어와 고려 문운에 기여한 바가 컸다.

이처럼 여·송관계가 매우 돈독하게 되니 여러 사신을 위한 客館이 설치되었고, 문종 9년(1055)의 예에서 볼 수 있는 것처럼 몇 십 몇 백 명이 어울리는 큰 잔치가 베풀어지기도 하였다. 또 禮成江口는 국제무역항으로서 크게 번성하여 송의 상인 외에 일본과 대식국 상인까지 많이 내왕하였다.

한편, 북방민족과는 직접 국경을 접한 관계로 분규가 많은 편이었으나 문물교류 또한 활발하였다. 요와는 문종 연간 내내 弓口門(경계문) 설치(동왕 8~9년 : 1054~5), 賣買院(무역소) 제의(동왕 16년 : 1062), 探守院(정찰소) 설치 등으로 긴장관계가 이어졌고 문종 29년(1075)부터는 地界審定 문제로 사신이 왔다 갔다 하였다. 이후 互市場인 榷場 설치문제로 신경전이 벌어지기도 하였으나 소위 夾帶무역 등 밀무역을 하면서까지 교역이 계속되고 앞에서 서술한 불교 교류는 영향과 성과가 자못 컸다.

또, 여진과는 현종 이래 많은 교류가 있어 오다가 문종 때부터는 한층 긴밀한 관계가 맺어졌다. 즉, 그들의 歸附가 더욱 잦아 문종 27년(1073)에는 귀순 주인 羈縻州를 넘어선 본연의 군현화 논의까지 나왔다. 그리하여 이 해에 여진 장수와 합세하여 북청 三山村의 蕃賊을 친 적도 있고 동서 여진의 來附者가 너무 많아져 문종 35년(1081)에는 赴京 통제규정이 나오기도 하였다. 이후 여진이 금나라로 발전하면서 尹瓘의 원정 등 전쟁상태까지 이르게 되었다. 그러나 원래 고려를 부모의 나라, 상국으로 받들어 그들의 건국시조가 고려인이라는 설화[49]

49) 《金史》 권 135, 列傳 73, 外國 下, 高麗.

도 전하고 있음을 보면 양국간의 긴밀도는 짐작하고 남음이 있다.

일본과는 일찍부터 來投者가 많고 또는 생포자의 송환문제도 생겨 피차의 교섭이 빈번하였다. 문종 10년(1056)에는 日本國使가 오고 동 27년(1073)에는壹岐島句當官이 사람을 보내 와서 방물을 헌납하기도 하였다.[50] 또 같은 해와 그 이듬해에도 일인 수십 인이 토산물을 바치고 하사물을 받아 가는 등 문종 연간의 왕래는 매우 활발하였다. 특히 표류민 관계로도 문종대 내내 접촉이 많았는데 전반적으로 일본이 적극적인데 비해 고려는 피동적이었다.[51] 또 宋醫가 옴에 따라 日醫生의 초청 교섭도 있었으며 일본 상인과 함께 남방물산도 들어 왔다.

이상과 같이 고려사상 11세기는 귀족사회가 무르익어 간 흥륭기·전성기라 할 만하였다. 처음에는 큰 국난으로 시련을 겪기도 하였지만 관민이 뜻을 합쳐 이를 극복하고, 특히 문종 전후 반세기는 왕의 노력이 가세하여 태평세월이 오래 지속되고 문물제도가 각 방면으로 다듬어지며 갖추어지게 되었다. 그리하여 음서제·공음전시법·연줄 혼인관계 등등에 의해 귀족사회가 성숙되면서 폐단이 나타나 다음대에는 척족의 발호 난동까지 보기에 이르렀다. 송나라 徐兢은 이 무렵 정황을 보고 고려인이 명망있는 가문을 숭상하여 國相은 훈신·척신이 독점했던 사실을 《高麗圖經》에 남겼거니와 문신귀족 편중적 문운의 제도와 운영은 그 후 더욱 굳어져 무신집권기를 맞이하고야 말았다.

〈朴性鳳〉

2. 귀족사회의 전개와 동요

1) 이자의의 난과 숙종의 즉위

(1) 이자의의 난과 그 사상

13대 宣宗이 죽은 뒤 11살의 어린 나이로 즉위한 獻宗은 몸 또한 허약하여

50) 森克己, 〈日麗交渉と刀伊賊の來寇〉(《朝鮮學報》 37·38, 1966), 105쪽.
《高麗史》 권 9, 世家 9, 문종 27년 추7월 병오.

51) 金庠基, 〈해상의 활동과 문물의 교류〉(《東方史論叢》, 서울大出版部, 1974).
羅鍾宇, 〈高麗前期의 麗·日貿易〉(《圓光史學》 1, 1981).

母后인 思肅太后가 垂簾政治를 행하였다.[1] 이것은 당시 왕의 존재가 유명무실함을 말해 주는 것이며, 이러한 상황 아래서 당시의 지배세력들은 동요하게 되었고, 마침내 헌종 1년(1095) 7월 경신일에 李資義의 난이 일어났다.[2]

선종의 아들이자 헌종의 배다른 아우이며 자신의 생질이었던 漢山侯 昀을 왕위에 추대하려고 하였던 이자의의 난은《高麗史》의 기록대로만 이해할 수는 없을 듯하다. 왜냐하면 이자의의 난은 계림공이 자신의 입장을 정당화하면서 정적을 제거코자 한, 왕위 찬탈에로의 거보를 내딛기 위한 정치적 조작극으로 보아야 한다[3]는 기왕의 이해와 다른 견해가 있기 때문이다. 따라서 이자의의 난은《高麗史》의 관련 기록에 의해 세밀히 분석할 필요가 있다.

먼저 다음의 내용을 통하여 이자의의 난의 발생 원인을 살펴보자.

> 자의는 재물을 탐하고 무뢰한 용사를 모아 騎射를 일삼으며 항상 말하기를 '主上이 병이 있음에 아침에 어떨지 저녁에 어떨지 모르고 外邸에서 엿보는 자가 있으니 너희들은 마땅히 힘을 다하여 한산후를 받들어 임금의 자리가 다른 사람에게 돌아가지 말게 하라'고 하였다…(《高麗史》권 127, 列傳 40, 叛逆 1, 李資義).

위의 내용은 헌종이 병이 있어 왕위를 지키기 어려운데 밖에서 왕위를 넘보는 자가 있으니 너희들은 힘을 다해 선종의 아들이며, 자신의 생질인 한산후가 왕위를 계승할 수 있도록 하라는 것으로 이해된다. 여기서 '밖에서 넘보는 자'란 누구를 지칭하는 것인지 살펴보기로 하자.

《高麗史》기록에 의하면 선종의 아들로는 헌종과 한산후 형제가 있다. 그렇다면 '밖에서 넘보는 자'는 당시 생존해 있었던 선종의 아우들일 수밖에 없다. 그런데 고려시대 왕위계승 규정이라 할 수 있는「訓要十條」의 3조의 내용을 보면 다음과 같다.

> 적자에게 나라를 전하는 것이 비록 일반적인 예법이기는 하지만 그러나 丹朱가 불초함에 堯가 舜에게 禪讓한 것은 참으로 공정한 마음이었던 것이다. 만약에 맏아들이 불초하거든 그 둘째에게 전하여 줄 것이며, 둘째도 불초하거든 형제 가운데 여러 사람의 추대를 받는 자에게 전하여 주어 대통을 계승하게 하라(《高麗史》권 2, 世家 2, 태조 26년 4월).

1)《高麗史》권 88, 列傳 1, 后妃 1, 思肅太后 李氏.
2)《高麗史》권 10, 世家 10, 헌종 원년 7월 경신.
3) 秋萬鎬,〈李資謙의 軍事基盤理解〉上(《史鄕》2, 공주사대, 1985), 36쪽.

《高麗史》 권 88, 列傳에 의하면 문종은 현종의 딸 仁平王后, 李子淵의 세 딸 仁睿順德王后·仁敬賢妃·仁節賢妃, 侍中 金元冲의 딸 仁穆德妃 등과 혼인하였다. 이 가운데 인예순덕왕후와의 사이에 順宗·宣宗·鷄林公(肅宗)·大覺國師 煦·常安公 琇·普應僧統 規·金官侯 丕·卞韓侯 愔·樂浪侯 忱·聰慧首座 璟을,[4] 인경현비와의 사이에서 朝鮮公 燾·扶餘公 燧·辰韓公 愉를[5] 낳았다. 인예순덕왕후의 소생 가운데 상안공은 헌종 1년 3월,[6] 금관후는 선종 9년 4월,[7] 변한후는 동왕 3년 9월,[8] 낙랑후는 문종 37년 4월에[9] 각각 죽었으므로 당시에 생존해 있었던 인물은 계림공 밖에 없었다. 그리고 인경현비의 소생은 이때 전부 생존해 있었다. 따라서 선종의 아우로서 유약한 헌종이 왕위에 오르자 왕위를 넘볼 수 있었던 인물은 계림공·조선공·부여공·진한공 등이며[10] 이 가운데 제일 맏이였던 계림공이 가장 유력하였다.

이자의의 난의 발생 요인을 왕실과 인주 이씨와의 혼인관계라는 측면에서 접근하여 보자. 왜냐하면 헌종의 모후인 사숙태후와 사촌간이면서도 사숙태후의 수렴정치기간에 이자의는 자신의 생질이었던 한산후를 왕위에 추대하려 하였기 때문이다. 왕실과 인주 이씨와의 혼인관계를 처음 맺은 문종에서 선종까지를 정리하면 다음과 같다.

문종 : 인평왕후 김씨(현종의 딸)　　인예순덕왕후 이씨(이자연의 딸)
인경현비 이씨(이자연의 딸)　　인절현비 이씨(이자연의 딸)
인목덕비 김씨(김원충의 딸)
순종 : 貞懿王后 왕씨(平壤公 基의 딸)　　宣禧王后 김씨(金良儉의 딸)

---

4) 《高麗史》 권 88, 列傳 1, 后妃 1, 仁睿順德太后 李氏.
5) 《高麗史》 권 88, 列傳 1, 后妃 1, 仁敬賢妃 李氏.
6) 《高麗史》 권 90, 列傳 3, 宗室 1, 常安公 琇.
《高麗史》 권 10, 世家 10, 헌종 1년 3월 신축.
7) 《高麗史》 권 90, 列傳 3, 宗室 1, 金官侯 丕.
《高麗史》 권 10, 世家 10, 선종 9년 4월 병인.
8) 《高麗史》 권 90, 列傳 3, 宗室 1, 卞韓侯 愔.
《高麗史》 권 10, 世家 10, 선종 3년 9월 정묘.
9) 《高麗史》 권 90, 列傳 3, 宗室 1, 樂浪侯 忱.
《高麗史》 권 9, 世家 9, 문종 37년 4월 을축.
10) 《高麗史節要》 권 6, 헌종 1년 7월. 이제현의 찬에 "時人譏宣宗 有寵弟五人 而傳位孺子 致此亂也"라 하여 상안공도 생존해 있는 듯 기록하였으나, 상안공은 이 당시에 이미 죽고 없었으므로 寵弟는 5인이 아니고 4인으로 수정되어야 한다.

長慶宮主 이씨(李顥의 딸)
선종 : 貞信賢妃 이씨(李預의 딸)　　　　思肅太后 이씨(李碩의 딸)
元信宮主 이씨(李頲의 딸)

위에서 나타난 혼인관계를 분석해 보면 문종은 이자연의 세 딸을 맞아 들였을 뿐만 아니라 金殷傅의 외손녀인 현종의 딸 그리고 靖宗과도 혼인관계를 맺은 바 있는 문하시중 김원충의 딸과도 혼인하였다. 순종은 문종의 아우인 평양공 기의 딸과 경주인 김양검의 딸 및 이자연의 여섯째 아들인 이호의 딸을 맞이하였다. 그리고 선종은 이자연의 셋째 아들인 이석의 딸과 이자연의 아우인 李子祥의 맏아들 이예의 딸을 왕이 되기 전 國原公이었을 때 맞아들였으며, 왕위에 오르고 난 다음 이자연의 맏아들 이정의 딸과 혼인하였다.

이상의 분석을 통하여 알 수 있는 것은 왕실이 인주 이씨와 중첩되는 혼인관계를 맺은 것은 사실이지만, 종실 또는 인주 이씨 이외의 성씨와도 혼인관계를 맺고 있는 점으로 이는 평소 간과되어 온 것이다. 특히 선종은 인주 이씨라 하여도 문종이 이자연의 세 딸을 맞아들인 것과는 달리 인주 이씨 각 계열의 딸과 혼인하였다. 이러한 문종에서 선종까지의 혼인관계에 근거하여 다음과 같은 추론도 가능할 듯하다.

왕실이 한 가문과 중첩되는 혼인관계를 맺었다 하더라도, 왕권에 쉽게 접근하여 왕권의 약화를 가져 올 수 있는 외척세력에 대하여 지나친 정치적 영향력의 증대를 억제하고, 나아가서는 왕을 중심으로 왕실의 외척이란 입장에서 서로 견제하도록 하여 왕권의 안정을 꾀하려는 정치적 의도가 개재되었던 것은 아닌가 한다.[11] 따라서 선종은 인주 이씨의 각 계열과 혼인관계를 맺어 서로 견제하도록 하여 왕권의 안정을 도모할 수 있었으나, 헌종이 어린 나이로 더욱이 병약한 상황에서 즉위하여 모후에 의한 수렴정치가 행해진 당시로서는 명실상부한 왕권의 확립이 요청되었을 것이다.

이러한 시대적 분위기 아래 헌종을 기준으로 한산후가 왕위 계승권을 가졌다고 생각한 이자의와 선종을 기준으로 왕위 계승권을 가지고 있다는 입장의 숙종이 정치적으로 대립하였을 것은 당연하다고 생각된다. 특히 숙종의

11) 南仁國,《高麗 肅宗의 卽位過程과 王權强化》(《歷史敎育論集》5, 경북대사대 역사교육과, 1983), 132～133쪽.

위와 같은 입장은 헌종을 고려 역대 왕의 대수에 포함시키지 않았던 사실로 미루어 짐작할 수 있다.[12)]

다음으로는 이자의가 난을 주도할 수 있었던 그의 세력기반에 대하여 알아보자. 앞서 인용한 내용 가운데 "자의는 재물을 탐하고 무뢰한 용사를 모아 기사로 일삼으며"라는 것을 통해 무뢰한 용사 즉 사병집단[13)]을 소유하고 있었음을 알 수 있다. 이러한 사병집단의 소유에는 막대한 경제력이 요구되었는데, 그것은 다음의 내용으로 그의 경제력의 크기를 짐작할 수 있다.

> 적신 이자의 등이 사사로이 미곡을 비축하여 그 수가 鉅萬에 이르는데 이는 모두 백성을 괴롭혀 거두어들인 것이니 모두 관에 몰수하도록 하십시오(《高麗史》 권 127, 列傳 40, 叛逆 1, 李資義).

이자의의 세력기반은 사병집단만이 아니었다. 이는 난이 진압되는 과정을 전후하여 그와 함께 죽음을 당하였거나 유배되었던 인물들을 통해 알 수 있다. 그 인물들을 정리하면 다음과 같다.[14)]

> 죽임을 당한 인물 : 李資義, 閤門祗候 張仲, 中樞院堂後官 崔忠白, 아들 綽, 興王寺大師 智炤, 將軍 崇烈·澤春, 中郎將 郭希, 別將 成甫·成國, 校尉 盧占, 隊正 裴信 등 17인.
>
> 유배되었던 인물 : 平章事 李子威, 少卿 金義英, 司天少監 黃忠現, 奉御 黃榮, 少監 徐晃, 侍御史 王台紹, 祗候 李資訓, 錄事 李景泌·崔淵, 將軍 李甫·吳昌, 郎將 仇賢·良玠, 別將 安鱗·珍奇, 散員 惟寵·崔幸·林自成·侯善·金錢·李玄孟·姜希白·鄭貞佐 등 50여 인.

위의 내용으로 보아 이자의의 세력은 자신의 가족과 당시 문반 구성원 가운데 극히 일부와 무반의 중·하위집단으로 구성되었음을 알 수 있다. 이자

---

12) 숙종 6년 2월 重光殿에서 서적을 열람하고 서적에 도장을 찍었는데, 그 印文에 3행 세로 쓰기로 "高麗國十四葉辛巳歲藏書 大宋建中靖國元年 大遼乾統二年"이라는 25자가 새겨져 있다(金庠基, 《高麗時代史》, 東國文化社, 1961, 205~206쪽). 여기에서 숙종이 15대가 아니라 14대로 기록되어 있음을 근거로 알 수 있다. 숙종이 헌종을 고려 역대 왕의 대수에 포함시키지 않았음은 藤田亮策, 〈李子淵とその家系〉 下(《青丘學叢》 15, 1933), 125~126쪽에 자세히 정리되어 있다.

13) 이들을 사병집단으로 파악하여도 무방할 듯하다. 왜냐하면 이보다 후대의 것이지만 무신집권기의 용사가 무신들의 사적 군사력의 기초가 되고 있었기 때문이다(鄭杜熙, 〈高麗 武臣執權期의 武士集團〉 《韓國學報》 8, 一志社, 1977, 83~84쪽).

14) 《高麗史》 권 127, 列傳 40, 叛逆 1, 李資義.

의의 한산후 추대에 직접 참여하였던 그의 가족으로는 아들인 작과 홍왕사 대사 지소 그리고 그와 사촌간인 李資訓(資凉) 및 종숙 李預[15] 뿐이다. 이것을 인종 때 이자겸의 난에 가담하였던 친족 구성원과 비교하면 그의 부계 친족 내지 그와 「兩側的 親屬關係」(父側과 母側 계보에 대칭적인 범위의 혈족들과 촌수로 나타낼 수 있는 친속관계를 갖는 친족조직)[16]를 가진 어느 쪽도 적극적으로 가담하지 않았음이 확인된다.

그런데 그의 아들인 홍왕사 대사 지소가 화를 만난 데 근거하여 이자의의 난에 홍왕사의 승병이 사병적 성격으로 참여하였다고 이해되어 왔다.[17] 그러나 이자의의 난이 진압되는 과정에서 승병의 존재를 입증할 사료를 찾을 수 없을 뿐만 아니라 홍왕사와 같은 큰절의 주지는 중·소사찰의 경우와는 달리 교종의 최고 승계인 僧統이 담당하였으므로 대사였던 지소는 승병을 동원할 수 있는 위치에 있지 않았다. 따라서 지소가 살해당한 것은 승병을 동원하였기 때문이 아니라 아들 작의 죽음이나 이자훈의 유배처럼 이자의의 숙청에 희생된 것으로 보는 견해[18]도 있다. 이와 같은 상반된 견해로 인해 이자의의 난에 사원세력이 참여하였는 지의 여부는 분명히 알 수 없으나, 문종대를 전후하여 경원 이씨 세력과 연결된 法相宗과 왕실과 연결되어 있었던 華嚴宗이 사원세력의 근간을 이루고 있었다는 견해가 있고,[19] 이자겸의 난 때 그의 아들인 義莊이 玄化寺의 승려를 동원하여 반란에 가담하였음을 감안하면 이자의와 사원세력의 연계 가능성은 배제할 수 없을 듯하다.[20]

한편 문반으로는 평장사 이자위·병부원외랑 金德忠[21]·시어사 왕태소·녹

---

15) 《高麗史》 권 95, 列傳 8, 李子淵 附 預.

16) 盧明鎬, 〈山陰帳籍을 통해 본 17世紀 村落의 血緣樣相〉(《韓國史論》 5, 서울大 國史學科, 1979).
——, 〈高麗의 五服親과 親族關係 法制〉(《韓國史硏究》 31, 1981).

17) 金潤坤, 〈李資謙의 勢力基盤에 대하여〉(《大丘史學》 10, 1976).
金光植, 〈高麗 肅宗代의 王權과 寺院勢力－鑄錢政策의 배경을 중심으로－〉(《白山學報》 36, 1989), 116쪽.

18) 秋萬鎬, 앞의 글, 34~36쪽.

19) 崔柄憲, 〈高麗中期 玄化寺의 創建과 法相宗의 隆盛〉(《韓沽劤博士停年紀念 史學論叢》, 知識産業社, 1981).

20) 韓基汶, 〈高麗 中期 興王寺의 創建과 華嚴宗團〉(《鄕土文化》 5, 慶山鄕土文化硏究會, 1990), 13쪽.

21) 《高麗史》 권 10, 世家 10, 헌종 1년 9월 병신.

사 이경필 등 당시 문반 전체 구성원 가운데 극히 일부만이 이자의에 동조하였다. 선종에서 헌종으로의 교체시기에 중앙정계의 요직에 있었던 인물 가운데에는 이자위만 "자의와 서로 사귀어 專權用事하였을"[22] 뿐 그 외의 인물은 보이지 않는 점이 주목된다. 무반의 경우도 문반처럼 실질적으로 군사력을 운용할 수 있는 위치에 있었던 인물들 즉 상장군과 대장군의 존재는 볼 수 없고 장군·낭장·별장·교위 등 무반의 중·하위집단만이 참여하였을 뿐이었다. 이자의 세력의 한 부분이었던 문반과 무반의 구성원 분석을 통해 이자의는 당시 정치적 지배세력으로부터 폭넓은 지지를 얻지 못했을 뿐 아니라, 국가의 공식적 물리적 강제력인 군사력을 확보하지 못했음을 알 수 있다.[23]

이상의 내용을 종합하여 볼 때 이자의의 난은, 인주 이씨와 왕실과의 혼인관계를 분석한 다음 왕위를 둘러싸고 경원 이씨 일문의 頲·碩·顗·顥 4대가 사이에 전개된 세력쟁탈전으로 보는 견해도 있지만,[24] 다음과 같이 해석될 수 있을 듯하다. 즉 이자의의 난의 실체란 선종이 죽은 뒤 어린 나이의 병약한 헌종이 즉위하자 명실상부한 왕권의 확립은 고사하고 헌종의 모후인 사숙태후에 의한 수렴정치가 행해지는 당시 상황하에서, 헌종을 기준으로 한 산후가 왕위 계승권을 가진 것으로 생각한 이자의와 선종을 기준으로 왕위 계승권을 가진 것으로 생각한 숙종이 왕권을 둘러싸고 대립하다가 이자의가 자신의 목적을 달성하기 위해 거사하였던 것이라 생각된다. 그리고 이자의의 난은 비록 자신이 소유하였던 사적 군사력과 일부의 가족과 문반, 그리고 무반의 중·하위집단을 기반으로 하였으나, 광범위한 지지세력을 확보하지 못하였으며 국가의 공식적인 군사력을 운용하지 못하였던 한계로 인해 실패할 수밖에 없었다고 이해된다. 따라서 당시의 양측 세력의 불균형이라든가 당대 병권 장악의 우열 등을 고려할 때, 이자의 모반 운운은 숙종 측을 미화하는, 다시 말해서 숙종 측이 조작한 정적 대숙청의 명분이라는 견해는 이자의의 입장에서 이루어진 해석이라 할 것이다.

---

22) 《高麗史節要》 권 6, 헌종 1년 7월.

23) 秋萬鎬, 앞의 글, 34~37쪽에서 이자의 세력의 실체를 분석한 다음 헌종 원년 당시 양측의 세력균형은 성립되지 않았으며, 일방적이라 할 만큼 계림공 쪽에 기울어져 있었다고 하여 이자의 세력의 미약함을 논증하였다.

24) 藤田亮策, 앞의 글, 117쪽.

(2) 숙종의 즉위 과정과 그 성격

위에서 살펴 본 것처럼 계림공과 이자의가 왕위를 둘러싸고 전개했던 갈등 상황[25]은 이자의의 謀亂, 그리고 계림공과 정치적 입장을 같이 하였던 邵台輔가 상장군 王國髦로 하여금 이를 진압케 하는 과정을 거친 다음, 계림공이 中書令에 임용되어[26] 전권을 장악하였고 같은 해 10일 헌종의 선양에 의해 왕위를 계승함으로써[27] 일단락되었다. 계림공이 이자의의 난을 진압하고 왕위를 계승할 수 있었던 것도 그 역시 이자의와 마찬가지로 자신의 정치적 목적 달성을 위하여 이에 상응하는 세력을 소유하고 있었기 때문에 가능하였다 할 것이다.

먼저 그의 세력기반으로 이자의가 소유하지 못하였던 국가의 강제적 물리력인 군사권의 장악을 들 수 있다. 이는 헌종 1년 權尙書兵部事로서 군사권을 장악하고 있었던 왕국모[28]가 소태보의 명을 받아 군사를 거느리고 入衛하였을 뿐만 아니라 장사 高義和로 하여금 이자의와 그의 무리를 제거하게 한 것으로 알 수 있다.[29] 숙종과 이들과의 연결 시기는 선종 8년 9월 경인일에 있었던 賞春亭에서의 여진문제 논의에 계림공이 문하시랑평장사 柳洪·좌복야 소태보·상장군 왕국모 등과 함께 참여하였던 사실을 들고, 그것은 여진에 대한 공동 대처의식과 왕실 및 국가보전이라는 원론적인 인식을 같이 하였기 때문이었다는 견해[30]가 있다. 그러나 국가적 현안문제에 대한 뜻이 같았다는 사실만으로 긴밀한 관계가 맺어지게 되었다고 보기는 어려울 뿐 아니라 그 계기로 제시된 내용 또한 구체적이지 못하다. 오히려 계림공과 이들이 연결될 수 있었던 것은 정치적 입장이나 이해관계의 합치 때문일 것이다.[31] 그밖에 군사력 운용에 실질적으로 참여하

---

25) 李丙燾, 앞의 책, 159쪽에서는 왕제 漢山侯 昀과 鷄林公 熙를 중심으로 한 왕위 계승의 투쟁으로 이해 하였다.

26) 《高麗史》 권 10, 世家 10, 헌종 1년 8월 을축.

27) 《高麗史》 권 10, 世家 10, 헌종 1년 10월. "制曰 朕承先考遺業 謬卽大位 年當幼沖體亦病羸 不能撫邦國之權…朕當退居後宮 獲全殘命 乃命近臣金德鈞等 迎鷄林公熙于宗邸 禪位 遂退居後宮"

28) 《高麗史節要》 권 6, 헌종 1년 1월.

29) 《高麗史》 권 95, 列傳 8, 邵台輔.

30) 金光植, 앞의 글, 117쪽.

31) 정치세력의 결집 요인으로 盧明鎬, 〈韓安仁一派와 李資謙一派의 族黨勢力－高麗中期 親屬들의 政治勢力化 樣態－〉(《韓國史論》 17, 서울대 國史學科, 1987),

였던 2군 6위의 상장군·대장군 또한 숙종의 지지세력으로 기능하였다. 이는 다음의 인사이동과 숙종 즉위 이후 자신의 지지세력에게 행한 포상책의 내용으로 알 수 있다.

> 黃仲寶를 尙書左僕射로, 尹莘傑을 龍虎軍上將軍 兵部尙書로, 黃兪顯을 工部尙書로, 崔迪을 金吾衛上將軍 攝刑部尙書로 하였다(《高麗史》 권 11, 世家 11, 숙종 즉위년 10월 경진).
>
> 황유현을 鷹揚軍上將軍 戶部尙書로, 최적을 神虎衛上將軍 刑部尙書로, 王惟烈을 金吾衛上將軍 工部尙書로 하였다(《高麗史》 권 11, 世家 11, 숙종 1년 1월 정사).

숙종의 또 다른 세력기반으로는 측근세력과 당시 이자의의 세력으로 기능하지 않았던 중앙정계 구성원의 대부분, 그리고 사병세력 내지 상공업 등과 관련을 맺고 있었던 인물들을 들 수 있다. 고려시대의 諸王子들은 府를 설치하고 典籤·錄事·書藝 등의 관원을 두었는데,[32] 계림공 역시 왕자였기 때문에 자신의 부를 통해 측근세력을 형성할 수 있었을 것이다. 이는 許慶의 예로[33] 입증할 수 있다. 그리고 당시 중앙정계 구성원의 대부분이 숙종의 지지세력이었다고 하는 것은 먼저 이자의의 난으로 화를 당한 인물이 거의 없으며, 선종 후반에서 헌종 1년에 이르기까지 중앙정계의 요직에 있었던 인물의 대다수가 숙종 즉위 이후에도 정계에서 활약하고 있기 때문이다. 사병세력 내지 상공업 등과 관련된 인물들의 존재는 다음의 자료를 통해 알 수 있다.

> 그 밖에 등급을 뛰어 관직을 옮긴 자가 수백 인이며, 工商皂隷로서 顯職을 超授한 자가 있어도 有司가 감히 말하지 못하였다(《高麗史》 권 11, 世家 11, 숙종 즉위년 10월 경진).

위의 내용은 숙종 즉위년에 있었던 자신의 왕위 계승과 관련된 포상조치 내용의 끝 부분이다. 이 가운데 '등급을 뛰어 관직을 옮긴 자'들은 관직에 재직 중이었던 자로 생각되므로 숙종은 대부분의 관료들로부터 지지를 받았음을 알 수 있다. 그리고 '공상조예로서 현직을 초수 받은 자'는 종전 세밀한 분석 없이 사병세력으로 이해되었으나,[34] 최근에 "거상과 같은 막대한 경제

195쪽에서는 친속관계의 유대와 각자의 사상 등에 따른 입장이나 이해관계의 합치라는 두 가지를 들고 있다.

32) 《高麗史》 권 77, 志 31, 百官 2.

33) 《高麗史》 권 97, 列傳 10, 許慶.

력의 소유상태보다는 보다 미약한 경제력의 상태를 느낄 수 있는 존재들로서 이들이 숙종의 潛邸 시절에 숙종과 긴밀하였다는 것은 숙종 자신의 상업에 대한 깊은 관심 혹은 상업에서 수취되는 경제력을 그의 기반세력의 토대로 활용되는 가능성을 전제로 하는 것이라 하겠다"[35]라고 하여, 이들을 숙종의 경제적 기반으로 이해하려는 견해가 발표되었다.

고려시대의 국내 상업은 관아 도시와 사원을 중심으로 발달하였다. 관아도시 중에서도 개성의 市廛 상업이 가장 활발하게 발달하였고, 개성 시전은 중앙정부의 조달상 및 수도를 찾아오는 외국인을 대상으로 하는 최대 규모의 상인으로서의 위치를 유지하였을 뿐만 아니라 정부의 보호를 받으면서 그들의 활동을 외국무역으로 연결시켜 부를 축적하였다고 한다.[36] 그리고 사원의 지원세력으로 기능하였던 豪商·大賈의 존재도 찾아진다.[37] 한편 수공업에 의한 상업활동도 관청수공업이나 민간수공업을 막론하고 비교적 활발하였다.[38] 그중 관청수공업은 정부의 용도와 수요에 따라 생산활동을 하였는데, 각 관청에는 이를 위해 해당 기술자인 工匠을 전속시켜 놓고 있었다.[39]

수도에서 발생한 왕위 계승과 관련된 정치적 사건에 관여하였던 「工商皂隷」는 벼슬길에 들어가 사족과 함께 어깨를 나란히 할 수 없는 존재들로서, 工技 이외의 일로 생업을 삼을 수 없었던 공장과, 소유한 부의 정도를 측정할 수는 없지만 어느 정도의 경제력을 지닌 상인, 그리고 「조예」라 표현되었지만 일반 백성 등을 의미하는 것이라 생각된다. 이들이 숙종과 연결될 수 있었던 것은 그가 왕자로서 侯·公에 봉해질 때 받았던 식읍 1,000호[40](공에 봉해졌을 때의 식읍 지급 내용은 알 수 없음)와 문종 30년의 녹봉규정에 의한 宗室祿 460석 10두[41]와 같은 경제력과 관계가 있는 것은 아닌가 한다. 이와 같이 이해할 수 있다면, 숙종은 자신이 소유하였던 경제력을 배경으로 자신의

34) 南仁國, 앞의 글, 135쪽.
35) 金光植, 앞의 글, 117~118쪽.
36) 姜萬吉, 〈商業과 對外貿易〉(《한국사》 5, 국사편찬위원회, 1975), 196~198쪽.
37) 〈金山寺慧德王師眞應塔碑〉(《朝鮮金石總覽》 上, 朝鮮總督府, 1919), 302쪽.
38) 수공업에 대해서는 劉元東, 〈高麗時代의 商工業〉(《韓國文化史大系》 2, 高麗大民族文化研究所, 1965), 姜萬吉 〈手工業〉(앞의 책) 등 참조.
39) 洪承基, 〈高麗時代의 工匠〉(《震檀學報》 40, 1975).
40) 《高麗史》 권 8, 世家 8, 문종 19년 2월 갑인.
41) 《高麗史》 권 80, 志 34, 食貨 3, 祿俸.

정치적 목적 달성을 위해 동원할 수 있는 사병집단을 양성하였다고 생각할 수 있을 것이다.

이상의 내용을 통해서 숙종의 즉위는 다음과 같이 이해할 수 있겠다. 선종 사후 왕위 계승 의욕을 지니고 있었던 계림공과 한산후를 추대하려는 이자의의 사이에는 왕위 계승을 둘러싸고 대립이 있었다. 이러한 양 세력 가운데 왕위 계승에 지나치게 간여하였을 뿐만 아니라 왕권 강화에 장애적 요인으로 성장하였던 외척 인주 이씨의 정치적 영향력을 약화시키고, 왕권의 안정을 꾀하기 위하여 당시 군사권을 장악하고 있었던 소태보와 왕국모 및 2군 6위의 상위집단과 연결되었고, 나아가 당시 중앙정계 대다수 문·무반의 지지를 획득하였던 계림공이 이자의의 의도를 무산시키고 헌종의 선양이란 형식을 거쳐 왕위를 계승하게 되었다.[42] 숙종의 왕위 계승은 「王室中興」[43]이라 표현될 만큼 명분상으로도 이자의의 한산후 추대 의도를 압도하였던 것이라 생각된다.

(3) 왕권강화 정책과 그 의의

숙종은 즉위하던 그 날 元信宮主와 그 아들들인 한산후 형제를 慶源郡으로 유배시키고,[44] 소태보를 守太尉 門下侍中으로 하는 등의 중앙정계 개편을 단행하였다.[45] 이후 그는 재위기간 동안 외척의 발호에 의하여 약화된 왕권을 강화하기 위한 일련의 조치들, 즉 태자 지위의 강화·義天에 의한 天台宗 개창의 지원·南京 경영·鑄錢政策의 실시·別武班 창설 등의 정책을 실시하였다. 이러한 왕권강화 정책에 대하여 아래에서 순서대로 살펴 본 다음 그 의의를 정리하고자 한다.

숙종은 문종대 이후 왕실과 중첩되는 혼인관계를 맺어 온 인주 이씨를 중앙정계에서 배제하였다. 이는 숙종의 재위 동안 중앙정계에서 활약하였던 인물들로는 李頫만을 찾을 수 있기 때문이다. 그리고 그는 계림공 시절 혼인하였던 貞州柳氏 柳洪의 딸을 왕비로 책봉하였을 뿐[46] 역대 왕들처럼 여러 명의 비를

42) 南仁國, 앞의 글, 134~135쪽.
43) 〈崔繼芳墓誌〉(李蘭暎 編,《韓國金石文追補》, 中央大出版部, 1968), 93쪽.
44)《高麗史》권 11, 世家 11, 숙종 즉위년 10월 경오.
45)《高麗史》권 11, 世家 11, 숙종 즉위년 10월 무인.
46) 정주 유씨에 대해서는 李樹健, 〈高麗時代 土姓硏究〉 上(《亞細亞學報》12, 1976,

맞이하지 않았다. 유홍의 정주 유씨가 《宋史》에 고려시대의 대표적인 성씨집단의 하나로 기록되어 있지만[47] 숙종 당대에는 외척으로 기능하지 못하였다.

이는 유홍과 그의 아들 柳仁著의 숙종 당대의 활동상을 통해 알 수 있다. 유홍은 문종 25년 給事中·左承宣이 된 이후 中樞院使·參知政事를 거쳐 선종 7년 2월 門下侍郎平章事에 이르렀으나, 동왕 8년 11월 죽었으므로 숙종 재위 시기 동안 어떠한 정치적 영향력도 행사할 수 없는 존재였다. 그리고 유인저도 숙종 다음의 예종대에 蔭職을 제수 받아 관직에 진출하였으며, 동왕 3년 예부시에 급제, 8년 참지정사로 죽었기 때문에[48] 숙종대 그가 외척으로서 발호한 흔적은 없다. 이와 같이 정치적 영향력을 행사할 수 있는 외척이 존재하지 않았던 점은 숙종이 왕권강화 정책을 추진할 수 있었던 하나의 배경이 되었을 것이다.

다음으로 들 수 있는 것은 왕위 계승권자인 태자의 지위 강화와 관련된 조치 즉 詹事府의 강화이다. 첨사부는 현종 13년(1022) 장자 延慶君 欽을 왕태자로 책봉하면서 설치된 것이었으나,[49] 하나의 완전한 기구로 기능한 것은 아니었다. 첨사부의 관원은 현종 당시 師·保 및 司議郎 1인·司直 1인·通事 2인과 丞·注簿·錄事 각 1인으로 구성되었으며,[50] 문종 8년에는 3품관 이상의 손·5품관 이상의 아들 20인을 선발하여 東宮侍衛公子로, 5품관 이상의 손·7품관 이상의 아들 10인을 侍衛給事로 하였다. 그리고 동왕 22년 첨사부 관원의 증원과 품계의 확정 및 체제의 정비가 이루어졌으나[51] 이 규정대로 임명된 예는 숙종대까지 찾아 볼 수 없다.

숙종은 3년(1098) 3월 "과인이 망녕되이 凉德으로서 태자를 두었으니 마땅히 震位에 올릴 것이므로 유사에 특명하여 태자첨사부·左春坊·延慶宮司 등의 관부를 갖추고 臣僕과 식읍을 모두 이에 예속케 하라"[52] 하여 첨사부·좌춘방·연경궁사 등의 관부를 갖추고 문종 22년의 규정에 의거하여 동

71~72쪽 ; 《韓國中世社會史硏究》, 一潮閣, 1984) 참조.

47) 《宋史》 권 487, 列傳 246, 外國 3, 高麗.

48) 《高麗史》 권 97, 列傳 10, 柳仁著.

49) 《高麗史節要》 권 3, 현종 13년 5월.

50) 《高麗史》 권 77, 志 31, 百官 2, 東宮官.

51) 위와 같음.

52) 《高麗史》 권 11, 世家 11, 숙종 3년 3월 계해.

궁관원을 임명하였다. 이러한 숙종의 조치는 선종 사후 헌종대 약화된 왕권의 실체를 체험하였던 그로서는 태자에게 보다 안정되게 왕권을 물려주고자 하는 의도에서 비롯된 것이라[53] 해석되기도 한다.

그리고 첨사부 소속의 관원으로는 소태보·황유현·黃瑩과 같이 숙종 즉위에 공로가 있었던 인물, 당시 중앙정계의 요직에 있었던 金上琦·崔思諏 그리고 尹瓘·文翼·魏繼廷 등 새로이 중앙정계에 진출하였던 인물들이 임명되었는데 이로써도 위에서 언급하였던 숙종의 의도를 알 수 있을 것이다. 첨사부의 조직을 정비하고 나서 숙종은 5년 1월에 왕자 俁를 왕태자로 책봉하였으며,[54] 첨사부와 춘방 소속관원에 대해서 2등급씩 加資하여[55] 태자의 지위를 더욱 공고히 하였다.

중앙정계의 개편, 왕위 계승권자인 태자의 지위 확립 등의 조치를 취한 나음 이자의의 난에 연루되어 유배되었던 인물들에 대한 사면조치를 단행하여,[56] 이완된 민심을 수습하였다. 그리고 대장군 高文蓋·張洪占·李弓濟와 장군 金子珍 등의 변란[57]을 사전에 진압함으로써 더욱 왕권강화에 진력할 수 있게 되었다.

한편 의천에 의한 천태종의 개창 역시 왕권 강화의 한 측면을 지닌 것이었다. 이의 이해를 돕기 위하여 당시 불교계의 동향을 정리하면 다음과 같다.[58] 고려사회는 11세기 이후 현종·문종대를 지나면서 집권적 귀족사회의 골격을 갖추고 차츰 문벌귀족층이 형성되기에 이른다. 이에 따라 고려사회는 문벌귀족에 의해 장악되고 불교계도 이들의 영향력 속에서 좌우되는 실정이었다. 당시의 사정은 문벌귀족들이 개경을 중심으로 많은 願堂을 건립함으로써 경제적으로 사원 자체를 장악한다든가 심지어 그들의 자제를 대대로 출가시켜 교단 자체에 대한 영향력을 행사하기에 이르렀다.[59]

53) 南仁國, 앞의 글, 137쪽.
54) 《高麗史》 권 11, 世家 11, 숙종 5년 1월 을미.
55) 《高麗史》 권 11, 世家 11, 숙종 5년 2월 을사.
56) 《高麗史》 권 11, 世家 11, 숙종 6년 2월 임자.
57) 《高麗史》 권 96, 列傳 9, 崔思諏.
58) 蔡尙植, 〈修禪結社 成立의 社會的 基盤〉(《高麗後期佛敎史硏究》, 一潮閣, 1991), 34~35쪽.
59) 許興植, 〈佛敎와 融合된 社會構造〉(《高麗佛敎史硏究》, 一潮閣, 1986) 참조.

당시 문벌귀족과 결탁되었던 대표적인 교단은 왕실과 연결되었던 화엄종과 경원 이씨세력과 연결된 법상종이었다. 이는 현종대 이후 중앙집권적 지배체제가 정비되고 그 지배체제의 운영 주도세력인 문벌귀족이 대두하면서 보수적인 귀족불교의 성격인 법상종이 융성하고, 중앙집권화라는 정치적 배경으로 고려초기 이래 성장한 화엄종의 지속[60]이라는 이해에 근거한다.[61] 반면에 지방사회의 향리층이나 대다수의 농민·천민층은 특정 종파세력과는 괴리된 채 독자적인 신앙공동체를 결성하여, 정토신앙·공덕신앙을 기반으로 한 사원의 소규모 造塔·鑄鐘 활동에 참여하기도 하고, 팔관회·연등회 등과 같은 불교와 전통신앙이 결합하고 있는 형태의 신앙을 수호하고 유지하는 형편이었다.

위에서 살펴 본 것처럼 문벌귀족에 의해 장악된 불교교단이 보수적 경향을 띠게 되었을 때 의천이 출현하여 문벌귀족과 결탁된 불교세력에 대한 개혁, 나아가 왕실의 가장 암적인 존재인 문벌귀족 체제에 대하여 왕권강화의 계기를 마련하고자 하였다. 의천의 불교계에 대한 개혁의도와 숙종의 왕권강화 정책이 연결되어 숙종의 강력한 지원하에, 선종대에 착수되었으나 우여곡절 끝에 완공되지 못하였던[62] 國淸寺가 준공되고 국가권력이 개재된 상황에서 선종 승려들의 참여 속에 천태종은 개창되었다.[63] 그러나 의천의 노력은 본질적으로 문벌귀족 체제와 동일한 기반에서 출발했기 때문에 당시 사회와 불교계에 대해 전반적인 개혁의 방향으로 안목을 돌릴 수 없었을 뿐만 아니라 지방사회, 즉 기층사회에서 널리 유행하던 신앙에 대해서는 관심조차 갖지 못하였다는 한계가 지적[64]되기도 하였다.

숙종은 대각국사 의천의 "用錢을 시행하면 교환과 운반에 편리하고, 米·

---

60) 崔柄憲, 앞의 글, 참조.

61) 崔柄憲, 〈天台宗의 成立〉(《한국사》 6, 국사편찬위원회, 1977), 81쪽에서 화엄종과 법상종의 공통점과 차이점 및 민중불교와의 관계를 다음과 같이 정리하였다. 화엄종이나 법상종은 법성종과 법상종이라는 교리 면에서의 기본적인 차이가 있어 서로 대립되는 관계에 있었지만, 양자 모두 중앙집권 체제의 안정한 운영만을 위주로 하여 기성집단 세력의 유지만을 도모하는 왕실이나 외척세력 및 그와 연결된 문신귀족 등의 지배세력과 지나치게 밀착됨으로 말미암아 일반 민중불교와는 유리도가 심해졌다.

62) 선종대 국청사의 공사와 관련된 정치세력과 사원세력 간의 갈등은 金光植, 앞의 글, 121~127쪽 참조.

63) 許興植 앞의 책, 287쪽.

64) 蔡尙植, 앞의 책, 35쪽.

布에서 파생되는 수취 및 교환의 부정을 방지할 수 있고, 녹미의 독촉으로 피해를 입는 가난한 사람을 보호할 수 있으며, 미곡의 저축으로 인하여 흉년에 대비할 수 있다"[65]는 주전건의 상소에 따라 동왕 2년(1097) 12월 아래의 교서로서 화폐유통 정책을 실시하고자 하였다.

> 옛부터 우리나라의 풍속은 소박하고 간략하였는데, 문종대에 이르러 문물과 예악이 융성해졌다. 짐이 선왕의 유업을 이어 받아 장차 민간의 큰 이익되는 일을 일으키려고 하니 鑄錢官을 세우고 백성들로 하여금 서로 통용케 하도록 할 것이다(《高麗史》 권 79, 志 33, 食貨 2, 貨幣).

이후 화폐유통의 여건이 마련됨에 따라 6년 4월 주전도감에서 "나라 사람들이 비로소 화폐를 사용하는 이점과 그 편함을 알게 되었으니 이 사실을 종묘에 고하도록 하소서"[66] 하였고, 같은 해 銀甁을 만들어 화폐로 시용하였다. 7년 12월에는 "백성들을 부유하게 하고 국가를 이롭게 하는 데는 돈보다 더 중요한 것이 없다. 서북 양국에서는 이를 시행한 지 오래되었으나 우리 동방만은 아직 행하지 못하였다가 오늘날 비로소 鼓鑄(쇠를 녹여 돈 만드는 것)의 법을 만들었다. 그 주조한 돈 1만 5천관을 재추·문무양반·군인들에게 나누어주어 화폐통용의 시초로 삼게 하라"[67]하였으며, 이때 화폐의 명칭은 海東通寶라고 하였다.

이어서 "처음으로 용전함을 태묘에 고하고 즉시 京城에 左右酒務를 설치하고, 거리의 양쪽에는 신분의 높낮이에 관계없이 각각 점포를 두어 화폐사용의 이익을 크게 거두도록 할 것이다"[68]라고 하였다. 그러나 화폐를 유통시킨 지 3 년이 되었지만 백성들이 가난하여 활발하게 통용시킬 수가 없었으므로 9년 7월 다시 官錢을 내려 주고, 주현에 명령하여 미곡을 내어 酒食店을 열게 하고, 백성들에게 사고 파는 것을 허락하여 화폐의 유리성을 알도록 하였다.[69]

위와 같은 숙종대의 화폐 유통정책은 의천과 윤관 등의 건의와 郭尙 등의 반대를 거치면서 이루어졌다.[70] 숙종대의 주전정책과 관련하여 의천의 주전

---

65) 《大覺國師文集》 권 12, 鑄錢建議上訴.
66) 《高麗史》 권 79, 志 33, 食貨 2, 貨幣.
67) 위와 같음.
68) 위와 같음.
69) 《高麗史》 권 79, 志 33, 食貨 2, 貨幣 · 권 12, 世家 12, 숙종 9년 7월 신축.
70) 《高麗史》 권 97, 列傳 10, 郭尙,

건의는 "의천이 화폐 사용을 열렬히 주장한 것도 당시 송과의 무역의 발달과 그의 탁월한 식견에서 비롯된 것이라고만 말할 수 없고, 오히려 사원을 중심으로 형성된 금융의 수준이 높았고 이를 이용할 필요성에서 주장되지 않았을까 한다"71)는 사원경제적인 면에서의 언급도 있지만, 이와 관련된 연구에서는 대체로 왕권강화와 밀접한 관계를 가진 것으로 이해하고 있다. 즉 성종대나 숙종대의 화폐 유통책은 왕권을 중심으로 하는 집권력 강화와 국가재정 확보라는 정치적·재정적인 필요성에서 실시되었기 때문에 왕권강화에 도움이 되었을 뿐만 아니라 남경경영에 필요한 재정적 뒷받침이 될 수도 있었을 것이며 군사력 강화의 기반이 되었다는 견해72)나 12세기 고려사회의 내적인 성장과 변화를 배경으로 하여 왕실의 회복·왕권강화를 추구하기 위해 시도된 국가적 비상사태 하의 국가상업의 이익을 장악하려는 시도의 일환으로 구현된 것73)으로 이해하는 견해가 그 예이다.

숙종대의 남경경영도 지리도참사상을 이용한 왕권강화 정책의 하나였다. 숙종 1년 7월 金謂磾의 남경건설을 주장하는 상소74)로 시작된 남경경영은 柳伸·庾祿崇 등 소수의 반대도 있었지만, 재상과 하위관리들의 전폭적인 지지를 배경으로75) 동왕 4년 9월 宰臣과 日官으로 하여금 楊州에 남경을 건설하는 것을 의논케 하였으며, 곧 이어 왕비·원자·양부 관료들이 대각국사와 함께 양주에 행차하였다.76) 이후 6년 9월에는 南京開創都監을 설치하고 최사추·윤관·任懿 등을 파견하여 터를 잡게 하였으며,77) 다음달에는 남경이 창건되자 이를 종묘·사직·산천에 고하였다.78) 9년 5월 남경에 궁궐이 완성되고,79) 7월 남경에 행차함으로써80) 남경경영은 일단락되었다.

71) 許興植, 앞의 책, 10~11쪽.
72) 蔡雄錫, 〈高麗前期 貨幣流通의 基盤〉(《韓國文化》 9, 서울대 韓國文化硏究所, 1988), 90~94쪽.
73) 金光植, 앞의 글, 132~146쪽.
74) 《高麗史節要》 권 6, 숙종 1년 7월.
75) 《高麗史》 권 95, 列傳 8, 柳伸 "國家欲移都南京 宰相及庶僚 皆以爲可 伸與左散騎常侍庾祿崇 獨言其不可." 이 내용을 숙종대의 것으로 이해함은, 이병도, 앞의 책 참조.
76) 《高麗史》 권 11, 世家 11, 숙종 4년 9월 정묘·윤 9월 을해.
77) 《高麗史》 권 11, 世家 11, 숙종 6년 9월 정묘.
78) 《高麗史》 권 11, 世家 11, 숙종 6년 10월 병신.

이러한 숙종의 남경경영은 그의 주전정책과도 밀접한 관련을 가진 것으로 이해되는데, 그것은 주전론자의 대표자격이며 숙종의 측근으로 왕권강화를 돕고 있던 대각국사와 윤관이 남경 창설 과정에서 적극적인 역할을 수행하고 있었음을 근거로 한다. 숙종의 남경경영과 관련된 최근의 연구에서는 남경 설치의 이유를 "즉위시 인주 이씨세력과의 대결을 위해 서경계통 사람들의 힘을 빌었으나, 다시 이들의 견제를 위하여 남경을 설치하여 양자간의 균형을 꾀하였던 것으로 보인다. 그리고 이것은 왕 자신의 독자적 세력이 미약하고 귀족세력이 강할 때 귀족간 균형을 통해 왕권의 안정을 도모하려는 일종의 미봉책 내지는 과도적 형태라 볼 수 있겠다"[81]라고 하여 남경경영을 정치세력의 재편과 관련지워 이해하기도 하였다.

숙종 9년부터 고려와 여진의 군사적 충돌이 시작되었는데, 林幹과 윤관이 징빌이 실패한 이후 그 패인을 「敵騎我步」에서 찾은 윤관의 건의에 의해 9년 12월 別武班이 설치되었다.[82] 별무반은 약 17만 명 수준이었다고 전하는데, "문무 산관·서리로부터 상인·노복·승려 및 주·부·군·현"[83]에 이르기까지 그 구성이 광범위하였다. 고려시대의 군인들은 피복·무기 등을 스스로 부담하는 것이 관례였다.[84] 그러나 17만 명 수준이었다고 전해지는 별무반에게 제공되는 전투시의 군량 등 군수물자의 비용은 막대하였을 것이므로 이러한 국가적인 막대한 재정 보충의 필요성이 왕권강화의 기본구도와 연계되면서 주전정책이 전개되었다고 하는 견해[85]도 있고, 별무반의 설치가 윤관이라는 숙종 측근의 주도로 이루어졌으며 당시 본관체제가 이완되면서 「無賴」·「豪俠」의 풍조가 있었기 때문에 징병이 실시되면 사회적 통제효과를 가져오고 그러한 「無賴豪俠之徒」를 제도권내에 편제하는 효과도 있어서 국왕을 중심으

79) 《高麗史》 권 12, 世家 12, 숙종 9년 5월.
80) 《高麗史》 권 12, 世家 12, 숙종 9년 7월 무술.
81) 權純馨, 〈高麗中期 南京에 대한 一考察〉(《鄕土서울》 49, 서울市史編纂委員會, 1989), 16쪽.
82) 《高麗史》 권 96, 列傳 9, 尹瓘 및 권 81, 志 35, 兵 1, 兵制.
李基白, 〈高麗別武班考〉(《金載元回甲紀念論叢》, 1969).
金塘澤, 〈別武班의 設置와 軍制의 變化〉(《高麗軍制史》, 陸軍本部, 1983) 참조.
83) 《高麗史》 권 81, 志 35, 兵 1, 兵制, 숙종 9년 12월.
84) 李基白, 〈高麗州縣軍考〉(《高麗兵制史硏究》, 一潮閣, 1968), 214~216쪽.
85) 金光植, 앞의 글, 142~143쪽.

로 한 집권력의 강화를 가져 왔을 것이다[86]라는 견해도 있다. 따라서 숙종의 별무반 설치를 왕권강화 정책의 하나로 파악하여도 무리는 없을 것이다.[87]

숙종대에 행해진 왕권강화 정책, 즉 태자 지위의 강화·천태종 개창의 지원·주전정책의 실시·남경경영·별무반의 설치 등은 정치·경제·사상 등 모든 부분에 걸쳐 행하여졌다. 이러한 정책들이 지니는 의의는 보다 안정되고 강력한 왕권의 확립을 지향하고, 나아가서는 그것의 계승에 있었다고 할 수 있을 것이다.[88] 숙종의 왕권강화 정책은 소기의 성과를 거두었다고 할 수 있지만 그러한 정책의 시행과정에서 빚어진 문제점 또한 적지 않았는데, 그것은 예종 1년 양부·대간 등에 의해 제기되었던 封事의 내용으로 알 수 있다.

2) 귀족사회 내의 갈등과 이자겸의 난

(1) 예종대 정국의 추이

숙종의 왕권강화 정책의 결과 안정된 왕권을 계승하였던 예종도 전대에 못지 않게 왕권을 강화하기 위해 노력하였다고 평가된다. 그는 즉위년(1105) 10월 士庶와 내관 사이의 교통과 청탁행위를 금지시켜[1] 인사행정의 공정성을 확보하려 하였다. 같은 해 12월 그는 교서를 내려 중앙의 문벌귀족과 연계된 지방관리들의 謀利害民을 제거하고 이들을 왕권의 규제 아래 둠으로써 지방행정의 일원적 관료화를 시도하였다.[2]

> 지금 각도 주군의 司牧으로서 청렴하여 백성을 걱정하고 돌보아 주는 자가 열에 한 둘도 없고, 잇속을 좇고 공명을 낚기만 하여 대체를 해치며, 뇌물을 좋

---

86) 蔡雄錫, 앞의 글, 93쪽.

87) 별무반의 설치를 왕권강화책과는 달리 군사제도적 측면에서 분석한 李基白은 "별무반의 주 구성원은 토지경작자인 농민(白丁)이며, 이들은 州鎭軍의 일정한 군사 조직 속에 편입되어 전투부대의 주력이 아닌 예비병력에 지나지 않았지만 별무반으로 강제 징발되어 전투부대로 나타난 것은 군역을 세습하는 軍班氏族의 몰락이라는 사회적 현상을 그 배경으로 한다" 하였으며(앞의 글, 49쪽), 金塘澤은 이기백의 견해를 근거로 하면서 "군반씨족의 와해로 인한 국방의 공백을 메우기 위해 설치된 것으로" 이해하였다(앞의 글, 249쪽).

88) 南仁國, 앞의 글, 141쪽.

1) 《高麗史》 권 12, 世家 12, 예종 즉위년 10월 경인.

2) 申千湜, 〈高麗 中期 敎育理念과 國子監 運營〉(《高麗敎育制度史硏究》, 螢雪出版社, 1983), 53쪽.

아하고 사리를 꾀하여 생민을 괴롭히므로 백성이 흩어지고 도망하는 자가 서로 이어 10호에 9호가 비이게 되니 짐은 매우 이를 슬퍼하노라. 이는 실로 고을 수령의 인사고과가 제대로 행하여지지 아니하므로 말미암아 사람들에게 권선징악이 없기 때문이니 마땅히 명신을 보내어 군현을 순시하고 수령들의 성적을 매겨 알리도록 하라(《高麗史》 권 12, 世家 12, 예종 즉위년 12월 갑신).

아울러 예종은 서해도의 儒州·安岳·長淵 등 여러 현에서 주민들이 유망하자 監務官을 파견하여 그들을 안무케 하였더니 드디어 유민이 돌아와 산업이 날로 성하게 되었던 예에 따라, 牛峯·坡平·安州·青松 등 백성의 유망이 심하였던 군현지역에 감무관을 파견하여[3] 貢賦를 장악하고 권농과 유민 평안을 통해 백성들의 생활 안정을 도모하였을 뿐만 아니라 속현의 영현화 작업을 행하였다.[4] 인사행정상의 문제점을 개선하고 지방행정의 일원적 관료화의 시도 및 백성의 생활안정과 관련된 조치들을 취한 다음, 예종은 보다 바람직한 국가경영을 위하여 양부의 近臣 및 대성의 諫官, 諸司의 知制誥 등으로 하여금 국정운영에 있어서의 문제점을 개진토록 하였다.[5] 따라서 그들이 제기하였던 당시의 문제점을 《高麗史》와 《高麗史節要》의 기록에 근거하여 정리하면 다음과 같다.[6]

① 논한 바를 몸소 행하고 스스로 반성하며 조상의 유훈을 받들어 계승하도록 할 것.
② 사철의 기후에 맞추고 하늘에 따르는 월령을 행할 것.
③ 종묘와 사직단을 수리하고 이에 따른 그릇과 의복을 갖출 것.
④ 天壽寺의 역사를 중지할 것.

---

3) 《高麗史》 권 12, 世家 12, 예종 1년 4월 경인·3년 7월 신유. 예종 때 파견된 감무관에 대해서는 元昌愛, 〈高麗 中·後期 監務增置와 地方制度의 變遷〉(《淸溪史學》 1, 1984). 羅恪淳, 〈高麗時代의 監務에 대한 硏究〉(《閔丙河停年紀念史學論叢》 1988). 金東洙, 〈高麗 中·後期의 監務派遣〉(《全南史學》, 1989). 李仁宰, 〈高麗中後期 地方制 改革과 監務〉(《外大史學》 3, 1990) 등 참조.

4) 李仁宰, 앞의 글, 132~133쪽. 한편 채웅석은 이 때의 감무관 파견이 "실제로는 속현 지역이 피폐되고 그에 따라 유망 등의 형태로 저항이 광범위하게 일어나자, 그 현상들을 공권력으로 억제하고 안정적인 수취의 확보를 도모하기 위한 것이었다"고 하였다(〈12·13세기 향촌사회의 변동과 '민'의 대응〉 《역사와 현실》 3, 1990, 66쪽).

5) 《高麗史》 권 12, 世家 12, 예종 1년 6월 병술.

6) 《高麗史》 권 12, 世家 12, 예종 1년 7월 신축 및 《高麗史節要》 권 7, 예종 1년 7월. 《高麗史節要》의 내용이 《高麗史》의 기록보다 더 상세하다.

⑤ 화폐의 사용을 금지할 것.
⑥ 복식제도의 문란함을 바로잡을 것.
⑦ 문무관료의 진퇴 즉 인사행정상의 공정을 기할 것.
⑧ 을해년 악역을 저질러 유배된 자에 대한 사면조치를 취할 것.
⑨ 간음을 범한 승도로 향호에 충당된 자에 대한 대책을 세울 것.
⑩ 중외의 법사에서 문죄하는 세 번의 고문을 가려 할 것.

이상 제기된 열 가지 문제들에 대하여 예종의 대응은 긍정적으로 받아들인 것과 받아들이지 않은 것으로 대별된다. 먼저 긍정적으로 대응한 내용을 정리하면 다음과 같다.[7] ①에 대해서는 "이미 마음에 두고 잊지 않고 거의 실행하였다" 하였으며, ②와 ③에 대해서는 "有司로 하여금 상세히 알려서 시행할 것이다"라고 하였다. 그리고 ⑥에 대해서는 "그 복식제도에서 상하가 뒤섞였다는 것은 선대부터 아직 정해진 법이 없었고, 임금과 신하가 백성에게 솔선하여 검소를 행하지 못한 데서 말미암은 것이므로 임금과 신하가 절검을 몸소 행하여 백성의 이익을 침해하지 않는다면 뭇 백성이 보고 느껴 존비의 구별이 있을 것이다"라고 하여 신하들의 검소한 생활을 요구하였다.

⑦에 대해서는 "문무관료가 공도 없이 녹봉만을 탐내고 직책을 다하지 않기 때문에 가뭄과 蝗蟲 재해가 자주 이르니, 대거 어진 이를 등용하고 불초한 이를 물러가게 하는 것이 정치하는 요체이다. 그러나 온갖 관직이 지극히 번잡하여 짐이 다 알 수 있는 바가 아니니, 만약 어질고 착한 이가 아랫자리에 있으면 재상이 이를 천거하고 간사하고 탐한 자가 관직에 있으면서 직책을 다하지 않거든 대간에서 이를 내쫓아라" 하여 인사문제에 있어서 재상과 대간의 역할이 중요함을 지적하였다.[8] ⑧에 대해서는 "을해년에 惡逆을 범하여 유배된 자는 마땅히 각각 감형하고 서용할 것이며, 연좌되어 재산을 몰수하고 노예로 삼은 자는 이를 면제하고 노예에 속하지 않은 자도 아울러 돌보아 주라" 하였는데, 특히 이들에 대한 서용 조치는 숙종 5년 개경으로 돌

7) 《高麗史節要》 권 7, 예종 1년 7월.
8) 申千湜, 앞의 책, 51쪽에서는 "문벌로서 관직을 제수받은 자들의 안일한 근무자세에 대한 규제이며, 동시에 이들의 근면과 태만을 대간으로 하여금 규찰하게 함으로써 왕권적 차원에서 관료체제의 모순을 지향하겠다는 강력한 의지의 표현"으로 이해하였다.

아 왔던 인물들에 대한 혜택으로 이자의의 난에 연루되어 화를 당하였던 자들에게 사면과 서용 기회를 제공해 줌으로써 정치지배세력 내부에 존재하였을 갈등을 해소코자 한 것으로 이해된다.[9)]

그리고 ⑨에 대해서는 "승도로서 간음을 범하면 길이 향호에 충당하여 사면을 거쳐도 용서되지 않음은 가혹한 것이니, 마땅히 유사에게 시켜 조사하고 살펴서 군역에 충당케 하라" 하였다. 그리고 ⑩에 대해서는 '법사는 짐의 형벌을 조심하고 불쌍히 여기는 뜻을 알아서, 이미 죄상을 자백한 자는 죄의 輕重을 논할 것 없이 반드시 고문을 하지 말라"고 하였다.

한편 수용하지 않았던 ④와 ⑤에 대한 대응을 정리하면 다음과 같다. ④에 대해서 《高麗史節要》에는 "先考께서 세우기 시작한 것인데, 얼마 되지 않아 승하하자 중론이 벌떼같이 일어나 다투어 간하여 말리니, 짐도 그 불기함을 알면서도 다만 선고의 뜻을 따르려고 아직 감히 罷去하지 못하였으나, 이는 짐의 허물이다"라고 하여 천수사의 역을 파하기로, 즉 그들의 견해를 받아들이는 자세를 취한 듯이 기록되어 있다. 그러나 《高麗史》에는 "천수사의 역사는 짐 또한 가부를 아는 바이나 聖考께서 짓기 시작하였을 때를 당하여서는 한 사람도 감히 말하는 이가 없더니 승하하신 이후에 중론이 벌떼같이 일어나 다투어 간하여 말리려 하니, 짐이 의리로써 생각하여 보건대 지세의 길흉이란 이것이 꺼림의 적은 일인 것이니 어찌 선인의 뜻을 따르는 것만 같으리요, 오직 금년 봄의 역사는 짐의 과실이니 마땅히 사면령에 의거하여 3년 후에 이를 행할 것이다" 하여 숙종의 眞殿寺院이었던[10)] 천수사의 역사는 일시 중단할 뿐이라 하였지만, 9월 숙종의 왕권강화 정책의 시행에 적극 참여하였던 윤관으로 하여금 이를 감독하게 하여[11)] 이의 지속적인 추진의사를 분명히 하였다. 여기서 숙종대 정책시행의 강압적인 분위기를 엿볼 수 있지 않을까 한다.

9) 南仁國, 〈高麗 睿宗代 支配勢力의 構成과 動向〉(《歷史教育論集》 13·14, 1990), 405쪽. 洪承基는 이 조치의 대상이 된 공노비가 당대에 정치권력의 심층과 연결되어 있었던 당당한 귀족이었다는 사실에 근거하여 귀족들에 대한 국왕의 관용을 보인 것으로 해석하고, 이것은 최소한의 왕권을 유지하기 위한 국왕의 양보, 국왕에 대한 귀족세력의 우위를 과제로 해서 이루어진 양자 사이의 타협 내지 조화를 반영하는 것으로 이해하였다(〈高麗前期의 奴婢政策〉, 《高麗貴族社會와 奴婢》, 一潮閣, 1983, 170쪽).

10) 許興植, 앞의 책, 70~71쪽.

11) 《高麗史節要》 권 7, 예종 1년 9월.

⑤에 대해서는 "화폐를 사용하는 법은 곧 오랜 옛날 제왕이 나라를 넉넉하게 하고 백성을 편리하게 하려 한 것이요, 나의 선고께서 재화를 모으려고 한 것은 아니다. 하물며 大遼가 근년에 또 용전을 시작한다 함을 들음에 있어서랴. 무릇 한 가지 법을 만들면 많은 비방이 일어나는 까닭에 옛 글에 백성과는 시작할 때 의논해서는 안 된다고 하였는데, 뜻밖에 여러 신하는 태조의 유훈에 당과 거란의 풍속의 사용을 금하였다는 것을 구실로 하여 화폐사용을 배척하나, 그 금하는 바는 대개 풍속과 사치를 말한 것뿐이니 문물·법도 같은 것이야 중국 것을 버리고 어떻게 할 것인가. 선조의 유훈이 금하는 바는 화폐의 사용을 말함이 아님이 분명하다. 지금 마땅히 그만두어야 할 것은 오직 관문과 나루의 商稅 뿐이다"라고 하여 숙종의 주전정책은 재화의 증식을 목적으로 하였던 것이 아니라「富國便民」을 위한 것이란 점을 분명히 하면서 그들의 요구를 일축하였다.

이상의 내용을 통해서 알 수 있는 것은 다음과 같다. 예종은 양부와 대간, 제사의 지제고 등의 건의 내용 가운데 당시 상황에서 시정되어야 할 것이나 준수되어야 할 것에 대해서는 그들의 요구를 수용하면서도, 그들에게도 자신들이 지켜야 할 것이나 개선되어야 할 것 및 담당하여야 할 역할 등을 강조하였다. 반면에 숙종대에 행해진 정책에 대해서는 비록 문제점을 지니고 있다 하더라도 당분간 그 정책을 지속적으로 추진하는 한편 비판받는 부분에 대해서는 점진적으로 개선하려 하였다.

위와 같은 예종의 대응책은 숙종에 의해 추진되었다가 소기의 성과를 거두지 못하고 그 결과 별무반이란 별도 부대의 창설로 이어졌던 여진정벌에 적극적으로 대처하였음으로도 미루어 짐작할 수 있다. 즉 즉위년 12월에 宰樞와 더불어 이에 대해 논의하였으며,[12] 이듬해에는 도병마사에서 군령과 군기의 확립 및 군사전력의 정예화에 관련된 대책을 제시하자 이를 적극 수용하는 자세를 취하였다.[13] 그러나 예종은 즉위 이후 중앙정국 운영의 주도적 위치를 점하지 못하였다. 그것을 분명히 알려 주는 사료는 없지만 예종 즉위년 11월 문하시중이었던 魏繼廷이 "또 자신의 힘으로 어찌 할 수 없어 침묵

12)《高麗史節要》권 7, 예종 즉위년 12월.
13)《高麗史節要》권 7, 예종 1년 7월.

으로 일관하여 건의한 바 없었다"14)라고 하고 있음에서 당시 정치지배세력 내부에 갈등이 내재되어 있었음과 예종이 제시하였던 교육정책이 어느 누구의 지지도 받지 못하였음15)을 알 수 있다.

이러한 정치상황 하에서 예종의 혼인이 1년 6월에 28세의 나이로 선종의 딸 延和宮主 사이에 이루어졌다. 그의 혼인대상이 종실녀였음은 왕위 계승권자의 혼인에는 적합한 것이었지만,16) 역대 왕들의 혼인이 15세에서 20세 사이에 이루어졌음17)과, 현존하는 고려시대 戶口單子의 분석을 통해서 당시 사람들의 혼인 연령이 20세 이하였음 및 혼인 연령의 파악이 가능한 금석문 자료를 통해서 나타나는 혼인 연령이 16세에서 25세 사이였다는 연구성과18)를 감안한다면 그의 혼인은 상당히 늦은 것이었다.

왜 예종의 혼인이 이렇게 늦어지게 되었을까. 이에 대해서는 나음과 같은 세 가지의 해석이 가능할 듯하다.19) 즉 숙종은 비록 헌종의 선양에 의하여 왕위를 계승하였다고 하지만 실상은 쿠데타에 의한 것이었고, 즉위 이후에는 강력한 왕권의 확립을 위한 여러 정책을 추진하였다. 그러한 과정에서 숙종은 새로운 외척집단이 앞선 시기의 상환처럼 정치적 영향력을 증대시키려는 것을 우려하였거나, 보다 강력한 왕권의 확립에 조력할 수 있는 집단의 선정에 어려움을 겪었기 때문일 것이다. 아니면 이 문제를 둘러싸고 지배세력 내부의 갈등이 첨예화되어 혼인대상의 선정에 어려웠던 것은 아닐까 하는 것이다. 이러한 해석은 예종의 경우 그는 왕위 계승권자의 지위를 태자로 책봉되는 순간부터 차지하였으나, 당시 宗室女 거의 대부분이 인주 이씨의 소생들이었기 때문에 가능할 것이다.

예종은 선종의 딸 연화궁주와의 혼인에 이어 3년 1월에는 이자겸의 딸과 혼인하였다. 예종의 이 혼인은 상당히 주목되는 것이다. 왜냐하면 이자겸의

14) 《高麗史》 권 95, 列傳 8, 魏繼廷.
15) 《高麗史節要》 권 7, 예종 2년 1월.
《高麗史》 권 74, 志 28, 選擧 2, 科目 2, 學校, 예종 2년.
16) 鄭容淑, 〈"高麗史" '后妃傳'의 檢討〉(《高麗王室族內婚研究》, 새문사, 1988), 43~45쪽 참조.
17) 鄭容淑, 위의 책, 100~101쪽의 주 40 참조.
18) 許興植, 〈高麗時代의 家族構造〉(《高麗社會史研究》, 亞細亞文化社, 1981), 309쪽.
19) 南仁國, 앞의 글, 407쪽.

인주 이씨계열은 숙종 재위기간에 이자의의 난과 숙종의 반인주이씨 정책으로 중앙정계에서 철저히 배제되었었기 때문이다. 이러한 상황하에서의 이 혼인에 대한 기존연구에서의 해석은 다음과 같다.

이자겸의 장인이자 숙종대에 시중을 역임하였던 최사추나 숙종의 처남이며 자신과 동서였던 柳仁著의 인품과 지위가 크게 작용하였을 것,[20] 왕위쟁탈전에서 패배한 이자의와 종형제 사이인 이자겸의 딸과 바로 숙종의 아들인 예종 사이에 혼인관계가 맺어지게 된 것은 왕실과 인주 이씨의 강력한 유대가 없이는 왕권의 존립이 위태로웠다는 사실을 말해주고 있는 것이 아닌가 생각된다는 것,[21] 예종이 어리고 그가 경원 이씨의 모든 요구에 대항할 힘이 없어 이루어진 것,[22] 이 혼인에는 숙종대의 왕권강화 정책에 적극 참여하여 자신들의 정치적 영향력을 성장시켜 온 집단을, 숙종대 정계에서 배제되었던 집단에 대해 정치적 입지를 강화시키는 방법으로 그들을 견제하고 나아가 자신이 정국 주도의 중심적 위치에 서고자 한 예종의 의도에서 비롯되었다는 것[23] 등이다. 혼인에 대한 해석이 어떠하든, 이를 계기로 이자겸의 중앙정계에 있어서의 정치적 영향력이 증대되었음은 부인하지 않는다.

한편 예종은 선대에 추진되었으나 성과를 거두지 못하였던 여진정벌을 2년(1107) 12월 논의를 거쳐 실행에 옮기기로 하였다.

> 壬寅日에 여진을 치려 하여 順天館의 남문에 거둥하여 열병하고…왕이 듣고 重光殿 佛龕에 간직하여 두었던 숙종의 誓疏를 꺼내어 양부 대신에게 보이니, 대신들이 받들어 읽고 눈물을 흘리며 아뢰기를 "聖考의 遺旨가 깊고 간절함이 이와같은데 잊을 수 있겠습니까"라고 하며 글을 올려 선왕의 뜻을 이어 적을 치기를 청하였다. 왕은 망설이며 결정을 짓지 못하고 崔洪嗣에게 명하여 太廟에서 점치게 하였더니, 坎의 旣濟卦를 얻었으므로 드디어 출병하기로 정하였다(《高麗史節要》 권 7, 예종 2년 10월 및 《高麗史》 권 96, 列傳 9, 尹瓘).

이어서 예종은 윤관을 元師로 吳延寵을 副元帥로 임명하여 여진정벌을 단행

---

20) 朴性鳳, 〈高麗 仁宗期의 兩亂과 貴族社會의 推移〉(《高麗史의 諸問題》, 三英社, 1986), 162쪽.

21) 金潤坤, 〈高麗 貴族社會의 諸矛盾〉(《한국사》 7, 국사편찬위원회, 1977), 42~43쪽.

22) Edward J. Shultz, 〈韓安仁派의 登場과 役割〉(《歷史學報》 99·100, 1983), 149쪽.

23) 南仁國, 앞의 글, 408쪽.

하였고 그 결과 9성을 개척하였다.[24] 여진정벌에 공을 세웠던 윤관은 3년 4월 門下侍中 判尙書吏部事 知軍國重事에 임명되어 관리의 인사권과 병권을 장악하는 최고의 실력자로 등장하였다.[25] 그러나 9성의 개척과 더불어 이를 유지하는 문제와 여진과의 빈번한 충돌 그리고 여진의 지속적인 환부 요구에 의한 9성의 처리문제 및 윤관에로의 지나친 권력의 집중현상은 당시의 중요한 정치적 쟁점으로 부각되었고, 여기에 9성 개척 이후에도 계속된 여진과의 전투에서 윤관・오연총이 패전함에 따라 4년 6월 최홍사・金景庸・任懿 등에 의해 시작된「敗軍之罪」에 대한 책임 추궁이[26] 또 하나의 쟁점으로 대두하였다.

이러한「敗軍之罪」의 추궁과 아울러 9성 환부 논의가 시작되었으며,[27] 9성의 환부에 대한 처리는 다음달 재추와 대성・제사의 지제고・侍臣・都兵馬判官 이상 문무관리가 회의하여 환부를 결정한 다음[28] 이를 여진에게 통보함으로써 종결되었다. 그러나 당시 양부・대간들의 윤관과 오연총의「패군지죄」에 대한 처벌 요구는 계속 유예시켜 오다가, 9성 개척의 공으로 윤관과 오연총에게 부여하였던 功臣號만을 박탈하는 것으로 그들의 요구를 수용하여 정국의 안정을 도모하였다.[29]

한편 예종은 4년 7월 교육제도를 개편하여 새로운 인재의 발굴과 양성에 진력하였다. 중앙에서는 국학에 七齋를 설치하고 文의 六齋 즉 麗澤(周易)・待聘(尙書)・經德(毛詩)・求仁(周禮)・服膺(禮記)・養正(春秋) 등에는 대학생 崔敏庸 등 70명을 시취해서 각 재에 분거케 하고 武의 講藝齋에는 韓自純 등 8명을 뽑아 교육받게 하였다. 이와 아울러 국학에 양현고를 두어 경제적 지원을 하였으며 학사의 신축과 학관의 보장 조치를 취하였다. 그리고 지방에서는 3京 8牧에 通判 이상 및 지주사・현령으로서 문과 출신자에게 학사의 管勾를 겸직케 하는 등 교육제도의 개편을 단행하였을[30] 뿐만 아니라 과거

24) 《高麗史》 권 12, 世家 12, 예종 2년 12월 병신・3년 2월 무신・3월 경진.
25) 《高麗史》 권 12, 世家 12, 예종 3년 4월 임오.
26) 《高麗史節要》 권 7, 예종 4년 6월.
27) 《高麗史》 권 13, 世家 13, 예종 4년 6월 병신.
28) 《高麗史》 권 13, 世家 13, 예종 4년 7월 을사.
29) 《高麗史節要》 권 7, 예종 5년 12월.「패군지죄」의 논의 과정은 南仁國, 앞의 글, 411~413쪽 참조.
30) 《高麗史》 권 74, 志 28, 選擧 2, 學校. 이와 관련해서는 申千湜의 앞의 책과 金

의 응시자격과 관련된 관료선발 체계를 확립하였다.[31] 이와 같은 교육제도의 개편과 과거응시자격의 제도화의 결과 문벌 자제와 일반 자제들의 차등이 불식되고, 실력에 의한 새로운 인재 발굴이 제도화됨으로써 전통적 문벌귀족을 견제할 수 있는 효과를 거둘 수 있었다고 한다.[32]

이러한 상황하에서 예종 1년에는 수용하지 않았던 천수사의 공역에 대 하여 6년 11월 유사의 요청과 7년 2월 간관의 상소를 수용하는[33] 유연한 자세를 취하기도 하였다. 그리고 예종은 왕 측근 인물의 전횡을 제어하는[34] 한편 10년 2월에는 당시 일곱 살에 지나지 않았던 아들을 태자로 책봉하고 동궁관의 관원을 정예화하여 왕위계승권자의 지위를 확고히 하였다.

뿐만 아니라 그는 과거에도 적극 간여하였다. 10년 5월의 과거에서는 합격자의 대책이 이전 사람의 것을 답습하였다는 낙제자의 소청을 받아 들여 覆試케 하였으며,[35] 11년 4월에는 禮部試 합격자 이외의 인물에게도 복시에 응시케 하여 급제자를 선발하는[36] 등이 그 예이며, 예종의 이러한 과거에의 간여는 당시 왕권이 거의 절대적이었음을 보여주는 것으로 이해되기도 한다.[37] 그

鎔坤, 〈高麗時期 儒敎官人層의 思想動向 - 文宗에서 忠肅王期를 중심으로 - 〉(《國史館論叢》 6, 1989), 78~79쪽 참조.

31) 《高麗史》 권 73, 志 27, 選擧 1, 科目, 예종 5년 9월. 이에 대한 해석에는 논자에 따라 차이가 있다. 許興植은 "① 製述·明經의 國子監試에 새로 합격한 자는 국자감에 3년간 소속시킨다. ② 入仕한 자는 300일이 지나야 국자감시에 응시할 수 있다. ③ 西京은 留守官이 진사를 選上한다. ④ 鄕貢은 東·南京과 8牧 3都護 등 界首官이 前의 격식대로 선발하여 보낸다"로(《高麗 科學制度史硏究》, 一潮閣, 1981, 28쪽), 申千湜은 "①은 국자감 재생들의 제술 명경업에 대한 응시요건, ②는 문음 혹은 기타의 방법으로 官路에 진출한 자들의 응시요건 ③은 서경 재생들의 응시요건, ④는 향공 즉 지방의 향교에서 수업한 자들의 응시요건"으로(앞의 책, 56쪽), 朴龍雲은 "㉮ 제술·명경·諸業에의 新擧者는 국자감에 3년간 소속하면서 仕滿三百日 해야 각 業의 監試에 赴擧하는 것을 許하고 ㉯ 서경인즉은 유수관이 選上하며, ㉰ 향공인즉은 東·南京·八牧·三都護 등 계수관이 前式에 의거하여 試選해 申省토록 하였다"(《高麗時代 蔭叙制와 科擧制硏究》, 一志社, 1990, 184쪽) 등을 들 수 있다.

32) 申千湜, 앞의 책, 56~61쪽.

33) 《高麗史》 권 13, 世家 13, 예종 6년 11월 경신·7년 2월 경술.

34) 《高麗史》 권 13, 世家 13, 예종 8년 2월.

35) 《高麗史》 권 14, 世家 14, 예종 10년 5월 정해·권 73, 志 27, 選擧 1, 選場 예종 10년 5월. 복시에 관해서는 柳浩錫, 〈高麗時代의 覆試〉(《全北史學》 8, 1984) 참조.

36) 《高麗史》 권 73, 志 27, 選擧 1, 選場 예종 11년 4월.

리고 11년의 관제 개편시에는 淸讌·寶文閣을 설치하여 그 당시 文名이 뛰어난 자들을 소속시키고, 그들로 하여금 經筵[38] 활동에 참가케 하여 그들의 정치적 활동을 지원하여 줌으로써, 그들은 정치적 영향력을 증대시켜 갔다.

이상에서 예종대 정국의 추이를 정리해 보았다. 당시 정국의 전개과정에서 정치 지배세력 내부의 갈등은 윤관과 오연총의 9성 개척과 이로 인한 세력의 결집, 그리고 이들에 대한「패군지죄」추궁과 관련하여 파악할 수 있다. 즉 여진정벌의 추진으로 이의 주체적 수행집단인 윤관의 세력결집이 있었고[39] 여진정벌 이후 확보된 9성의 환부를 둘러싸고 의견 충돌이 있었으나, 윤관·오연총의「패군지죄」추궁과 맞물려 윤관세력의 해체를 가져 왔다.[40] 윤관세력의 해체는 당시 정치 지배세력 내부에 어떠한 인물에게 권력의 집중 현상이 초래되었을 경우 이를 묵과하지 않았던 대응세력의 존재를 알려주며, 그들 또한 소기의 목적을 달성한 이후에는 자신들의 이해관계에 따라 이합집산을 보여 준다. 그리고 예종의 왕권강화 정책의 시행과 더불어 이를 지지하는 새로운 세력이 대두하였으며, 이들과 기존 세력과의 갈등 역시 있었을 것이나 밖으로 표출되지 않은 채 예종대를 마감하였다.[41] 그와 같은 갈등이 현실적으로 표출된 것은 인종 즉위년에 있었던 이자겸을 중심으로 하는 세력과 韓安仁을 중심으로 하는 세력 사이의 대립이었다.

(2) 인종의 즉위와 이자겸의 난

인종의 즉위 이후 정치 지배세력 내부에 내재되어 있던 갈등이 현실화한 것은 인종 즉위년(1122) 12월에 이자겸을 중심으로 하는 세력이 한안인을 중심으로 하는 세력을 제거한 일이었다. 이 사건에 대한 개략적인 이해는 다음의 내용으로 알 수 있다.

---

37) 許興植, 앞의 책, 36쪽.

38) 고려시대의 경연에 대해서는 權延雄의 〈高麗時代의 經筵〉(《慶北史學》 6, 1982)이 있다.

39) 鄭修芽, 〈尹瓘勢力의 形成-尹瓘의 女眞征伐과 관련된 몇 가지 問題의 檢討를 중심으로-〉 (《震檀學報》 66, 1988) 참조.

40) 鄭修芽, 위의 글과 南仁國, 앞의 글 참조.

41) 朴性鳳, 앞의 글, 162쪽에서는 "어느 한편에게 권력이 치우치지 않은 가운데 왕권이 안정되고 외척귀족과 관료귀족 간에 어느 정도 세력균형이 잡혀진 시기였다"고 하였다.

왕(예종)이 죽자 태자는 어리고 여러 왕제들이 왕위를 넘보았는데, 이자겸이 태자를 받들어 즉위케 하니 이가 인종이다. …자겸의 권세가 날로 성하여 자신에게 아부하지 않는 자는 온갖 죄로 중상하였다. 왕제 帶方公 俌는 京山府로 유배하고, 平章事 韓安仁은 해도로 귀양을 보냈다가 죽였으며, 崔弘宰·文公美·李永·鄭克永 등 50여 인은 귀양보냈다(《高麗史》 권 127, 列傳 40, 叛逆 1, 李資謙).

임인년 4월 俁(예종)가 죽자 여러 아우들이 왕위를 다투었다. 숙종에게는 다섯 아들이 있었는데 그 중 우가 장남이었다. 자겸이 이미 인종을 즉위시켰는데 작은 아버지 대방공 보가 왕위를 찬탈하고자 하는 뜻이 있어 마침내 문하시랑 평장사 한교여(안인의 초명), 추밀사 문공미와 더불어 계획을 세우고 이에 예부상서 이영·이부시랑 정극영·병부시랑 임존 등 십여 인이 내응하였으나, 일을 치르기도 전에 누설되어 곧 체포되었다. 자겸이 곧 왕에게 간하여 보는 해도에 유배하고 群惡은 죽이고 支黨으로 체포된 자가 수백 인이었다(《高麗圖經》 권 8, 人物, 守太師尙書令 李資謙).

이 사건에 대하여 관련자들의 출신 배경을 근거로 누대 문벌귀족 대 신진관료 세력의 분열·대립으로 보았거나[42] 예종 사후 지나치게 세력이 강대해진 이자겸 세력을 제거하기 위한 한안인 세력의 도전에서 비롯된 것으로,[43] 또는 예종대 이래 외척 내지 문벌들의 부당한 정치 간여에 반대 입장을 견지해 온 유신들을 제압하고자 가장 대립의 형세를 취해 온 한안인·문공미 등을 이자겸 세력이 전격적으로 제거하기 위한 것[44] 등으로 이해하였다.

한편 이자겸 및 그 일파의 문벌귀족 세력이 그들에게 도전해 오는 지방출신의 신진관료 세력을 제거·추방하려는 정치적 책동으로,[45] 또 다른 경우 이자겸 일파와 한안인 일파는 예종대에서 인종대에 걸친 시기의 고려조정의 대표적인 세력들로서 전자는 이른바 문벌귀족이라고 하는 대귀족에 뿌리를 두고 있었고 후자는 중소귀족 내지는 신진세력에 속하는 부류라고 규정한 다음 이들 두 세력의 대립에 기인한 것으로[46] 해석하기도 한다.

반면에 이 사건이 왕위 계승을 둘러싸고 전개된 것은 아니었다고 하는 주장[47]에 이의를 제기하면서, 인종의 추대를 추진하였던 이자겸을 대표로 하는

42) 金潤坤, 앞의 글, 40~50쪽.
43) Edward J. Shultz, 앞의 글, 163쪽.
44) 朴性鳳, 앞의 글, 163쪽.
45) 姜晋哲, 〈개요〉(《한국사》 7, 국사편찬위원회, 1977), 2쪽.
46) 盧明鎬, 앞의 글, 169쪽.

세력과 보다 강력한 왕권의 확립을 지향하면서 대방공 보를 추대하려던 한안인을 대표로 하는 세력 사이에 왕위 계승을 둘러싸고 전개된 갈등으로 이해한 견해도 있다.48) 후자를 중심으로 하는 세력의 존재는 아래의 내용으로 알 수 있다.

> 예종이 즉위하자 侍學한 舊恩으로써 왕과 친밀하여 권세를 부렸고, 왕의 은총이 점점 더함에 형제와 인척이 모두 그 연줄로써 중요한 지위를 나누어 차지하였고 사대부 중에서 권세와 이익을 따르는 자들이 붙지 않은 자가 없었다(《高麗史》 권 97, 列傳 10, 韓安仁).

한편 이자겸을 대표로 하는 세력에 의해 유배되거나 파직 당한 인물들은 다음과 같다.

> 한안인을 昇州의 甘勿島에 유배하였다가 물에 빠뜨려 죽였다. 문공미는 충주에 유배되었다. 韓柱(惟忠의 舊名)는 한안인의 일당이라 하여 靈光郡 松島로 유배하였다. 또 이영과 정극영은 외지에 유배되었다. 한안인의 형 상서우승 安中·아우 僧 永倫·사촌동생 예부낭중 冲·아내의 아우 시어사 林存·사위 합문지후 李仲若·아들 縝 등 4인, 문공미의 아우 지후 公裕·僧 可觀·극영 누이의 사위 右正言 崔巨鱗·姻婭(사돈) 원외랑 任元濬, 안중의 아들 綸 등 5인, 이영의 아들 元長 등 3인이 모두 연좌되어 유배되었다. …형부에서 또 좌정언 李逢原, 司天監 全幹, 殿直 安天倫 등이 늘 한안인의 집에 모여 반드시 음모에 가담하였을 것이니 그 직을 박탈하자 하였다(《高麗史》 권 97, 列傳 10, 韓安仁).

한안인과 함께 화를 당하였던 인물들 대부분이 가족관계와 혼인관계로 연결되어 있음을 근거로 이들을 족당세력으로 규정하고, "한안인 일파에 가담한 족당세력은 친족관계가 결코 單系的인 것이 아니고 남녀를 통한 다양한 계보들이 포함되어 있고 촌수로 나타낼 수 있는 親疏 관계의 차이에 의해 원친보다는 근친간에서 결집되고 있는 양측적 친속관계의 특징을 보여 준다"49)라는 견해가 있어 이들의 성격을 이해함에 도움이 된다. 그리고 이들이 하나의 세력으로 결집할 수 있었던 요인에 대해서는 "구성원간의 혼인과 친족적 유대, 개경 정치무대에 새롭게 등장하여 경험이 없는 많은 경기지역 출

---

47) 金庠基, 앞의 책, 339~340쪽.
48) 南仁國, 〈高麗 仁宗代 政治支配勢力의 成分과 動向〉(《歷史敎育論集》 15, 1990), 81~82쪽.
49) 盧明鎬, 앞의 글, 178~183쪽.

신자들 사이의 지역적 유대, 비슷한 교육배경과 대간으로서의 활동, 禪宗과의 유대 등에 의한 것"[50]이라거나 "족당세력의 결집에는 친속관계의 유대와 또 다른 결집요인 즉, 각자의 사상 등에 따른 입장이나 이해관계의 합치도 작용하였을 것"[51]이라는 등의 견해가 있어 이 시기 정치 지배세력의 결집 계기에 대한 이해에 도움이 된다.

위의 사건을 거치면서 이자겸의 정치적 입지는 보다 확고해졌으며, 그와 정치적 입장을 같이 하였던 金仁揆·朴昇中·崔弘宰 등을 중심으로 중앙정계의 개편을 단행하였다. 이와 아울러 이자겸은 자신의 정치적 목적 달성에 중요한 역할을 담당하였던 최홍재를 제거하여[52] 정치적·군사적 기반을 공고히 하였다. 뿐만 아니라 그는 자신의 정치적 영향력 강화에 반발하는 인물들을 중앙 정계로부터 배제하는 한편, 자신의 입지를 더욱 강화하면서 배타적 권력을 유지하기 위하여 외손자인 인종에게 자신의 셋째 딸을 들이어[53] 외조부이자 장인이란 역사상 찾아보기 어려운 이중적 신분을 확보하였다.

태자로 책봉되어 정상적인 왕위 계승이 이루어졌을 경우 그 배우자는 공주 또는 왕실의 여자로 함이 원칙이었는데,[54] 인종의 혼인은 이를 무시한 것이었다. 따라서 인종의 원칙에서 벗어난 혼인에 대하여, 즉위 당시 14세에 불과하였고 왕위를 둘러싼 불안이 가시지 않은 가운데 이자겸의 도움으로 즉위하였기 때문에 혼인이 이루어질 수밖에 없었다는 해석[55]과 인종의 혼인이 왕위 계승과 관련된 사건 이후 이루어졌음과 인종의 혼인 연령이 역대 왕의 그것과 비교하여 일렀던 것을 근거로 보다 강력한 왕권의 옹호세력을 필요로 하였던 인종과 배타적인 권력을 소유하려고 하였던 이자겸의 정치적 목적이 일치함으로써 이루어진 상호 호혜적인 타협책의 결과로 이해하는 견해가 있다.[56]

---

50) Edward J. Shultz, 앞의 글, 148쪽.

51) 盧明鎬, 앞의 글, 195쪽. 그는 〈高麗時代의 親族組織〉(《國史館論叢》 3, 1989), 115~116쪽에서 정치적 세력집단의 결집에는 이해관계나 입장의 합치가 주요한 요인으로 작용하였다고 하여 기왕의 견해를 보완하였다.

52) 《高麗史》 권 125, 列傳 38, 姦臣 1, 崔弘宰 및 앞서 인용한 권 127, 李資謙傳의 내용 중 최홍재가 한안인 등과 함께 유배되었다는 것은 수정되어야 할 것이다.

53) 《高麗史》 권 127, 列傳 40, 叛逆 1, 李資謙.

54) 鄭容淑, 앞의 책, 45쪽.

55) 鄭容淑, 위의 책, 44쪽.

56) 南仁國, 앞의 글, 83~84쪽.

인종대 초기의 정치상황을 배경으로 한 이자겸 일인으로의 지나친 권력집중은 예종대 여진정벌 이후 윤관에게 권력이 집중되었을 때 당시 정치 지배세력 내부에 반윤관세력의 결집을 초래하였던 것처럼[57] 이자겸에 대한 적극적 내지 소극적 반대세력의 성장을 가져 왔다. 반이자겸세력의 존재는 인종 4년(1126) 2월에 있었던 이자겸과 척준경의 제거 움직임과 이자겸의 난의 발생 및 이의 진압과정에서 알 수 있다.

> 내시지후 金燦·내시녹사 安甫鱗이 동지추밀원사 智祿延, 상장군 崔卓·吳卓, 대장군 權秀, 장군 高碩 등과 더불어 이자겸과 척준경의 제거를 시도하였으나 이를 행하지 못하였고 오히려 자겸과 준경이 병사를 거느리고 궁궐을 침입하였다. 임술일에 궁궐은 불타고, 계해일에 왕을 위협하여 남궁으로 옮기고 안보린·최탁·권수·고석 및 숙위하던 좌복야 洪灌 등 17인을 죽였으며, 나머지 군사들도 죽은 자가 헤아릴 수 없이 많았다(《高麗史》 권 15, 世家 15, 인종 4년 2월 신유).
>
> 자겸은 녹연 및 오탁의 아들 子升, 석의 아우 甫俊을 죽이고, 찬을 먼 지방에 유배하였다. 녹연과 찬의 처와 아들을 몰수하여 노비로 삼았다(《高麗史》 권 127, 列傳 40, 叛逆 1, 李資謙).

이자겸의 전횡에 강한 거부감을 보였던 인종과 인종의 이자겸에 대한 그와 같은 반응을 인지한 인종의 측근이었던 김찬·안보린 등,[58] 그리고 이자겸 군사력의 근간이었던 척준경의 전횡에 반발한 상장군 최탁·오탁 등의[59] 무신이 연결되어 이자겸과 척준경을 제거하려 했던 것이 이자겸의 난으로 가는 단초였다. 즉 당시 정계의 원로였던 金仁存과 李公壽 등이 "왕이 외가에서 성장하였으므로 그 관계를 끊을 수 없고, 지금은 그들의 당여가 조정에 가득한 만큼 경거망동해서는 아니되며 때를 기다려야 한다"[60]고 우려했던 것처럼 이자겸과 척준경을 제거하기 보다는 오히려 그들이 화를 당하였다.

더욱이 이자겸은 김안과 최탁 등에 의하여 화를 당하였던 인물들에게 증직 조치를 취하는 한편 왕의 측근이었던 내시 25인을 축출하여[61] 일시적이

57) 南仁國, 〈高麗 睿宗代 支配勢力의 構成과 動向〉(《歷史教育論集》 13·14, 1990). 412~413쪽 참조.

58) 《高麗史》 권 127, 列傳 40, 叛逆 1, 李資謙.

59) 위와 같음.

60) 《高麗史節要》 권 9, 인종 4년 2월.

61) 《高麗史》 권 127, 列傳 40, 叛逆 1, 李資謙.

나마 왕권을 무력화시켰고 이로 인해 인종은 이자겸에게 선위의 의사를 표하기도 하였다. 뿐만 아니라 당시의 대금관계도 정치 지배세력 구성원 대다수의 반대에도 불구하고 이자겸과 척준경은 사대하기로 결정하는[62] 등 국가의 중요 정책마저 자의적으로 처리하였다.

이자겸의 난의 개요는 인종 4년 5월 "이자겸이 군사를 보내어 장차 御寢을 범하려 하자 왕이 비밀히 척준경을 회유하여 자겸을 잡아 가두었다"[63]와 "이자겸과 처자를 외지에 유배하고 나머지 무리는 원지에 유배하였다"[64]란 기록으로 알 수 있다. 이 사건으로 화를 당한 인물은 다음의 내용과 같다.

> 이자겸과 처 최씨 및 아들 之允을 靈光에, 之美를 陜州에, 公儀를 珍島에, 之彦을 巨濟에, 之甫를 三陟에, 義莊을 金州에, 之元을 咸從에 유배하였다. 합문지후 朴彪·文仲經, 直長 朴永, 太史令 梁麟, 冬官正 梁獬, 내시 李叔晨·李芬, 대장군 金好, 장군 池顥·池福臣, 낭장 崔思琰, 별장 位好, 散員 宋用中 등 30여 인 및 官私奴 무릇 90여 인을 먼 지역에 유배하였다. …그 親黨 평장사 資德·김인규, 동지추밀원사 金義元·王毅, 예빈경 李資元, 殿中少監 朴孝廉, 지후 李存은 모두 수령으로 내렸다(《高麗史》 권 127, 列傳 40, 叛逆 1, 李資謙·《高麗史節要》 권 9, 인종 4년 5월).

이자겸의 난에서 주목되는 점은 먼저 척준경의 반이자겸화이다. 그는 인종 4년 2월의 사건에서 아들과 아우를 잃었으며, 이자겸과는 사돈 사이였는데, 그가 崔思全의 중재에 의하여 친인종 세력이 되기 전까지는[65] 이자겸의 강력한 군사적 기반이었다. 그러하였던 척준경의 반이자겸화는 김찬·최탁 등의 거사를 진압하는 과정에서 빚어진 '射宁位 火宮禁 罪當死'라는 국왕의 존재를 부정하는 것과 관련된 책임 소재를 둘러싸고 야기되었다.[66]

이자겸과 정치적 행동을 같이 하였던 인물의 대강은 위에 제시된 화를 당

---

62) 《高麗史》 권 15, 世家 15, 인종 4년 3월 신유.

63) 《高麗史》 권 15, 世家 15, 인종 4년 5월 을유.

64) 《高麗史》 권 15, 世家 15, 인종 4년 5월 병술.

65) 《高麗史》 권 98, 列傳 11, 崔思全.

66) 《高麗史》 권 127, 列傳 40, 叛逆 1, 李資謙.
南仁國은 〈高麗 仁宗代 政治支配勢力의 成分과 動向〉(《歷史敎育論集》 15, 1990), 86쪽에서 "이자겸과 척준경은 어디까지나 국왕의 존재를 부정하지 않는 입장에서 권력을 장악하여 이를 독점적으로 운용하려 하였다. 따라서 척준경의 반이자겸화에는 이자겸이 국왕의 존재를 부정하고 스스로 왕이 되려 한다는 즉 이자겸의 왕위 찬탈 의도에서 비롯된 것은 아닐까" 하였는데 참고로 제시하여 둔다.

하였던 인물들의 분석을 통해 알 수 있다. 이들은 이자겸과 가족관계 및 혼인관계로 연결되었던 친속집단과[67] 이자겸이 권세부릴 당시부터 아부하여 자신의 정치적 욕구를 충족시켜 온 박승중·許載·崔湜 등[68]과 같은 인물, 그리고 이자겸의 제거세력과는 반대의 입장을 가졌던 尹先·金好 등 군사력의 운용과 관련된 인물, 왕 측근이면서도 이자겸의 입장에 섰던 내시나 宦者 趙寧 및 중·하급관료들로 구성되었다. 이처럼 다양한 계층의 인물들이 이자겸을 중심으로 하나의 세력집단을 형성하였던 것은, 그들을 결집시킨 요인을 분명히 알 수는 없지만, 이자겸과 정치적 이해를 같이 하였음에 기인할 것이다. 이는 이자겸의 난을 어떻게 규정하느냐와 관련된 것이라 생각된다.

그리고 이자겸의 아들 義莊에 의해서 동원된 불교계 세력 즉 승병집단도 이에 가담하였다고 이해되고 있다.[69] 이에 대하여 완결된 논문은 아니지만, "이자겸의 난은「禁中作亂」제거라는 기치 아래 근왕적 명분으로 일어난 것으로 보여진다. 그리고 당시 이 난에 가담하였던 隨院僧徒의 활동이「斫神鳳門柱」이후에 보이지 않는 것은 이들이 내세웠던 대의명분과 실제 사이에 나타난 괴리에 회의를 품고 무력활동을 중지하였기 때문인 것으로 이해된다"[70]는 해석도 있다.

이자겸의 인종폐립 주장은 이와 관련된 기록들을 분석해 볼 때 설득력이 없는 것으로 이해된 바 있지만,[71]「十八字爲王說」에 근거하여 반왕적인 성격의 것으로 보는 것이 기왕의 견해라고 할 수 있다. 이자겸의 난의 성격이 그러하다면 이에 참여하였던 인물들에 대한 사후 조치가 유배나 외직으로의 貶黜에 그쳤던 점으로 미루어 과연 그렇게 이해할 수 있을 것인지 의문이 남게 된다. 한편 근왕적인 것으로 이해한다면 이자겸에 의해 인종 초년에 정계에서 축출되거나 죽음을 당하였던 인물들의 지향하는 바는 무엇이었을까

---

67) 盧明鎬, 앞의 글, 172~178쪽 참조.
68) 《高麗史》 권 125, 列傳 38, 姦臣 1, 朴昇中.
69) 《高麗史》 권 127, 列傳 40, 叛逆 1, 李資謙.
金潤坤, 〈李資謙의 勢力基盤에 대하여〉(《大丘史學》 10, 1976).
林英正, 〈麗末鮮初의 私兵〉(《韓國史論》, 國史編纂委員會, 1981).
李相瑄, 〈高麗時代의 隨院僧徒에 대한 고찰〉(《崇實史學》 2, 1981) 등 참조.
70) 秋萬鎬, 앞의 글, 55쪽.
71) 藤田亮策, 〈李子淵と其の家系〉(《青丘學叢》 13·15, 1933·1934).

라는 의문점이 역시 남는다. 따라서 이자겸의 난은 당시 정치 지배세력 내부에서 권력의 배타적 장악과 이에 대한 반발에서 빚어진 것으로 이해하는 것이 바람직할 것으로 생각된다. 왜냐하면 이자겸에 의하여 정계에서 축출되었던 인물들 대부분이 이자겸의 축출 이후 다시 중앙정계로 복귀하였거니와 이자겸의 난에 연루되었던 인물들도 상당수가 다시 중앙정계에서 활동하고 있었기 때문이다. 그렇지만 이 사건으로 정치 지배세력 내부의 갈등은 더욱 심화되고 그것으로 인한 새로운 사건발생이 예견되었다.

3) 서경천도 운동과 묘청의 난

(1) 이자겸의 난 이후 정국의 추이

이자겸이 축출된 이후 인종은 이자겸의 두 딸을 폐하고, 任元厚의 딸을 새 왕비로 맞이하였으며,[1] 추밀원부사 金富軾 등을 송에 보내어[2] 송과의 관계 개선을 도모하는 대외정책의 변화를 가져 왔다. 이러한 상황하에서 인종은 임원후와 김부식으로 대표되는 학문적 소양을 기반으로 진출하였던 유신들로 하여금 정국을 주도하게 하였는데,[3] 그것은 인종의 즉위 이래 행하여진 바 없었던 경연이 다시 재개되었음을[4] 통해 알 수 있다.

그러나 이자겸의 제거 이후 인종을 중심으로 하는 통치질서는 즉각 수립되지 못하였다. 그것은, 이자겸과 정치적 목적을 같이 하였으나 난에 대한 책임 소재를 둘러싼 갈등으로 친인종 세력화하여 이자겸과 그의 지지세력을 제거하였던 척준경과 그의 지지세력이 존재하였으며, 동왕 4년 2월 이자겸을 제거하려다가 유배되었던 김찬이 정계에 복귀하고[5] 인종의 즉위와 관련하여 한안인과 함께 화를 당하였던 문공인·문공유·최유청·한유충 등이 소환되

1) 《高麗史》 권 15, 世家 15, 인종 4년 6월 을묘.
2) 《高麗史》 권 15, 世家 15, 인종 4년 9월 을축.
3) 朴性鳳, 〈高麗 仁宗期의 兩亂과 貴族社會의 推移〉(《高麗史의 諸問題》, 1986) 166쪽.
4) 《高麗史》 권 15, 世家 15, 인종 5년 3월 계축·갑인·을묘.
權延雄, 〈高麗時代의 經筵〉(《慶北史學》 5, 1985) 참조.
5) 《高麗史》 권 15, 世家 15, 인종 4년 10월 임자.
《高麗史節要》 권 9, 인종 4년 10월.

어 복귀하였을[6] 뿐만 아니라, 이들의 정계 축출에 적극 개입하였다가 이자겸에 의해 유배되었던 최홍재조차 소환되는[7] 등, 정치적 성향을 달리하는 인물들이 당시 정치 지배세력을 형성하였기 때문이었다.[8] 그러한 상황은 이자겸과 정치적 행동을 같이 하였던 인물들조차 완전히 정계에서 축출되지 않고 건재하였으며,[9] 아니면 척춘경처럼 정치적 입장의 전환을 계기로 자신의 지위를 보전할 수 있었던 인물의 존재[10] 등을 통해서도 짐작할 수 있다.

이러한 상황하에서 척준경은 인종 4년 6월 문하시중에 임용되어 전권을행사하였고, 그의 발호를 못마땅히 여긴 인종의 입장을 이해하였던 좌정언 鄭知常의 다음과 같은 내용의 탄핵을 받아 巖墮島로 유배되었다.[11] 즉 "병오년 봄 2월에 준경이 최식 등과 더불어 대궐을 침범할 적에 주상께서 神鳳門의 문루에 나오셔서 군사에게 효유하는 뜻을 말하니 모두 갑옷을 벗고 환성을 올려 만세를 부르는데, 다만 준경이 조서를 받들지 아니하고 군사를 위협하여 앞으로 날아오는 화살이 주상의 수레 위로 지나가기까지 하였으며 또 군사를 이끌고 액문으로 돌입하여 궁궐을 불태웠으며 이튿날 남궁으로 옮겨 앉으시자 측근에 있던 사람을 모두 죽였으니 옛날부터 난신 중에 이와 같은 자는 적었습니다. 5월의 사건(이자겸의 체포를 의미)은 일시의 공로요 2월의 사건은 만세의 죄인이오니 폐하께서 비록 차마 못하시는 마음이 있으셔도 어찌 일시의 공으로 만세의 죄를 덮겠습니까"라는 상소가 그것이다. 이 때 척준경의 지지세력이었던 최식·李侯進 등도 함께 유배되었다.

척준경과 그 지지세력의 정계 축출은 위와 같은 정치상황 하에서 인종이 이자겸에 의해 화를 당하였던 김찬(安으로 개명)을 통하여 정지상·妙淸·白壽

---

6) 《高麗史》 권 15, 世家 15, 인종 5년 4월 을유.
7) 《高麗史節要》 권 9, 인종 6년 6월.
8) 朴性鳳, 앞의 글, 167쪽.
南仁國, 〈高麗 仁宗代 政治支配勢力의 成分과 動向〉(《歷史敎育論集》 15, 1990), 88쪽 등 참조.
9) 《高麗史》 권 98, 列傳 11, 高兆基.
10) 重興宅 (이자겸의 私第)의 執事였던 金義元·崔滋盛과 처음에는 이자겸 지지세력의 일원이었다가 친인종화하였던 金珦 등을 들 수 있다.
11) 《高麗史節要》 권 9, 인종 5년 3월.
《高麗史》 권 15, 世家 15, 인종 5년 3월 을묘.

翰 등의 서경 세력과 연계되어서[12] 가능하였던 것이다. 비록 척준경의 제거가 정지상으로 대표되는 서경 세력에 의하여 주도되었다 하더라도 여기에는 당시 정치 지배세력의 대부분이 가담하였을 것이다. 왜냐하면 이자겸에로의 권력집중이 가져 온 결과를 직접 체험하였던 그들로서는 어느 개인의 국왕을 능가하는 권력 독점을 좌시하지 않았을 것이기 때문이다.[13]

척준경의 제거 이후 인종은 서경에서 "작년 2월 亂臣賊子들이 틈을 타서 일어나 음모가 발각됐으므로 짐은 부득이 다 법으로 다스렸다. 이로부터 잘못을 반성하고 몸을 책하니 덕에 부끄럼이 많다. 이제 日官의 논의로 西都에 행차하여 지난날 허물을 깊이 반성하고 새롭게 할 수 있는 가르침이 있기를 바라므로 중외에 포고한다"는 「惟新之敎」 15개 조[14]를 다음과 같이 발표하였다.

① 方澤에서 토지의 신에게 제사지내어 四郊의 기운을 맞을 것.
② 사신을 지방에 보내어 자사·현령의 잘잘못을 조사하여 그를 포상하거나 좌천하게 할 것.
③ 수레나 복장의 제도를 검약하게 하도록 힘쓸 것.
④ 쓸데없는 관원과 급하지 않은 사무를 제거할 것.
⑤ 농사일을 힘쓰게 하여 백성의 식량을 풍족하게 할 것.
⑥ 侍從官이 모두 한 사람씩 천거하도록 하고, 천거된 사람이 올바른 인물이 아니면 그를 벌할 것.
⑦ 국고의 식량 저축에 힘써서 백성을 구제할 일에 대비할 것.
⑧ 백성에게서 거두어들이는 것에 제도를 세워 일정한 조세와 공물 이외는 함부로 걷지 못하게 할 것.
⑨ 군사를 보살피어 일정한 시기에 훈련을 실시하는 것 이외에는 복무하지 않도록 할 것.

---

12) 《高麗史》 권 127, 列傳 40, 叛逆 1, 妙淸. 姜玉葉, 〈高麗中期 西京勢力의 政治的 性向〉(《白山學報》 36, 1989), 87쪽에서는 인종이 서경세력과 연계될 수 있었던 것은 그들이 지닌 왕권 지지성향 때문이었다고 하였다.
13) 南仁國, 앞의 글, 88~89쪽 참조.
14) 《高麗史》 권 15, 世家 15, 인종 5년 3월 무오에는 10개 조만 수록되어 있으며 《高麗史節要》 권 9, 인종 5년 3월에는 15개 조 전체가 수록되어 있다 이 15개조에 대한 분석은 姜聲媛, 〈妙淸의 再檢討〉(《國史館論叢》 13, 1990), 190~191쪽 참조.

⑩ 백성을 보살피어 지방에 정착하여 살게 하며 도망하여 흩어지지 않도록 할 것.

⑪ 濟危鋪와 大悲院에는 저축을 풍족히 하여 질병에 걸린 자를 구제할 것,

⑫ 국고의 묵은 식량을 억지로 빈민에게 나누어주고서 무리하게 그 이자를 받지 못하도록 하며, 또 묵고 썩은 곡식을 백성에게 찧으라고 강요하지 말 것.

⑬ 선비를 선발하는데 詩·賦·論을 쓰게 할 것.

⑭ 모든 고을에 학교를 세워 교육을 확충할 것.

⑮ 산림이나 못에서 생산되는 이득을 백성들과 함께 나누어 가지며 침해하지 말 것.

인종의 이와 관련된 배경 설명과 15개 조의「유신지교」를 "왕권의 회복이나 정치 기강의 확립과 함께 기층사회의 안정을 노보하려는 빈생 구휼정책을 주로 시행하고자 하는 동기에서 비롯된 것"15)으로 이해하면서 이는 "고려사회에 노정된 정치·사회적 문제를 깊이 통찰한 끝에 국정 전반에 걸쳐 일대 정치 쇄신을 이루고자 천명한 국가적 의지의 표현이었다"16)거나 또는 "서경에서의 이런 조치는 당시 국운의 융창, 基業 연장의 의도에서 서경에 巡駐할 때는 구폐를 제거하고 새로운 정령으로 재출발함으로써 기업을 새롭게 하고 인심을 쇄신시킨다는 뜻에서 이루어진 것"17) 등으로 높이 평가되기도 한다. 이러한 긍정적인 평가와는 달리 "실제에 있어서는 그것이 얼마만큼의 실천의 효과를 짝하였는지 알 수 없는 일종의 형식적 고전적 虛禮인 것에 지나지 않는다"18)라는 부정적인 평가와 아울러 "그 내용이 두 차례의 정치적 격변을 거친 이후에도 관리의 기강 확립과 백성의 생활안정 및 풍속의 교정 등에 관한 것이어서 앞으로의 정국운영과 관련된 내용은 찾을 수 없다"하여 이로써 인종이 정국운영의 주도권을 장악하지 못하였음을 알려 주는 것으로 이해하는 견해19)도 있다.

---

15) 朴性鳳, 앞의 글, 175쪽.
16) 朴性鳳, 위의 글, 173쪽.
17) 金庠基, 〈妙淸의 遷都運動과 稱帝建元論에 대하여〉(《東方史論叢》, 서울大出版部, 1974), 75~76쪽.
18) 李丙燾, 〈仁宗朝의 妙淸의 西京遷都運動과 그 叛亂〉(《高麗時代의 硏究》, 1980), 198쪽.

인종의 서경 세력과의 연계는 기존 정치 지배세력 내부에 동요를 가져와 인종의 새로운 구상을 적극 지지하는 문공인·林景淸·洪彛敍 등의 집단과 이에 반대하는 임원후·김부식·문공유 등의 집단으로 분화가 이루어졌다. 그러나 인종의 입장에서는 당시 강력한 왕권의 확립을 달성하지 못한 상황이어서 반대 집단에 대하여 강력한 응징을 하기보다는 그들의 지지를 확보하기 위하여 서경 세력과의 관계는 지속적으로 유지하면서 내정개혁을 통해 그들을 지지세력화 하는데 노력하였다고 할 수 있을 것이다. 인종이 이러한 대응책을 채택할 수밖에 없었던 것은 인종의 새로운 구상에 반대하는 집단에는 새로이 외척이 된 임원후, 강력한 왕권의 확립을 추구하다가 화를 당하기도 하였던 문공유 및 당시 정국을 주도하였던 유신의 대표적 인물이었던 김부식 등이 포함되어 있었기 때문이다.[20]

따라서 인종 10년(1132) 8월 서경 세력의 핵심이었던 묘청에 대한 기존의 정치 지배세력의 공세가 있기 전까지의 정치상황은 다음과 같이 이해할 수 있다. 즉 이자겸의 제거 이후 다양한 정치적 성향을 지닌 인물들의 존재와 그들의 적극적인 지지를 확보하지 못한 상황에서, 서경 세력과의 연계를 통해 확실한 지지세력의 확보에 주력하였던 인종과, 자신들의 기득권의 지속적인 유지와 관련된 인종의 내정개혁[21]에는 적극 참여하면서도 인종의 서경 세력과의 긴밀한 밀착에는 항상 경계를 늦추지 않았던 기존의 정치 지배세력과의 세력균형이 유지되었던 것은 아닐까 한다. 이러한 이해는 이 시기에 경연이 활성화되고 대간들의 언론활동이 활발히 전개되었을 뿐만 아니라 이자겸 등이 탈취하였던 土田과 臧獲을 모두 본 주인에게 돌려주고,[22] 나아가서는 척준경의 처자에게 직전을 환급하고 이자겸의 아들들인 李之美 형제들에게 편리한 대로 한 곳에 모여 살도록 허락하는[23] 등 당시 다양한 정치적 성향을 지녔던 인물들이 혼재해 있는 상황에서 그들 내부에 잔존하였을 갈등을 해소시키려는 대책이 마련되고 있음 등에 기인한다.[24]

---

19) 南仁國, 앞의 글, 89쪽.
20) 위와 같음.
21) 朴性鳳, 앞의 글, 172~179쪽 참조.
22) 《高麗史》 권 15, 世家 15, 인종 5년 10월 정묘.
23) 《高麗史》 권 16, 世家 16, 인종 7년 3월 경인.

이러한 상황하에서 인종은 정치기강의 확립을 통한 臣者의 도리와 君命의 회복 등 왕권의 신장에 주력할 수 있었다.[25] 이것은 인종이 승선 鄭沆에게 宋의 《忠義集》을 강독하게 한 것,[26] 백관으로 하여금 태조의 《誡百寮書》를 초록하여 그 자손에게 훈계하도록 한 것[27] 등으로 미루어 알 수 있다.

(2) 서경천도 논의의 전개와 묘청의 난

묘청·백수한·정지상 등에 의한 서경천도 주장은 「西京王氣說」에 의해 인종 6년 8월에 발의되었는데, 그 내용을 세 단락으로 나누어 살펴보기로 한다.

> ① 서경으로 행차하였다. 승 묘청과 分司檢校少監 백수한이 스스로 陰陽의 술법을 안다 하고 허황하고 이치에 맞지 않는 말로 여러 사람을 현혹시켰다. 정지상은 서경 사람이라 그 말을 깊이 믿고 말하기를 '上京은 터의 힘이 이미 쇠하여 궁궐이 다 타서 남은 것이 없고, 서경에는 王氣가 있으니 마땅히 임금이 옮겨 앉아 상경으로 삼아야 된다' 하였다. 마침내 근신 김안과 모의하기를 '우리가 만약 왕을 모시고 서도로 옮겨 앉아 상경으로 삼는다면 마땅히 중흥공신이 될 것이니, 다만 일신만이 부귀할 뿐 아니라 자손에게도 무궁한 복이 될 것이다' 하였다.
> ② 드디어 말을 퍼뜨려 서로 칭찬하며 근신 홍이서·이중부 및 대신 문공인·임경청이 따라 호응하여 드디어 글을 올려 아뢰기를 '묘청은 성인이요, 백수한도 그 다음이니 국가의 일을 모두 물은 다음에 행하고 그들이 건의하는 것을 무엇이든지 받아들인다면, 정치가 이루어지고 일이 잘되어 국가를 가히 보전할 것입니다' 하고, 이에 차례로 서명을 청하니 평장사 김부식·참지정사 임원후·승선 이지저들만은 서명하지 않았다. 글월이 올라가니 왕이 비록 의심을 가졌으나 여러 사람이 강력하게 말하므로 믿지 않을 수 없었다.
> ③ 마침내 묘청 등이 아뢰기를 '신 등이 서경의 林原驛 지세를 관찰하니 이것이 곧 풍수들이 말하는 큰 꽃 모양의 터입니다. 만약 궁궐을 지어서 거처하면 천하를 병합할 수 있으며, 금나라가 폐백을 가지고 스스로 항복할 것이며, 서른 여섯 나라가 모두 신하가 될 것입니다' 하므로 이번 행차가 있었다 (이상 《高麗史節要》 권 9, 인종 6년 8월).

①의 내용에서 서경천도의 명분으로 기능하였던 것은 풍수지리 도참사상

---

24) 南仁國, 앞의 글, 89~90쪽 참조.
25) 朴性鳳, 앞의 글, 174쪽 참조.
26) 《高麗史》 권 16, 世家 16, 인종 7년 8월 무신.
27) 《高麗史》 권 16, 世家 16, 인종 9년 5월 병오.

에 의거한 「서경왕기설」임을 알 수 있으며, 그러한 주장이 나오게 된 배경으로 이자겸의 난을 지적하고 있음을, 그리고 인종과 서경세력의 연계에는 앞절에서도 살펴 본 것처럼 인종의 측근이었던 김안이 활동하였음을 알 수 있다. 위의 내용 가운데 "우리들이 만약 왕을 모시고 서도로 옮겨 앉아 상경을 삼는다면 마땅히 중흥공신이 될 것이니, 다만 일신만의 부귀뿐만 아니라 자손들까지 무궁한 복을 누리게 될 것이다"[28]를 통해서 그들 의식의 밑바탕에는 귀족정치에 대한 불만이 흐르고 있음과 천도운동을 통해서 국가를 維新하고 중흥공신이 되자는 것으로 개경에 전통적 생활기반을 가진 문벌귀족의 세력을 이 기회에 억눌러 버릴 의도를 품고 있었다는 것이다.

②의 내용에서는 서경천도와 관련하여 당시 정치 지배세력 내부에서 묘청 등의 주장에 동조하는 집단과 이에 반대하는 집단의 존재를 파악할 수 있다. 즉 서경천도 운동에 참여하였던 집단에 대하여 이자겸 등의 문벌귀족과 부단한 대립과 투쟁을 전개하여 온 세력을, 즉 지방의 토착세력을 배경으로 중앙에 진출한 신진관료군으로 파악하고 당시 신진관료군 중에는 "이 부패한 문벌귀족을 정계에서 몰아내기 위한 한 방편으로 이에 가담 동조하였던 자들이 많았던 것으로 믿어도 크게 어긋나지 않을 것이다"[29]라고 하여 신진관료군으로 그 성격을 규정한 견해도 있다. 그러나 서경천도 운동을 추진하였던 묘청에 대한 이해에 있어서 신진관료군의 대표적 인물로 거론되는 문공인은 묘청을 성인으로, 그의 아우 문공유는 그를 妖人[30]으로 파악하고 있음을 통해 볼 때 신진관료군이라 하더라도 동일한 정치적 성향을 지녔다고 볼 수 있을런지는 의문이다.

③의 내용에서는 서경천도의 또 다른 명분 즉 서경의 임원역지가 大花勢(보통의 明堂보다 훌륭하고 뛰어난 大明堂·大吉地)[31]의 자리라고 하는 풍수지리 사상이 내재되어 있음을 알 수 있다. 그곳에 궁궐을 지어 천도하면 금을 포함한 모든 나라가 고려의 신하가 된다고 하는 것은 인종 초년에 이자겸·척준경 등에 의해 채택되었던 기존의 외교정책 즉 금에 대한 사대정책의 파기를 선언하고 있음을 알 수 있다.

---

28) 金潤坤, 〈高麗 貴族社會의 諸矛盾〉(《한국사》 7, 국사편찬위원회, 1977), 69쪽.
29) 金潤坤, 위의 글, 71쪽.
30) 《高麗史節要》 권 10, 인종 11년 11월.
31) 李丙燾, 앞의 책, 201~202쪽 참조.

인종 6년 8월에 있었던 서경천도 주장은 위 ②의 내용에서 알 수 있듯이 인종에 의해 수용되었다. 인종은 다음달 서경에 호종하여 온 재신과 추신에게 명하여 묘청·백수한 등과 함께 임원역 지역에 새 궁궐 지을 터를 보아 정하게 하였으며,[32] 11월에는 임원역을 옮기고 신궁을 짓는데 내시낭중 김안으로 하여금 역사를 감독하게 하였다.[33] 그리고 다음해 2월 서경에 새 궁궐이 이루어지자 인종은 서경에 행차하였다[34]는 과정을 통해서 "묘청의 새 궁궐을 짓자는 上言으로부터 약 6개월만의 일로서 그 속도가 상당히 빠른 것을 알 수 있다. 이러한 사실은 새 궁궐 창건이 국왕뿐만 아니라 조정 신료들의 지지와 협조 아래 수행된 것임을 짐작케 하는 것"[35]으로 이해하고 있다.

인종이 서경의 새 궁궐에 들어갔을 때, 어떤 이가 표를 올려 왕을 권하여 황제라 일컫고 원년의 칭호를 정하라 하고, 어떤 이는 표를 올려 劉齊와 동맹하여 금을 협공해서 멸하기를 청하여[36] 「칭제건원론」과 「금국정벌론」이 제기되었다. 인종은 이러한 주장을 수용하지 않았을 뿐만 아니라 금에 계속 사신을 파견하여 기존의 관계를 유지하려 하였다. 그러나 「칭제건원론」과 「금국정벌론」은 인종 10년에 다시 거론되었는데 이는 다음의 내용으로 알 수 있다.

> 서경의 父老 檢校太師致仕 李濟挺 등 50인이 표를 올려 尊號와 연호를 새로 올릴 것을 청하니, 묘청과 정지상의 뜻을 따른 것이다. 정지상 등이 왕을 달래기를 '대동강에 서기가 있으니 이것은 神龍이 침을 토하는 것으로서 천 년에 한 번 만나기도 드문 것입니다. 청컨대 위로 하늘의 뜻에 응하고 아래로 백성의 희망을 좇아서 금을 누르도록 하소서' 하였다. 왕이 이것을 李之氐에게 물으니 대답하기를 '금은 강적이라 가볍게 볼 수 없습니다. 더욱이 양부의 대신이 上都에 머물러 지키고 있으니 편벽되게 한 두 사람의 말만 듣고 大論을 결단할 수 없습니다'하니 왕이 '그렇다'고 하였다(《高麗史節要》 권 10, 인종 10년 3월).

---

32) 《高麗史》 권 15, 世家 15, 인종 6년 9월 병오.

33) 《高麗史》 권 15, 世家 15, 인종 6년 11월 무신.

34) 《高麗史》 권 16, 世家 16, 인종 7년 2월.

35) 金南奎, 〈仁宗代의 西京遷都運動과 西京叛亂〉(《高麗兩界地方史硏究》, 새문사, 1989), 86쪽.

36) 《高麗史節要》 권 9, 인종 7년 2월.
고려의 대금관계에 대해서는 金潤坤, 앞의 글, 64~65쪽.
朴賢緖, 〈北方民族과의 抗爭〉(《한국사》 4, 국사편찬위원회, 1974), 290~328쪽.
姜聲媛, 앞의 글, 187~188쪽 등 참조.

「칭제건원론」은 묘청·정지상 등의 서경 세력에 의해서만 주장된 것은 아니었다.「칭제건원론」의 대표적 주장자는 尹彦頤로 그의「칭제건원」과 관련된 주장은 다음과 같다.

> 中軍(김부식)이 아뢴 바 '언이는 지상으로 더불어 생사를 같이 할 무리관계를 맺게 되어 크고 작은 일을 실로 같이 상의하였습니다. 임자년 西幸 때에 있어 연호를 세우고 황제라 일컬을 것을 청하였으며 또 국학생을 충동하여 前件의 일을 아뢰었으니 대개 大金을 격노케 하여 일이 일어나면 그 사이를 타 마음대로 처치하고 외인과 朋黨이 되어 不軌를 꾀하고자 함이니 신하의 뜻이 아닙니다'라 한 것을 臣이 재삼 읽어 본 뒤에 마음이 편안함을 얻게 되었습니다. 이 연호를 세우고자 청한 것은 임금을 높이려는 정성에 근본한 것입니다. 우리 본조에 있어서도 태조와 광종의 옛 일이 있으며 과거의 문헌을 상고하건대 비록 신라·발해도 建元을 하였으나 큰 나라에서는 일찍이 군사를 가하지 않았으며 작은 나라도 감히 그 실수인 것을 의논한 일이 없습니다. 어찌하여 聖世에 와서 도리어 참람한 행위라고 합니까(《高麗史》권 96, 列傳 9, 尹瓘 附 彦頤).

그는 가까이는 고려의 태조와 광종의 예를 들고 멀리는 신라와 발해의 예를 들어 모두 연호를 세웠으나 그렇다고 하여 다른 강대한 나라가 군사를 들어 친 적이 없고 약소한 나라로서 이에 대하여 부당하다고 논한 일도 없는데 하필 聖世에 도리어 참람한 행위라고 하는 것은 부당하다 하였다. 이러한 윤언이의 주장은 '저 嬰退保守主義者요 고루하고 편협한 사대주의자 김부식 일파에게 頂門의 일침을 가한 것이다"[37]라고 평가되기도 하였다.

「서경왕기설」과「대화세설」등에 근거하여 서경의 임원역지에 새 궁궐이 세워지고 이를 계기로 서경천도론이 제기되면서 당시 균형을 유지하고 있었던 정치 지배세력 내부의 대립을 가져 왔다. 인종 10년 8월에 任元敱(뒤에 元厚로 바꿈)가 "묘청·백수한 등이 그 간특한 꾀를 방자히 하여 괴상스럽고 허탄한 말로써 뭇 사람들의 마음을 속이고 혹하게 하는데 한두 명의 대신과 근시들이 그들의 말을 깊이 믿어 위로 주상의 귀를 혹하게 하니, 신은 장차 불측한 환란이 있을까 두렵습니다. 청컨대 묘청 등을 저자에 내다 목베어 화근을 근절하도록 하소서"라고 글을 올렸다.[38] 이에 대하여 묘청 등은 "주상

37) 金庠基, 앞의 책, 85쪽.

38)《高麗史節要》권 10, 인종 10년 8월.
《高麗史》권 95, 列傳 8, 任懿 附 元厚.

께서는 마땅히 대화궐에 오랫동안 거처하셔야 하는데 그렇지 못하면 근시를 보내어 예의를 갖추어 御座를 설치하고 御衣를 모셔 두고는 공경해 받들기를 주상께서 계신 것 같이 하면 복과 경사가 친히 계신 것과 다름없을 것이오니 이것을 일러 法事를 행한다고 하는 것입니다"라고 하였으며 이 때 중서시랑평장사 문공인과 내시 내부원외랑 이중부가 어의를 받들고 서경으로 가서 법사를 행하였음[39]을 통해 대립 양상을 알 수 있다.

임원애의 묘청 처벌의 상소에 이어서 이듬해 11월에 李仲과 문공유 등이 상소하여 묘청과 백수한 같은 妖人의 斥遠을 요구하고,[40] 12년 5월에는 林完이 인종의 求言에 응하여 묘청의 목을 벨 것을 상소하기[41]에 이르렀다. 인종의 신임이 두터웠던 묘청에 대해 이와 같이 기존 정치 지배세력의 공세가 가능하였던 것은 다음의 두 가지 요인에 의하였을 것[42]으로 볼 수 있다. 하나는 인종의 적극적인 지지세력으로 기능하기보다는 인종과의 연계를 계기로 수도를 서경으로 옮기고 나아가서는 권력마저 장악하려던 서경 세력의 정치적 목적을 기존의 정치 지배세력이 인식하게 되었음을 들고 있다. 다른 하나는 비록 서경 세력과의 연계를 통하여 왕권의 강화와 확실한 지지세력의 확보에 주력하였던 인종이 자신의 목적 달성을 위해서는, 서경 세력의 정치적 목적이 드러난 이상 서경 세력이라는 지역적으로 제한된 세력보다는 이에 대응하는 기존의 정치 지배세력을 자신의 지지세력화하는 것이 보다 바람직하다는 인식을 가지게 되었다는 것이다.

후자의 견해를 뒷받침하는 증거로서 같은 해 9월에 묘청 등이 굳이 西巡을 청하여 역모를 이루고자 하였을 때, 왕은 양부에 이의 가부를 의논케 하였는데 김부식이 "올 여름에 벼락이 서경의 乾龍殿을 친 것이 길한 징조가 아니온데 벼락친 그 곳으로 재앙을 피하여 간다는 것이 또한 어긋나지 않습니까. 더욱이 지금 추곡을 거두지 않았는데 행차를 출동하면 반드시 벼를 짓밟게 될 것이니 백성을 사랑하고 물건을 아끼는 뜻이 아닙니다" 하고 아뢰어 간관과

39) 《高麗史節要》 권 10, 인종 10년 11월.
40) 《高麗史節要》 권 10, 인종 11년 11월.
41) 《高麗史節要》 권 10, 인종 12년 5월.
《高麗史》 권 98, 列傳 11, 林完.
42) 南仁國, 앞의 글, 91쪽.

함께 상소를 올려 그 불가함을 주장하자, "말한 바가 지당하니 짐이 감히 서행하지 못하겠다"라고 한[43] 인종의 대답을 통해서 알 수 있을 것이다. 뿐만 아니라 묘청과 정지상의 뜻에 따라 칭제하고 건원하자는 우정언 黃周瞻의 청을 받아들이지도 않았다.

이상 이자겸의 제거 후 정치공백기에 나타난 묘청과 정지상 등 서경 세력은 그들의 정치적 목적을 달성하기 위하여 서경천도의 이론적 근거로서 풍수지리 도참사상에 근거한 「서경왕기설」과 「대화세설」을 제시하고, 대내적으로는 「칭제건원론」을 대외적으로는 「금국정벌론」을 주장하였다고 요약할 수 있다. 이 가운데 국왕의 권위 신장과 관련되었던 「칭제건원론」은 당시 정치 지배세력의 일부에서도 수용할 만큼 인종도 상당히 호의적이었을 것이다. 그러나 이들에 의해 주창된 「칭제건원론」이나 「금국정벌론」은 서경 천도를 전제로 하고 주장한 것인 만큼[44] 기존의 정치 지배세력이 수용할 수 없었을 것이다. 이러한 상황 즉 기존의 정치 지배세력들이 이자겸의 난 이후 서경 세력에게 빼앗겼던 정국 운영의 주도권을 회복한 상황이 전개되자, 이에 반발하여 인종 13년(1135) 1월 묘청과 유감 등이 서경을 거점으로 반란을 일으켰고 이를 진압하는 데 중요한 역할을 담당하였던 인물이 김부식이었다.

묘청의 난 발생과 그에 대한 대응은 다음의 내용으로 알 수 있다.

① 무신일에 묘청과 柳昷이 分司侍郞 趙匡 등과 더불어 서경에서 반란을 일으켜, 制書를 위조하여 留守와 員僚를 잡아 가두고, 또 僞承宣 金信을 보내어 서북면병마사 李仲 등과 여러 성의 군사·장교와 상경의 사람으로 서경에 있는 자는 귀천을 막론하고 또한 모두 구류하고, 군사를 파견하여 岊嶺을 단절하였으며, 또 사람을 보내 위협하여 여러 성의 군병을 징발하고 국호를 大爲, 기원 연호를 天開라 하였으며 정부의 부서를 정하고 그 군대를 天遣忠義라 이름하였다.

② 왕이 재추들을 불러 의논하고 평장사 김부식·참지정사 임원후·추밀원승선 金正純에게 명하여 병부에 앉아 군사를 동원하여 적을 토벌하려고 계획하였다. 이에 조서를 내려 김부식·임원후를 中軍師로, 김정순·鄭旌淑·盧令琚·林英·尹彦頤·李瑱·高唐愈·劉英을 그 佐로, 이부상서 金富儀를 左軍師로, 金端·李愈·李有開·尹彦旼을 그 佐로, 知御史臺事 李周衍을 右軍師로, 陳淑·梁祐忠·陳景甫·王洙를 그 佐로 삼았다(이상 《高麗史節要》 권 10, 인종 13년 1월).

---

43) 《高麗史節要》 권 10, 인종 12년 9월.

44) 金庠基, 앞의 책, 86쪽.

묘청과 조광 등에 의해 주도되었던 서경에서의 반란은 이들을 宣諭하기 위해 파견되었던 內侍 柳景深·曺晋若·黃文裳 등에 대해 보여 주었던 예우적인 태도를 근거로 왕실에 대한 반역의 의지를 찾을 수 없다.[45] 또는 국호와 연호를 제정하면서도 새 황제를 옹립하지 않았던 점과 인종에게 그들 자신의 거사 소식을 알렸다는 점 등[46]에 근거하여 정권 탈취는 의도하였을지언정 고려왕조 자체를 부정한 것은 아니라는 평가를 받기도 하였다. 그러나 서경에서의 반란은 기존 정치 지배세력의 결속을 더욱 공고히 하는 계기로 되고 그들에 의해 제기되었던「칭제건원론」과「금국정벌론」이 그들의 정치적 목적 달성을 위해 마련된 하나의 주의주장에 불과하였음을 인정해 주게 되었다.[47]

서경에서의 반란에 대응하여 인종은 유교적 실천도덕의 실현을 통하여 왕권을 강화하였을[48] 뿐만 아니라 기존의 정치 지배세력과 긴밀히 연결되어 있지 않았던 김부식을 중용하여 이의 진압책임자로 하였다. 김부식은 먼저 개경에 있었던 김안·정지상·백수한 등의 서경 세력을 제거하였다.[49] 서경에서의 연락을 받지 못한 채 죽음을 당하였던 이들의 존재를 통해, 천도를 주장하는 세력 중에서 서경에 거주하고 있었던 즉 서경재지파와 중앙관료로 진출했던 관료파와의 사이에 천도의 방법에 관해서 서로 의견을 달리하고 있었기 때문이 아닌가 한다는 견해가 있다.[50]

묘청의 난에 대한 평가나 이 당시 제기되었던「칭제건원론」과「금국정벌론」에 대한 올바른 이해에 접근하기 위해서는 묘청의 입장도 아니고 김부식의 입장도 아닌 제3자적 입장에서 접근이 요청된다. 따라서 김부식 일파와 묘청 일파 모두는 분열된 귀족사회에서 그들 자파의 권력을 유지하기 위한

---

45) 瀨野馬熊,〈高麗妙淸の亂に就いて〉(《瀨野馬熊遺稿》, 1936), 30쪽.
46) 李丙燾, 앞의 책, 231쪽.
金潤坤, 앞의 글, 77쪽.
姜聲媛, 앞의 글, 194쪽.
47) 南仁國, 앞의 글, 92~93쪽.
48) 金鎔坤,〈高麗時期 儒敎官人層의 思想動向－文宗에서 忠肅王期를중심으로－〉(《國史館論叢》6, 1989), 82쪽 참조.
49)《高麗史》권 16, 世家 16, 인종 13년 1월 갑인.
50) 金潤坤, 앞의 글, 78쪽. 한편 鄭求福,〈金富軾〉(《韓國史市民講座》9, 1991), 125쪽에 "우유부단한 인종이 출정 후에 어떤 사주를 받아 번복하는 조처를 내릴 것을 염려해 묘청의 배후 세력인 이들을 제거하기에 이르렀다"고 하였다.

수단방법으로서, 하나는 고식적인 의타주의에 의한 현상의 유지를 원하였고, 하나는 저돌적인 배타주의에 의한 현상타파를 원하였던 것으로 해석된다. 그러므로 "묘청과 김부식을 독립과 사대로 규정하고 이를 선과 악의 대립적인 것으로 이해하는 것은 반드시 옳은 견해라고 할 수 없다"[51]고 하는 접근방법이 타당성을 지니는 것은 아닌가 한다.

묘청의 난은 이듬해 2월에 진압되는 과정에서 전술·전략을 둘러싸고 정벌군 내부에 이견이 존재하였지만,[52] 이를 조정하면서 진압에 성공하였다. 그 당시 천도를 통해 서경 세력을 다시금 새롭게 하려는 묘청 등의 재지적 성향의 세력과, 중앙정치계에서 서경천도의 원칙에는 동조했으나 난으로까지 확대되는 것을 원하지 않았을 정지상·백수한 등의 온건파, 그리고 그들을 제거할 때 김부식과 함께 출정하고 있는 김정순을 비롯한 보다 왕권 안정을 추구한 기존의 서경 세력권이라 할 수 있는 세 집단으로 분열하여 난이 평정되었다는 견해[53]가 있어 이해에 도움이 된다.

묘청이 난을 일으키자 "이자겸이 발호할 때에 丙午의 소란을 겪었으며, 임금이 타는 수레는 파천하고 궁궐은 불에 타서 祖宗의 위임을 욕되게 하여, 매양 基業을 연장하고 넓힐 것을 걱정하던 차에 마침 음양학을 하는 사람이 서경으로부터 왔고 더욱이 좌우에서 추천을 더하여 큰 현인으로 대우하였다. 짐이 진실로 밝지 못하니 드디어 그 말에 현혹되어 대화의 새 궁궐을 창건하여 조상의 기업의 중흥을 꾀하였다"[54]라는 인종의 자기 변명이 포함된 조서가 반포되었다. 이후 유교적 실천도덕의 실현을 통하여 왕권의 강화를 추진하였을 뿐만 아니라 서경에서의 반란을 진압하여 인종으로부터 절대적 신임을 획득하였던 김부식에 의해 정계가 주도되면서, 서경 세력과 연계되었던 문공인·임경청 등과 연계되었을 것이라는 혐의를 받았던 인물, 예컨대 윤언이·한유충 등에 대한 정리작업이 행해졌다.

김부식이 주도하는 정치 상황 아래에서도 그에 의해 축출되었던 윤언이가 6년만에 김부식에 의해 제기되었던 정지상과의 연계를 부정하고, 칭제건원의 정

51) 李基白, 〈三國史記論〉(《文學과 知性》 26, 1976) 참조.
52) 《高麗史》 권 98, 列傳 11, 金富軾 참조.
53) 姜玉葉, 앞의 글, 89쪽.
54) 《高麗史節要》 권 10, 인종 13년 2월.

당성을 주장하면서 중앙정계의 복귀를 갈망하는 謝恩文을 올리고, 김부식은 "혹 부귀에 연연하여 물러가지 않으면 낚시 밥을 탐내다가 반드시 죽게 되는 것이니, 마땅히 늙은 모습을 수습하여 어진 이가 진출할 수 있는 길을 열어 주어야겠습니다"[55]라는 상소를 올려 사직을 청하는 등의 긴장관계가 있기도 하였다. 그러나 전반적으로 보아서 서경반란을 진압하고 난 후 신지배층과 문벌귀족이 협력하였기 때문에 비교적 평온을 유지하였다고 할 수 있을 것이다.[56]

인종 즉위 당시부터 정국을 이끌었던 지배세력이 정치적 입장이나 이해관계의 합치에 의해 하나 하나의 세력으로 결속되어 그 대립과 갈등을 표출했던 이자겸의 난과 묘청의 난을 거치면서 기존 지배질서의 동요를 가져왔다. 그리고 그 과정에서 국왕의 권위 또한 무시되었음은 부인할 수 없을 것이다.

4) 의종대의 정치혼란

의종은 인종 4년 이자겸의 난과 13년 묘청의 난을 거친 다음 유교적 실천도덕의 실현을 통하여 왕권을 강화하려고 한 김부식에 의해 주도된 정치 상황을 계승하면서 인종 24년(1146) 2월 즉위하였다. 그가 계승할 당시의 왕권은 "고려 국초부터 역대 왕들이 서경 경영에 주력하여 서경 세력을 육성함으로써 개경 세력과 서로 대립 견제시켜 그 힘의 균형 위에 어느 정도 왕권의 안정을 꾀할 수 있었으나, 묘청의 난 진압에 따르는 서경 세력의 몰락으로 그러한 힘의 균형은 깨어지게 되었다. 그 결과 개경에 기반을 둔 문신세력은 더욱 드세어지고, 반면에 왕권은 크게 위축된 상황이었다"[1]고 평가되기도 한다. 이러한 상황하에서 고려는 왕실의 권위 회복과 왕권의 안정이 절실한 과제로 부각될 수밖에 없었다.

왕실의 권위 회복과 왕권의 안정을 도모하였어야 할 의종은 그의 즉위과

---

55) 《東文選》 권 42, 表箋, 乞致仕表.
56) Edward J. Shultz, 〈韓安仁派의 登場과 役割〉(《歷史學報》 99·100, 1983), 171쪽. 南仁國, 앞의 글, 93~94쪽.

1) 河炫綱, 〈高麗 毅宗代의 性格〉(《東方學志》 26, 延世大 國學硏究院, 1981), 4쪽.

정에서부터 왕위 계승을 둘러싸고 한 차례의 갈등을 겪은 다음 왕위에 오를 수 있었다. 그것은 다음의 두 가지 내용으로 알 수 있다.

> 처음에 태후가 次子를 사랑하여 세워 태자를 삼고자 하였으므로 왕(의종)이 이를 원망하였다(《高麗史》 권 88, 列傳 1, 后妃 1, 恭睿太后 任氏).
>
> 처음 의종이 元子가 되었을 때 襲明이 侍讀하였는데, 인종이 원자로서 책임을 능히 당하지 못할까 염려하고 태후 역시 次子를 사랑하여 장차 세워 태자를 삼으려 하거늘 습명이 마음을 다하여 調護하였기 때문에 폐하지 않게 되었다(《高麗史》 권 98, 列傳 11, 鄭襲明).

위의 내용으로 보면 의종은 위에서 언급한 왕실의 권위를 회복하고 왕권의 안정을 도모하여야 할 중차대한 임무를 수행할 능력을 가지지 못하였던 것이 아닌가 한다. 반면에 그와 같은 임무를 수행할 수 있었던 인물로는 차자 즉 大寧侯 暻이 적임자였음을 알 수 있다. 인종과 恭睿太后 임씨의 태자 교체 의도는 훈요10조 가운데 3조의 내용인 왕위 계승규정에 근거하였을 것이다. 그러나 의종은 정습명의 調護에 힘입어 태자의 지위를 보전할 수 있었으며, 인종 24년 2월 정묘에 인종의 遺詔에 의하여 대관전에서 즉위하였다.

즉위 이후 의종은 당시 대간들의 '伏閤言事三日'이란 언론활동으로 정치 지배세력들의 집요한 정치공세에 시달렸을 뿐만 아니라,[2] 계속되는 모역 음모로 신변의 위협을 느끼고 있었다. 즉 서경인 李淑·柳赫 등이 金의 祭奠使가 돌아갈 때 附書하여 "대국의 군사가 바로 서경에 이르면 청컨대 내응하겠다"[3]고 하였다. 당시 서경 잔존세력의 향배를 알려 주는 하나의 징표가 되기도 하고 인종대 묘청의 난 이후 서경은 왕실을 지지하는 세력이 될 수 없음을 보여주는 이 사건[4]과, 李深·智之用 등이 송나라 사람 張喆 등과 모의하고 송의 태사 秦檜에게 글을 통하기를 "만약 금을 치겠다는 명목으로 길을 고려에 빌리기만 하면, 우리가 내응할 터이니 그러면 고려도 가히 도모할 수 있다"[5]고 한 사건의 발생으로 미루어 짐작할 수 있다.

위에서 살펴 본 것처럼 당시 정치 지배세력들의 대간활동으로 미루어 짐

2) 河炫綱, 위의 글, 4~5쪽.
3) 《高麗史》 권 17, 世家 17, 의종 1년 11월 병자.
4) 河炫綱, 앞의 글, 5쪽.
5) 《高麗史節要》 권 17, 의종 2년 10월 정묘.

작되는 집요한 정치적 공세가 있었고, 신변에 위협이 되는 사건이 발생하여도 모두 조기에 수습될 정도로 당시의 정국은 인종대 공신인 김부식·임원후를 정점으로 한 권력구조가 유지되고 있었을[6] 뿐만 아니라 인종에 의해 '나라를 다스리는데 마땅히 말을 들어야 할 사람'으로 지칭된 정습명의 보필로 안정을 유지할 수 있었다. 그러나 의종의 신임을 받고 그의 자문 역할을 하였던 정습명이 말하지 않는 것이 없을 정도로 의종의 행동을 규제하고, 이를 의종이 꺼리게 되는 상황이 전개되었다. 그 결과 그는 金存中·鄭諴에 의해 정계에서 축출되고 죽음으로 이어지는 상황이[7] 전개되고, 의종은 諫臣에게 "이제부터 매일 조회를 보고자 하니, 무릇 맞대고 간쟁하는 일을 그만 두도록 하라"[8]는 조치를 내리게 된 5년(1151) 4월 이후부터는 의종과 연계된 김존중·정함이 정국운영을 주도하게 되었다.

의종 5년 윤 4월 宦者 정함을 閤門祗候에 임용하고, 김존중·정함에 의해 대령후 경과 鄭敍에 대한 논죄가 시작되면서 정국은 흔들리기 시작하였는데 이는 다음의 내용으로 알 수 있다.

① 정함을 權知閤門祗候로 삼으니 어사대에서 宦者로서 朝官에 참여한 사실은 옛 제도에 없는 일이라 하여 간하여도 듣지 않아 대관이 다시 나오지 않으니 대관을 불러 타이르기를 '이미 정함의 합문지후 임명을 도로 거두었다' 하니 대관이 절하고 사례하였다.
② 이때 왕의 아우 대령후 경이 도량이 있어 인심을 얻었다. 정함이 대간을 모함하려 은밀히 散員 鄭壽開를 꾀어서 臺省과 李份 등이 왕을 원망해 경을 추대해서 왕을 삼으려 꾀한다고 무고하므로, 왕이 이에 현혹되어 諫臣을 제거하고자 하니 김존중이 간하여 말리고 유사로 하여금 심문할 것을 청하여 심문하니 과연 증거가 없었다. 수개는 얼굴에 刺字하여 흑산도로 귀양보내고, 빈은 雲梯縣으로 유배하였다.
③ 함이 죄를 면하려고 하여 또 참소하기를 '외척과 朝臣이 대령후의 집에 출입한다는 것이 진실로 거짓말이 아닙니다'라고 하였다. 이보다 앞서 존중이 또한 태후 여동생의 남편 내시낭중 정서, 태후의 아우인 승선 任克正과 더불어 틈이 있었다. 서는 성질이 경박하고 재예가 있었으며, 대령후와 사귐을 맺고 서로 노닐었는데, 존중과 함 등이 유언비어를 꾸며서 아뢰니 왕 또한 의심하였다(이상 《高麗史節要》 권 11, 의종 5년 윤4월 및 《高麗史》 권 122,

---

6) 黃秉晟, 〈高麗 毅宗代의 政治實態와 武人亂〉(《慶熙史學》 14, 1987), 234쪽.
7) 《高麗史》 권 17, 世家 17, 의종 5년 3월 임진 및 권 98, 列傳 11, 鄭襲明. 《高麗史節要》 권 11, 의종 5년 3월.
8) 《高麗史》 권 17, 世家 17, 의종 5년 4월 임인.

列傳 35, 宦者, 鄭諴).

환관 정함의 합문지후 임용을 둘러싸고 전개된 의종과 대간의 갈등은 그의 고신에 대한 서경[9] 여부를 둘러싸고 이후에도 계속되었다. 정서와 대령후에 대한 탄핵은 5월 諫議 王軾과 起居注 李元膺 등의 상소를 시작으로[10] 재상 崔惟淸·文公元·庾弼 등과 간관 崔子英·왕식 등의 논죄를 거쳐,[11] 정서는 동래로 유배되고 대령후의 府는 파해지고, 정서의 매부였던 최유청과 李綽升이 외직으로 좌천되었으므로, 마침내 김존중과 정함의 정국 운영의 위치는 더욱 확고해졌다. 이 때 정함과 김존중의 위상은 다음의 내용을 통해서 알 수 있다. 정함의 권력 천단에 대한 반발로 낭장 崔淑淸이 정함을 제거하려는 시도가 있었고[12] 김존중은 정함과 더불어 결탁하고 크게 권력을 쓰면서 자기에게 붙는 자는 승진시키고 동조하지 않는 자는 배척하니 이익을 탐하는 무리들이 모두 그 집에 몰려가서 재산이 거만에 이르고, 그 형제들과 친척들이 권세를 믿고 교만 방자하였다[13]라는 기록이 그것이다.

정함·김존중에 의해 야기된 대령후와 정서의 탄핵사건에 대한 해석에는 다음의 세 가지를 들 수 있다. 하나는 이 사건이 발생할 당시의 관계 요로 특히 대간직의 인적 구성을 보면 최유청·문공유·문공인과 같은 한안인파로 불리는 예종대 신진 측근세력들은 대간의 상위직에 있었다. 또 한 부류는 김존중·왕식·이원응들로서 이들은 당시 문벌귀족적 배경이 없는 대신 인종대 과거에 급제한 후 의종이 태자였을 때 春宮侍讀으로 가까이 지냈던 인연으로 의종의 즉위와 함께 그의 측근에서 총애를 받아 성장했던 김존중을 대표로 하는 세력집단이 존재하였는데, 이들 사이에 발생한 대립으로 보는 것이다.[14] 그리고 다른 하나는 위의 견해를 수용하면서 바로 정서와 대령후의 역모사건으로

---

9) 署經에 대해서는 金龍德, 〈高麗時代의 署經에 대하여〉(《李丙燾華甲紀念論叢》, 一潮閣, 1956) 및 朴龍雲, 《高麗時代 臺諫制度硏究》, 一志社, 1980, 85~90쪽) 참조.
10) 《高麗史節要》 권 11, 의종 5년 5월.
《高麗史》 권 17, 世家 17, 의종 5년 5월 정미.
11) 《高麗史節要》 권 11, 의종 5년 5월.
12) 《高麗史》 권 122, 列傳 35, 宦者, 鄭諴.
13) 《高麗史》 권 123, 列傳 36, 嬖幸 1, 金存中.
《高麗史節要》 권 11, 의종 10년 3월.
14) Edward J. Shultz, 앞의 글, 175쪽.

인한 비행 때문에 발생된 것이기보다는 의종대 등장한 또 다른 신진의 측근세력, 즉 김존중 계열이 최유청을 원로로 하고 있던 구측근세력에 대해 도전한 것이며, 정서는 한갓 희생양에 지나지 않아 사실은 의종의 아우로서 도량으로 인심을 얻고 있던 대령후에 대한 왕의 열등의식을 이용한 측근 김존중 계열의 정국주도권 획득을 위한 계략이었던 것으로 정서와 대령후의 역모가 아니라 출신 성분이 다른 의종 측근들 사이의 권력투쟁으로써 이해하는 것이다.[15] 또 다른 하나는 외척세력의 증대를 막고 유력한 종친을 축출하여 강력한 통치기반을 구축하려는 의종의 의도와 직결된 것으로 보는 견해도 있다.[16]

이러한 상황의 전개는 의종으로 하여금 기존의 정치질서에 의존하기보다 의종의 이익을 대변해 주는 정치집단의 성격을 지닌 측근세력을 형성하게 하였고, 당시 정치 지배세력들이 그 시정을 요구하는 상소가 이어져 마침내 6년 7월에는 내시 14인과 茶房 5인을 내쫓기에 이르렀다.[17] 그러나 다음달에 정함이 다시 소환되어 내시에 충당됨으로써,[18] 의종에 의해 채택되었던 권력의 운용 방식에는 변화가 없었다.

위와 같은 운영 방식은 의종 5년 이후 정함과 함께 정국을 주도하였던 김존중이 10년 3월 죽은 후에도 지속되었다고 생각된다. 그리고 의종은 점장이 내시 榮儀의 "대궐 동쪽에 새로 翼闕을 이룩하면, 가히 기업을 연장할 것입니다"라는 건의를 받아 들여 아우 翼陽侯의 집을 탈취하였을[19]뿐만 아니라 즉위 당시부터 의종에게 정치적 부담으로 존재하였던 대령후 경을 천안부로 귀양을 보내어 자신의 정치적 입지를 강화하려 하였다.[20] 이 때 정서와 혼인관계와 가족관계로 연결되었던 최유청·임극정·김이영·이작승 같은 인물들도 함께 중앙정계에서 축출되었는데,[21] 이들은 의종 24년 무신란이 발생할 때까지 중

15) 朴漢男, 〈崔惟淸의 生涯와 詩文分析〉(《國史館論叢》 24, 1991), 139·142쪽.
16) 黃秉晟, 앞의 글, 239쪽.
17) 《高麗史》 권 17, 世家 17, 의종 6년 7월 을묘.
《高麗史節要》 권 11, 의종 11년 4월·7월.
18) 《高麗史節要》 권 11, 의종 6년 8월.
19) 《高麗史節要》 권 11, 의종 11년 1월.
20) 《高麗史》 권 18, 世家 18, 의종 11년 2월 무신.
《高麗史節要》 권 11, 의종 11년 2월.
《高麗史》 권 90, 列傳 3, 宗室 1, 大寧侯 暻.
21) 《高麗史節要》 권 11, 인종 11년 2월.

앙 정계로 복귀하지 못하였다. 의종의 대령후에 대한 조치는 "왕이 본래 도참을 믿어 여러 형제와 우애가 없었기 때문이었다"[22]라고 평가되는데, 왕실의 藩屛이 되는 왕제들에 대한 이러한 조치를 통해서 의종이 왕권 강화와 관련된 어떠한 조치들을 취하더라도 소기의 성과를 거둘 수는 없었다고 생각된다.

이후 의종 11년(1157) 5월 다시 정함을 權知閤門祗候로 삼았으며,[23] 정함의 고신에 대한 서경을 둘러싸고 당시의 정치 지배세력의 구성원과 대립하였다. 의종의 이와 같은 조치에 宰臣과 諫官이 그 불가함을 논쟁 고집하니, 의종은 "경들이 짐의 말을 듣지 않으니, 짐은 먹는 것이 달지 않고 잠자리가 편하지 않다"고 하면서 서경을 고집하였다. 이에 평장사 崔允儀·우간의 崔應淸과 좌승선 직문하성 李元膺·우승선 좌간의대부 李公升 등이 서명하여 정함은 조정의 반열에 참여하게 되었다. 이후 정함은 권세와 은총이 날로 성한 바 되어 친척들이 많이 조정에 들어서고, 官奴 王光就·白子端을 천거하여 우익으로 삼아서 번갈아 참소하여 조신을 모멸하고 민간을 침해하니, 환관들이 국법을 어지럽게 함이 이 때보다 심할 수가 없었다고 한다.[24]

이러한 상황에 대하여 다음과 같은 해석이 있어 참고된다. 즉 정함·백선연·왕광취 등이 의종대에 권력자로 부상할 수 있었던 것은 의종의 총애와 비호의 결과였으며, 이들은 전적으로 국왕의 총애에 의지하면서 국왕의 이익을 대변하여 국왕의 권력을 대변하는 소수집단에 속하는 사람들이었다. 이러한 부류의 사람들을 寵臣으로, 이들에 의해 주도되는 정치운영의 방식을 寵臣制라 할 수 있다면, 이는 의종이 왕권 강화의 목적을 달성하기 위해 강구한 방법이었을 것이다. 총신제의 시행은 이들에게 일정한 역할의 수행을 기대하는 한편, 귀족들이 정치를 주도해 가는 현실에서는 귀족들에 대한 하나의 도전을 의미하였을 뿐만 아니라 나아가 고려사회의 위기를 뜻하는 것이기도 하였다.[25]

鄭諴의 고신에 대한 서경을 둘러싸고 의종과 당시 정치 지배세력의 갈등은 이후에도 계속되었으며, 그에 대한 의종의 입장은 다음과 같았다.

---

22) 《高麗史》 권 90, 列傳 3, 宗室 1, 大寧侯 暻.
23) 《高麗史節要》 권 11, 의종 11년 5월.
24) 《高麗史節要》 권 11, 의종 11년 11월.
《高麗史》 권 122, 列傳 35, 宦者, 鄭諴.
25) 洪承基, 《高麗 貴族社會와 奴婢》(一潮閣, 1983), 175~176쪽.

정함은 과인이 포대기에 싸여 있을 시절부터 정성껏 보호하여 오늘에 이르렀기 때문에, 권지합문지후를 제수하여 그 공로를 갚으려 했더니, 이미 3년이 경과하였으되 경들이 고신에 서명하지 않으니 이는 실로 신하로서 임금을 사랑하는 도리가 아니다. 만약 서명하지 않는다면 너희들을 모두 죽여서 젓을 담글 것이다(《高麗史節要》 권 11, 의종 12년 6월).

이런 의종의 주장에 당시 정치 지배세력의 대응논리는 다음과 같았다.

정함의 선조는 聖祖께서 개국하실 때에 명을 거역하고 복종하지 않아 노예에 충당시키고 종류를 구별지어 조정의 반열에 서지 못하도록 하였사온데, 이제 현달한 직위에 임명하시어 태조의 공신의 후예로 하여금 도리어 명을 거역한 종류에게 하인의 부림을 받게 하시니, 이는 태조께서 법을 세워 후세에 전하신 뜻에 어긋나오니 흰 당을 이룬 자도 또한 서인으로 계급을 낮추소서 하였다(《高麗史節要》 권 11, 의종 12년 6월).

위와 같은 의종과 당시 인물들 간의 대립은 정함의 관직 삭제,[26] 정함의 삭직을 청한 인물에 대한 좌천,[27] 그리고 다시 임명되는[28] 과정을 반복한 끝에 정함이 왕에게 盛饌을 올리고 옷을 바치자 권세가 환관에게 있다니 하는 탄식이 나올 수밖에 없는 상황이 전개되었다.[29] 정함의 고신 서경을 둘러싸고 전개된 국왕과 당시 정치 지배세력 간의 갈등과 대립은 국왕이나 정치 지배세력 어느 쪽도 정국 운영의 주도권을 장악하지 못하는 상황으로 발전하였다. 이는 다음의 두 가지 내용으로 알 수 있을 것이다.

하나는 "의종은 음양 비축의 설을 지나치게 믿어 매양 행재소에서 승려와 도사 수백 명을 모아 놓고 항상 齋醮를 베푸니 허비되는 것이 한이 없어 내탕의 저축이 탕갈되었으며, 또 많은 개인 집을 빼앗아서 별궁으로 삼고 재물을 토색해 들였는데, 이를 이름하여 別貢이라 하고 환관으로 감독케 하니 이를 빙자하고 사리를 영위하였다"는 것이다.[30] 다른 하나는 "왕은 간관들이 崔光鈞의 고신에 서명하지 않는다 하여, 諫議 李知深·給事中 朴育和 등을 불러

26) 《高麗史節要》 권 11, 의종 2년 7월.
27) 《高麗史節要》 권 11, 의종 12년 8월.
28) 《高麗史節要》 권 11, 의종 12년 9월.
29) 《高麗史節要》 권 11, 의종 13년 1월.
《高麗史》 권 122, 列傳 35, 宦者, 鄭諴.
30) 《高麗史節要》 권 11, 의종 16년 3월.

서명하기를 독촉하니 낭관들이 두려워해서 '예 예'하고 물러났다. 이 때에 宮人 無比가 왕의 총애를 받고 있었는데, 광균이 그의 사위가 되어 그 인연으로 갑자기 式目錄事에 임명되니 사대부들이 이를 갈지 않는 자가 없었다. 어느 사람이 간관을 조롱하기를 '말하지 말라는 것은 司諫이요 말없는 것은 正言이요 말더듬는 것이 諫議이다. 유유히 날을 보내고 무엇을 논했던고' 하였다"는 것이다.[31] 이러한 상황하에서 총애를 받던 궁녀가 媚道로서 닭을 그린 그림을 몰래 왕의 요 속에 넣었다가 발각되는 사건이 발생하기도 하였다.[32]

왕의 잦은 행차로 호종한 朝官과 호위하는 군사들은 밥을 먹지도 못하고 길을 잃어 쓰러지는 지경에까지 이르렀음에도 불구하고, 이를 시정하려는 어떠한 노력도 보이지 않았다. 뿐만 아니라 환관 백선연과 궁인 무비의 추문을 논하고, 左常侍 崔褒偁은 중요한 직위를 맡아 권세가 중외를 주름잡고 탐욕이 한없어 자기에게 붙지 않는 자는 반드시 중상하고 鉅萬의 재산을 모았다고 지적한 文克謙에게 오히려 좌천이란 인사 조치로 대응하였다.[33] 이러한 상황하에서는 관리의 인사권 행사에 공정을 기할 수 없었으니, 환관과 결탁하여 관직에 임명된 이후 그들의 뜻을 받들기를 노복 같이 하는가 하면[34] 왕 측근의 내시들은 서로 다투어 진귀한 물품을 바치는 데 열중하는 현상이 나타나기에 이르렀다.[35]

당시의 국정 운영이 파행적이었음에도 불구하고 의종은 국가의 운영에는 관심을 가지지 않았으면서도, 자신의 신변에 대해서는 민감하게 반응하였다. 이는 다음의 두 사례를 통해 알 수 있다. 즉 의종 21년(1167) 1월 奉恩寺에 갔다가 밤에 돌아와 觀風樓에 이르렀을 때, 좌승선 김돈중의 말이 본래 길이 잘 들지 않은 데다 징과 북소리에 더욱 놀라 한 기사의 화살 통을 들이받아서 화살이 튀어나와 輦 옆에 떨어진 일이 있었을 때, 궁으로 돌아와 계엄을 펴고 府兵을 동원하여 불의의 일에 대비하면서 자신의 아우 대령후 경의 家童에게

---

31) 《高麗史節要》 권 11, 의종 16년 6월.
32) 《高麗史節要》 권 18, 의종 16년 9월 신축.
33) 《高麗史節要》 권 11, 의종 17년 8월.
《高麗史》 권 99, 列傳 12, 文克謙.
34) 《高麗史節要》 권 11, 의종 17년 9월.
35) 《高麗史》 권 18, 世家 18, 의종 19년 4월 갑신

그 혐의를 두고 그들을 참수하였다는 것이 그 한 사례이다.[36] 그리고 22년 3월 서경에 행차하였을 때 왕의 아우 翼陽侯와 平涼侯가 자못 인심을 얻었기 때문에 왕이 변란이 있을까 의심하여 거처를 피하였다는 것이 또 다른 사례이다.[37] 이러한 사실로 보아 의종은 즉위 이후 계속적으로 자신의 아우들이 왕위에 도전하지나 않을까 하는 불안을 떨쳐버리지 못하였던 것은 아닌가 한다.

의종은 같은 해 3월 서경에 행차하여, 장차 낡은 것은 고치고 새로운 것은 정하여 다시 王化를 부흥코자 하여 옛 성인이 경계한 유훈과 당시의 폐단을 구제할 사무를 채택하여 새로운 政令을 반포하였다. 그 내용은 陰陽의 奉順·佛事의 崇重·沙門의 歸敬·三寶의 保護·仙風의 遵尙·民物의 救恤 등 6조로 구성되었다.[38] 6조의 내용은 상당히 관념적인 것으로 현실정치와 관련된 것은 찾을 수 없다. 이 6조의 내용에 대하여 "그 내용이 불교·음양설·선풍에 대한 것으로 정치에 대한 의종의 성격은 반유교적이었다. …그것은 당시 왕권을 제약하고 정치적 실권을 장악한 문신귀족 세력은 거의가 유교적 지식인이었다. 따라서 고려사회는 유교적 가치관에 의해 지배되고 있었다. 그러므로 기존 문신귀족 세력을 못마땅하게 생각한 의종은 그들의 정치활동의 이론적 기반이 되었던 유교에 대해서도 호감을 가질 수 없었다. 즉 문신귀족 세력에 대한 반감이 바로 유교적 가치관에 대한 반감으로 나타난 것은 아닌가 한다"[39]라는 해석이 있다. 그러나 당시의 정국주도권이 의종과 그의 측근세력에 있었음과 대표적 문신세력들은 정함의 고신 서경과 관련되거나, 정서·대령후의 사건에 연루되어 정계에서 축출되었음 등을 감안한다면 이러한 해석이 타당할지는 의문이라 생각된다.

이상에서 살펴 본 의종대 정국 혼란의 큰 요인은 정국의 주도권을 장악하지 못하였던 의종과 정치권을 파행적으로 이끌어 간 의종 측근세력들의 전

36) 《高麗史》 권 18, 世家 18, 의종 21년 1월 계축.
《高麗史節要》 권 11, 의종 21년 1월.
37) 《高麗史》 권 18, 世家 18, 의종 22년 3일 정축.
《高麗史節要》 권 11, 의종 22년 3월.
38) 《高麗史》 권 18, 世家 18, 의종 22년 3월 무자.
《高麗史節要》 권 11, 의종 22년 3월에는 "9조의 新令을 반포하였다"라 하여 《高麗史》보다 3조가 더 있음을 보여 주지만 자세한 기록이 없어 확인할 수 없다.
39) 河炫綱, 앞의 글, 12~13쪽.

횡에서 찾을 수 있을 것이다. 즉, 당시 정치 지배세력들은 정상적인 정국 운영을 위해 노력하려는 자세를 보이기 보다 그들의 행위에 동조하여 정국 불안을 더욱 가속화시켰다 할 것이다. 이러한 시각에서 의종과 집권 귀족층은 유착관계가 아니라 대립·갈등관계에 있었던 것이며,[40] 당시 귀족세력들은 또 그들대로 이해관계에 따라서 서로 대립·갈등의 양상을 보이고 있으므로[41] 무신에 의한 문신정권의 붕괴는 필연적일 수밖에 없었을 것이다.

〈南仁國〉

40) 河炫綱, 〈武臣政變은 왜 일어났는가〉(《韓國史市民講座》 8, 一潮閣, 1991), 12쪽.
41) 河炫綱, 위의 글, 14쪽.

집 필 자

Ⅰ. 고려 귀족사회의 형성

Ⅱ. 고려 귀족사회의 발전

한국사 12
고려왕조의 성립과 발전

편찬간행 **국사편찬위원회**

초판1쇄 2003년 11월 30일
2쇄 2013년 6월 4일

번각발행 **탐구당**

등록일 1950년 11월 1일
등록번호 서울 제 03-00993 호

주소 서울특별시 용산구 한강대로 62 나길 6
전화 (02) 3785-2211(대표)
팩스 (02) 3785-2272
홈페이지 www.tamgudang.co.kr
전자우편 tamgudang@paran.com

ISBN 978-89-8236-578-2
978-89-8236-566-9(세트)

값 12,000 원